알면 다르게 보이는

일본문화

4

알면 다르게 보이는 일본 문화 4

초판 1쇄 펴낸날 | 2024년 3월 6일
초판 2쇄 펴낸날 | 2024년 4월 8일

지은이 | 강상규·이경수·동아시아 사랑방 포럼
펴낸이 | 고성환
펴낸곳 | (사)한국방송통신대학교출판문화원
　　　　주소　서울특별시 종로구 이화장길 54 (03088)
　　　　전화　1644-1232
　　　　팩스　(02)741-4570
　　　　홈페이지　https://press.knou.ac.kr
　　　　출판등록　1982년 6월 7일 제1-491호

출판위원장 | 박지호
편집 | 신경진
편집 디자인 | 티디디자인
표지 디자인 | 플러스

값 23,000원

알면 다르게 보이는

일본 문화 4

강상규·이경수·
동아시아 사랑방 포럼
지음

지식의날개

들어가기

《알면 다르게 보이는 일본 문화 4》를 펴내며

　상이한 문명이나 문화들이 접촉하는 과정을 살펴보면 눈에는 잘 보이지 않지만 매우 강력하면서도 독특하게 작용하는, 어떤 고유한 문화나 전통의 힘 같은 것을 느낀다. 일본 문화의 경우에도 그렇다. 자기장처럼 잘 보이지는 않지만 뭔가 특별하게 끌어당기는 힘이 있다. 그러면 일본 문화를 깊게 이해하기 위해서는 어떠한 접근이 필요할까? 이를 위해서는 일본의 지정학적 위치를 비롯한 일본의 지리적 특성, 일본인의 언어생활 그리고 오랜 세월 동안 축적되어 온 일본의 정치적·사회적 전통 등이 유기적으로 상호 연관되는 양상을 종합적으로 살필 수 있어야 한다.

　우선 지정학적 측면에서부터 생각해 보자. 섬나라 일본 혹은 해양국가 일본은 중화문명의 주변일까 아니면 서양문명의 주변일까? 이는 매우 중요한 의미를 지닐 수 있는 질문이다. 보통 문명의 중심에서 발생하는 강렬한 구심력으로 인해 어떤 문명의 주변부에서건 문명의 센터를 향한 갈망이 강하게 나타나기 마련이다. 문명 중심의 변두리에 위치하던 일본은 다른 국가보다 한층 예민하게 문명 중심 혹은 문명 기준의 변화에 반응했다. 19세기 일본에서 기존의 화혼한재和魂漢才에서 화혼양재和魂洋才로 절충 방식을 신속하게 바꾼 것은 이러한 좋은 사례라고 할 수 있다. 또한 19세기 이후로는 탈아脫亞와 입아入亞를 오가면서 때로는 아시아적 정체성을 이야기하거나 반대로 서구적 정체성을 주장하다가 어떤 상황에 이르자 전면적으로 태도를 바꿔 일본의 예외적이고 독자적인 정체성을 강조하는 입장으로 변신한 것도 섬나라이자 해양국가인 일본의 지정학적 특성과 깊이 관련되어 있다고 할 수 있다.

또한 일본 열도의 지형적 특징은 어떠한가. 태평양판, 유라시아판, 필리핀판, 북아메리카판이라는 4개의 거대한 플레이트의 경계 위에 일본 열도가 자리 잡고 있어 지각이 매우 불안정할 수밖에 없다. 따라서 일본의 어디에서 산다고 해도 지진과 같은 재해로부터 안전한 곳은 존재하지 않는다. 즉 일본 열도에서 살아가는 사람들은 지진과 함께 살아가는 것을 일종의 숙명처럼 받아들인다. 이는 일본인들의 일상 속에 자리 잡은 상식 중의 상식이라 할 수 있다. 이처럼 자연이 두려운 것이라는 사실을 체감하며 살아가는 일본인들인 만큼 자연을 경외하며 잘 가꾸려는 의식을 갖는 것은 매우 자연스러운 일이라고 해야 할 것이다.

이처럼 대지진과 같은 재난 재해가 일본 열도의 어디에서나 일어날 수 있다는 사실은 일본 정치와 사회문화를 이해하는 데 어떤 의미를 갖는 것일까? 이러한 자연조건은 일본인들에게 '위기의식'을 일상화시켜 놓음으로써, 더욱 안전한 일본의 구축이라는 소명의식과 꼼꼼한 대비태세, 아울러 암묵적으로 단결과 조화의 일본 문화를 형성하게 만드는 굳건한 기반이자 배경이 된다.

이러한 위기의식의 일상화는 일본의 가옥구조에도 그대로 반영되어 있다. 일본 맨션의 베란다들은 다른 집 베란다와 이어져 있다. 윗집과 아랫집, 그리고 이웃하는 집들이 만일의 재난 상황에서는 서로 협력하여 위기를 피할 수 있도록 설계한 것이다. 이는 한국 아파트가 위층, 아래층, 옆집과 물리적으로 철저히 차단되어 있는 것과 크게 대비된다. 위험한 지진 등이 언제든지 현실로 다가올 수 있으며, 이러한 여건에서 살아가는 만큼 부지불식간에 단결과 조화의 필요성이 일상의 생활 가운데에 깊숙이 녹아들어 있는 것이다. 이것은 어느 개인이 필요에 따라 선택할 수 있는 취향이나 기호의 문제가 아니라는 점에 주목해야 한다.

그런데 이처럼 단결과 조화가 생활 속에서 강조된다는 것은 역설적으로 '안과 밖'의 구별 짓기 논리가 자연스럽게 일상에서도 이루어질 소지가 커진다는 것을 의미하기도 한다. 단결과 협력, 조화를 강조하게 되면 그것과 다른 사고방식이나 행동은 타인에게 폐를 끼치는 행동으로 간주되거나 불편한 것으로 여겨질 수밖에 없고, 이에 대한 차가운 시선 곧 이지메의 문화가 생겨날 여지가 커지는 것이다.

그러면 언어사회학적 측면에서 일본어와 일본 문화를 관찰해 보기로 하자. 한국인이 외국어를 익히려고 할 때, 일본어처럼 수월하게 느껴지는 언어도 없을 것이다. 하지만 배우면 배울수록 난감하게 느껴지는 것도 사실이다. 그중 특히 주목해 볼 한두 가지 사항만 언급해 두기로 하자.

일본어 전자사전에서 어떤 발음을 치고 들어가면 거의 예외 없이 수많은 동음이의어同音異義語가 나온다. 일본어 발음체계의 특성상 한자를 읽을 때 다양한 발음을 구현해 내는 범위가 상대적으로 제한되어 있기 때문에 일본어는 한국어와 비교할 수 없을 정도로 동음이의어가 많이 발생하는 것이다. 이것은 환언하면, 어떤 한자어를 일본어 발음

곧 소리를 통해서만 들으면, 듣는 사람이 그 발음에 해당하는 단어가 무엇을 지칭하는 것인지를 정확하게 파악하기가 매우 어려울 수밖에 없다는 말이 된다. 따라서 대화 중에 상대방이 한자어로 된 어떤 용어를 사용할 때 전체 맥락을 확실히 알고 있지 않은 경우에는 그 내용을 제대로 이해하기 어렵다. 일본어의 경우에는 전문적인 대화일수록 그 대화의 전체 맥락이나 문맥을 모르면 논의에 동참하기가 상대적으로 더 어려운 것이다. 이것은 여러 영역 간에, 잘 보이지는 않지만 넘나들기 어려운 장벽으로 작용할 여지를 만들게 된다.

한편 일본어 한자어 읽기에는 음독音讀과 훈독訓讀이라는 두 가지 방식이 있다. 음독이 한자음으로 읽는 방식이라면 훈독은 의미로 한자를 읽는 것이다. 예컨대 한국에서는 '日'이라는 한자를 보면, '날/일'이라고 하여 뜻은 '날'이고 발음은 '일'이라고 하는 간단한 원칙을 알면 사실상 기본적인 공부가 끝난다. 그런데 일본어의 경우는 '日'이라는 한자에 대해 음독으로는 니치にち 혹은 지쓰じつ라고 읽고 훈독으로는 히ひ나 카か라고 읽을 수 있다. 따라서 한국인의 경우는 '日'이라는 한자에 대해 '날/일'이라는 원칙이나 원리만을 알면 되지만, 일본인의 경우는 '日'에 관한 이러한 원칙이나 원리를 알고 있다고 하더라도 '日'이 들어간 단어를 정확하게 읽고 사용하려면 다른 한자어와의 조합되어 사용되는 용례 하나하나를 개별적으로 익히지 않으면 안 된다. 일본인의 언어생활에서 원리나 원칙만으로 해결되는 경우는 상대적으로 거의 없는 것이다. 일본어의 음독과 훈독 체계, 그리고 자의적인 사용과 절충적 성격을 이해하면 대화를 해 나가는 과정에서 대화의 구체적 맥락을 아는 것이 상대적으로 훨씬 중요함을 알 수 있다.

이러한 언어학적 특성은 자연스럽게 일본인들의 생활에서 보편적인 원리보다는 구체적인 사안을 중시하는 태도로 이어진다. 일본인들이 구체적인 팩트에 관심을 보이고, 보편적인 '철학'보다는 구체적인 '사상'에 대한 관심이 많은 것도 이러한 언어학적 특성과 이어진다고 할 수 있다. 일본에 서류 문화가 발달한 것이나 텔레비전 화면에서 대화 내용을 자막으로 표시해 주는 것은 일본어의 이러한 언어적 특성에서 연유하는 바가 크다고 할 것이다.

그러면 이제 정치적·사회적 전통 속에서 녹아들어 있는 일본 문화의 단면을 살펴보기로 하자. 일본어는 구어체로 자기를 표현할 때 '자분自分'이라는 용어를 사용한다. 즉 1인칭 단수로 자기 자신을 표현할 때 그냥 '나'라고 하지 않고 '자분' 곧 '나의 몫分'이라고 하는 것이다. '나의 몫'을 뜻하는 자분이라는 표현에는 '나'라고 하는 존재가 그냥 독자적인 주체로서가 아니라, 항상 전체 구조 속에서 관계적으로 인식되는 존재라는 의식이 내재되어 있다고 할 수 있다. 그만큼 일본 문화는 상호의존과 응석甘え 문화, 관계의 문화를 중시하고, 분수에 맞는 삶, 자기에게 적합한 위치 찾기에 익숙해지는 특성을 갖는다. 따라서 독자적인 주체로서 '나'를 설정하는 것이 아니라, 어떤 구조 속에 속하는 관계적인 존재로서의 나를 의미하는 '자분'이라는 표현에는 일본의 정치적, 사회적, 문화적 특성이 단적으로 압축되어 들어가 있다고 할 수 있다.

일본의 아이들이 어린이집 등에서 사회생활을 시작하면서 가장 먼저 배우는 말 중 하나가 '덕택에' 혹은 '덕분에'라는 말에 해당하는 말 お陰様で, 오카게 사마데이거나, '폐를 끼치지 않도록 迷惑をかけないように'과 같은 용어인 것도, 그리고 갓난아이 때부터 지진 대비훈련을 몸으로 익혀 나가면서 단결과 조화의 방법과 가치를 배우는 것도 이러한

관계적 존재로서의 자기 이해와 관련되어 있다고 할 수 있다. 이러한 사고체계는 직분職分 사회인 일본에서 개개인이 소명의식을 가지고 자신의 일에 몰두하게 만드는 힘이 될 수 있고 궁극적으로 '어떤 일을 하는가'보다는 '어떻게 일을 하는가'를 중시하는 품격 있는 문화로 이어질 개연성이 크다는 점에 주목해야 한다.

하지만 이러한 사유방식이 역설적으로 매뉴얼화되기 쉬운 인간을 만들 수 있다는 점도 간과해서는 안 된다. 대단히 주체적으로 보일 수 있지만 의외로 매우 '타율적'인 사고를 할 소지가 커지고 총체적으로 '순응順應'하는 사회적 시스템을 만들어 낼 수도 있다. 근현대사의 중요한 순간마다 '개조改造'나 '순응'과 같은 용어가 예외 없이 등장하는 것도 이러한 측면에서 이해될 수 있을 것이다.

예컨대 칼 볼프렌이라는 인물이 《일본, 권력구조의 수수께끼》라는 책에서 일본은 확실하게 드러나는 권력자가 존재하지 않지만, 일본이라는 사회 자체가 내부와 외부에 대해 눈에 보이지 않는 매우 강력한 권력구조로서 작동하고 있다면서 일본을 하나의 '시스템'이라고 부른 것도 이러한 일본 정치권력구조의 속성을 지적한 것이라고 할 수 있다. 이것은 바꿔 말하면, 일본에 가시적으로 드러나는 권력자는 없는 것처럼 보이지만 실은 모든 곳에 침투해 있어 자각되지 않을 뿐이라고 할 수 있겠다.

이번에 출간하는 《알면 다르게 보이는 일본 문화 4》에는 55편의 글이 실려 있다. 원고를 제출하고 토론에 참여한 분들 모두에게 깊은 감사를 드린다. 방송대 일본학과 학부와 대학원 일본언어문화학과를 거쳐 일본 전문가로 활약하는 분들과 국내외의 일본 전문가들이 주축이 된 공부 모임인 '동아시아 사랑방 포럼'에서 발표하고 토론한 원고들을 엮었다. 일본을 연구하는 다양한 전문가들이 열린 토론을 통해, '일본을 깊숙하게 보는' 시선을 넘어 '일본이 세상을 바라보는' 내면의 영역으로 다가가려고 노력했다. 한일관계가 어려운 가운데 이렇게 네 번째 책을 내놓는 것은 일본을 바라보는 시선과 스토리텔링이 유연하고 풍부해지는 것이야말로 한일 상호 간의 소통, 신뢰와 존중으로 이어지는 밑거름이 될 수 있다는 믿음 때문이다. 독자 여러분의 공감과 격려, 질정을 부탁드린다.

저자를 대표하여
혜화동 연구실에서 동아시아 사랑방 포럼 공동대표 강상규

차례

• 들어가기 4

• 《알면 다르게 보이는 일본 문화》 시리즈에 나오는 일본의 주요 지명 17

1 일본의 정치경제와 역사를 주시하는 작은 시선들 · 19

마루야마 마사오의 《일본의 사상》에 대한 단상 ... 20
강상규 (한국방송통신대학교 일본학과 교수)

헤이세이 천황 아키히토를 되돌아보다 ... 28
김숭배 (부경대학교 일어일문학부 일본학전공 조교수)

의사들의 전쟁범죄,
규슈제국대학 생체해부사건과 요코하마재판 ... 37
박규훈 (법무법인 광화문, 변호사)

인생의 고비마다 간접경험이 중요하다
– 평생 현역의 계기를 만들어 준 일본과의 인연 ... 47
강창희 (행복100세자산관리연구회 대표)

한국 경제와 일본 경제, 닮은 꼴 다른 꼴 ... 55
김경록 (미래에셋자산운용 고문)

각광받는 전기차 시대, 무엇을 사야 할까
전기차 아니면 내연기관차? ... 66
박오영 (아성무역 대표)

워런 버핏도 투자한 종합상사, 그 저력은? ... 78
양승윤 (유진투자증권 애널리스트)

비즈니스맨의 도전, 일본 기업연구 구상 ... 84
  지계문(일본 비즈니스 컨설팅 기업 대표)

2 미(美)와 미(味)에 대한 남다른 감각 · 93

일본의 카페에서 역사와 문화를 배우다 ... 94
  이경수(한국방송통신대학교 일본학과 교수)

애니메이션 성지순례와 콘텐츠 투어리즘 ... 103
  김지선(이화여자대학교 일본언어문화연계전공 교수)

사케 이야기 ... 111
  김지연(희파문화재단 대표)

전래동요와 전래동화로 만난 일본 문화 ... 122
  전인옥(한국방송통신대학교 유아교육과 명예교수, 다문화 예술교육자)

속담으로 풀어 보는 일본 문화 ... 134
  신재관(전 무역회사 CEO, 한국방송통신대학교 대학원 튜터)

〈신세기 에반게리온〉의 비일상과 일상 ... 145
  요시다 유코(전남대학교 일어일문학과 강사)

고슈인, 나만의 인연을 수집하다 ... 154
  도이 미호(한성대학교 기초교양학부 교수)

3 내 마음속의 그곳으로 여행을 떠나요 · 165

일본 열차 시스템의 '은밀한 비밀' ... 166
  고성욱(아동문학가, 전직 교장)

에치고 조후
- 계승하는 눈의 혜택 '유키자라시' ... 180
  야마기시 아키코(포항대학교 교수)

일본 동북지방의 매력에 빠지다 ... 191
  문경철(동북문화학원대학 교수)

일본 산의 매력, 후지산과 일본 알프스 ... 205
　석치순 (국제노동자교류센터 고문)

일본 전문가 교수와 함께 떠난 시코쿠 답사여행 ... 218
　강숙 (세계문화탐방가), 강연이 (한국방송통신대학교 문화교양학과 동문회장)

70세의 일본 유학, 놀라운 변화 ... 231
　초부미 (전직 초중등 교사, 중고교 교장)

스토리텔링으로 부활한 사카모토 료마와 함께 하는 추체험 ... 244
　김경란 (일본 여행 및 온천 전문가), 이기성 (한의사)

일본 여행의 묘미, 미치노에키 ... 253
　김미진 (향토예술가)

도쿄의 번화함에서 벗어나 닛코의 자연과 함께 ... 265
　박현수 (와세다대학 창조이공학부 재학)

새 1만 엔권 지폐의 주인공과 함께 하는 도쿄와 파리 여행 ... 270
　이주영 (번역가, 자포니즘 연구가)

4　외면해도 지워지지 않는 흔적, 한반도 속의 일본 · 283

야나기하라 기치베와 조선 ... 284
　김경옥 (한림대학교 일본학연구소 HK 연구교수)

가토 기요마사가 축성한 울산왜성과 구마모토성 ... 295
　김영식 (《일본 근세성곽과 왜성의 이해》 저자, 공학박사)

왕인의 발자취를 따라서 ... 306
　스즈키 하루코 (다이쇼대학 시간강사)

안중근을 존경하는 일본 사람 이야기 ... 313
　이혜균 (안중근의사숭모회 사무처장)

일본인의 상賞, 진정한 영예 ... 324
　어기룡(과천여자고등학교 교장), 이우진(과천외국어고등학교 교사)

일본인과 종교의 관계
– 역사적 관점에서 본 불교 ... 335
　데시마 다카히로(경희대학교 일본어학과 조교수)

인지장애를 가진 사람들과 함께 살아가는 일본 사회 ... 343
　민은숙(학교법인 순유국제의료비즈니스전문대학)

나의 일본인 이웃들 ... 354
　김정옥(마츠모토시)

하면 되는 한국, 준비가 더 중요한 일본 ... 365
　노영길(나고야 요식 사업가, 한미야 대표)

사다 마사시, 국민 가수 맛상
– 가사 속의 일본 전통문화 ... 376
　박경애(건국대학교 강의초빙교수)

일본의 예약 문화와 온라인 서비스 ... 386
　정희봉(《호텔 브랜드 이야기》 역자)

일본의 식사 예절 ... 395
　최지혜(릿쿄대학 문학부 영미문학 재학)

엄마의 응원, 형씨 남매의 일본 유학 분투기 ... 402
　김수진(일하며 공부하는 주부), 형성문(오비린대학 재학),
　형우정(교토외국어대학 재학)

6 한국어와 비슷하면서도 많이 다른 일본어 · 411

문화적 측면에서 본 한일 언어 비교 ... 412
이택웅(나고야대학 교수)

지금 당장 일본어를 배워야 하는 이유 ... 419
김수진(주 스위스 한국어 강사, '4개국어 하는 사순이' 유튜브 운영자)

일본의 감동적인 책 이야기
– 일본어 원전과 번역본 비교의 묘미를 더하여 ... 427
성지현(한국방송통신대학교 강사)

일본 소설을 번역하며 읽는 재미 ... 437
황남덕(수필가)

7 한국 속의 일본, 일본 속의 한국, 그 강을 넘어 · 447

한국과 일본을 잇는 징검돌, 책
– 일본 문학 속 '한국'과 한국 문학 속 '일본' ... 448
김나정(극작가, 소설가)

일본어 공부, 유학 그리고 일본 생활 ... 460
인성희(와세다대학 문학부 한국어 교수)

규슈의 후쿠오카는 한일관계의 디딤돌 ... 471
김상일(중원대학교 교수)

대중매체를 통해 바라본 한국과 일본의 매력 ... 479
도에 미카코(영진전문대학교 교수)

남이섬 – 가고시마 – 미야자키 – 부산 이야기 ... 485
이진형(예술가, 나무공방 작가)

한국에서 일본의 역사와 문화 찾기 ... 497
임진선(토모니기획, 대화공예협동조합)

8 또 다른 화해를 위해 펼쳐 보는 일본 역사와 문화 · 511

음식문화를 통해 본 일본사의 명장면 ... 512
　　김세걸(정치학 박사)

슈쿠바, 에도시대로의 여행 ... 518
　　이혜영(한국방송통신대학교 강사, 일본언어문화연구가)

이곳이 우리들의 세키가하라, 갈림길에 선 역사의 운명 ... 530
　　최갑수(금융투자협회)

현재의 도쿄를 만든 에도로 가는 길, 고카이도 ... 544
　　홍유선(번역 작가, 월드 토이즈 대표)

조선 후기 외교사절단 조선통신사 ... 556
　　유춘미(주일한국대사관한국문화원 세종학당 한국어 강사)

동아시아 속의 한국·중국·일본 ... 569
　　서현섭(나가사키 현립대학 명예교수)

영화 〈스즈메의 문단속〉에 나타난 신도의 세계
– 노리토를 중심으로 ... 586
　　한정미(도쿄대학 Visiting Professor)

• 참고 자료　596

《알면 다르게 보이는 일본 문화》시리즈에 나오는 일본의 주요 지명

왓카나이

아사히카와 비에이
오타루 후라노
삿포로

하코다테

아오모리
아키타 이와테

야마가타 미야기
센다이
니가타
후쿠시마

도야마
가나자와 나가노
마츠모토 치바
돗토리 기후 도쿄
고베 교토
오카야마 아이치
히로시마 오사카 시즈오카
쓰시마 나고야
야마구치 나라 요코하마
다카마쓰 이즈반도
후쿠오카
사가 마쓰야마 와카야마 이세
나가사키 오이타 고치
구마모토 나오시마

가고시마 미야자키

오키나와 오키노토리시마

1

일본의 정치경제와 역사를
주시하는 작은 시선들

마루야마 마사오의 《일본의 사상》에 대한 단상

헤이세이 천황 아키히토를 되돌아보다

의사들의 전쟁범죄, 규슈제국대학 생체해부사건과 요코하마재판

인생의 고비마다 간접경험이 중요하다

한국과 일본 경제, 닮은 꼴 다른 꼴

각광 받는 전기차 시대, 무엇을 사야 할까, 전기차 아니면 내연기관차?

워런 버핏도 투자한 종합상사, 그 저력은?

비즈니스맨의 도전, 일본 기업연구 구상

마루야마 마사오의
《일본의 사상》에 대한 단상

강상규(한국방송통신대학교 일본학과 교수)

전후 일본 사상계에서 마루야마의 위치

마루야마 마사오丸山真男, 1914~
1996, 그는 위기와 불확실성의 전
환기를 치열하게 살다간 일본의
정치사상가이다. 도쿄대학 조교
수 시절, 제국 일본의 길고 긴 전
쟁의 끝자락에 한 명의 병사로 징
집되어 천황제 국가의 군국주의
파시즘을 체험하다 패전을 맞이
한다. 이후 그는 1946년 일본의
유명 잡지 〈세카이世界〉 5월호에
'초국가주의의 논리와 심리超国家

교수 시절의 마루야마 마사오

主義の論理と心理'라는 원고를 발표하며 일본의 지성계에 혜성같이 등
장했다. 당시 일본은 연합국 최고사령관 맥아더의 지휘하에 도쿄재
판, 곧 극동국제군사재판이 시작하는 긴박한 시점이었다.

마루야마는 여기에서 천황제 이데올로기를 축으로 삼아 광기에 사
로잡힌 일본의 국가체계가 어떻게 거대한 '무책임의 체계'를 구축했으

며, 신민들에게 무한대의 압박을 떠넘기는 이른바 '억압 이양移讓의 메카니즘'이 어떻게 작동할 수 있었는지를 명쾌하게 드러냈다. "패전 후 반년에 걸친 고뇌 끝에 천황제가 일본인의 자유로운 인격 형성, 즉 자신의 양심에 따라 판단하고 행동하며, 그 결과에 대해 스스로 책임을 지는 인간이 되는 데 치명적인 장애로 작용한다는 결론에 도달했다"라고 마루야마는 말한다. 긴 세월 동안 '가족국가' 일본의 구성원이자 황국皇國 신민으로 '순응'하며 살아온 일본 지식인들의 정신세계에 마루야마가 던진 메시지는 새로운 각성을 촉구하며 널리 퍼져 나갔다.

이후 마루야마는 패전국 일본에 전후민주주의를 심으려는 비판적 지식인이자 오피니언 리더로 살아가는 동시에 일본의 사상을 독창적인 방식으로 천착해 들어갔다. 그리고 일본의 새로운 사상 전통을 어떻게 드러내며, 어떻게 책임의식이 있고 자유로운 인식주체를 형성할 수 있을지를 필생의 학문적 과제로 삼으며 기념비적인 저서를 여러 권 내놓았다. 필자 역시 마루야마의 책을 접하면서 받은 신선한 충격에 끌려 '가깝고도 먼 나라' 일본 유학을 결심한 바 있으니 개인적으로 그의 영향을 적지 않게 받은 셈이다.

마루야마의 책은 그리 쉽게 읽히는 종류의 글이 아니다. 하지만 그의 책은 난해한 만큼이나 따라가다 보면, '일본을 보는' 시선을 넘어 '일본이 세상을 바라보는' 내면의 영역에까지 독자에게 사유의 지평을 확장시켜 주는 미덕을 갖는다. 노벨문학상을 수상한 오에 겐자부로大 江健三郎, 1935~2023는 마루야마에 대해 "전후 일본의 다양한 지식인들에게 '공통의 언어'를 제공해 주었다"라고 술회하기도 했다.

《일본의 사상》이 그려 내는 선율

　마루야마의 사상사학의 묘미는 동서고금을 넘나드는 방대한 시선이 디테일한 세계와 결합하여 다채로운 선율을 들려준다는 점이다. 파편적으로 이해될 소지가 많은 별개의 사건들을 퍼즐 조각처럼 맞춰 전체상을 역동적으로 포착해 보여 준다. 《일본의 사상日本の思想》1961은 마루야마의 다른 저작들에 비해 상대적으로 가벼운 분량의 책이다. 그의 다른 책들이 매우 묵직한 주제를 심층적으로 파고든 반면, 이 책은 자유분방한 형식으로 발표한 네 개의 글을 모아 놓았다. 하지만 이 책의 매력을 일본의 역사나 사상사에 생소한 한국의 독자들에게 간명하게 전달하기는 쉽지 않다. 집약된 사유방식과 방대한 역사적 배경을 사상捨象시킨 채 내용을 압축하는 순간 마루야마의 복합적이고 유기

2012년에 한길사에서 출간된 《일본의 사상》

적인 사유체계가 앙상한 모습으로 형해화形骸化될 소지가 크기 때문이다. 그럼에도 책 전체를 관통하는 마루야마의 의도를 최소한으로 요약해 보면 대체로 다음과 같다.

　일본의 경우, 정치문화에는 특이하면서도 강력한 자기장이 작동한다. 일본에 유입된 외래 사상이나 제도는 독특한 방식으로 변형되는 과정을 겪었다. 자고로 일본은 새로운 외래 사상에 대해 민

감한 감수성과 호기심을 보이면서도, 태곳적 과거로부터 이어지는 전통적 사고방식이 집요하리만치 지속되는 매우 특이한 성향을 보여 왔다. 이런 모순적인 경향성은 메이지 이후 일본 근대화의 과정에서 신민들의 '무한책임'과 천황제의 '무책임성' 등으로 이어지며 뒤틀린 양상으로 표출되어 나타난 바 있다.

마루야마는 이러한 문제의 심층에 유럽과 다른 일본 문화의 특수성이 자리하고 있다고 보았다. 유럽의 경우 오랫동안 유지해 온 공통된 문화적 전통 등으로 '공통의 인자'로 연결되어 서로 다른 학문, 사상, 예술 분야까지도 활발히 소통하는 반면, 일본의 경우에는 '공통의 언어'가 부재한 가운데 개인이 각자가 속한 분야나 영역에 고립되어 있고 보편적 사유방식으로 성찰하거나 소통하지 못하고 있다는 것이다. 이에 따라 개인이 책임 있고 자유로운 인식을 갖지 못한 채 피해자 의식에 사로잡혀 있는 경우가 많다고 지적한다.

따라서 이러한 상황을 넘어서기 위해서는 일본이 새로이 '공통의 언어'를 공유할 수 있도록 해야 하며 그러려면 구성원들이 다원적이고 비판적 시각을 통해 전체 상황을 조감해 나가는 능력이 필요하다는 것, 그리고 기존의 '순응' 일변도의 수동적인 사고를 넘어서 주체적인 인격체가 만들어지는 정치적, 사회적 환경으로 변화해야 한다는 것이다. 일본의 사상을 비판적으로 새롭게 재구성하려 했던 사상가로서 마루야마의 의도와 고민을 엿볼 수 있다.

마루야마 사유의 기준 혹은 준거의 틀

마루야마 정치학의 출발점은 고정화된 기구나 조직이 아니라 변화무쌍한 인간에 대한 탐구에서 시작한다. 그는 정치의 세계에는 법이나 경제의 영역에 비해 훨씬 강렬하게 '인간의 냄새'가 배어 있지만 각종 역학 관계 속에서 예측하기 어려운 선택을 하는 복잡한 인간을 다루기에, 정치학은 인접 학문 분야에 비해 '엄밀성'을 결여한 애매한 학문이 되기 쉽고 아울러 심각하게 '비인간적'인 결과로 귀결되는 역설적인 상황으로 이어질 수 있다고 지적한다.

마루야마는 일본에 뿌리 깊게 자리 잡고 있는 정신적 병리 구조에 메스를 가하려고 했다. 그러려면 어떤 식으로든 사유의 기준 혹은 준거의 틀이 필요했는데 마루야마는 그의 사유의 기준을 대체로 '근대 유럽'에서 찾으려고 했다. 후일 마루야마가 '근대주의자'나 '서구중심주의자', 혹은 또 다른 모습을 한 '일본주의자'라는 비판을 받은 것이 여기에서 비롯된다. 그러고 보면 한 시대를 풍미한 마루야마의 학문 세계는 그가 서 있는 바로 그 자리에서 절실하게 질문을 던지고 그 답을 찾기 위해 시대적 한계 위에서 진지하게 고투한 지적 흔적이라고 해야 할 것이다.

21세기, 표류하는 일본의 사상

현재 일본 정치를 구속하는 구조적 요인으로는 어떤 것이 있을까? 세 가지 정도로 요약해 보기로 하자. 첫 번째로 천황제의 굴레를 지적해야 할 것이다. 천황제의 존속은 일본 정치에 금기의 영역이 명료하게 존재한다는 것을 의미하며 일본에 근본적인 정치개혁을 상상하기 어렵게 만든다는 점에서 중요하다. 천황제의 굴레를 심층적으로 이해하려면 '만세일계 萬世一系'의 천황제가 갖는 의미가 무엇인지를 숙고 해야만 한다. 두 번째는 과거를 제대로 청산하지 않은 데서 비롯되는 이른바 과거사 문제, 즉 역사로부터의 굴레이다. 이는 주변국과의 불신과 단절로 이어지며 일본의 아시아 회귀를 어렵게 만든다. 세 번째는 미국으로부터의 구속이다. 이는 국제관계에서 일본의 자율성을 심하게 훼손할 수 있으며 유연한 전략 마련에 제약으로 작용할 수밖에 없다.

여기서 주목할 것은 이 세 가지 구속 요소가 각각 별개의 것이 아니라 서로 긴밀하게 연결되어 있다는 점이다. 예컨대 과거사 문제의 핵심은 천황의 전쟁책임 문제라고 할 수 있다. 그리고 이러한 문제를 미해결로 덮어두도록 하는 작업은 전후 압도적인 영향력을 지닌 미국에 의해 이루어졌다. 일본 정치를 구속하는 세 가지 요소는 이렇게 서로 긴밀하게 맞물려 있다. 이러한 구속 요인은 그동안 여러 면에서 의미 있는 기능을 수행하기도 했다. 하지만 그럼에도 불구하고 이러한 요인은 19세기 서세동점의 위기 앞에서 '개국'을 단행하고 과감한 정치적 실험에 나섰던 이전의 일본에는 존재하지 않았던 사항임을 숙고할 필요가 있다.

'일본의 파시즘과 그에 따른 논리와 심리'는 마루야마가 줄곧 직시하며 비판했던 역사적 현상이었다. 그가 없는 지금, 일본 열도에서는 극우적 성향이 대세를 이루고 있으며 75년 이상을 지탱해 온 「평화헌법」은 이제 개정될 위기에 놓여 있다. 21세기 일본은 어디로 가게 될까. 이러한 흐름을 하나의 숙명으로 받아들이고 대세에 순응하고 말 것인가. 21세기 일본과 동아시아는 어디로 갈 것인가. 거대한 변화를 목전에 두고 마루야마가 떠난 빈자리가 유난히 커 보인다.

함께 읽을 만한 책

마루야마의 주요 저서들은 김석근에 의해 유려한 한국어로 번역되어 있다. 그중에서도 《일본정치사상사연구》1952, 《현대정치의 사상과 행동》1957, 《충성과 반역: 전환기 일본의 정신사적 위상》1992과 같은 책은 마루야마 사상의 진면목을 보여 주는 걸작이다. 이 책들은 다소 난해하기는 하지만 일본에 대한 호기심을 넘어 일본의 고뇌하는 지성인의 사유의 숨결까지 전해줄 것이다.

테가트 머피의 《일본의 굴레》글항아리, 2014라는 작품도 추천해 둘 만하다. 저자는 교수로서 40년간 일본에서 생활한 사람이다. 외부자적 시각과 내부자적 이해를 균형 있게 겸비한 저자는 '현재 일본이 과거의 일본과 어떻게 연결되어 있으며, 과거의 일본이 어떻게 지금의 일본을 구속하고 있는지' 입체적이면서도 구체적으로 설명해 준다.

마지막으로 마루야마를 보면 연상되는 한국의 국제정치학자 동주 이용희1917~1997의 저작이다. 2018년 이용희의 책들은 열 권으로 된

마루야마 마사오의
《현대정치의 사상과 행동》

테가트 머피의
《일본의 굴레》

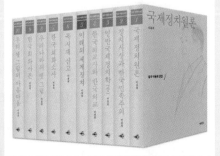

이용희의 《동주 이용희 전집》

《동주 이용희 전집》으로 출간된 바 있다. 마루야마와 이용희는 동시대를 살면서 주변부 지식인으로서 '보편과 특수'의 문제를 고민하면서 자신이 목도한 내셔널리즘과 국가의 정체성을 고민했다는 점에서 이어져 있다. 자기 역사와 고전문헌을 관통하는 언어능력과 다양한 학문의 경계를 넘나드는 통찰력을 지니고 있었으며, 거시적인 안목과 미시적인 디테일을 종합하는 능력이나 예술적인 감수성을 겸비하고 있다는 점도 닮았다. 하지만 마루야마가 일본학계의 후학들에게 끊임없이 영감을 제시하며 논의의 토대를 제공한 반면, 이용희의 국제정치학이나 민족주의 연구는 그 탁월한 안목에도 불구하고 후대에 충분히 검토되거나 계승되지 못했다는 아쉬움을 남긴다.

헤이세이 천황 아키히토를
되돌아보다

김숭배 (부경대학교 일어일문학부 일본학전공 조교수)

근현대 일본에는 메이지明治, 1868~1912, 다이쇼大正, 1912~1926, 쇼
와昭和, 1926~1989, 헤이세이平成, 1989~2019, 레이와令和, 2019~와 같이
원호元號가 있다. 서력西曆은 대부분의 일본 국민에게 일상적으로 사
용되고 있으나 관청, 주민센터 등 공적 기관의 공문서에는 여전히 원
호가 사용된다. 한국과 같은 타국의 시각에서 보면 원호는 일본에 의
한, 일본을 위한 시대 구분에 불과하지만 원호의 존재는 일본의 사회,
문화, 정치 영역에서 천황의 실존을 다시금 확인하게 해 준다.

일본의 헌법과 천황

천황의 역사는 길지만 근대적 주권국가 체제에서 천황이 부상한 것
은 메이지시대였다. 1889년에 제정된 대일본제국헌법을 통해 만세일
계萬世一系의 천황은 대일본제국을 통치한다제1조. 천황은 신성하여 침
해해서는 안 되는 존재이며제3조, 육·해군을 통수한다제11조. 이렇듯 근
대 일본에서 천황은 헌법이라는 최고 규범과 제도를 통해 규정되었다.
일본이 일으킨 아시아·태평양전쟁이 종식될 때, 서양권에서는 쇼
와 천황 히로히토裕仁, 1901~1989의 전쟁책임이 부각되었다. 그러나 패

전 이후에도 천황제는 유지되었고 히로히토 역시 계속 재위했다. 천황제 유지와 히로히토의 재위에는 미국의 역할이 컸지만, 천황제와 히로히토를 지지하는 일본 국내 세력, 그리고 히로히토 자신에 의한 정치적 행동의 결과이기도 했다.

1946년 11월에 공표된 일본국헌법에서 "천황은 일본국의 상징이자 일본 국민통합의 상징이며, 이 지위는 주권을 지닌 일본 국민의 총의에 근거한다"는 존재로 규정되었다제1조. 상징천황제의 탄생이었다. 그리고 "천황은 이 헌법이 정하는 국사에 관한 행위만을 행하며, 국정에 관한 권능을 지니지 아니한다"는 것이다제4조 1항. 전후 일본에서 주권은 국민에게 이행되었고, 민주주의와 천황제의 동거가 가능해졌다. 히로히토는 전쟁 문제와 연관된 인물이었으나 일본에서는 그가 사거한 1989년 이후가 되어서야 본격적인 논쟁과 검증이 시작되었다. 그리고 쇼와의 종식에 따라 히로히토의 아들 아키히토明仁, 1933~가 천황에 즉위하면서 헤이세이시대가 열렸다.

아키히토의 영위

현행 일본국헌법 하에서 처음부터 상징 천황으로서 즉위한 아키히토 역시 '전쟁과 천황'이라는 측면에서 자유로운 주체가 아니었지만 아키히토는 스스로 상징의 의미를 형성해 갔다. 그의 행동을 통해 확인할 수 있는 주된 특징은 다음과 같다.

첫째, 아키히토는 일본 국내에서 일어난 자연재해 피해지역을 방문해 재해민을 직접 위로했다. 1991년에 나가사키長崎의 화산 분화 직후, 그는 방재복을 입고 천황 전용차를 사용하지 않으며 최소한의 경비로 해당 지역을 방문했다. 재해민 앞에서 무릎을 꿇은 천황의 모습을 보고 천황의 권위를 신봉하는 우파로부터 비판이 나오기도 했으나 국민과 같은 시선으로 대화하는 아키히토의 모습은 미디어를 통해 전파되었다. 또한 한신·아와지 대지진이 일어난 1995년에 국회 개회식에서는 지진 피해에 적극적으로 임하는 것이 정책적 과제라고 강조했다. 2011년 동일본대지진 때, 아키히토는 각 피해지역을 방문하여 깊숙이 머리를 숙여 묵도했는데 이는 일본 국민을 감동시켰다. 이렇게 재해민들에게 다가가는 아키히토의 모습은 조의의 표현에서 슬픔의 공감, 치유, 그리고 열린 황실로서 히로히토의 시대와는 다른 천황의 이미지를 창출했다.

둘째, 아시아·태평양전쟁과 관련한 지역을 방문했다. 천황의 전쟁 책임이라는 측면에서 아키히토에 대한 반대운동은 있었지만, 그는 1990년대에 미국 알링턴 국립묘지, 공민권 운동을 전개한 마틴 루터 킹의 기념관, 그리고 1941년에 일본이 습격한 하와이를 찾아갔다. 2000년대에는 네덜란드, 파라오 등을 방문했는데 일본 군인뿐만 아니라 피해를 입었던 현지인을 추도했다. 또한 2005년에 사이판에서 아키히토는 한국인 위령탑을 방문하여 추도했다. 국내에서도 1993년에 천황으로서 처음으로 오키나와를 비롯하여 격전지였던 이오섬, 히로시마, 나가사키 등을 방문했다. 그의 행적은 '위령의 여정'이나 '기도祈り의 여정' 그리고 '화해로의 여정'으로서 칭해졌다. 전쟁에 대해 '깊은 반성'이라는 표현을 사용해 온 아키히토는 당시 일본의 우경화 경향을 상징하던 아베 신조 수상과 비교되었다. 헌법 개정 논리가 대두되었던 가운데 아키히토는 현행 헌법의 제도와 가치를 수호하는 인물로 받아들여졌다.

셋째, 황후 미치코의 존재이다. 메이지시대 이후 처음으로 민간인으로서 황후가 된 미치코는 아키히토의 국내외 각 지역 방문에 거의 동반하면서 천황의 역할을 강화했다. 1959년에 성사된 황태자 아키히토와 미치코의 결혼은 이른바 '미치코 붐ミッチー・ブーム'이라는 사회 현상을 일으켰다. 기독교 계열의 대학을 졸업한 미치코의 경력과 패션, 그리고 '평민'이라는 요소들은 고도성장기에 등장한 매체를 통해 전파되었다. 전쟁의 흔적에서 회복한 일본의 사회적 분위기를 드러낸 것이기도 했다. 아키히토의 사상과 행동을 보완하는 것으로 보이는 미치코가 미디어와 협조 또는 긴장 관계 속에서 새로운 천황제를 만들었다는 평가도 있다. 또한 미치코는 독자적으로 국제아동청소년도서평의회IBBY를 통해 활동하고, 아동 문제, 빈곤 문제, 사회적 약자 구제 등에 관해 영어로 강연하기도 했다. 장래 황통 유지를 위해 여성 천황이 탄생한다면 미치코의 공적 역할이 변혁의 근거가 될 것이라는 전망도 있었다.

전후 민주주의, 경제대국, 고령화사회, 국제화 시대, 시민의식 등이 부상한 시대에서 아키히토는 인간적이며 정情을 가지고 사회에 융합된 모습을 보여 주었다는 평가가 있다. 1945년 이후 히로히토의 시대가 '군주제하의 민주주의 체제'였다면, 헤이세이는 '민주주의 체제하의 천황'이라는 시대를 맞이했다고 한다.

아키히토의 생전퇴위

2016년 8월에 아키히토는 생전퇴위生前退位의 의지를 표명했다. 천황의 역사에서 생전에 퇴위한 일이 있었으나 이는 200년 만이었다. 아키히토는 자신의 연령과 체력적인 제약 등으로 공무에 대한 어려움을 토로했다. 즉위 이후 국사행위와 함께 헌법하에서 상징의 위치가 부여된 천황의 모습을 모색해 왔다고 말한 그는 상징의 뜻을 다음과 같이 언급했다.

저는 지금까지 천황의 임무로 무엇보다도 먼저 국민의 안녕과 행복을 기원하는 것을 중요하게 여겨 왔습니다. 동시에 직무에 임할 때는 때로는 사람들의 곁에 서서 그 목소리에 귀를 기울이고 생각을 이해하는 일도 중요하다고 생각했습니다. 천황이 일본의 상징임과 동시에 국민통합의 상징으로서 그 역할을 다하기 위해서는 상징으로서의 천황이라는 입장에 대해 국민에게 이해를 구하며, 이와 함께 천황 또한 자신의 자세에 대해 깊이 생각하고 국민을 깊이 이해하고 항상 국민과 함께 있다는 자각을 스스로 키울 필요가 있다고 느껴 왔습니다. 이러한 의미에서 저는 일본 각지, 특히 먼 지역까지 찾아간 여정도 천황의 상징적인 행위로서 중요한 일이라고 느껴 왔습니다. 황태자 시절을 포함하여 지금까지 제가 황후와 함께 전국을 누벼 온 여정을 통해 저에게는 국내 어디에서나 그 지역을 사랑하고 공동체를 성실하게 지탱하는 마을 사람들이 있다는 것을 인식했습니다. 제가 이 인식을 바탕으로 사람들에 대한 깊은 신뢰와 경애를 통해 천황으로서 국민을 생각하고 국민을 위해 기원한다는 중요한 임무를 수행할 수 있었던 것은 행복한 일이었습니다.

헌법상 천황은 국정에 관한 권능을 가지지 않는다는 점을 강조한 아키히토는 상징 천황의 임무가 단절되지 않고 안정적으로 지속되기를 염원한다고 했다. 그의 언급에서 상징 천황이란 천황이 국민의 안녕과 행복을 기도하는 정신성과 국민에게 직접 다가가는 접근성이다. 이에 따라 천황과 국민 사이에 유대감과 상호이해가 가능해진다.

일본의 제125대 아키히토 전 천황

출처: 宮内庁ホームページ https://www.kunaicho.go.jp/page/okotoba/detail/12

생전퇴위를 둘러싼 논쟁과 귀착

1889년에 제정된 황실전범 皇室典範에는 천황의 사거함에 따라 황위가 계승된다는 점이 명기되었고, 1947년에 국회제정법을 통해 성립한 황실전범에서도 천황이 사거했을 때는 황위 계승 순위 제1위의 황족 皇嗣이 즉시 즉위한다는 점을 규정했다. 일본국헌법 제2조는 "황위는 세습되며, 국회가 의결한 황실전범이 정하는 바에 따라 이를 계승한다"라고 규정하기 때문에, 헌법은 황실전범을 근거로 한다. 아키히토의 희망대로 법제도를 변경함은 헌법에 명시된 "주권재민"과 상충할 가능성이 있었다.

일본 헌법학계에서도 아키히토의 언급을 둘러싸고 이에 대한 문제점이 지적되었다. 예를 들면, 헌법에서 천황은 국민통합의 상징이지만 국민통합을 적극적으로 완수함을 기대받지 않는다. 즉, 헌법은 능동적 천황을 추구하지 않는다는 것이다. 생전퇴위에 관한 아키히토의 언급은 헌법에 규정되지 않았던 상징 천황의 임무를 말한 것이기도 했다. 천황의 임무는 천황이 결정하는 것이 아니라 주권자 국민이 생각해야 하는 문제이며, 국민이 적극적으로 관심을 가져야 한다는 주장도 있었다.

일본 정부는 '천황의 공무 부담 경감 등에 관한 유식자 회의'를 설치했다. 2016년 10월부터 2017년 4월까지 진행된 유식자 회의는 학자를 중심으로 진행되었는데, 이들은 또 다양한 좌·우 인사들을 초청하여 의견을 청취하면서 보고서를 작성했다. 종신제가 아닌 생전퇴위로 발생하는 문제점으로서 고려해야 할 점은 아키히토와 그 후에 즉위하는 나루히토德仁, 1960~의 관계성이었다. 최종 보고서에 명시된 것과 같이 유식자들이 염두에 둔 것은 "상징이나 권위의 이중성 문제"를 회피하는 것이었다.

국회의 심의를 통해 2017년 6월에 「천황의 퇴위 등에 관한 황실전범 특례법」이 성립되었다. 이 법은 황실전범의 특례를 인정한 것인데, 주된 이유는 아키히토가 고령화로 인해 천황으로서 전국 각지의 방문이 어려워졌고, 국민은 그러한 활동을 해온 아키히토를 "깊이 경애"하며, 그의 "마음을 이해하고 이를 공감"하고 있다는 것이었다. 그리고 천황이 되는 57세 나루히토는 지금까지 아키히토의 임시대행 등 천황의 공무를 수행해 왔다는 것, 그리고 퇴위하는 아키히토는 '상황上皇'이 된다는 것을 규정했다.

국민 차원에서는 아키히토의 생전퇴위를 포함하여 그의 존재양식에 대한 합의가 있었다고 볼 수 있다. 2018년 6~7월에 실시된 NHK 방송문화연구소 '일본인의 의식 조사'에는 '천황에 대한 감정'을 묻는 항목이 있었다. 결과는 '존경스럽다' 41%, '호감을 가지고 있다' 35.8%, '특별히 아무 느낌도 없다' 22.2%, '반감을 가지고 있다' 0.2%, '기타'

0%, '무응답' 0.8%로 나타났다. 과거 조사 중에서 존경심이 가장 높았고, 무관심이 가장 낮았다. 존경심과 호감을 합치면 약 77%이다. 무관심은 천황에 대한 부정적인 요소로 받아들이지 않는다. 이는 천황의 존재를 의문시하지 않고 천황의 존재를 검토하지 않기 때문이다. 일본 국민은 아키히토의 연령이나 일본을 위한 공헌도라는 측면에서 생전 퇴위에 긍정적이었다. 국민의 이런 정서적 반응은 큰 역할을 했다.

2019년 5월 1일부터 레이와 시대가 시작되었다. 이에 따라 천황 즉위 관련 행사들이 5월부터 11월 사이에 열렸지만 그 중심은 10월 22일 즉위식即位礼正殿の儀이며, 이를 통해 나루히토는 국내외에 천황 즉위를 천명했다. 이어서 11월 10일에는 즉위 퍼레이드가 행해졌다. 1989년에는 히로히토의 죽음으로 일본 사회에 자숙 분위기가 조성되었고, 그 속에서 아키히토가 천황으로 즉위했다. 이와 달리 2019년 레이와의 개막은 생존하는 상황 아키히토와 새로운 천황 나루히토의 탄생을 축하하는 축제였다.

한국에게 천황 혹은 아키히토란 무엇인가

일본이나 서양권에서 말하는 '전쟁과 천황히로히토' 문제와 달리 한국에는 '식민 문제와 천황들'이라는 영역이 있다. 메이지 천황 무쓰히토睦仁, 1852~1912의 시대에 수행된 1904년의 한일의정서부터 1910년의 한국병합조약까지의 문서에는 '일본국 황제'가 명시되어 있다. 즉 천황의 존재와 권위는 일본의 대한제국 강제 편입과 무관하지 않았다. 이후 요시히토嘉仁, 1876~1926의 다이쇼에 이어서 히로히토의 쇼와라는 시대적 연속선상에서 천황 중심적 이데올로기는 한반도 식민 지배에 영향을 미쳤다. 한일관계를 생각할 때 천황을 둘러싼 여러 쟁점을 피할 수는 없다.

실제로 1984년에 전두환 대통령이 방일했을 때, 히로히토부터 "금세기의 한 시기에 양국 간에 불행한 과거가 있었던 것은 참으로 유감이며, 두 번 다시 반복되어서는 안 된다고 생각합니다"라는 말을 이끌어 냈다. 1990년에 노태우 대통령의 방일시, 천황이 된 아키히토는 "우리나라에 의해 초래된 이 불행한 시기에 귀국貴國 국민들이 당한 괴로움을 생각하며 저는 통석의 염을 금할 수 없습니다"라고 했고, 이는 히로히토의 발언보다 더 높은 수위였다. 1994년에 아키히토는 김영삼 대통령에게 일본이 한반도의 "사람들에게 엄청난 고난을 주었던 한때가 있었"고 이에 대해 "깊은 슬픔의 마음"을 나타냈다. 1998년에는 김대중 대통령에게 역사적으로 한국 문화가 일본에 큰 영향을 주었으며, "밀접한 교류의 역사가 있었던 반면, 한때 우리나라가 조선반도한반도 사람들에게 큰 고통을 주었던 시절이 있었습니다"라고 했다. 그리고 "깊은 슬픔은 언제나 제 기억에 남아 있습니다"라고 말했다.

그러나 2012년과 2019년에 한국 정치권에서 나온 아키히토에 대한 과거사 사과 요구는 일본의 정치권뿐만 아니라 국민의 반박을 불러일으켰다. 여러 요인이 있겠지만 분명한 것은 일본 국내에서 아키히토의 권위가 널리 인정되었고, 그러한 아키히토가 일본과 일본 국민의 상징으로서 정착되었기 때문일 것이다. 그럼에도 한국에는 메이지부터 1945년까지의 천황들과 이들로부터 분출되어 나온 이데올로기 및 제도와 연계된 과거가 있다. 따라서 과거의 천황들, 시대성과 함께 아키히토 개인을 어떻게 보아야 할지 한국의 세밀한 관점 역시 중요할 것이다.

의사들의 전쟁범죄,
규슈제국대학 생체해부사건과 요코하마재판

박규훈(법무법인 광화문, 변호사)

아시아·태평양전쟁과 후쿠오카 공습

미야자키 하야오 감독의 애니메이션 〈그대들은 어떻게 살 것인가君
たちはどう生きるか〉에서 주인공 마히토는 아시아·태평양전쟁 중 미군
에 의한 공습으로 불에 타 내려앉은 목조 가옥에서 어머니를 잃는다.
미국은 1942년 4월 일본의 진주만 공습에 대한 보복으로 공습을 개시
한 후 1944년 6월부터 본격적으로 도쿄를 비롯해 오사카, 나고야 등
일본 본토의 대도시들에 대한 공습을 퍼부었다. 당초 공습의 목표는
군수공장과 같은 군사시설이었지만 미군이 투하한 소이탄은 민간인
의 거주지마저 남김없이 불태워 버렸다. 필자가 공부했던 후쿠오카도
예외가 아니었다.

1945년 5월 5일에 괌에서 출격한 미군의 B-29가 후쿠오카 근교에
위치한 다치아라이 육군비행장을 폭격했다. 그러나 B-29는 귀환하던
중 일본군에 의해 격추되어 아소산 인근에 추락했다. 폭격기에는 기장
왓킨스 Marvin S. Watkins 중위를 포함해 11명이 타고 있었지만, 그중
2명은 미군의 무차별 공습으로 적개심과 분노로 가득 차 있었던 주민
들에 의해 살해되었다. 살아남은 9명은 당시 규슈 지방을 관할하던 서
부군의 사령부로 이송되었다.

당시 B-29에 탑승했던 미군 11명(뒷줄 제일 왼쪽이 기장 왓킨스)

일본군 대본영은 같은 해 4월에 '비행기의 조종사와 정보 가치가 있는 포로만 도쿄로 보내고 나머지는 적당히 처치하라'는 지령을 서부군에 내려 두었다. 공습이 빈번해지면서 도쿄의 포로수용소는 이미 사로잡힌 미군들로 넘쳐났기 때문이다. 이에 따라 왓킨스만 도쿄로 보내졌고 나머지 포로 8명에 대한 이른바 '적당한 처치'는 온전히 서부군 참모 사토 요시나오佐藤吉直 대령의 결정에 달려 있었다.

포로들에 대한 생체해부

구마노 이소熊野以素가 2015년 4월 펴낸《규슈대학 생체해부사건─70년만의 진실》이라는 책에 따르면, '적당한 처치'가 생체해부로 이어지는 데 결정적 역할을 한 인물로 앞에서 언급한 사토 요시나오, 규슈

제국대학 의학부 제1외과 교수 이시야마 후쿠지로石山福二郎, 이시야마의 제자이자 군의견습사관이었던 고모리 다쿠小森卓를 꼽을 수 있다. 그러나 포로들을 의학 연구의 도구로 활용하겠다는 비인도적 아이디어를 적극적으로 주도한 집단이 서부군인지 아니면 규슈제국대학 의학부인지는 지금까지도 견해가 분분하다. 고모리는

이시야마 후쿠지로 교수

1945년 7월 9일에 공습으로 이미 사망했고, 이시야마는 다음해 7월 17일에 전쟁범죄인으로 체포되어 피의자 신문을 받던 중 모든 것이 서부군의 명령으로 벌인 일임을 주장하는 유서를 남기고 자살해 버려 사건의 진상을 알기 어려워졌기 때문이다.

그러나 책임의 경중을 따지기에 앞서 포로들에 대한 군부와 대학의 이해관계가 일치했다는 점은 분명하다. 당시 공습으로 중상을 입어 다량의 출혈로 죽는 군인과 민간인이 급증하자 이시야마는 서부군으로부터 의뢰를 받아 하카타만의 바닷물을 이용한 대체혈액을 개발하는 데 몰두하고 있었기 때문이다. 나아가서 1945년 3월에 오키나와 전투가 시작하면서 본토 결전을 위한 다음 전장은 규슈가 될 것임이 분명했기 때문에 대체혈액의 개발은 절체절명의 과제였다. 그런데 동물에 대한 실험만으로는 한계가 있었고 사람을 대상으로 임상실험이 필요했다.

사토와 이시야마가 살아있는 사람에 대한 해부라는 판도라의 상자를 열 수 있도록 둘 사이를 이어 준 사람이 바로 고모리였다. 그는 같은 해 4월부터 이미 포로들을 대학으로 넘기는 방안을 사토와 논의했고,

B-29가 격추된 지 5일이 지난 5월 10일에 이시야마에게 전화를 걸어 포로들에 대한 실험을 제안했다. 이시야마는 이를 통해 대체혈액의 개발에 관해 자신과 경쟁하고 있었던 제2외과의 도모다 마사노부友田正信 교수보다 우위를 점하는 한편, 자신의 전공분야였던 심장 수술, 폐 절제술 등에 대한 연구를 발전시킬 절호의 기회라고 생각했다.

이시야마는 고모리의 제안을 승낙한 후 곧바로 수술 장소를 물색했다. 그는 제1외과 병동은 이미 공습으로 다친 환자들로 만원일 뿐만 아니라, 자신들 머리 위로 폭탄을 떨어뜨린 B-29 탑승원을 수술한다는 소문이 환자들 사이에서 퍼지면 큰 소란이 일어날 것이라는 명분을 내세워 해부학과의 히라미쓰 고이치平光吾— 교수를 설득했다. 미심쩍어하는 히라미쓰에게 이시야마는 당시 천황의 명령이나 다름없었던 군의 명령이라는 점을 강조했다. 결국 히라미쓰는 이시야마에게 해부 실습실을 수술실로 내어 줄 수밖에 없었다.

첫 번째 생체해부는 1945년 5월 17일에 이루어졌다. 이시야마가 집도하고 고모리, 히라오 겐이치平尾健— 조교수, 도리스 다로鳥巣太郎 조교수가 거들어 포로의 기관지와 폐를 절제하기 시작했다. 인간이 어느 정도 피를 흘리면 사망하는지 확인하기 위함이었다. 상당한 출혈이 있은 후 해수용액을 대체혈액으로 주입했지만 23세에 불과했던 포로는 결국 숨을 거두었다. 히라미쓰의 지시로 해부학과 소속 의사들이 표본을 만들기 위해 뇌 등 장기를 적출한 후 시신은 학교 내에서 화장되었다. 이와 같은 방식으로 같은 해 6월 2일까지 이루어진 네 차례의 생체해부로 포로 8명이 목숨을 잃었다. 사토 등 서부군 군인들은 첫 번째부터 세 번째까지의 수술에 입회하여 포로들의 살해를 용인했다.

제1차 세계대전에 대한 반성으로 일본을 포함한 46개국은 1929년

7월에 「전쟁포로의 대우에 관한 제네바 협약」을 체결하여 포로에 대한 보복이나 폭력행사의 금지했고 이는 국제인도법의 원형이 되었다. 그러나 다시 한번 인간의 얼굴을 잃어버린 제2차 세계대전에서 법은 인간의 존엄을 보호해 주지 못했다.

더욱 놀라운 것은 생체해부가 제1외과 및 해부학과에 의해 극비리에 이루어진 것이 아니라는 점이다. 법의학과 교수를 비롯해 심지어 다른 대학 의학부의 교수들도 참관할 정도로 포로들에 대한 실험은 규슈 지역 의학계에서 공공연한 사실이었다. 전쟁의 광기 속에서 의사들의 윤리의식은 생체해부를 막기는커녕 오히려 부추기거나 방조하는 지경까지 마비되어 있었던 것이다.

B·C급 전쟁범죄인과 요코하마재판

일본이 패전한 후 1년여 남짓 지난 1946년 7월 13일, 사토를 비롯해 사토의 상관이었던 서부군 사령관 요코야마 이사미橫山勇 중장, 이시야마, 히라미쓰, 히라오, 도리스 등 생체해부에 관여한 군인과 의사들이 전쟁범죄 용의자로 체포되었다. 앞서 설명한 바와 같이 자살한 이시야마를 제외하고 30명이 GHQ연합군최고사령부에 의한 수차례의 피의자신문과 스가모巢鴨구치소에서의 수감생활을 거쳐 기소되었다. 그리고 1948년 3월 11일부터 요코하마에서 전범재판이 시작되었다. 이른바 요코하마재판橫浜裁判이다.

요코하마재판은 비단 생체해부사건에 대한 심판만을 일컫는 말은 아니다. 요코하마에서는 B·C급 전쟁범죄인 1,039명을 대상으로 1945년 12월부터 약 4년간 300건 이상의 재판이 열렸는데 생체해부사건은 그

중 일부에 불과하다. 그렇지만 당시 아사히신문 기사는 이 사건을 요코하마재판에서 가장 중요한 사건으로 평가할 정도로 일본 사회의 엘리트 집단 중 하나로 여겨졌던 제국대학 교수들에 의해 저질러진 전쟁범죄가 던진 파문은 컸다.

그럼 요코하마재판에서 주로 다루어진 B·C급 전쟁범죄인은 누구인가? 같은 시기 열린 도쿄재판에서는 아시아·태평양전쟁을 일으킨 도조 히데키 등 일본의 정치·군사지도자를 '평화에 반하는 죄 Crimes against Peace'로 기소하고 이들을 A급 전쟁범죄인으로 불렀다. 반면 B·C급 전쟁범죄인이란 '전쟁범죄 War Crime'와 '인도에 반하는 죄 Crimes against Humanity'를 저지른 자로서 이들의 범죄혐의는 침략전쟁을 일으킨 행위가 아니라 주로 전쟁 중에 사로잡힌 포로를 학대하거나 처형한 행위에 집중되어 있었다.

맥아더 장군은 1945년 12월 5일에 B·C급 전쟁범죄인을 처벌하기 위하여 「전쟁범죄피고인재판규정 Regulation Governing the Trials of Accused War Criminals」을 발표했다. 요코하마에 사령부를 두고 일본을 점령한 미 8군은 이를 근거로 요코하마지방재판소를 접수하고 군사위원회를 설치했다. 그런데 군사위원회는 군법회의 또는 군사법원과는 법적 성격이 다르다는 점에 주의할 필요가 있다. 후자는 자국의 군인 또는 군속이 군율에 반하는 행위를 하는 경우 이를 처벌하기 위해 사법권을 행사하는 것인 반면, 전자는 어디까지나 전쟁포로 또는 점령지의 민간인 등 타국 국민의 범죄를 처벌하기 위해 군 사령관으로부터 위임받은 행정권을 행사하는 것이기 때문이다.

따라서 미 8군 사령관은 군사위원회에서 결정한 형을 최종적으로 승인하거나 감경할 뿐 피고인이 군사위원회의 결정에 대해 항소하는

1945년 12월 18일 개정 당시 요코하마재판 법정의 모습

것이 불가능했다. 특히 군사위원회가 사형을 선고한 경우에는 연합군 최고사령관 맥아더의 승인이 필요했다. 이 때문에 사형을 선고받은 전쟁범죄인들은 맥아더가 결단을 내리기 전에 GHQ 법무국에 탄원서를 제출하여 감형을 요청하는 방식으로 억울함을 호소했다.

다시 생체해부사건으로 돌아가 보자. 피고인들은 생체해부의 공동모의 및 실행, 사건의 은폐를 위한 거짓보고 및 미군에 의한 정보수집의 방해 등의 혐의로 기소되었다. 변호를 맡은 미국의 사이델Frank Seidel 변호사는 사건의 발생 원인을 이미 세상을 떠나 재판에서 진술이 불가능한 이시야마와 고모리의 일탈행위로 치부하는 한편 피고인들의 정상참작을 주장했다.

그러나 군사위원회는 이를 받아들이지 않고 1948년 8월 27일에 요코야마, 사토, 히라미쓰, 도리스, 히라오 5명에 대해서 교수형을 선고

했다. 「전쟁범죄피고인재판규정」에 따르면 군사위원회는 일반적인 재판과 달리 판결이유를 적을 의무가 없었기 때문에 이들에게 중형이 선고된 구체적인 이유는 알기 어렵다. 하지만 적어도 생체해부사건의 본질을 서부군과 규슈제국대학 의학부 간의 조직적이고 체계적인 전쟁범죄로 파악했음을 짐작할 수 있다.

그럼에도 불구하고 GHQ는 한국전쟁이 발발한 지 얼마 지나지 않은 1950년 9월 12일에 피고인들의 탄원을 받아들여 요코야마와 사토에 대해서는 무죄로 결정하는 한편, 히라미쓰는 징역 25년, 히라오는 징역 45년, 도리스는 징역 10년으로 감형했다. 미국의 동아시아 정책의 중심이 일본의 전쟁범죄 추궁에서 소련과의 냉전으로 옮겨 가면서 생체해부사건에서도 일본군의 책임은 유야무야되고 사건의 성격은 의사들만의 전쟁범죄로 축소되었다.

"어쩔 수 없었다고 말해서는 안 됩니다"

판결이 선고되고 얼마 지나지 않은 1948년 9월, 규슈대학 의학부 교직원과 학생들은 '반성과 결의의 모임'을 열어 "의학 연구의 방법을 반성하고 의사로서 인간의 생명과 신체의 존엄을 지키기 위해 국가권력과 군의 압력에 절대로 복종하지 않을 것"을 결의했다. 몇 년 전 NHK가 생체해부사건을 다룬 드라마를 방영하면서 붙인 타이틀 〈어쩔 수 없었다고 말해서는 안 됩니다 しかたなかったと言うてはいかんのです〉처럼 이시야마의 후배들은 군의 명령 때문에 어쩔 수 없이 생체해부를 했다는 선배의 변명을 따르지 않았다. 그로부터 약 70년이 지난 2015년 3월에 교수들은 앞의 결의를 지켜 나갈 것을 선언하면서 의학부 캠퍼

生体解剖事件

事件の概要

第2次世界大戦末期の1945年5月から6月にかけて、帝国陸軍監視のもと、九州帝国大学（現九州大学）医学部外科の教官らが、解剖実習室を使用し、本土空襲で捕虜となった米軍爆撃機B29の搭乗員8名を対象として生体実験を行い、全員を死に至らしめた事件である。実験の主な目的は、『九州大学五十年史』（1967年）によれば、「人間は血液をどの程度に失なえば死ぬのか、血液の代用として生理的食塩水をどれ程注入できるか、どれだけ肺を切りとることが可能か」などであったといわれる。

戦後、軍および九州帝国大学の関係者合わせて30人が起訴され、BC級戦犯を裁く横浜の軍事法廷（横浜裁判）にて審理が行われた。この裁判において、九州帝国大学および同医学部が本事件に組織的に関与したとはみなされなかったが、1948年8月27日、死刑判決の5人を含む計23人が有罪判決を受けた（後に減刑）。

九州大学医学部の反省と決意

判決直後の1948年9月8日に開かれた九州大学医学部臨時教授会において、福田得志医学部長（当時）から「判決発表あったこの医学部内の反省と決意の会を開催し職員学生々徒の反省と新らしい決意を促したい」（臨時教授会議事録）との提議がなされ、可決された。

1週間後の9月15日、医学部中央講堂において、学部・附属病院・専門部の共同主催により、職員・学生生徒・看護婦等の出席を求めて「反省と決意の会」が開かれた。この「反省と決意の会」に関する直接の資料は現存していないが、『九州大学五十年史』（1967年）によると、同会では「医学研究および研究のありかたについて反省し、われらは医師として人間の生命及び身体の尊厳についての認識を一層深くするとともに、その天職をまもりぬくためには、たとえ国家の権力または軍部等の圧力が加わっても、絶対にこれに屈従しない」ことを決意した。その後も、『九州大学七十五年史』（1992年）、『九州大学百年史』（発行準備中）と、節目ごとにこの反省と決意を確認してきた。

医学部教授会の決議

2015年、九州大学医学歴史館の開館を間近に控え、九州大学医学部教授会は以下の決議を行い、この決議を、教員・職員・学生とともに将来にわたって遵守することを決意した。

決議（2015年3月4日開催の九州大学医学部教授会）：私たちは、非人道的な生体解剖事件の犠牲となり亡くなった米国人兵士に対して改めて心より哀悼の意を表するとともに、1948年の「反省と決意の会」において先輩たちが決意した医師としてのモラルと医学者としての研究倫理を再確認し、今後もこの決意を引き継ぐことを固く誓う。

규슈대학 의학역사관에 전시된 생체해부사건 관련 자료

스 내에 세운 의학역사관에서 자신들의 어두운 과거를 고백하고 있다.

생체해부사건을 보면서 법의 심판대에 오르지 못한 훨씬 거대한 전쟁범죄를 떠올리지 않을 수 없다. 바로 관동군 731부대가 생화학무기를 개발하기 위해 조선인과 중국인을 상대로 저지른 생체실험이다. 그러나 GHQ의 묵인으로 관련자들은 도쿄재판과 요코하마재판에서 전쟁범죄인으로 기소되지 않았다. 생체해부라는 동일한 반인도적 전쟁범죄이지만 피해자가 미국인인지 아니면 조선인 또는 중국인인지에 따라 법이 달리 적용된 것이다. 오히려 최근에서야 학자들의 노력에 의해 731부대에 소속된 군인과 의사의 명단이 발굴될 정도로 진실은 철저히 은폐되었다. 일본 사회에서 731부대 문제에 관해 생체해부사건과 같은 반성과 책임의식이 생겨나지 않는 것은 어찌 보면 당연하다.

이 때문에 전후 일본에서 이루어진 전범재판은 승자인 미국에 의한 '선택적 정의'라는 비판에서 자유롭지 못하다. 일본에 의해 저질러진 전쟁범죄는 미국에 의해 그 책임의 소재와 범위가 애매모호해지면서 가해자는 사라지고 피해자만 남았기 때문이다. 그러나 이러한 한계가 전범재판의 의의를 훼손한다기보다는 법과 재판만으로 일본이 아시아·태평양전쟁에서 잃어버린 인간성을 진정으로 회복하기 어렵다는 점을 드러낸다. 특히 전쟁이 끝난 지 70년이 넘게 흐른 지금이야말로 더욱 그러하다.

독일의 철학자 카를 야스퍼스는 1946년 저서 《죄의 문제》에서 히틀러 정권과 나치즘을 탄생시킨 독일 국민의 책임을 상세히 밝혔다. 이와 마찬가지로 일본 사회도 법적 책임의 추궁이 일단락됨과 동시에 죄의 문제는 마무리되었다는 협소한 의식에 머무르지 않고 정치적 책임과 도덕적 책임을 거쳐 형이상학적 책임의 논의까지 나아가기를 기대한다. 이를 위해서는 숱하게 묻혀 버린 사실을 밝히고 기억하는 것과 더불어 '어쩔 수 없었다'라고 말하지 않는 것에서부터 출발해야 할 것이다.

인생의 고비마다 간접경험이 중요하다
– 평생 현역의 계기를 만들어 준 일본과의 인연

퇴직한 남편과 아내 사이의 갈등문제를 다룬 TV 토크프로그램에 출연한 일이 있다. 패널들에게 주어진 질문 중 하나는 퇴직한 남편이 낮에 집에 있으면 당사자인 남편이나 아내 입장에서 불편을 느끼느냐는 것이었다. 남녀 패널 대부분이 '불편을 느낀다'라고 했다. 여성 패널은 퇴직하고 집에 있는 남편의 수발을 들어야 하는 게 부담스럽고 왠지 속박을 당하는 것 같아 불편하다고 했다. 게다가 남편이 집안일을 도와준다는 게 너무 서투르고 잔소리까지 하기 때문에 짜증이 나지 않을 수 없다는 것이었다. 반면에 남성 패널은 자기 때문에 힘들어하는 것 같은 아내의 눈치가 보여 불편하다는 대답이었다. 집안일을 도와주다가 아주 사소한 실수로 핀잔이라도 들으면 화도 나고 서글픔까지 느끼게 된다는 것이었다.

나는 패널로서 같은 질문에 대해 '특별히 불편을 느끼지 않는다'라고 대답했다. 우리 집 부부 사이가 유별나게 좋아서 그런 대답을 한 게 아니다. 나도 퇴직하고 집에 있는 시간이 많으면 다른 집에서와 같은 부부갈등이 생길 수 있을 것이다. 집에 있는 시간이 많지 않기 때문에 갈등이 생길 시간이 없을 뿐이다. 돌이켜 보면, 주된 직장에서 퇴직을 한 뒤에도 낮 시간 동안은 뭔가 자기만의 소일거리를 가져야 한다는 것을 미리 생각하고 준비한 게 참으로 다행이었다는 생각이 든다. 그런 생각을 하게 된 것은 나에게 간접경험이라고 할 수 있는 어떤 계기가 있었기 때문이다.

첫 번째 계기는, 1975년 회사생활 3년차 주니어 시절의 일이다. 그때 운 좋게 일본 도쿄증권거래소에서 연수를 받을 기회가 있었다. 그 당시 일본 전체 인구 중에서 65세 이상 노인인구 비율은 8%였다. 지금 우리나라의 노인인구 비율은 18%이다. 다시 말해, 48년 전에 일본의 노인인구 비율은 지금 우리나라의 절반도 안 되는 수준이었다. 그런데 지금 생각해 보면 당시 일본의 노인들은 체면을 버리고 일할 준비가 되어 있었다. 그때 두 가지 장면을 목격했다. 하나는 도쿄증권거래소에서 본 광경이다. 그곳 지하에 주식이나 채권을 보관하는 창고를 견학하는데 머리가 하얗게 센 60~70대로 보이는 노인들이 100명 정도 앉아 주식을 세고 있었다. 놀라서 안내하는 사람에게 물어보았다. "저분들은 옛날에 뭘 하시던 분들입니까?" 그랬더니 "전직 회사 간부도 있고, 공직자 출신도 있고 다들 한자리하던 사람들이죠"라고 하는 것이다. 얼마씩 받느냐고 물어보니 시간당 500엔이라고 했다. 또 다른 하나는 그때 머무르고 있던 비즈니스호텔에서 본 광경이다. 일류호텔이 아니라서 그런지 모르겠지만 오후 5시쯤 되자 젊은 직원들은 퇴근하고 할아버지들이 야간 당번으로 교대를 하는 것이다.

그로부터 40년이 지난 2015년 가을에는 일본의 유명 주간지 주간동양경제에서 일본의 퇴직자들이 일하고 있는 사례가 소개된 기사를 읽은 적이 있다. 아파트관리인, 생협 지역위원, 회사 고문, 컴퓨터 강사, 가사대행서비스 등 우리나라에도 다 있는 일이었다. 특히 아파트관리인을 하려면 경쟁률이 50:1 정도로 치열하다고 했다.

이 세 가지 사례만으로 일반화할 수는 없지만 그런 사례를 보면서 생각했다. '나이가 들어서도 뭔가 일을 해야 하겠구나. 일을 하려면 폼 나고 권한 있는 일은 젊은 사람들에게 주고 저렇게 허드렛일에 가까운 일을 해야 하는 것이구나. 나도 오래 살 텐데 저런 준비를 해 두어야겠 구나.' 그때 그 장면들을 목격한 것이 내 인생에 얼마나 도움이 되었는 지 모른다. 높은 자리, 연봉 많이 받는 일보다도 나이 들어서도 할 수 있는 일이 무엇일까를 생각해 보는 계기가 되었기 때문이다.

두 번째 계기는, 일본의 베이비붐 세대 1947~1949년생 가 정년퇴직 그 당시 60세 을 몇 년 앞둔 시점인 2000년대 초의 일이다. 그 당시 일본에서 는 베이비붐 세대를 타겟으로 후반인생설계 관련 서적 출판이 붐을 이 루고 있었는데 그때 출간된 책들을 구입하여 읽어 본 것이다. 책들의 내용을 요약하면, 노후대비는 노후자금 몇 억 원을 준비하는 것으로 끝나는 게 아니라 장수 리스크, 건강 리스크, 자녀 리스크, 자산구조 리스크, 황혼이혼 리스크 등에 종합적으로 대응해야 한다는 것이었다. 특히 100세 시대의 가장 확실한 노후대비는 '평생 현역'이라는 점을 강 조하고 있었다. 퇴직 후의 3대 불안은 돈, 건강, 외로움이다. 이 3대 불 안을 해소하는 최선의 방법은 수입을 얻는 일이든, 사회공헌활동이 든, 취미활동이든 자신의 형편에 맞는 일을 찾아야 한다는 것이었다.

그즈음부터 나는 '평생 현역'을 후반인생설계의 최우선 순위에 두기 로 했다. 주된 직장에서 퇴직을 하더라도 거동을 할 수 있을 때까지는 그때그때 나에게 맞는 일을 찾아 낮 동안 나만의 시간을 갖기로 한 것 이다.

세 번째 계기는 2010년대 초부터 일본에서 출판되기 시작한 남편 퇴직 후의 부부갈등에 관련된 서적을 읽은 것이다. 그 당시 도쿄의 서점가에 가면 《은퇴 후 부부가 사이좋게 지내는 법》,《퇴직부부 최급설명서》,《무서운 아내, 무용지물 남편 처방전》,《은퇴 남편 길들이기》와 같은 제목의 책들이 다수 진열되어 있었다. 왜 이런 책들이 그렇게 많이 나와 있었을까? 남편이 퇴직한 가정의 부부갈등 문제가 사회문제로 대두되어 있었기 때문이었을 것이다.

의학박사 구로카와 노부오 씨 같은 경우는 퇴직 후 부부갈등의 위험도를 '남편재택 스트레스 증후군'이라는 용어로 설명하기도 했다. 퇴직한 남편이 집에 있음으로 해서 아내가 심한 스트레스를 받아 건강이 상으로 발전한다는 것이다. 증상으로는 우울증, 고혈압, 천식, 공황장애, 암 공포증, 십이지장궤양, 키친 드링커 등의 다양한 형태로 나타난다. 남편이 원인이 되어 생기는 병이라고 해서 부원병 夫源病 이라고 부르기도 했다.

오차노미즈대학의 소데이 다카코 명예교수는 그의 저서 《여자의 활로 남자의 말로》에서 일본 사회의 이런 부부갈등이 부부 성별 분업문화에서 기인하는 것으로 설명했다. 다시 말하면, 남편이 현역으로 있는 동안은 남편의 세계와 아내의 세계가 서로 분단되어 살았기 때문이라는 것이다.

커플문화를 가진 미국에서는 부부 공동의 행동이 당연시된다. 출장이나 전근을 가야 할 경우에도 배우자의 승낙이 필요하다. 항상 배우자에게 관심을 갖고 부부간의 애정에 끊임없이 신경을 쓰지 않으면 안 된다. 부부 사이에서 가장 중요한 것은 애정 자체보다도 애정을 표현하는 행동이다. 따라서 미국에서는 남편의 퇴직을 계기로 부부 사이에 새로운 갈등이 생길 가능성이 그리 크지 않다.

반면에 일본의 부부는 서로 다른 세계에서 행동하기 때문에 배우자의 사정에 크게 신경 쓰지 않고 각자 자기 일에 열중할 수 있었다. 남편은 출장이나 전근을 갈 때도 특별히 아내의 승낙을 받을 필요가 없었다. 덕분에 회사 일도 열심히 할 수 있었다. 아내는 가사에 열중하다가 자녀 양육이 끝나면 아르바이트, 취미, 지역사회 활동 등을 하며 자기 나름대로 삶의 보람을 찾는다.

그런데 이렇게 분단되어 있던 아내의 세계에 어느 날 갑자기 남편이 퇴직하고 집에 머물면서 문제가 생긴다. 퇴직 전에는 평일 저녁과 휴일에만 집에 있었던 남편이 거의 매일 집에 있는 것이다. 남편에게는 충격적인 이야기로 들리겠지만 그때까지는 신경 쓰지 않았던 남편의 성격이나 생활습관이 아내에게 스트레스 요인으로 작용한다. 이렇게 쌓인 스트레스가 '남편재택 스트레스 증후군'으로 나타나고 심한 경우 중년·황혼이혼으로까지 발전하는 것이다.

실제로 일본에서 지난 20년 동안 이혼 건수와 이혼율 자체는 크게 줄었는데, 전체 이혼 건수 중 혼인지속기간 20년 이상의 중년·황혼이혼 비율은 1990년에 14%에서 2020년에는 21%로 약 1.5배로 늘어났다. 문제는 중년·황혼이혼을 생각하게 되는 계기이다. 종래부터 있어 왔던 이유인 성격 차이, 경제문제, 배우자의 외도 등과 더불어 아내의 입장에서는 남편이 퇴직하고 집에 있기 때문이라는 게 중요한 계기 중 하나로 등장했다는 것이다. 남편의 입장에서는 참으로 어이없는 이유라고 할 수 있겠지만 그것이 현실인 것을 어찌하겠는가?

이 때문에 일본의 노후설계 전문가들은 퇴직을 앞둔 부부에게 퇴직 후의 부부 화목을 위해 특별한 노력을 기울일 것을 조언하고 있다. 특히 퇴직 후에도 낮 시간에는 가능한 한 부부 각자 자기만의 시간을 가질 것을 권유한다. 노후설계전문가 오가와 유리 씨 같은 경우는 자신의 칼럼에서 퇴직 후 가장 인기 있는 남편은 집안일 잘 도와주는 남편, 건강한 남편, 요리 잘하는 남편, 상냥한 남편이 아니라 '낮에 집에 없는 남편'이라고 쓸 정도이다.

그런데 이런 일본의 사례는 지금 우리나라에서 더 심각하게 나타나고 있지 않나 생각한다. 우리나라 부부들의 특징도 미국의 커플문화보다는 일본과 같은 부부 성별 분업문화에 가까운 데 비해 퇴직 후의 부부 화목에 대해서는 준비할 기회가 거의 없었기 때문이다. 특히 중년·황혼이혼은 일본보다 더 빠른 속도로 늘고 있다. 지난 이십수 년 동안 이혼율은 꾸준히 낮아졌는데 중년·황혼이혼의 비율은 1990년에 5%에서 2021년에는 무려 39%로 늘어났다. 이렇게 늘어난 배경에는 퇴직 후의 부부 갈등도 큰 비중을 차지할 것으로 추정된다. 언론을 통해서도 노후설계 강의 현장에서도 퇴직 후의 부부 갈등에 대한 고민을 너무 많이 듣기 때문이다. 퇴직 후의 부부 화목에 특별한 노력을 하지 않으면 안 된다는 뜻이다. 특히 아내들이 다른 무엇보다도 상실감에 빠져 있는 남편들에게 용기를 갖도록 도와주지 않으면 안 될 것이다.

사실 그 동안 우리나라는 퇴직 후에 마땅히 할 일이 없었다. 또 하려고 해도 남의 눈치를 보느라 용기를 내기가 어려웠다. 그런데 최근 몇 년 전부터는 우리나라도 무섭게 바뀌고 있다. 체면을 내려놓고 일하는 사람들이 급속하게 늘고 있다. 얼마 전에 택시를 타고 가면서 만난 기사님은 60세가 넘었는데 외국 회사의 서울 사장을 역임한 분이라고 했다. 사장 시절에는 기사 딸린 고급승용차를 타며 높은 연봉을 받았다고 한다. 그런데 지사장 직을 끝내자마자 목표를 세웠다고 한다. 3년 이내에 개인택시를 받을 자격을 취득하겠다는 목표였는데 그때 1년 8개월 정도 되었다고 했다. 이런 사례가 늘고 있는 것이다.

그럼 퇴직 후에 노후생활비 걱정이 없는 사람들은 놀고 먹으면 되는 가? 아니다. 특히 도시에 사는 사람일수록 퇴직하고 소일거리가 없어서 힘들어하는 분들이 많다. 요즘 서울 시내 일류호텔의 헬스클럽에 가 보면 왕년에 공직이나 민간기업에서 고위직에 있던 사람들이 많이 나와 있다. 거기에서 오전 시간을 때우고 오후에는 카페 등에서 소일하곤 한다는 것이다.

그렇다면 선진국에서는 퇴직하고 노후생활비 걱정이 없는 사람의 경우 어떤 일을 하는가? 취미활동 절반, 봉사활동 절반이면서 약간의 거마비 정도를 받을 수 있는 일을 많이 한다. 대표적인 활동이 NPO Non-Profit Organization 활동이다. 예를 들어 일본에는 2023년 7월 말 기준 NPO가 50,183개 있다. 1998년에 일본에서 특정 비영리활동 촉진법 NPO법이 제정, 시행되면서 크게 늘었다. 의료, 복지, 교육, 환경, 문화, 재난구호 등의 활동을 하는 단체이다. 이런 단체에서 일을 하면서 현역시절에 100을 받았다면 지금은 30~40 정도만 받는다. 노후생활비 걱정이 없기 때문이다. 그러면 60~70은 사회공헌활동을 하는 셈이다. 요즘 유행하는 재능기부이다. 그리고 30~40 정도의 거마비를 받는 것이다. 100% 무료봉사는 오래 지속될 수 없기 때문이다. 지금 우리나라 또한 그런 시대를 향해 가고 있다. 나는 퇴직 후 어떤 일을 할 것인가? 미리미리 생각해 보고 현역 시절부터 준비해야 할 것이다.

우리는 인생을 살아가면서 세 차례 정년을 맞이하게 된다. 첫 번째가 고용정년이다. 법정 정년 60세에 퇴직한다 해도 대부분의 퇴직자들은 매우 건강하다. 그래서 퇴직 후에도 수입을 얻는 일이든, 자원봉사나 취미활동이든 스스로 정해서 하는 일의 정년이 있다. 그리고 마지막으로는 하느님이 불러 가는 인생정년이다.

고용정년, 일의 정년, 인생정년. 이 세 번의 정년을 어떻게 맞이할 것인가? 이런 준비를 하고 사는 게 재테크보다 훨씬 더 중요하다. 가장 확실한 노후 대비는 재테크가 아니라 평생 현역이라는 뜻이다.

한국 경제와 일본 경제, 닮은 꼴 다른 꼴

김경록(미래에셋자산운용 고문)

일본 군국주의 상징은 사쿠라와 옥쇄玉碎이다. 실제로 일본 군국주의의 부상과 몰락은 옥이 산산이 부서지는 모습을 닮았다. 전후戰後 일본 경제 모습도 이와 다르지 않다. 1960년대부터 고속 성장한 일본 경제는 1980년대에 들어 세계 2위의 GDP를 차지했고 한때 주식시장 시가총액이 미국을 앞지르기도 했다. 제2차 세계대전 후에 어느 나라도 미국의 시가총액을 앞선 나라가 없었고 지금도 마찬가지이다. 그런 나라가 1990년 꼭두새벽부터 거꾸러지기 시작하여 30년이나 성장을 잃어버렸다. 1인당 GDP가 1995년에 4만 4,000달러이던 것이 30년이 지난 지금도 3만 9,000달러에 머무르고 있다.

'일본화'의 길

세계는 옥이 부서지는 모습의 일본 경제에 '일본화Japanification'라는 말을 붙여 주었다. 일본화는 초장기 저성장과 디플레이션 때문에 제로 금리의 늪에서 탈출하지 못하는 현상으로 정의할 수 있다. 불과 몇 년 전 세계가 일본화될지 모른다는 논의가 있었고, 일본과 비슷한 경제발전 경로를 밟은 우리나라와 중국은 일본화를 걱정했다. 2023년 7월에

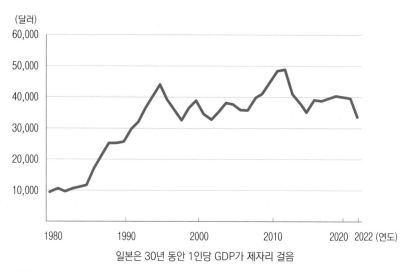

(달러)

일본은 30년 동안 1인당 GDP가 제자리 걸음

출처: Bloomsberg.

중국 물가상승률이 −0.3%를 기록하자 일본화라는 말이 바로 튀어 나왔다. 최근 성장률이 자꾸 떨어지고 있는 우리나라도 일본의 초장기 저성장에 들어선 것이 아닌지 불안해하고 있다. 일본화를 키워드로 일본과 우리나라의 경제를 비교해 보자.

　일본화라는 말은 쉽게 내뱉을 만한 무게는 아니다. 폴 크루그먼은 1998년에 '일본의 함정Japan's Trap'이라는 논문을 발표한다http://web.mit.edu/krugman/www/jpage.html. 그는 38세에 소장 경제학자에게 2년마다 수여하는 '존 베이츠 클라크 메달'을 받았고 55세라는 젊은 나이에 노벨경제학상을 수상한 대학자이다. 아시아 국가들이 성장의 한계에 직면할 것이라고 1990년대 중반에 경고한 사람도 크루그먼이다. '일본의 함정'에서 크루그먼은 일본이 인구구조 등으로 장기 저성장에 빠지면 실질금리가 마이너스가 되어야 하며 이를 위해서는 인플레이션이 있어야 한다고 보았다. 그런데 일본은 물가가 탄력적이지 않아서 중앙은행은 물가가 오를 때까지 통화를 계속 확장해야 한다고 보았다. 파격적인 제안이었지만 일본은 이를 채택하게 된다.

일본은 디플레이션, 즉 물가하락을 극복하기 위해 2001년부터 본격적인 제로금리 정책을 시작하여 2006년까지 지속했다. 미국 FED^{연방}준비위원회 의장이었던 버냉키가 2008년 글로벌 금융위기 때 제로금리라는 가 보지 않은 길을 갈 수 있었던 것도 일본에서 앞서 6년간 시행한 제로금리 정책 선례가 있었기 때문이다. 2006년 이후 잠깐 제로금리 정책이 느슨해졌지만 2013년 아베노믹스 때부터 중앙은행이 채권을 직접 매입하는 등 제로금리에 양적완화정책을 더했다. 2016년에는 은행들의 과다한 지급준비금에 대해 마이너스 금리를 매겼고, 정부가 국채 시장에 직접 개입하여 10년 국채 금리를 0% 선에서 유지했다. 이후 일본은 장단기 금리 모두 제로금리가 되었다.

이러한 정책은 어떤 나라도 따라 하기 힘든 어마어마한 것이다. 20년간 일관되게 제로금리를 유지했다는 것만으로 일본은 이해하기 힘든 나라이다. 미국도 제로금리가 된 적이 있긴 하지만 일시적이었다. 최근 코로나 때 미국은 제로금리까지 인하했지만 지금은 무려 정책금리가 5.5%에 이른다. 하지만 일본은 소비자물가상승률이 4%를 넘는데도 제로금리 정책을 유지하고 있다. 20년간의 일관된 제로금리 정책은 조변석개하지 않고 꾸준히 지속하는 일본의 특성을 보여 주지만 그만큼 일본 경제의 심각성을 말하고 있는 셈이다. 일본의 경제 위기의 심각성과 지속성은 어디에서 비롯되었을까?

한창 성장하던 일본 경제는 차원이 다른 충격을 받았다. 1985년에 플라자 합의로 달러당 240엔 하던 환율이 1년만에 150엔으로 하락했다. 1년 만에 통화 가치가 38% 오른 셈이다. 여기에 그치지 않고

1995년에는 70엔대까지 하락한다. 우리나라 환율로 생각해 보면 1,200원 하던 달러/원 환율이 1년 만에 740원이 되고 뒤이어 계속 강세를 보여 10년 후에는 360원이 되었다는 뜻이다. 우리나라 환율이 2003년 1,200원에서 4년 만에 900원으로 떨어졌을 때의 수출시장과 외환시장 혼란을 감안하면 2008년에는 KIKO 사태로까지 이어진다 플라자 합의의 영향력을 상상할 수 있을 것이다. 플라자 합의와 이후 엔화 가치 상승은 경제적인 원폭에 버금가는 충격이었다.

엔화 강세로 기업들이 해외로 기지를 옮기면서 산업공동화가 진행되었고, 미국의 내수 진작 압력으로 일본은 금리를 인하했다. 당연하게도 1980년대에 10년간 땅값이 4배가 되었다. 이에 일본은 1989년 한 해에만 금리를 2.5%에서 6%로 인상했다. 금리는 함부로 취급하면 안 된다. 1990년 새해부터 일본 주가가 폭락하고 부동산 가격이 급락하

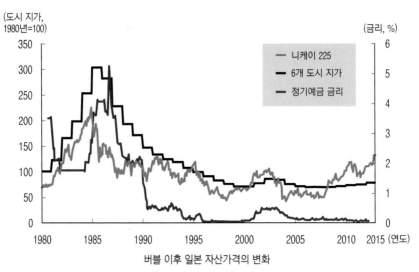

버블 이후 일본 자산가격의 변화

출처: 톰슨 로이터, JREI(일본부동산연구소)

면서 버블이 붕괴되었다. 부동산에는 대출이 수반되므로 부동산 버블은 어느 나라이건 간에 큰 후유증을 남긴다. 부채 가치는 그대로인데 자산 가격이 급락하는 대차대조표 불황에 빠진 일본은 부채를 단 기간에 조정하는 대신 10여 년에 걸쳐 서서히 줄여 갔다. 일본 기업들은 부채비율을 400%에서 150%까지 낮추는 구조조정을 이어 갔다. 이런 상황에서 운 없게도 세계 경제가 이를 받쳐 주지 못했다. 멕시코가 1995년에 외환위기에 빠졌고 태국, 한국, 말레이시아 등 아시아 국가들이 뒤를 이었다. 1998년에는 러시아 모라토리움과 미국 헤지펀드 회사 LTCM Long Term Capital Management 파산이 일어났다. 2000년 초부터 나스닥이 붕괴했고 2001년에는 9.11 사태가 일어났다. 설상가상으로 일본은 1995년에 고령사회로 진입하면서 생산인구가 감소하는 가운데 복지 지출은 증가했다. 격투기에 비유하면 3단 콤보 공격 버블 붕괴, 대차대조표 불황, 고령사회을 받은 셈이다.

1990년대의 일본 경제와 다른 3가지

우리나라는 일본이 보인 '초장기 저성장, 디플레이션, 유동성 함정'이라는 상황에 똑같이 빠질 이유가 없다. 일본과 다른 길을 갈 수 있는 요소를 갖추고 있기 때문이다. 우선, 경제규모 차이이다. 1990년대 당시 일본은 세계 GDP 2위 국가였다. 1995년에 일본의 GDP는 5.5조 달러였고 미국의 GDP는 7.6조 달러였다. 일본은 미국 GDP의 76%를 차지할 정도로 경제 규모가 컸다. 이 정도 규모면 일본 경제가 살아나기 위해서는 해외 경제가 아닌 일본 경제 스스로 자생력을 가지고 있어야 한다. 경제 규모가 작은 나라는 자국의 소비와 투자가 부진해도 해외 수요가 많으면 경제가 회복될 수 있지만 일본은 그렇지 못했다. 우리나라는 전혀 다른 상황이다. 2021년 기준 미국 GDP는 23조 달러, 중국 18조 달러, 일본과 인도를 합치면 8조 달러인 반면에 우리나라는 1.8조 달러이다. 우리나라의 경제 규모는 이들 국가의 3.6%에 불과하다. 미국 GDP와만 비교해도 7.8%에 불과하니 1990년대 당시 일본이 차지한 76%와는 차이가 크다. 우리는 내부 성장 엔진이 약화되더라도 제품의 국제 경쟁력이 있으면 성장할 수 있는 나라이다.

둘째, 우리나라는 일본처럼 환율이 초강세가 되지 않는다. 오히려 최근에 환율은 미국 금리 인상으로 인해 1,300원을 넘는 등 약세를 보이고 있다. 1,300원인 환율이 앞으로 700원까지 하락할 것인가? 더욱이 400원까지? 이는 불가능에 가깝다. 지금은 아니지만 나중에 하락하지 않는다는 보장이 있느냐고 반문할 수 있다. 일본 엔화는 안전통화이자 기축통화에 속한다. 금융위기가 오면 엔화 가치가 오른다. 정부부채가 GDP의 260%가 되어도 일본 통화를 신뢰하고 있는 것이다. 반면에 우리는 금융위기가 오면 통화 가치가 떨어진다. 2008년에 글로벌 금융위기 때 900원 하던 환율이 1,600원까지 올랐다. 1998년 외환위기 때는 2,000원까지 상승했다. 그 외에도 세계 금융시장이 흔들릴 때면 원화 가치는 어김없이 떨어진다. 앞으로 통화의 초강세가 우리나라 경쟁력을 낮추고 내수 버블을 가져올 가능성은 거의 없다.

마지막으로 우리는 상장사 기업 부채비율을 500%에서 200% 대로 줄이는 구조조정을 1997년 외환위기 때 이미 했다. IMF가 들어오고 불과 6년 만에 기업의 부채 비율을 대폭 줄였다. 엄청나게 단기간에 이루어진 구조조정과 그에 따른 고통 감내했다. 크루그먼은 그 당시 IMF의 고금리 정책을 맹렬하게 비난했다. 괜찮은 기업들도 망하게 하고 이로 인해 실업을 양산하고 많은 근로자들을 고통에 빠지게 만들었다는 것이다. 하지만 우리는 선택의 여지가 없어 무지막지한 구조조정의 길을 걸었다. 그 고통이 2000년대부터 우리나라 경제를 점프하게 만들었다. 우리나라는 2000년에 1인당 GDP가 1만 달러에 불과했지만 불과 17년만에 3만 달러가 되었다. 엄청난 성장이었다. 이러한 성장에는 중국을 비롯한 세계 경제의 성장도 있었지만, 세계 경제 성장의 과실을 우리가 향유할 수 있었던 것은 외환위기 때 구조조정으로 기업의 체질이 강화되었기 때문이다. 외환위기 후 대기업과 중소기업의 격차가 커졌지만 우리나라 경제의 근간을 형성하는 대기업의 비효율성은 크게 줄었다.

한국은 인구구조 붕괴가 변수

한 가지 우려되는 점은 일본이 전 세계에 제로금리를 20년 동안 이어 가는 게 가능하다는 것을 보여 주었다면 우리나라는 인구가 5,000만 명이나 되는 나라의 출산율이 0.8명 이하가 될 수 있다는 것을 세계에 보여 주었다는 것이다. 2024년에는 합계출산율이 0.7명이 될 것으로 보고 있다. 우리나라는 환율 초강세, 버블 붕괴, 부채 과다로 인한 일본화의 길을 걷지는 않겠지만 인구구조 문제가 뇌관이 될 것이다. 크루그만도 인구구조와 같은 요인이 장기 성장 동력을 약화시켰을 때 일본과 같은 유동성 함정이 올 수 있음을 경고했다. 따라서 여기에 잘 대응하지 못하면 우리는 일본의 버블 붕괴로 촉발된 경로와는 다른 장기 저성장에 빠질 수 있다. 인구문제의 심각성은 변화의 속도에 있다.

우리나라 인구 고령화는 세계에서 유례 없는 속도이다. 고령화 수준과 함께 고령화 속도도 세계 1위를 달린다. 고령사회에서 초고령사회로 도달하는 햇수가 프랑스 29년, 미국 15년, 일본 11년인 데 반해 우리나라는 불과 7년이다. 독일은 그 기간이 33년이나 되며 영국은 49년에 이른다. 이 정도의 고령화 속도라면 우리나라에서 인구문제가 부작용 없이 연착륙하기 어렵다. 연금개혁, 출산, 고령자 정책 등이 모두 늦었다. UN에 따르면 우리는 앞으로 50년 후에 인구가 27% 감소하여 일본의 뒤를 이을 것이다. 소규모 국가를 제외하고는 인구 감소에서 일본이 1위, 우리가 2위인 셈이다. 미국, 캐나다, 스웨덴은 인구가 20% 이상 증가하며 호주는 40%나 증가하는 것과 대조를 이룬다.

총인구보다 생산가능인구가 중요하다. 우리나라의 생산가능인구와 청년인구의 감소는 심각한 수준이다. 2019년을 정점으로 생산가능인구15~64세는 매년 30~50만 명이 감소하여 2050년이면 1/3 이상이 감소한다. 특히 청년인구19~34세가 많이 감소하여 앞으로 20년 동안 35% 줄어든다. 같은 기간 생산가능인구는 23% 감소하는 데 비해 감소폭이 더 크다. 25~64세의 활발히 일하는 연령층도 마찬가지이다. 과거 30년 동안 1,000만 명이 증가했으나 앞으로 30년 동안 1,000만 명이 감소한다. 이러한 수준의 생산인구의 급감은 이민으로 메우기 어렵다.

서구사회는 1.5명 내외의 출산율과 이민으로 고령화에 대응하고 있다. 이러다 보니 고령화 진행 속도도 우리보다 느리고 인구가 증가하는 곳도 많다. 하지만 우리나라는 0.8명 내외의 출산율에도 불구하고 이민이 활성화되어 있지 않다. 한 다리로 고령화라는 탁자를 지탱하고 있는데 그 다리마저도 부실하기 짝이 없는 셈이다. 그나마 일본

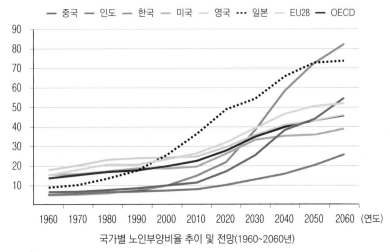

국가별 노인부양비율 추이 및 전망(1960~2060년)

주: 노인부양비율 = 65세 이상 인구/15~64세 인구
출처: UN, 〈World Population Prospects 2022〉.

은 1.2명 수준의 출산율로 우리나라보다는 상황이 훨씬 낮다. 그러다
보니 우리나라의 노인부양비율생산인구 100명당 노인의 숫자은 21명 2020년
에서 61명 2040년, 100명 2070년으로 크게 증가하고, 2050년이면 일본
을 넘어설 것으로 추정된다.

　생산인구가 줄어들고 노년인구가 늘어나면 1인당 소득이 증가하기
어렵다. 예를 들어, 생산인구 20명과 노년인구 10명이 있으며 생산인
구는 1인당 10개씩 바나나를 생산한다고 하자. 그러면 전체 30명의
1인당 바나나 생산 개수는 6.7(=200/30)개다. 그런데 생산인구가 15명
으로 줄고 노년인구가 15명으로 늘어났다고 해 보자. 바나나는 150개
생산하는데 총인구가 30명 그대로이니 1인당 바나나 생산은 5개가
된다. 생산인구의 1인당 바나나 생산량은 줄지 않았는데 생산인구가
줄고 노년인구가 증가하는 것만으로 전체 인구의 1인당 바나나 생산

이 줄어든다. 국가 경제도 마찬가지이다. 생산인구의 비중이 줄고 노년인구 비중이 늘어나는 것만으로 1인당 GDP는 줄어든다. 생산성을 높이는 데도 한계가 있다. 일본의 1인당 GDP가 30년간 제자리 걸음을 하는 이유도 여기에 있다. 우리나라 1인당 GDP는 과거 20년 동안 1만 달러에서 3만 4천 달러로 증가했지만 앞으로는 강한 저지선이 형성되면서 장기 저성장에 들어갈 것이다. 인구정책의 혁명적 변화가 있지 않는 한 말이다.

'한국화'라는 길

우리나라는 일본의 1990년대와 다르다. 플라자 합의와 같은 폭력적인 환율 강세도 없을 것이고 엄청난 버블도 없기 때문이다. 게다가 우리는 이미 외환위기 때 구조조정을 강력하게 진행한 바 있어 경제 체질이 취약한 상태도 아니다. 물론 가계부채라는 고리가 있지만 일본이 경험했던 부채 불황 수준에는 훨씬 미치지 못한다. 무엇보다 주된 교역 상대국의 경제 규모에 비해 우리 경제의 규모가 작기 때문에 이들 국가가 성장하면 우리도 성장할 수 있다. 이러한 점들이 일본화와 관련된 우리와 일본 경제의 차이이다.

반면에 저출산·고령화라는 인구구조 문제는 우리나라와 일본이 공통된다. 우리가 일본보다 심각하다. 환율 초강세와 버블 붕괴가 만들어 낸 일본화Japanification가 있다면 우리는 인구구조의 붕괴가 만들어 내는 저성장 드라마를 그릴 것이다. 비켜 나갈 길은 있다. 세계 경제가 호황을 오래 지속하거나 우리가 엄청난 혁신을 이루는 경우라 둘 다 쉽지 않다. 우리는 인구구조의 함정에 빠져서 '한국화Koreafication'라는 길을 만들 가능성이 높다. 일본처럼 제로금리와 대규모 정부부채를 가져갈 수 없으므로 그 약한 고리가 외환시장에서 나타날 수 있다. 인구구조가 붕괴하면서 저성장·고부채 사회가 되고 이로 인해 외환시장이 불안해지는 경로이다. 유럽 재정위기 때 그리스를 보면 알 수 있다. 우리는 1990년대 일본의 상황을 뜯어보고 있을 게 아니라 우리의 인구문제와 우리의 통화 경쟁력에 기반한 대응이 절실하다. 일본이 옥쇄라면 우리는 무궁화와 소나무로 대변된다. 통화 경쟁력은 건전하고 내실 있는 경제구조에서 비롯된다. 일본화에 얽매일 필요 없이 우리의 질긴 생명력의 길을 찾기를 기대해 본다.

각광받는 전기차 시대, 무엇을 사야 할까
전기차 아니면 내연기관차?

박오영 (아성무역 대표)

새로운 자동차 시대

인류의 모빌리티 혁명에서 주요한 분기점이었던 자동차 산업이 전환점을 맞고 있다. 100년이 넘게 지속되어 온 내연기관차 시대에서 전기차 시대로 전환되고 있기 때문이다. 문제는 전기차가 갖고 있는 한계와 고용 측면, 그리고 환경적 측면이다. 먼저 전기차에서 배터리는 중요한 부품이며 전기차의 40% 이상을 차지하는 핵심 부품이다. 전기차는 배터리의 가격이 고가이며 배터리를 구성하는 원재료의 고갈로 인해 딜레마에 빠질 수도 있다.

2035년부터는 내연기관차의 신차 판매를 금지하는 유럽연합EU의 계획이 수포로 돌아갈 가능성이 존재한다. 독일과 이탈리아에서 친환경 전기차만의 생산 판매에 반대하고 나섰고 폴란드, 불가리아 등도 내연기관차 신차 판매금지에 제동을 걸고 나왔기 때문이다. 전기차의 40% 이상을 차지하는 배터리는 원재료 수급에 난항을 겪고 있고 한정된 원재료와 자원 부족으로 인한 원재료 급등으로 전기차 생산이 언젠가 난처한 상황에 놓일 수 있기 때문이다.

여기에 전기차는 한번 불이 나면 열폭주 현상으로 좀처럼 불길을 잡기 힘들고, 누전과 충전 인프라의 부족으로 향후 소비자들에게 외면당하는 상황이 올 수도 있음을 간과할 수 없다. 아파트 지하 주차장에서 전기차 충전으로 화재가 발생할 경우 소방차의 진입에 대한 준비 역시 하고 있어야 할 것이다. 그런데 석탄 화력의 발전으로 전력을 공급하고 주행하는 전기차가 진정한 의미에서 친환경 차일까 의문이 들기도 한다.

따라서 전기차 위주로만 개발하기보다는 최고의 안전성과 100년 이상의 기술력이 결합된 내연기관차도 살리고 하이브리드와 같은 조건별 충전과 주행이 가능한 BEV 전기차, FCEV 수소차, HEV 하이브리드차, PHEV 플러그인 하이브리드차 등의 기술을 개발하는 것이 친환경 시대를 열어 가는 합리적인 방법이라고 생각한다. EU 등의 일부 정치인들은 경제성을 고려하지 않고 친환경 이미지를 구축하기 위해 현실에 맞지 않는 주장을 하기도 했다가 자칫 기존의 내연기관차 분야에 대량 해고 사태를 일으킬 수 있다는 것을 이제야 깨닫고 내연기관차 하이브리드 차로 되돌아가야겠다고 생각하고 있다. 각광받는 전기차가 지속 가능한 기술인지는 여전히 의문이지만 그래도 무섭게 달려가고 있다. 전기차는 한번 고장이 나면 일선 정비소에서는 수리작업이 불가능하다. 전기차는 고전압의 부품으로 구성되어 있는 데다가 일선 정비소의 기술자를 대상으로 하는 전기차 교육이 안 되어 있고 장비도 갖추어져 있지 않기 때문이다.

이런 상황에서 일론 머스크의 테슬라가 전기차의 주도권을 형성하고 있지만 소비자는 경제적으로 이득이 되고 편리하느냐를 기준으로 전기차와 내연기관차 중 어느 것을 선택할지 결정할 것이다. 즉, 전기차가 내연기관차보다 가격이 비싸거나 안전성과 충전성 등에서 뒤떨어지면 소비자는 전기차를 선호하지 않을 것이다. 전기차의 향배는 결국 시장에서 소비자가 선택할 것이다. 전 세계에는 15억만 대에 달하는 차량이 주행하고 있는데 그중 신흥국에서만 7~8억만 대가 주행하고 있다. 신흥국에는 전력을 생산하기 위한 원전도 없고 전력이 부족하기에 신흥국에 전기차 판매는 시기상조일 것 같아 보인다.

세계 10대 경제 대국에 들어가는 우리나라도 전력이 부족한 상황인데 신흥국에서는 당연히 더욱더 전력이 부족할 것이다. 우리의 전력회사도 적자가 계속되는 상황임을 고려하면 국내 전기료도 머지않아 큰 폭으로 인상될 것으로 보인다. 언제까지 적자 상황에서 전기를 퍼줄 수는 없기 때문이다. 전력이 없는데 어떻게 전기차가 주행할 수 있겠는가? 아직은 전기차는 시기상조일 수도 있다는 생각이 든다. 자율주행에는 전기차가 유리하지만 레벨 5의 완전자율 주행은 아직도 요원한 기술로 보고되고 있다. 희망하고 있지만 어쩌면 지금의 상황에서는 거의 불가능한 기술이라고 이야기하기도 한다. 내연기관차는 부품 수가 많아서 전기적 신호를 빨리 받아서 전달하는 기능이 센서 측면에서 전기차보다 반응이 늦다. 그러나 자율주행 레벨 3 정도에서는 내연기관차의 자율주행도 전기차 못지않게 제 기능을 할 수 있다.

하이브리드를 좋아하는 일본, 전기차의 신중함

아무리 친환경이라는 이유가 있다고 해도 정부나 기관이 소비자들에게 전기차를 강제로 사라고 할 수는 없다. 아주 오래전 1992년도에 자동차회사의 일본 현지 주재원으로 근무하고 있을 때의 일이다. 일본의 오사카에 전기차 충전스탠드가 많이 생겨났고 전기차의 활약이 이제 시작되는구나 생각했는데 그때는 시기가 너무 빨랐던 탓인지 전기차의 유행이 한순간에 사라져 버렸다. 현재의 전기차도 바람처럼 사라져 버릴지 아니면 앞으로도 지속될지는 확신할 수 없다. 어쩌면 미래의 자동차 산업에는 내연기관차가 몰락하고 전기차가 그 자리를 차지하게 될지도 모른다. 사태의 추이는 시간을 두고 보면 알게 될 것이다. 어쨌든 현재로서 전기차는 충전 인프라와 해결해야 할 과제가 많이 남아 있으므로 아직도 완벽하지 못하고 안전성과 기술력의 부족이 눈에 띄게 드러나고 있다. 각광받는 전기차가 일시적인 바람인지 지속 가능한 기술이 될지는 소비자들의 가치 판단으로 결정될 것이다. 소비자는 내연기관차나 하이브리드차보다 가격 면에서 가성비가 있는지를 따지며 경제성을 우선시할 것이며 내연기관차보다 편리하고 충전시간이 현재 장시간의 충전에서 내연기관차와 같이 몇 분 단위로 단축되어야 전기차를 선택할 것이다. 전기차가 기존의 내연기관차보다 편리하고 가격에서 매력적이 된다면 소비자는 지갑을 열게 될 것이다. 한정된 배터리 자원과 충전하는 데 오랜 시간을 신경 쓰며 기다려야 하는 현실에서 과연 전기차가 대세가 될 수 있을지는 여전히 의문이다.

전기차 일변도로 모든 차량이 개발 생산이 되었을 때 내연기관차의 엔진과 트랜스미션 등의 주요부품을 생산해 왔던 자동차 부품협력업체와 노동자들은 과연 어디로 가야 할까? 그리고 이러한 상황에 대한 책임은 누가 져야 할까? 일본에서는 그동안 내연기관차는 수많은 노동자들의 일자리를 창출해 왔고 국가산업의 근간을 이룬 산업이었음을 부인할 수 없기에 심각하게 고민하고 준비하고 있는 것이다. 바이든 미국 대통령이 한국에 와서 삼성반도체와 현대·기아자동차에 가서 미국에 공장을 지어 달라고 요청하는 것이 한국의 일자리보다 미국의 일자리를 창출시키기 위한 것임을 상기할 필요가 있다. 오히려 이 시기에 저탄소 배출을 할 수 있는 내연기관차의 개발을 서두르고 하이브리드차의 기술을 개선하여 친환경 저탄소의 차량으로 거듭나게 할 수 있다면 보다 각광받는 친환경 차로 등장할 수 있을 것으로 보인다. 전기차로 가기 전 단계인 하이브리드에 성공한 일본이 주저하고 고민하고 시간을 많이 들이는 이유도 고용 문제, 안정성 문제 등에 대해 심사숙고하고 있기 때문인지도 모르겠다. 결국 전기차는 기술력과 안전성, 충전 인프라 등의 문제로 내연기관차를 100% 대체할 수 없으며, 적어도 전기차가 100% 대체할 수 있는 시기는 정확히 알 수 없지만 적어도 아주 오랜 세월이 지난 뒤에야 가능하게 될 것으로 추측된다.

배터리의 전해질을 액체에서 고체로 변환하여 폭발 위험을 감소시킨 꿈의 배터리인 전고체배터리는 일본에서 가장 많은 특허를 보유하고 있으며, 파일롯트 개발과 2027년까지 상용화를 추진하고 있는 일본의 도요타는 여전히 전기차의 개발과 판매에는 적극적으로 나서지 않고 하이브리드 차량의 판매에 전념하며 하이브리드차로서 세계 최고의 판매실적을 내고 있다. 전기차 배터리에서 최고의 기술력을 가진 도요타가 전기차의 판매에 큰 관심이 없고 현대·기아자동차보다 판매실적이 뒤처지고 있음을 상기할 필요가 있다. 전기차의 기술력에서 압도적으로 우위를 지닌 도요타는 오히려 전기차가 아닌 하이브리드차에 전력을 다하고 있는 것은 의외라고 볼 수 있다. 전기차는 이미 얼리어답터들이 모두 구매했고 이제 본격적으로 일반인들이 구매해야 하는 시기가 다가왔지만, 전기차의 수요가 좀처럼 일어나지 않고 감소하고 있다. 그 이유는 전기차는 충전과 안전성 등에서 여전히 해결해야 하는 과제가 많기 때문이다. 소비자는 기존의 내연기관차보다 경제성이 있고 이익이 있어야 전기차를 구매할 것이고, 전기차가 내연기관차보다 가격이 적어도 1,000만 원 이상 비싸다면 전기차를 선뜻 구매하지 않을 것이다. 소비자가 전기차를 구매하기 위해서는 전기차가 내연기관차보다 가격 측면에서 메리트가 있어야 할 것이다.

여기에 친환경 전기차의 판매를 독려하기 위한 보조금을 국가와 지자체가 언제까지 줄 수 있을지도 생각해 보아야 한다. 전기차의 국가보조금은 매년 감소하고 있고 중국은 전기차의 보조금 지급을 전면 중지한다고 한다. 현재 완성차 기업에서는 전기차를 제조해서 판매하는 이익이 내연기관차보다 훨씬 적다. 전기차 배터리의 원재료를 전량 수입에 의존해야 하는 상황에서는 더욱 그렇다. 여기에 더하여 배터리의 광물을 생산하는 국가는 제한되어 있고 이를 생산하는 국가들은 카르텔을 형성하여 배터리 광물의 가격과 수급을 좌지우지하고 있다.

마치 사우디아라비아와 같은 석유산유국들이 카르텔을 형성하여 독점적 우위를 내세워서 세계 시장경제를 지배하고자 하는 것과 유사한 모습을 보여 준다. 전기차는 겨울철 배터리의 주행거리 단축이 예견되고 있고 배터리의 열폭주 현상과 누전 등 안전성에 대한 대책도 시급히 해결해야 하는 과제가 될 것이다. 현재 전기차의 최대 생산국은 중국이다. 저가의 배터리인 LFP배터리 관련하여 중국이 전 세계 배터리의 광물시장과 가공생산을 거의 독점하다시피 하고 있다. 이러한 상황에서는 전기차만 집중적으로 개발하기보다는 하이브리드차와 내연기관차, 전기차, 수소차 등이 공존하는 시대를 함께 열어 가는 것이 차이나 리스크에 대비하는 방법일 것이다. 중국의 희토류 독점수출 금지와 요소수 대란을 상기해 보면 중국의 시장독점에 대한 우려가 현실에서 해결해야 하는 과제로 남아 있다. 미국도 최근 IRA 인플레이션 감축법의 발효를 계기로 중국에 대한 견제를 시작하고 있음을 감안하면 우리도 중국의 배터리와 광물수입 의존도 문제 등 수많은 해결과제가 남아 있다. 전기차가 대세가 되어 내연기관차가 몰락한다고 해도 소비자들은 각자의 취향과 필요에 따라 선택할 것이다. 따라서 오히려 내연기관차, 전기차, 하이브리드차, 플러그인 하이브리드차 등으로 차량을 다양화하여 소비자에게 선택의 폭을 넓혀 주는 것이 필요해 보인다. 현재는 전기차가 각광받고 있으나 앞으로는 어떻게 될지 모른다. 소비자의 선택과 시장경제의 논리 속에서 전기차도 성공과 좌절을 맞볼 수 있기 때문이다. 신중함을 중시해 아날로그 방식으로 사고하고 행동하는 일본이 전기차에 대해서도 서두르지 않는 것은 납득이 되는 일이다.

혼네와 다테마에 비즈니스에는 특별한 방법이 있을까?

일본과 수십 년간 비즈니스를 하다 보니 자주 듣는 질문 중 하나가 '어떻게 하면 일본과의 비즈니스를 잘할 수 있을까'이다. 실제로 일본에서 해외 주재원으로 오랫동안 근무했고 우리나라에 복귀하여 수십 년간 일본, 미국과 비즈니스를 해 왔다. 막연히 비즈니스를 했다기보다는 일본에 주재할 때는 처음에는 자동차의 기술개발 프로젝트를 수행했고 그 이후에는 우리나라의 자동차부품을 일본 시장에 수출하는 업무를 오랫동안 담당해 왔다. 시장을 개척하는 초기 단계에는 어떻게 해야 할지를 몰랐으나 일본 시장을 개척하기 위해서는 회사를 방문하고 담당자를 만나야 한다는 생각으로 수많은 일본의 자동차 회사들과 부품 협력업체를 찾아다녔다. 처음에는 당연히 만나 주지 않겠다는 일본 회사들의 거절에도 찾아가서 만나고 회의 중이라도 기다렸다가 또 찾아가고 그렇게 하기를 수십 차례를 반복하고 나서 일본 회사를 비즈니스의 동반자이자 친구 관계, 나아가서 협력하는 관계로 만들어 갔다. 지금은 우리나라의 자동차 회사들이 세계 일류기업이 되어 있지만 그 옛날 필자가 일본 영업을 하던 시절에는 일본으로부터 기술을 조금은 배워 와야 할 시기였던 것을 부인할 수 없을 것이다. 그러나 우리 부품의 품질이 조금 모자란다고 해서 판매를 할 수 없는 것은 아니다. 비즈니스를 하면서 부품의 품질을 향상시켰고 나를 파트너로 선택해 준 일본 회사들로부터 신뢰를 잃어버리지 않도록 최선을 다해 왔던 것은 사실이다. 1년에 부품을 100만 개 수출한다고 해도 단 한 개 부품에서 품질 문제가 발생한다면 고객사인 당사자에게는 100%의 문제가 된다고 생각했다. 따라서 단 한 개의 부품도 품질 불량을 발생시키지 않아야 한다고 결심했고 그 결과 수십 년이라는 세월 동안 일본, 미국과 계속 비즈니스를 해 올 수 있었다.

물론 일본과 비즈니스를 해 오는 동안에도 일본은 값싸고 품질 좋은 부품을 필요로 하는 시기에 우리나라의 부품을 수출하게 되어 상호 좋은 기회를 잡았고, 내가 훌륭한 일본의 협력사를 만날 수 있었던 것도 운이 좋았다고 할 수는 있겠다. 일본인들이 처음 만났을 때는 쌀쌀맞고 냉정한 태도를 보였지만 나름의 방식대로 자신감을 갖고 일본의 협력사들에게 성실하고 좋은 친구라는 인상을 주도록 노력했다. 실제로 속임수 없이 일어나는 일을 그대로 보여 주고 있는 사실을 있는 그대로 이야기해 주면서 처음부터 끝까지 과정을 상세하게 설명하고, 일본 협력사들과 상호 이해를 함께하는 관계로 발전되도록 노력했다. 기본적으로 일본인들이 정직하게 비즈니스를 해야 한다고 생각하고 있는 것도 사실이다. 처음 일본과 비즈니스를 시작할 때 선배들에게 일본과 비즈니스를 하면 괜찮겠냐고 물어봤다. 그러자 대부분의 선배들은 일본이 비즈니스에서 정직하고 바르게 살아가려는 성향이 보이는 민족이니까 한번 일본과 비즈니스를 해 보면 좋을 것이라며 권했다. 그러면서 다른 어떤 나라를 지목해 이야기하면 오히려 돈은 더 벌 수 있을지는 모르지만 조심해야 한다는 당부의 말을 해 주었던 선배들의 이야기가 기억에 남는다. 그만큼 일본과의 비즈니스에 대해서는 좋은 평판을 하고 있다고 해도 과언은 아닐 것이다.

예전에는 일본이 우리나라보다도 여러 면에서 선진국이었다. 보통 선진국의 사람들은 후진국의 사람들보다도 많은 것을 경험하고 체험하면서 역사를 써 왔기 때문에 기술적인 측면에서 배울 것이 많았고 성실하게 잘 가르쳐 준다는 인상을 많이 받았다. 실제로 일본과 비즈니스를 하면서 기술적인 면뿐만 아니라 상도, 즉 사회생활을 하는 비즈니스의 전반적인 사항에 대해서도 많이 배웠다고 생각한다. 특히 신뢰관계가 되면 상대의 어려움을 이해하고 도움을 주려는 일본 특유의 따뜻한 마음도 경험했다. 비즈니스 관계나 개인적인 관계에서는 선량하고 진실한 마음으로 대해 주는 일본 사람들이 많은데, 이런 사람들이 모인 일본이라는 나라가 어떻게 과거에 태평양전쟁을 일으켰을까 의아한 생각이 들었던 것도 사실이다. 과거의 일이라고 해도 한국이 얽혀 있는 문제인 만큼 역사를 잊어버릴 수는 없지만, 그렇다고 과거에만 매몰될 수도 없으니 새로운 한일 시대를 열어가면서 비즈니스에서는 협력할 부분에서 친구처럼 대하면 될 것이다.

지금도 일본과의 비즈니스를 오랫동안 해 온 것을 감사하게 생각하고 있으며 일본과의 비즈니스를 하면서 지금까지 만났던 일본인에 대한 좋은 기억은 잊을 수 없다. 흔히 일본인은 손님을 집에 초대하지 않는다고 하지만 이것도 개인마다 다르다. 나의 경우는 일본인 친구들과 대선배들의 집에 초대를 많이 받았다. 타국에서 외롭게 비즈니스를 하느라 고생한다며 나를 집에 초대해서 함께 했던 일본 사람들, 그리고 나를 외국인이 아니라 평범한 일본인의 한 사람처럼 자연스럽게 대해 준 일본 사람들이 여전히 기억에 남아 있다. 물론 세월이 흘러 이 일본 분들도 노년으로 접어들었으나 지금도 비즈니스의 파트너이고 대선배인 이분들과 그때 그 시절을 생각하며 동등하게 서로의 안부를 주고 받고 있다. 이런 관계는 크나큰 행운이라고 생각한다. 일본에 오랫동안 머물면서 새로운 경험을 하고 많은 비즈니스를 했던 것은 일본의 대선배들이 도움을 준 덕분이라고 생각해 지금도 항상 감사하다.

오랜 기간 비즈니스를 해 왔지만 비즈니스에는 특별한 방법이 있을 리 없고 상대가 일본인이든 미국인이든 세상 사람들이 살아가는 방법은 모두 똑같다. 진실한 마음을 갖고 내가 먼저 마음을 열고 다가간다면 그 어떤 누구도 나를 싫어할 사람은 없을 것이라고 생각한다. 일본인을 지칭하여 '혼네와 다테마에'가 강하다고 하면서 일본인은 속마음과 겉마음이 다르니 일본과 비즈니스를 할 때는 주의하라며 당부를 들었던 기억이 난다. 하지만 그때도 나는 이러한 부분을 전혀 걱정하지 않았다. 일본인이든 한국인이든 살아가는 방법은 크게 다를 것이 없고 진실한 사람을 당할 수는 없다. 오히려 내가 만난 일본인들은 신뢰관계가 되면 속마음을 더 많이 보여 주고 싶어 했다. 내가 가슴을 열고 다가가는 이상으로 일본인들은 훨씬 더 먼저 마음을 열고 다가와 주었다. 내가 이 세상에 당당하게 설 수 있게 된 것은 일본인 대선배들의 덕분임을 잘 알고 있고 언제나 감사하고 있다. 비즈니스를 하면서 어려운 일이 있어도 그 사람의 입장에서는 그럴 수 있다고 이해하면서 다가가면 상대와 나도 대화가 시작될 수 있다. 나의 주장이 전부 통할 수는 없듯이 나의 주장을 밀어붙여 상대를 이해시키는 것보다 상대가 내 마음속에 들어올 수 있도록 나의 마음을 먼저 연다면 그 어떤 비즈니스든 그때부터 새롭게 시작될 것이다.

일본에서 비즈니스를 할 때는 책에서 접한 일본인의 성향과 선입견에 신경 쓰지 않고 일본인들에게 직접 다가갔다. 일본 사람들의 마음을 열기 위해 내가 가지고 있는 그대로 보여 주고자 한 것밖에 없다. 내 마음을 열지 않고서 어떻게 상대가 내 마음에 들어올 수 있겠는가? 비즈니스 상대가 어떤 질문을 하더라도 언제든지 과정을 하나씩 상세하게 설명해 주었고 이러한 진행 상황에서 이러한 결론이 나게 될 것이라고 언제든지 알려주었다. 갑작스럽게 폭탄 터지는 소리는 상대의 신뢰를 무너뜨리게 하는 일이 되기 때문이다.

지금 우리나라는 세계 10대 경제대국에 성큼 다가서 있다. 그러나 예전에 일본에 주재원으로 활동하고 있었을 때는 한국이 지금보다는 조금 후진국이기는 했다. 하지만 그때도 나는 우리나라를 후진국이라든가 뒤떨어진 나라라고 한 번도 생각하지 않았다. 누구를 만나든 당당하게 행동하고 자신있게 이야기했다. 비즈니스 상대가 일본의 자동차 회사 사장이라고 해도 언제나 당당한 태도를 유지했다. 히로시마에는 마쓰다 자동차가 있고 그 당시 대표는 와다 사장이었다. 오히려 자신 있게 다가가자 훨씬 더 수월하게 대화가 진행되었고 큰 회사의 대표들은 오히려 있는 그대로 자연스럽고 솔직하게 대화하고자 한다고 생각했다. 비즈니스 상대가 대단한 사람이어도 주눅들 필요도 없고 위축될 이유도 없었다. 자신감이 없었다면 선진국 일본에 가서 일본 시장을 개척할 수 없었을 것이다.

오사카에는 다이하쓰 자동차 공업주식회사가 있다. 도요타 자동차 계열사로 150년 전통의 역사를 가진 굴지의 자동차회사이다. 부품을 팔러 가면서도 이 자동차회사의 영업담당 전무를 만나서 나의 회사를 소개하고 비즈니스를 했던 적이 있다. 우리나라 속담에 '익은 벼가 고개를 숙인다'는 말이 있듯이 백전노장 영업본부장은 오히려 자신을 찾아와 주어서 고맙다고 하면서 이후에도 어려운 일이 있으면 언제든지 찾아와 달라고 오히려 젊은 나에게 정중하고 진실하게 이야기해 주어서 정말 고마웠던 적이 있다. 사람에게 항상 자신감을 가지라고 이야기하지만 자신감은 타인이 이야기해 준다고 갑자기 우러나오지는 않는다. 아무리 생면부지의 사람들을 만나고 서먹서먹한 관계라고 하더라도 자신감을 갖고 상대를 대한다면 상대도 나를 반드시 인정해 줄 것이라고 생각한다. 오히려 쭈뼛쭈뼛하게 한마디 말도 못하고 물러서는 것보다 자신 있고 당당하게 준비해 간 내용을 용기 내어 이야기한다면 상대도 나도 편안하고 대등한 관계에서 일을 처리할 수 있을 것이다.

워런 버핏도 투자한 종합상사,
그 저력은?

양승윤 (유진투자증권 애널리스트)

일본 특유의 비즈니스 모델, 종합상사

종합상사^{総合商社}는 영어로도 'Sogo-Shosya'로 번역되어 사용되고 있는 일본 특유의 비즈니스 모델이다. 한국에도 포스코인터내셔널과 LX인터내셔널과 같이 종합상사로 불리는 기업들이 다수 존재하지만 종합상사라는 업태의 원류^{原流}는 일본에 있다.

일본에서 종합상사는 매년 취업 희망기업 랭킹 상위권에 있는, 많은 취업 준비생들이 가고 싶어 하는 업종이다. 아무래도 '상사맨'이라는 단어에 담긴, 글로벌 무대를 바탕으로 활약하는 멋진 비즈니스맨의 모습이 아직도 많은 이들에게 동경의 대상이 되고 있는 듯하다. 필자도 그중 한 명으로 일본의 종합상사 한 곳에서 3년이라는 짧은 시간 동안 근무한 경험이 있다.

종합상사에서는 '사람이 전부다'라는 말이 있다. 가진 것이 아무것도 없어도 돈을 벌어올 수 있는 유능한 인재^{人財}가 늘 필요했기 때문이다. 사람이 자산이라는 점은 지금도 여전히 강조되는 부분으로, 일본 종합상사에는 유능한 인재를 육성하기 위한 프로그램이 잘 갖추어져 있다. 필자도 신입 시절부터 기본적인 비즈니스 매너, 회계, 법률, 영업, 마케팅, 무역 등 사업을 바라보기 위한 기초 지식을 철저하게 교

일본 대학생들의 취업 선호 기업 순위(2024년)

출처: https://job.career-tasu.jp/2024/guide/study/ranking/2_02.html#anc

육받았고, 우리의 무대는 일본에 한정된 것이 아니라 전 세계임을 가슴에 새겼다. 어느덧 필자의 입사 동기들은 중견급 사원으로 미국, 남미, 오세아니아, 유럽, 아시아 등 세계 각지로 파견을 나가 있다. 젊은 시절부터 넓은 세상으로 나가 각기 다른 도전을 하고 있을 터이다. 그리고 10년 뒤에는 사업부 혹은 사업회사의 리더로서 자리하고 있을 것이다. 철저하게 교육받고 폭넓은 경험을 한 인재를 다수 보유한 종합상사는 강할 수밖에 없다.

위기 속에서 길러진 종합상사의 종합력

현재 일본에는 미쓰비시 상사, 미쓰이 물산, 스미토모 상사, 이토추 상사, 마루베니, 소지쓰, 도요타 통상까지 7대 종합상사로 불리는 회사가 존재한다. 이들은 사업 규모와 강점을 지닌 사업 분야가 각기 다르지만 산업재부터 소비재, ICT 분야까지 폭넓은 사업 분야를 아우르

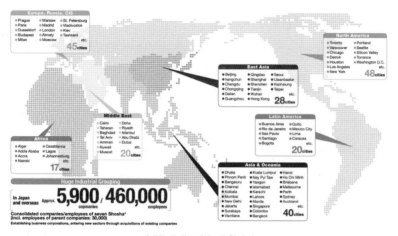

세계를 무대로 하는 종합상사

출처: https://my.ebook5.net/japan-foreign-trade-council/g89t3b/

며 지구상에 발이 닿지 않는 곳이 없을 정도로 풍부한 글로벌 네트워크를 보유하고 있다는 공통점이 있다.

사실 많은 이들이 가장 궁금해 하는 것은 '왜 종합상사에는 '종합総合'이라는 단어가 붙는가?'라는 점이다. 이러한 질문에 대해 필자는 종합상사가 다양한 기능을 갖추고 있어서 혹은 '라면부터 미사일'까지라는 슬로건처럼 다양한 사업 분야에 진출해서라는 상투적인 답변이 앞서지만, 종합상사의 '종합력総合力'은 반세기가 넘는 동안 수없이 많은 역풍과 변화를 겪으며 갈고닦아 온 종합상사의 생존방식의 결과인 점을 강조하고 싶다.

종합상사는 과거 일본의 수출 주도 성장 국면에서 해외시장의 개척과 수출입 기능을 담당하며 일본 경제 성장에 매우 중요한 역할을 수행해 왔다. 하지만 고도 성장기에 일본 기업들이 해외시장 진출과 영업, 원재료 조달과 같은 기존의 종합상사가 담당하던 기능을 자체적으로 수행하게 되자 중개 기능 중심의 비즈니스 모델에 대한 한계점이 지적되며 '상사 사양론'과 '상사 무용론'이 부상하며 첫 번째 위기를 맞이했다.

이에 종합상사는 시장과 고객 니즈 변화에 발 빠르게 대응하면서 무역을 중심으로 하는 상거래 기능과 정보 획득 및 조사, 시장 개척에서 사업 개발과 경영, 리스크 관리, 물류, 금융, 오거나이저 기능으로 고도화를 추진해 왔다. 사업 영역 또한 원료의 개발과 조달에서 제조, 가공, 유통, 판매, 서비스까지 확대하며 수익 모델을 중개 수수료와 매매 차익 중심에서 금리 수익과 배당 수익, 서비스 수수료 등으로 다각화하는 데 성공하며 또 한번 부흥기를 맞이할 수 있었다.

특히 자원 개발에 강점을 지녔던 종합상사는 자원 가격 상승과 함께 말 그대로 역대급 실적을 기록하며 호황기를 보냈지만, 2015년 전후로 자원 가격이 큰 폭으로 하락하면서 사업 실적이 원자재 시황에 크게 연동되는 리스크가 노출되며 두 번째 위기를 겪었다. 이번에는 종합상사가 그동안 축적해 왔던 이익을 십분 활용하여 비非자원에 적극적으로 투자하며 사업 포트폴리오 다변화를 추진했고, 이제는 편의점과 방송, 부동산, 항공기 등 다양한 산업을 아우르는 진정한 종합상사로 거듭났다.

종합상사를 다니면서 한 가지 인상적이었던 기억은, 늘 상사에게 '그래서 우리가 할 수 있는 것이 무엇인가?'라는 질문을 받았던 기억이 있다. 마치 하나의 재료를 두고도 어떻게 요리하느냐에 따라 결과물이 달라지는 것처럼, 비즈니스도 마찬가지였기에 종합상사에서는 종합상사만이 가진 다양한 기능과 네트워크, 인재를 바탕으로 우리가 제공할 수 있는 가치가 무엇인지를 철저하게 고민하는 습관이 생겼다.

역할	식량, 섬유 등 경공업품의 수출입 외화 획득	원재료의 수입과 기술 도입 제품 수출 (철강, 조선, 석유화학 등)	자원/에너지 개발~조달	해외진출지원 수입 촉진 사업화 촉진 내수 진흥	글로벌화와 정보혁명 대응 물류 서플라이체인 구축	내외 인프라 정비 등
기능	상거래 기능 물류 기능 기술 도입, 시장 개척 기능 금융 기능		리스크 관리 파이낸스 오거나이저	시장 개척 사업 경영 투자/금융정보	투자, 금융, 물류, 정보, 마케팅 기능	밸류체인 통합

시대의 흐름과 함께 변화해 온 종합상사의 역할과 기능

출처: https://my.ebook5.net/japan-foreign-trade-council/g89t3b/

　최근 들어 경제 불확실성 심화, 지정학적 리스크 확대, 글로벌 공급망 재편, 기술 혁신 등 앞으로 당면한 주변 사업의 환경 변화가 가속화되는 가운데, 종합상사는 그동안 갈고닦은 종합력을 바탕으로 적극적인 신사업 투자와 사업 포트폴리오 교체를 통한 선제 대응에 나설 것을 표방하고 있다. 위기 속에서 길러 왔던 변화의 DNA가 종합상사의 가장 강력한 무기가 되었고, 종합상사는 앞으로도 일본의 경제 성장과 세계 비즈니스 트렌드를 이끌어 나갈 주역이 될 것이다.

　2023년에 일본 주식시장에서 가장 이목이 쏠렸던 분야도 바로 종합상사이다. 세계 3대 투자가 중 한 명인 워런 버핏이 이끄는 버크셔 해서웨이가 일본 종합상사에 대해 추가적인 주식 매입을 했기 때문이다. 이미 2020년 8월에도 상위 5대 상사의 지분 5%를 보유한 사실이 알려지며 한 차례 주목받았으나, 놀랍게도 워런 버핏은 일본 종합상사에 대한 투자를 멈추지 않고 있다. 이렇게 투자의 대가가 일본의 종합상사에 빠지게 된 이유는 무엇일까? 주식 관점에서 보면 상대적으로 기업가치가 저평가되어 있고, 높은 배당 수익률을 기록하고 있어 안정적

일본 종합상사에 투자한 세계적인 투자가 워런 버핏
출처: https://asia.nikkei.com/Business/Business-Spotlight/Warren-Buffett-s-
Japan-trade-The-changing-world-of-sogo-shosha

인 투자 이익을 거둘 수 있다는 점이 꼽힌다. 하지만 이는 수많은 이유 중에 일부일 뿐, 무엇보다도 종합상사의 다양한 사업 포트폴리오에 기반한 끊임없는 현금 창출 능력과 성장 가능성에 베팅했다고 보는 것이 옳겠다.

자본 시장에서는 이러한 다양한 사업을 수행하는 기업에 대해 복합기업 할인Conglomerate Discount, 즉 각각의 사업의 온전한 가치를 더하여 보는 것이 아니라 사업의 불투명성과 불확실성을 이유로 본래의 가치 대비 낮게 평가하는 경향이 있다. 하지만 이는 종합상사에 대한 진정한 가치를 알지 못하고 하는 이야기이다. 마지막으로 본 글은 일본 종합상사가 지닌 저력에 대해 설명하기 위해 작성했으며 투자를 권유하는 글이 아닌 점을 강조한다.

비즈니스맨의 도전, 일본 기업연구 구상

지계문(일본 비즈니스 컨설팅 기업 대표)

일본 기업, 비즈니스 파트너에서 연구 대상이 되다

사회인이 될 때까지 일본어를 전혀 모르던 입장에서 지금은 나름 일본통日本通이 된 것은 세 번의 큰 인연 덕분이었다. 첫 번째 인연은 취직이다. 1987년에 시작한 직장 생활에서 일본 생산설비와 기계장치를 구매하는 업무를 맡았다. 이때 접하게 된 일본 기업의 이미지는 기술력과 신뢰감이었다. 두 번째 인연은 일본 유학이다. 1993년에 운 좋게 떠난 회사 파견 유학에서 일본 MBA 과정을 경험했다. 미국식 경영학을 일본어와 일본인의 설명으로 배웠던 당시의 느낌은 서양문물을 일본이라는 통로로 접했던 구한말 개화파와 비슷할 것 같다는 것이었다. 세 번째 인연은 비즈니스에서 만난 일본 기업과 사람들이다. 한일간 기술 제휴와 자본 제휴를 원하는 기업을 발굴하여 매칭시키는 컨설팅 비즈니스를 진행하면서 다양한 회사의 임직원들과 만나 함께 협업해 오고 있다.

그런데 약 35년간 이어져 오던 일본과의 인연이 코로나19 팬데믹으로 큰 변화를 맞았다. 일본을 오갈 수 없는 상황에서 내가 운영하던 회사는 개점휴업 상태처럼 한가해졌다. 이러한 난감한 상황에 처해 있던 시기, 삶에 활력을 주자는 생각으로 한국방송통신대학교 대학원 일본

언어문화학과에 지원하게 되었다. 충동적인 지원은 아니었다. 대학원이 나에게 네 번째 일본과의 인연을 새롭게 경험하게 해 줄 것이라는 마음이 컸기 때문이다. 그동안 비즈니스로만 일본을 만나 왔으나 대학원 입학을 계기로 일본이라는 나라를 체계적으로 배우며 일본 기업에 관한 연구를 하고 싶었다. '일본 기업연구'라고 하니 거창한 주제로 느껴지지만 그래도 해 보고 싶었던 연구 주제였으니, 우선 일본에 관해 폭넓게 공부하면서 핵심 연구 방향에 대해서도 고민해 보고자 한다.

35년간 일본과 비즈니스를 하면서 느껴온 일본 기업을 상징하는 이미지는 '높은 품질'과 '모노쓰쿠리 정신ものつくり 精神'이라는 것이다. 그리고 일본 비즈니스맨은 아주 신중하고 구체적이라는 점이 떠오른다. 투자를 검토할 때 일본 투자자들은 아주 치밀한 시장세분화 작업을 통해 투자 대상 기업의 경쟁력을 집중 검토하고, 월별 사업계획 달성 수치를 주기적으로 확인하는 편이었다. 이러한 일본 스타일의 작업 방식이 답답할 정도로 인상적이어서 기억에 생생하게 남아 있다. 바로 이것이 일본 기업의 또 하나의 특징이라 할 수 있는 '꼼꼼함'인 것 같다. 일본 기업의 경쟁력은 '고품질의 제조 능력'과 약속을 반드시 지키는 '높은 수준의 신뢰성'인데, 이는 앞서 말한 고품질, 모노쓰쿠리 정신, 꼼꼼함 등이 조화를 이룬 결과라고 생각한다.

일본 기업연구를 시작하기 위해 생각한 키워드는 '장수기업'과 '초고령화 사회에 필요한 비즈니스'로 압축되었다. 대학원의 첫 학기에 선택해 수강한 일본의 역사와 일본 현대사회 세미나를 통해 연구에 영감을 얻었다. 일본 기업연구를 통해 장수기업의 저력을 이루는 핵심을 우리나라 기업들에게 알리고, 우리나라도 겪게 될 초고령화 사회에 적합한 새로운 사업기회를 찾으며, 앞으로 우리 사회에 필요한 실버 세

대를 위한 신사업 아이디어에 관해 후배 사업가들에게 도움을 주는 연구를 하고 싶다. '시작이 반이다'라는 우리말과 가장 비슷한 표현으로 일본에는 '思い立ったが吉日 생각한 날이 바로 길일이다'가 있다. 이러한 마음가짐으로 우선 지난 6개월간 조사한 일본 기업의 특징을 소개해 보려고 한다.

일본의 장수기업에 대한 이야기

일본에 장수기업이 많다는 사실은 우리나라 신문에서도 소개된 적이 있다. 졸업논문 준비를 겸해서 이 부분에 대해 관심을 갖고 조사해 보니 100년 이상의 역사를 지닌 기업은 대략 전 세계의 50% 이상 일본에 있었다 창업 100년 이상 기업이 많은 국가 순위 참조. 150년 이상의 역사를 지닌 기업은 대략 60%, 200년 이상의 역사를 지닌 기업은 70%로 장수경영의 기준을 과거로 할수록 오래된 기업은 일본에 많았다. 왜 일본에 유독 장수 기업이 많을까? 외세 침입이 적었던 섬이라는 지리적 혜택, 가업을 중시한 일본의 국민성 등을 이유로 보는 자료도 많고 오래된 가게인 '노포 老舗'에 걸려 있는 천 '노렌 暖簾'이라는 문화도 장수기업의 특징과 관계가 깊다는 다큐멘터리도 떠오른다.

좀 더 공부하는 과정에서 알게 된 장수기업에 관한 추가적인 내용을 소개해 본다. 어느 나라나 '3대 상인'이라는 것이 있다. 예를 들어 우리나라 조선 후기에 활약한 3대 상인 집단은 개성 송상, 의주 만상, 동래 내상이라고 한다. 일본 장수기업의 한 흐름을 이룬 일본 3대 상인이라면 누구일까? 바로 이세 상인, 오사카 상인, 오미 상인이다. 이들이 상인의 도리를 언급한 가훈과도 같은 상도 商道는 지금도 일본 기업들이

창업 100년 이상 된 기업이 많은 국가 순위			
순위	국가명	기업 수	비율
1	일본	37,085	50.1%
2	미국	21,822	29.5%
3	독일	5,290	7.1%
4	영국	1,984	2.7%
5	이탈리아	1,182	1.6%
6	오스트리아	649	0.9%
7	캐나다	594	0.8%
8	핀란드	474	0.6%
9	네덜란드	467	0.6%
10	호주	425	0.6%

'명소 에도 100경' 우키요에 작품(1810년 추정).
후지산 아래에 에도 상점가의 이세 상인(미쓰이
에치코야) 노렌과 심볼이 보인다.

기본 정신으로 삼는다고 알려져 있다. 예를 들어 오미 상인의 '산포요시三方よし, 사는 사람과 파는 사람 그리고 그 사회에 모두 좋은 상거래' 정신이나 '상거래10훈商売10訓'에 나온 종업원 존중과 사회적 책임 정신이다. 종업원 존중이나 사회적 책임은 현대의 위대한 기업들도 중요시하는 가치이다. 그러한 오미 상인의 흐름을 이어 받은 기업으로는 니시카와西川를 예로 들 수 있다. 이 회사의 경영 철학 중 종업원 중시 경영은 지금까지 발전하며 이어지고 있어 참으로 배울 만하다고 생각한다. 현재의 시가현에 해당하는 오미近江 지역의 상인 중 니시카와 가문에서 태어난 니에몬仁右衛門이 1566년에 모기장 판매를 시작으로 성공하여 현대에 이르러 침구류 전문회사로 성장한 니시카와는 순이익의 1/3을 봉공인현대의 종업원에게 배분해 왔다. 더 나아가서 1799년에는 봉공인

에게 분가의 자격 새 점포의 사장이 되도록 하는 창업 지원을 주는, **별가제도**別家
制度의 토대인 정법목록定法目錄을 정해 더욱 발전을 꾀했다고 한다.

일본의 장수기업 이야기는 흥미로운 것이 너무 많아 일일이 열거하기 힘들 정도이다. 특히 흥미로운 장수기업의 업종으로는 식품, 옷, 술, 약 등 생활에 밀접한 분야가 많다. 그리고 우리가 일본 여행 하면 떠오르는 오래된 료칸 여관에도 초장수 기업이 많다. 가장 오래된 호텔로 기네스북에 등재된 온천여관 게이운칸慶雲館과 그보다 몇 년 짧지만 창업 이래 이어진 가족경영의 대표 사례인 호시료칸法師旅館이 있다. 호시료칸은 1,300년이라는 역사 동안 40대가 넘도록 같은 이름의 경영주가 이어받고 있다. 우리는 알게 모르게 일본 장수기업을 만나 왔다. 여행에서 만나는 소바 식당과 우동집, 찻집 그리고 공항에서 선물로 고르던 도라야 양갱도 최소 100년 넘는 장수기업들이다.

이처럼 일본에 장수기업이 다수 존재하는 저력은 무엇일까? 나는 그 배경 중에서 일본 특유의 교육 시스템이 큰 역할을 했다는 점에 주목했다. 우리나라 서당과 비슷하지만 한자와 유교를 가르치기보다는 읽기, 쓰기, 산술 등 실용적인 가르침으로 초급 상인을 양성한 일본 특유의 데라코야寺子屋가 그것이다. 데라코야라는 사립교육 기관이 에도시대에 전국에 1만 5,560곳이 있었다고 한다. 당시 일본의 진학율이 세계 최고인 80% 수준이었다는 놀라운 사실 2위 영국이 25%도 알게 되었다. 전국민 교육과는 별개로 일본 장수기업의 역사에는 일종의 도제 교육인 뎃치봉공丁稚奉公이라는 사내 교육제도도 뒷받침되었다는 것을 알 수 있다.

한편 전 세계에서 가장 오래된 기업도 일본에 있다. 서기 578년에 설립된 금강조金剛粗, 곤고쿠미이다. 오사카 사천왕사를 세우고 관리해

오사카 사천왕사   일본 최장수기업 금강조 본사(사천왕사 인근 소재)

온 이 회사는 한국인이라면 특히 관심을 갖게 된다. 이 회사의 창업주는 쇼토쿠聖德 태자의 초청으로 백제에서 건너간 궁궐과 절을 만들던 대목수 유중광전주 유씨, 일본 이름 곤고 시게미쓰(金剛重光)이다. 그 기술과 정신은 무려 1,400년이나 가업으로 계승되다가 2004년 경영 위기로 건설 대기업 다카마쓰高松에 인수되었지만, 아직도 독립 회사로서 절과 신사의 건설을 전문으로 하는 회사이다. 이 회사에 큰 관심이 생겨 지난번 여름 휴가로 오사카 사천왕사와 금강조라는 회사를 다녀왔다. 금강조를 알게 된 인연으로 일본의 장수기업 연구에 흠뻑 빠져들었다.

장수기업과 증권거래소

일본에는 증권거래소가 여러 지역에 있는데 우리나라의 코스피/코스닥, 미국의 다우/나스닥 같은 구분과는 다른 점이 있다. 도쿄 증권거래소여기에 대기업시장과 벤처시장이 미국이나 우리나라처럼 나눠져 있다 그리고 오사카 증권거래소독립된 오사카 지방의 증권시장이었다가 도쿄증권거래소와 합친 것은 2001년, 나고야 증권거래소, 후쿠오카와 삿포로에도 각각 독립적인 증권거래소가 있다는 사실이 특이하다. 이들 지방증권 거래소는 주로 그 지역에서 창업하여 성장한 기업에게 최초의 기업공개IPO를 촉진하는 시장이라고 한다. 지역경제의 활성화를 위한 시스템이라고 할 수 있는데, 전 세계적으로도 일본에서만 볼 수 있는 아주 독특한 풍경이다. 현대적 의미의 주식회사 제도, 주식상장 제도의 출현은 장수기업에게도 그 성장 과정에서 고민해야 했던 커다란 변화였을 것이다. 물론 비상장 장수 기업이 많다는 것도 또 다른 시사점이다.

초고령사회 일본에서 나타난 뉴 비즈니스에 대한 이야기

두 번째 연구 테마는 초고령사회 일본에서 나타난 비즈니스에 관한 것이다. 일본은 세계에서 가장 빠르게 초고령사회가 되었다. 우리나라도 일본처럼 조만간 빠르게 초고령사회가 될 것이다. 인구구조가 바뀌는 환경에서 일본 기업들은 어떤 신사업을 전개하는지도 궁금했다. 연구하는 과정에서 꼭 소개하고 싶은 일본의 사례를 몇 개 발견했다.

먼저 일본에서 경제적 여유가 있는 은퇴자들을 대상으로 한 해외 유학 체험 서비스이다. 젊은 시절 꿈꾸었던 해외 유학을 이제라도 이루어 보려는 실버 세대가 해외 현지에서 언어를 배우고 여행도 하면서 지내는 장기 체류 프로그램을 종합적으로 제공하는 사업이라고 한다. 실제로 현지에서 머물 수 있는 호텔이 아니라 가정집 단기 임대, 다니고 싶은 어학원이나 취미 학원의 입학을 일괄 대행으로 수속해 주는 '실버유학업체'들이 생겨나고 있다고 한다.

또한 따뜻한 밥과 국을 만들어 배달하여 실버 세대가 집에서 편하게 영양 밸런스에 맞는 식사하도록 서비스하는 업체도 있다. 혼자 사는 노인이 매번 밥을 만들어 먹기는 어려울 것이므로 이 서비스는 시간과 노력 그리고 비용적 측면에서 참으로 도움이 되는 사업이라고 본다. 물론 편의점에 가도 다양한 도시락이 있는 일본이지만 이는 어디까지나 활동이 가능한 사람들에게 해당되는 선택지이다. 거동이 불편하고 소화력이 약한 노인들의 고민을 해결해 줄 수 있는 고마운 사업이 바로 실버 세대를 겨냥한 식사 서비스 사업이다.

마지막으로 최근 뉴스에서 본 고령자용 재난 방송 라디오 보급 사업도 흥미롭다. 오카야마시에서 재난취약계층에게 2,000엔 정도에 판매하는 비상 라디오이다. 대다수 국민이 스마트폰을 보유한 한국 입장에서는 이런 제품이 꼭 필요할까라는 생각이 들지만 일본에서는 통할 수 있는 독특한 실버 산업이 많다. 이러한 사례를 살펴보면서 우리나라의 실버 세대를 위해 유익한 사업은 무엇인지 조사할 생각이다.

일본 기업연구에 추가할 인물연구 계획

장수기업의 주인공인 당시의 상인들은 유교적 가치義와 경제적 가치利 사이에서 조화로운 삶을 살았던 것으로 보인다. 상인들도 그 시대의 정신적 가치에 지배를 받았음은 당연했겠지만 환경을 뛰어 넘는 도전을 한 상인도 있었기에 발전한 경우도 있었을 것이다. 돈과 권력의 관계는 불가분의 관계이기에 성공한 일부 상인은 보다 나은 사회적 지위와 학문적 깊이를 추구했을 것이다. 이러한 수많은 상인들의 도전과 좌절도 탐구하고 싶다. 마침 일본 1만 엔권 지폐의 인물이 2024년부터 자본주의 리더인 시부사와 에이이치渋沢栄一로 교체된다는 소식이 들린다. 그간의 양명학적 개화파 사상가 후쿠자와 유키치福沢諭吉

의 역할이 다했다고 보는 것일까? 이러한 화폐 인물의 교체는 무엇을 의미할까를 생각하다 보니, 일본 기업연구에서도 인물에 대한 연구가 필요하다고 느껴진다. 인물 선정 기준은 바로 일본의 정신이라는 무사도와 관련 깊은 기업인이 좋겠다고 생각한다. 그래서 앞으로의 상인 연구 키워드 2개를 골랐다. 의상義商과 정상政商이다. 전자는 47인의 사무라이들의 복수 준비 과정에서 무기준비를 목숨 걸고 도왔다는 오사카 상인과 같은 의로운 상인에 관한 연구이다. 후자는 일본의 문명 개화기와 메이지 유신 시기에 정치 리더들과 호흡을 같이 한 정치상인에 관한 연구이다.

일본에는 장수기업연구소, 100년 경영연구기구, 오미상인연구회 등 기업의 역사와 경영철학 연구를 전문으로 하는 연구단체가 있고, 대기업이 후원하는 연구조성사업에서도 꾸준히 기업연구에 관한 성과 발표가 이어지고 있다. 기회가 된다면 일본과의 공동연구에도 참여해 보고 싶다. 연구 파트너로서 일본 기업과 일본인을 만나면, 나의 일본에 관한 이미지는 어떻게 형성될지 궁금하다. 방송대를 통해 맺은 일본과의 네 번째 인연이 향후 한국 기업과 일본 기업 모두에게 도움이 되기를 바라는 마음이다. 모두 감사하고도 소중한 인연이기 때문이다.

미(美)와 미(味)에 대한 남다른 감각

일본의 카페에서 역사와 문화를 배우다
애니메이션 성지순례와 콘텐츠 투어리즘
사케 이야기
전래동요와 전래동화로 만난 일본 문화
속담으로 풀어 보는 일본 문화
〈신세기 에반게리온〉의 비일상과 일상
고슈인, 나만의 인연을 수집하다

일본의 카페에서
역사와 문화를 배우다

이경수 (한국방송통신대학교 일본학과 교수)

커피 문외한에서 커피 마니아로

2018년부터 2022년까지 5년간 국내의 음식업종별 사업자 현황을 다룬 흥미로운 통계를 본 적이 있다. 5년 동안 간이주점과 호프 전문점은 각각 33%, 25% 감소했으나 커피음료점은 80% 폭증했다. 몇 걸음만 걸어도 커피 전문점을 쉽게 볼 수 있고 점심시간이면 커피를 마시며 길을 걷는 모습이 일상이 될 정도로 수요가 엄청나게 늘었으나, 그에 비해 진입장벽은 낮기 때문이리라. 그러나 커피음료점의 평균 사업존속 연수는 겨우 3년 1개월로 100대 생활업종 가운데 두 번째로 짧다. 진입하기는 쉬우나 숫자가 많은 만큼 수익을 내기는 쉽지 않아서일 것이다.

일본은 한국에 비해 카페와 커피 문화의 역사가 상대적으로 길지만 변화의 속도는 그렇게 빠르지 않아 보인다. 일본에는 오랜 시간을 걸쳐 나름의 매력이 정착된 아담하고 분위기 좋은 카페가 많다. 1990년대 초, 일본 유학 당시에는 일본 고유의 정서가 배어 있는 카페에서 커피와 차를 즐겨 마시곤 했다. 처음에는 잠을 쫓기 위해 커피와 차를 마셨으나 지금은 하루의 시작과 끝을 커피나 차와 함께한다. 나도 모르는 사이에 마니아가 되어 버린 것이다. 좋아하다 보니 알고 싶어져서 커피와 차를 열심히 공부해서 자격증을 취득한 덕분에 어설픈 대로 마니아 흉내를 내게 되었다. 진짜 전문가들이 보면 웃을지 모르나 남들이 뭐라고 하든 나는 진심으로 커피의 향과 맛을 즐기며 그것으로 만족한다. 아침에 출근하면 커피부터 준비한다. 직접 로스팅한 커피를 그라인더로 조금 굵게 분쇄해서 그날의 분위기에 따라 원두의 종류와 배전을 고려해 드리퍼를 선택한다. 물의 온도와 양과 속도를 조절해 커피를 내려 마시면서 하루를 시작한다. 부드럽고 매혹적인 커피 향이 나를 행복하게 한다.

고메다 커피점의 서비스

스스로 생각해도 커피와 차를 대하는 자세가 전과 확실히 다르다. 캔 커피와 자판기 커피만 마시던 내가 이제는 생두를 직접 골라 로스팅하고 드립해서 마시고 있으니 말이다. 단순히 잠을 이겨 내고 정신을 집중하기 위해 마시던 커피에 대한 관심이 세월과 함께 조금씩 달라지기 시작했다. 그러던 중 2017년에 방문 교수로 나고야대학에 일년간 체류하면서 토요일과 일요일이면 자전거로 커피 투어를 다녔다. 나고야에는 나고야만의 독특한 '모닝 세트 문화'가 있다. 그중에서도 '고메다 커피점'의 모닝 세트 서비스는 입소문을 타고 전국적으로 알려졌다. 오전 11시 이전에 커피를 주문하면 무료로 토스트와 삶은 달걀 등이 곁들여 나온다. 달걀 대신 달콤한 팥소나 달걀 페이스트를 선택할 수도 있다. 고메다 커피점에 가면 나는 항상 '닷푸리 커피톨 사이즈 커피. '닷푸리'는 일본어로 '듬뿍'이라는 뜻'를 마신다. 잡지와 신문을 뒤적이며 여유를 즐기다 보면 몸과 마음에 생기가 돈다. 힐링이 따로 없다. 고메다 커피점에서는 커피 한 잔을 시켜도 여름에는 시원한 물수건, 겨울에는 따뜻한 물수건을 가져다준다..나무의 비율이 40% 이상이면 안정감을 준다고 하는데 고메다 커피점의 실내는 목재를 많이 사용하고 천장과 칸막이가 높아 옛날식 다방처럼 아늑하고 푸근한 느낌을 준다. 왠지 옛 추억이 서려 있을 것 같은 복고적인 분위기와 고객을 먼저 생각하는 진심이 느껴져 자주 찾게 되는지도 모른다. 중세 유럽의 신사가 커피를 마시는 모습의 로고에 얽힌 에피소드도 흥미롭다. 이 로고는 단골로 다니던 디자인 전공생의 작품이라고 한다. 연습 삼아 로고를 그리고 싶었던 학생이 몇 가지 도안을 제시했고 현재의 디자인이 최종적으로 채택되었다고 한다.

문화재 건축물과 카페

일본의 카페와 건축물은 밀접한 관계가 있다. 최근에 가 본 카페 중 인상적이었던 곳은 유형문화재를 리모델링해서 영업하는 가고시마의 '스타벅스 센간엔점'과 도쿄의 옛 이와사키 저택 정원의 카페이다. 사쿠라지마桜島가 보이는 웅장한 센간엔仙巌園은 일본의 대표적인 봉건시대 다이묘의 정원이다. 국가 지정 문화재이며 미국의 CNN이 일본에서 가장 아름다운 풍경으로 선정하여 더욱 유명해진 곳이다. 센간엔 입구에 있는 스타벅스 센간엔점 건물도 유형문화재이다. 일본의 문화재 건물에 미국의 커피 체인점 스타벅스가 자리 잡고, 그곳에서 한국인인 내가 커피를 마시는 풍경. 한국과 미국과 일본이 공존하는 듯한 묘한 느낌이 들었다. 도쿄 다이토구에 있는 중요 문화재이자 미쓰비시 창업자의 장남이 살던 옛 이와사키 저택 정원의 카페도 유명하다. 일본과 서양의 건축이 공존하고 있다. 그 밖에도 일본에는 문화재 건물에서 영업하는 카페가 많다. 한국에도 공장으로 사용하던 건물을 그대로 또는 살짝 개조한 카페가 최근 늘어나고 있다. 과거와 현재를 함께 보고 생각하고 느낄 수 있어 커피 마니아에게는 반가운 일이다.

오랜 시간의 자취가 남아 있는 운치 있는 건축물과 커피 향이 조화를 이루는 일본의 카페는 볼거리와 이야기가 풍성해 지역사회의 명소로 자리 잡았다. 고풍스러운 첨탑이 솟아 있는 방송대의 역사기록관도 100년이 넘는 역사와 건축학적 가치를 지녔다. 1900년대 초에 가장 주도적으로 지어졌지만 유일하게 남은 서양식 목조건물, 일제강점기에 공업 관련 검정시험과 기술교육 등을 담당했던 기관, 재료는 목조이지만 외형은 서구의 석조 건축물을 닮은 르네상스풍의 이 건물에 일본처럼 카페가 들어선다면 한국인들은 어떤 반응을 보일까. 일본처럼 지역사회의 명소가 될 수 있을까?

나가사키의 고풍스러운 커피점

평소에 친하게 지내는 동료 교수와 함께 학생 82명을 인솔해 일본의 나가사키에 간 적이 있다. 나는 사전답사를 위해 미리 가서 서양식 목조주택이 모여 있는 글로버 정원, 일본 최초로 짬뽕을 만들었다는 시카이로四海樓, 나가사키 항구가 내려다보이는 가자가시라산에 있는 사카모토 료마 동상, 인공섬 데지마, 지볼트 기념관, 그리스도교 박해로 26명이 처형된 순교 현장 등을 둘러보았다. 나가사키를 여행하는 사람이라면 누구나 즐겨 찾는 명소이지만, 그중에서도 나는 특히 커피

고풍스러운 지유테이의 내부

숍에 관심이 많았다.

에도시대에 외국과의 자유무역이 성행하던 나가사키에는 자연스럽게 외국인들이 거주하는 서양식 목조주택이 들어섰다. 세월이 흘러 외국인들이 떠난 후 서양 문물과 생활 양식을 보존하기 위해 당시의 주택을 그대로 복원하여 글로버 정원을 조성했다. 영국의 상인 글로버 씨 가족이 머물렀던 글로버 주택은 현존하는 일본에서 가장 오래된 서양식 목조주택으로, 일본 최초의 서양 요리 레스토랑 '지유테이自由亭'가 문을 열었던 곳이다. 지유테이는 후식으로 커피가 나온 것으로 유명한데 지금은 지유테이 찻집으로 바뀌어 손님을 맞고 있다. 글로버 정원은 푸치니의 오페라 '나비부인'의 무대가 된 곳이기도 하다. 나가사키가, 일본 주둔 미군을 사랑한 게이샤의 애절한 사랑을 그린 나비부인의 무대가 된 데는 그럴 만한 이유가 있었다.

역사가 서려 있는 글로버 정원의 카페에서 나가사키 항구를 내려다보면서 커피를 마시면 어떤 기분일까 싶어 나도 직접 가서 커피를 시켰다. 자세히 보니 요즘 인기 있다는 하리오보다 바디감이 강하게 느껴지는 칼리타 드리퍼를 사용하고 있었다. 뜸 들이기, 잔 데우기, 그리고 다섯 번에 나눠 정성껏 드립했다는 커피는 맛이 일품이었다. 다음 날은 일본 최초의 아치형 돌다리로 유명한 메가네바시 다리 뒷골목으로 커피를 마시러 갔다. 커피숍은 건물의 겉과 내부 모두가 고풍스러웠다. 커피 잔, 주전자, 스푼, 설탕 통까지 모두 고풍스러운데 음악까지 재즈였다. 거기다가 물수건을 가져다준 분은 70대의 할머니였고, 커피를 내리는 분은 여든에 가까운 할아버지였다. 건물도, 도구도, 사람도, 분위기도 예스러워 마음에 잔잔한 감동이 일었다. 타임머신을 타고 과거로 돌아간 것 같았다. 일본에 최초로 커피가 전해진 유서 깊은 나가사키라서 그런지 맛과 향이 남달랐다. 부드러운 약배전 커피를 마신 후에 일본 커피의 매력인 강배전 커피를 한 잔 더 마셨다. 양이 많지 않아 부담스럽지는 않았으나 일본의 강배전 커피는 짜릿했다.

라떼 아트로 아로새긴 일본 근대화의 주역들

찻집을 나와 옛 정취를 그대로 간직한 뒷골목을 거닐고 차이나타운도 돌아보았다. 나가사키의 대표적인 풍경 중 하나인 노면 전차를 타고 데지마로 나와 나가사키항이 보이는 곳까지 걸었다. 〈나가사키는 오늘도 비가 내렸다〉라는 일본 가요처럼 비가 내리기 시작했다. 비도 피할 겸 항구에 있는 카페로 들어가 라떼를 주문했다. 그런데 커다란 하트 모양 위에 사카모토 료마가 그려져 있는 게 아닌가. 결하트, 로제타, 스완 정도의 라떼 아트만 알던 내게는 충격이었다. 섬세한 그림과 부드러운 라떼 맛에 이끌려 한 잔을 더 주문했다. 이번에는 미쓰비시 창업자 이와사키 야타로岩崎彌太郎가 그려져 있었다. 수염까지 그려 넣은 라떼 인물화는 감동이었다. 한참을 앉아 있다 보니 이번에는 어

사카모토 료마
(일본 근대화의 주역)

이와사키 야타로
(미쓰비시 창업자)

토머스 글로버
(영국인 무기수입상)

떤 인물이 나올까 하는 호기심도 생기고 한 잔 더 마셔도 괜찮을 것 같아 석 잔째 주문했다. 놀랍게도 이번에는 글로버 정원의 주인공인 글로버가 등장했다. 커피를 석 잔이나 마시는 내가 걱정스러웠는지 종업원이 다가와 괜찮냐고 물었다. 괜찮다고 하면서 또 어떤 라떼 아트가 있는지 물어보았더니 지볼트도 있다고 했다. 료마, 이와사키, 글로버에 이어 지볼트까지? 그렇다면 지볼트도 마셔 볼까? 언제 다시 올지 모르니 말이다. 그러나 아무리 그렇더라도 커피를 연거푸 넉 잔이나 마시는 건 무리여서 아쉽지만 참았다. 나가사키의 역사와 문화를 축약한 듯한 커피를 마시고 나니 갑자기 유식해지는 느낌이었다. 일본에 처음으로 서양의학을 전파한 독일인 의사이자 박물학자인 지볼트까지 라떼 아트로 창조하다니, 이는 상술일까 아니면 역사에 대한 관심일까? 료마와 이와사키는 그렇다 치고 왜 지볼트까지 등장하는지 호기심이 생겨 조사해 보았다.

지볼트와 일본, 그리고 조선

지볼트는 독일에서 의사가 된 다음 네덜란드 동인도회사에서 일하다가 일본에 관심이 생겨 나가사키로 왔다. 나가사키에서는 의사로 활동했을 뿐 아니라 데지마에 의학교를 세워 일본인들에게 의술도 가르쳤다. 일본 문물에 관심이 많아 데지마에 머물면서 적극적으로 자료를 모으고 지리, 동식물, 기후, 천문까지 조사 연구하면서 여러 방면에서 활동했다. 지볼트가 모은 자료는 민예품을 비롯하여 그림, 불상, 동전, 동식물 표본, 그림 등 매우 다양했다. 그중 국외 반출이 금지된 일본 지도가 들어 있는 것이 발견되어 추방당했는데, 이를 '지볼트 사건'이라 한다.

일본에서 추방당한 지볼트는 네덜란드로 돌아가 '일본왕국도'를 비롯해 다수의 지도가 수록된《일본지도집》을 출간했다. '일본왕국도'에는 일본의 해안선은 굵은 청색 선으로 칠해 일본 영토임을 표시하고, 조선의 일부와 울릉도·독도 해안선에는 책을 칠하지 않아 구별했다. 즉 울릉도와 독도가 조선의 영토임이 나타나 있다. 그는 네덜란드 정부 후원으로, 일본에서 연구한 자료를 집대성한《일본》,《일본 식물지》,《일본 동물지》를 출판했다.《일본》에는 제한적이긴 하지만 조선 편이 수록되어 있어 눈길을 끈다. 조선에서 표류해 온 강진 사람들을 만나 여러 가지 이야기를 듣고 조선에 대해서도 기록한 것이다. 조선 사람들은 그에게 한국의 언어와 지리에 관한 중요한 정보를 제공하고 한시를 지어 주고 노래도 불러 주었다. 지볼트는 화가를 불러 강진 사람들의 모습과 그들이 말하는 불상, 술병, 북, 부채, 한복 같은 것을 그리게 하고 이를 자신의 저서《일본》에 첨부했다.

지볼트가 일본에서 수집하여 유럽으로 가지고 간 다양한 물건은 일본 연구의 기초 자료가 되었고, 이를 기초로 유럽에서 일본학이라는 새로운 연구가 시작되었다. 그가 수집한 자료들은 독일 라이덴에 있는 일본 자료관에 전시되어 있다. 일본에서는 그중 300여 점을 빌려 2017년에 '지볼트 특별전'을 열었다. 거기에 조선통보朝鮮通寶 동전과 베트남 동전도 있었다고 한다. 조선통보는 조선시대의 주화이다. 따라서 당시에 상인들이 나가사키에 가지고 가서 교류했음을 알 수 있다. 200여 년 전, 지볼트는 《일본》이란 책을 통해 조선의 존재를 서양에 알렸고 그가 만든 지도에 독도가 대한민국 영토로 표시되어 있다니 귀한 인연이 아닐 수 없다. 나가사키의 카페에서 라떼 아트로 지볼트를 재현하는 의미를 조금은 알 것 같았다. 역사와 문화는 책이나 영상으로만 배우는 게 아니었다. 커피 한 잔에도 역사와 문화가 녹아 있었다. 카페의 건물과 도구와 분위기, 심지어 그곳에서 일하는 사람마저도 문화를 구성하는 한 부분임을 일본의 카페를 다니면서 새삼 깨달았다.

애니메이션 성지순례와 콘텐츠 투어리즘

김지선(이화여자대학교 일본언어문화연계전공 교수)

콘텐츠에 이끌린 발길

고도古都 가마쿠라는 신사와 사찰 등의 문화유산과 산수를 두루 즐길 수 있는 풍광으로 일본 국내의 유수 관광지로 손꼽히는 곳이다. 이곳이 얼마 전 개봉된 극장판 애니메이션〈슬램덩크The First Slam Dunk〉의 배경지로 알려지면서 국내외 팬과 관광객으로 북적이고 있다. 이보다 앞서 최고의 흥행을 거둔〈너의 이름은君の名は〉역시 배경지인 기후현 히다시를 비롯한 도쿄 각지의 성지순례로 화제가 되기도 했다. 그야말로 '애니메이션 성지순례'이하 아니메 성지순례의 행렬이 이어지는 듯하다.

〈슬램덩크〉성지 '가마쿠라고교앞역 건널목' 부근의 아니메 성지순례 인파

아니메 성지순례는 종교적 의미의 성지순례에서 유래된 용어로 특정 애니메이션의 팬이 작품의 무대가 되거나 관련된 장소 혹은 의미가 부여된 곳을 마치 성지처럼 여겨 탐방하는 것을 말한다. 주로 작품 속에 등장하는 실재 장소에 찾아가 사진을 찍거나 캐릭터 굿즈 등의 관련 상품을 사는 것 외에, 성지순례 노트에 감상을 적거나 스탬프 랠리와 같은 각종 이벤트에 참가하는 등 다양한 방식으로 이루어진다. 또한 성지순례 후에는 자신이 수집한 정보, 사진, 영상을 블로그나 SNS 등에 공개하고 정보를 공유하면서 2차 성지순례자를 양산하기도 한다.

이처럼 관광 주체가 콘텐츠 속 허구 공간에서 물리적으로 존재하는 현실 공간으로 이동하고 동시에 인터넷 등 미디어상의 정보 공간으로 이동하는, 즉 세 공간을 횡단하는 관광을 이른바 '콘텐츠 투어리즘 contents tourism'이라고 한다. 콘텐츠와 팬/관광객과 지역 간의 유기적인 연계를 통해 이루어지는 콘텐츠 투어리즘은 콘텐츠의 배경이 되거나 그와 관련된 장소를 활용해 관광을 비롯한 관련 산업의 진흥과 시너지 효과, 지역경제 활성화를 꾀하는 뉴 투어리즘의 일종이라고 볼 수 있다. 여기서 콘텐츠란 주로 대중음악, 드라마, 영화, 애니메이션, 만화와 같은 다양한 미디어로 전개되는 작품 혹은 이를 구성하는 제반 요소캐릭터, 이야기/서사, 장소, 음악, 성우 등를 말한다. 또한 소비자생성 미디어에 의한 팬들의 2차 창작물이나 팬과 지역주민의 교류와 협업을 통해 파생된 콘텐츠도 포함된다. 콘텐츠 투어리즘의 주된 특징으로는 콘텐츠의 팬인 관광객이 기존과 같이 단순한 소비자나 일회성 방문자에 머무는 것이 아니라 관심 있는 콘텐츠를 체험하고 소비함과 동시에 부가 콘텐츠를 생산해 타인과 공유하면서 보다 능동적·창의적으로 참여한다는 점, 콘텐츠를 계기로 서사와 의미가 부여된 장소에 대한 이해와 관심이 더욱 높아진 팬이 지역주민과의 협업을 통해 지역 활성화와 재생에 일조한다는 점 등을 들 수 있다.

일본의 경우 일찍이 1990년대부터 시작된 것으로 알려진 아니메 성지순례가 콘텐츠 투어리즘의 중요한 부분을 차지해 왔다. 일반사단법인 아니메 투어리즘 협회가 설립된 후 2018년부터 매년《아니메 투어리즘 백서》를 발간하고, 일반인의 투표를 통해 '방문해 보고 싶은 일본 아니메 성지 88'을 선정해서 발표하는 등 최신 동향과 정보를 발신하는 방법으로 애니메이션 업계와 지역사회 발전에 기여하고 있다. 앞으로도 이러한 자구적인 노력과 일본 애니메이션의 제작과 흥행이 이어지는 한 아니메 성지순례의 발길은 끊이지 않을 것이다.

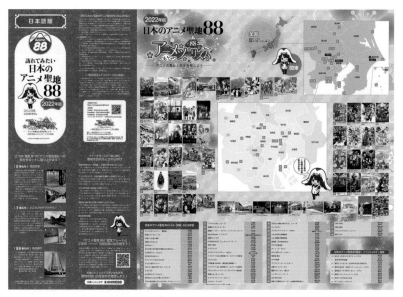

방문해 보고 싶은 일본 아니메 성지 88 (2022년판)

출처: KADOKAWA https://group.kadokawa.co.jp/sustainability/project/animetourism.html

일본 콘텐츠 투어리즘의 추진 배경

　일본에서 콘텐츠 투어리즘이 본격적으로 추진된 배경에는 2000년 대 초에 국내 관광자원을 정비하고 국내외 관광객을 유치하여 관광에 의한 경제효과를 국가경제의 기반으로 삼는다는 내용의 '관광입국観光立国' 선언과 이를 위한 '쿨 재팬Cool Japan' 정책이 있었다. 쿨 재팬이란 일본의 상품, 서비스, 문화의 총칭 또는 이러한 것이 해외에서 널리 수용되는 현상을 말한다. 특히 일본의 만화나 애니메이션 등의 대중문화가 세계적으로 인정받는 소프트 파워로 인식되면서 이 용어가 통용되기 시작했다. 쿨 재팬 정책의 목적은 국내 인구 축소나 종래 산업의 성장둔화로 인해 침체하는 내수경제를 콘텐츠, 패션, 지역 산업, 서비스 등의 분야에 집중하여 일본의 매력을 전파하고, 해외 시장 확보와 함께 관련 민간 산업의 고용을 창출하여 세계적으로 확장해 가는 것이다. 이를 통해 방일 관광객 증가에 따른 지역 경제와 일본 경제 전반의 활성화로 이어질 것으로 전망했다.

　이러한 가운데 2005년에 일본 정부 부처에서 발표한 '영상 등 콘텐츠의 제작·활용에 의한 지역진흥 방안에 관한 조사보고서'에 콘텐츠 투어리즘이라는 용어가 공식적으로 등장했다. 콘텐츠 투어리즘이란 지역과 관련된 콘텐츠영화, 드라마, 소설, 만화, 게임 등를 활용해 관광을 비롯한 관련 산업의 진흥을 도모하는 관광이며, 그 근간은 콘텐츠를 통해 조성된 지역 고유의 분위기와 이미지로서의 서사를 지역에 부가해 관광자원으로 활용한다는 것이다. 이와 같은 국가적 차원의 문화전략에 힘입어 일본 각지의 지자체가 콘텐츠를 통해 재조명된 지역의 매력과 가치를 더욱 높이고 이를 지역 활성화와 진흥의 수단으로 접근·활용하게 되었다. 최근에도 아니메 성지순례를 필두로 콘텐츠 투어리즘이 지역에 미치는 긍정적 영향과 경제적 파급효과, 나아가서 지역 재생과 창생의 가능성을 보여 주는 사례가 속속 보고되고 있다.

일본 아니메 성지순례의 유형과 사례

일본의 아니메 성지순례는 수많은 콘텐츠를 계기로 매우 다양한 양상을 띠고 있어 이들 사례를 개괄적으로 살펴보기가 쉽지 않다. 가장 일반적인 형태는 애니메이션에 등장하는 실재 지역이나 장소, 가령 신사 등지에 팬이 찾아오기 시작하면서 자연발생적으로 성지가 형성되는 유형이다. 그 외에 무대가 되는 지역 내 지자체나 공공기관이 주도하는 유형, 애니메이션 제작사가 주축이 되어 지역 진흥과 활성화를 꾀하는 유형 등이 있다. 여기서는 팬에 의해 자연발생적으로 전개되는 유형의 대표적인 예를 소개하고자 한다.

〈럭키☆스타らき☆すた〉의 아니메 성지순례는 작품의 무대가 된 사이타마현 구키시구 와시미야초에 팬들이 방문하게 된 것을 계기로 현지 상공회와 가도카와 서점원작 만화 출판사이 협업하여 다양한 기획과 활동을 전개한 성공 사례로 알려져 있다. 〈럭키☆스타〉는 본래 만화 원작원작자 요시미즈 가가미으로 2007년에 방영된 TV 애니메이션이다. 관동 최고最古의 와시노미야 신사가 이 작품의 무대라는 것이 알려지면서 팬들의 방문이 쇄도했다. 이들은 와시노미야 신사를 방문해 애니메이션 캐릭터를 그린 이타에마痛絵馬를 봉납하거나 인증 사진을 찍고, 또 다른 성지인 오토리 찻집大酉茶屋에 마련된 성지순례 노트에 일러스트나 글을 남기기도 한다. 이러한 팬들에게 보답하고 지속적인 방문객 유치

를 위해 이 지역 상공회를 중심으로 오리지널 굿즈의 제작·판매, 지역 식품 메이커와 콜라보 상품 개발·판매, 음식점 스탬프 랠리 실시, 주인공 역의 성우에게 특별 주민표 교부, 원작자와 성우가 함께 하는 이벤트 개최 등 다채로운 '럭키☆스타 지역상품'을 개발해 관광객의 소비를 촉진하고 그 판매 수익을 재원으로 연이은 활동을 전개하고 있다.

가장 주목받는 것은 지역 전통 축제인 하지사이_{土師祭}에 등장하는 '럭키☆스타 미코시_{神輿, 제례·축제 때 신을 모시고 이동하는 가마}'일 것이다. 하지사이는 관동 최대 규모인 센칸 미코시 행차를 위해 전국에서 모여든 사람들이 미코시를 짊어지고 구호를 외치며 행진하는 전통 축제이다. 여기에 아니메 팬들이 주인공 이름을 외치면서 짊어지고 등장한 것이 바로 '럭키☆스타 미코시'이다. 이것은 지역민들이 폐목재로 미코시를 만들고 팬들이 등_燈에 쓰일 천에 캐릭터 그림을 그려 만든 콜라보 작품이다. 열기 넘치는 신사 앞에서 '전통 미코시'와 '아니메 미코시'라는 두 가지 버전의 신·구 미코시가 군중들과 어우러지는 행렬은 가히 압권이다. 아울러 코스프레 마쓰리와 같은 색다른 행사를 기획하여 팬들의 방문을 유도하고, 이러한 것이 대중매체를 통해 보도되면서 일반인들의 인지도도 높아졌다. 그로 인해 와시노미야 신사의 새해 첫 참배자 수_{1월 1~3일}는 〈럭키☆스타〉 방영 전에 13만 명 정도였던 것이 점점 늘어 2008년에 30만 명, 2010년에는 45만 명에 이르렀고, 십수 년이 지난 현재도 40만 명을 웃도는 참배자와 팬들이 이곳을 찾는다.

이처럼 단순히 애니메이션의 팬에 그치지 않고 무대가 된 지역과 장소의 매력과 가치를 찾아내어 몇 번이고 재방문하는 '지역의 팬'이 되는 경우가 있는가 하면, 애니메이션의 종방 이후 지속적인 성지순례의

전통 축제 하지사이
위: 센칸 미코시, 아래: 럭키☆스타 미코시
출처: https://luckystar.wasimiya.com/ja/about/

〈럭키☆스타〉 와시노미야 한정
2023년 캘린더

출처: http://www.wasimiya.org/
hatsu/

동력을 잃어 점차 찾는 이가 줄어드는 경우도 적지 않다. 아니메 성지순례라는 새로운 콘텐츠 향유 방식을 지속 가능한 관광의 형태로 발전시키기 위해서는 콘텐츠를 주축으로 한 제작자-지역-팬/관광객 간의 상호 호혜적 관계를 전제로, 소위 팬슈머 fansumer 를 사로잡을 수 있는 혁신적인 전략과 도전적인 시도가 이루어져야 할 것이다.

K-콘텐츠 투어리즘에 거는 기대

아니메 성지순례가 콘텐츠 투어리즘의 대부분을 차지하는 일본과 달리 한국의 콘텐츠 투어리즘은 애니메이션보다 다른 콘텐츠의 비중이 훨씬 크다. 2000년대 초 수많은 일본 팬을 춘천과 남이섬으로 이끌었던 드라마 〈겨울연가〉처럼 인기 TV 드라마 〈사랑의 불시착〉, 〈이태원 클라쓰〉, OTT 드라마 〈킹덤〉, 〈오징어 게임〉, 그리고 호평을 받은 영화 〈기생충〉 등은 이미 많은 한류 팬과 관광객을 불러 모았다. 특히 아이돌 투어리즘의 경우 K-POP 열풍의 주역들 BTS, 블랙핑크 등은 존재 자체가 콘텐츠로 여겨지기 때문에, 공연·이벤트 현장은 물론 프로모션 비디오·방송·잡지 등의 촬영지에 더해 사생활과 연관되거나 사적으로 방문한 장소까지도 성지화된다는 점에서 유망한 분야로 자리매김하고 있다. 이와 같은 K-컬처의 눈부신 약진을 발판으로 향후 K-콘텐츠 투어리즘의 진화된 모습을 기대해 본다. '콘텐츠 투어리즘'은 어쩌면 현실과 콘텐츠 속 가상세계의 컨버전스가 편재하는 현 디지털 전환 시대의 필연적 산물일지도 모른다는 생각과 함께.

사케 이야기

김지연 (희파문화재단 대표)

니혼슈의 탄생

니혼슈日本酒, 보통 사케(酒)라고도 하나 주세법에 의한 정식 명칭은 세이슈이다. 사케는 니혼슈를 말하기도 하나 모든 술의 통칭으로도 사용된다는 보통 쌀과 누룩, 물로 담그는 세이슈淸酒를 말하는 데 벼농사가 시작된 야요이시대기원전 3세기경 이후부터 시작되었다고 하나 정확하지는 않다. 그 후 7~8세기경에 편찬된 현존 최고最古의 일본 와카和歌집《만요슈万葉集》에 니고리자케濁酒, 거르지 않은 술을 결이 고운 천으로 가볍게 거른 술로 활성청주(活性淸酒)라고 함에 대한 기록이 보인다. 그리고 200년이 지난 967년에 반포된 법률집《엔기시키延喜式》에 술의 제조법에 관한 기록이 보이는데, 이미 지금의 술과 제조법이 유사한 여러 가지 술이 빚어진 사실을 알 수 있다. 세이슈는 헤이안시대794~1185 초기 혹은 중기부터 마시기 시작한 것으로 보인다. 가마쿠라시대1185~1333부터 아즈치모모야마시대1573~1603에는 사원에서 승려들이 만든 소보슈僧坊酒가 품질 좋은 술로 높은 평가를 받았다. 농후한 단맛을 가진 소보슈는 도요토미 히데요시와 도쿠가와 이에야스가 즐겨 마셨다고 한다. 무로마치시대1336~1573에서 에도시대1603~1868에는 니고리자케에서 세이슈로 정착되어 유명한 양조장효고현의 나다(灘), 교토부의 후시미(伏見), 히로시마현의 사이죠(西条)가 일본 3대 양조장임도 생겨나 지금까지 명주를 만들어 내고 있다. 메이지시대1868~1912에 들어서면서 정부에 의해 니혼슈 제조의 근대화가 추진되어 비약적인 발전을 이루었다. 쇼와시대1926~1989에 이르러서는 기술혁신에 의해 고품질 니혼슈가 잇달아 출시되어 정부에서 품질을 감별하는 급별제도가 생겼다. 헤이세이시대1989~부터는 도정을 많이 한 긴조슈吟醸酒, 쌀을 60% 이하로 정미하여 저온에서 천천히 양조한 술 붐이 일기 시작하여 유럽과 미국에서도 인기를 얻어 사케sake로 정착되었다.

이렇게 꾸준하게 발전해 온 니혼슈이지만 한동안 소비가 위축된 시기가 있었다. 니혼슈의 중요한 원료 중 하나인 쌀이 기상악화로 인해 생산량이 급감하거나 전쟁 등으로 인해 공급이 부족해지면 니혼슈 제조에 지장이 생긴다. 제2차 세계대전 당시와 종전 후에 식량난에 빠진 일본은 심각한 주조미酒造米 부족 사태에 이르렀다. 그때 고육지책으로 나온 술이 산조슈三増酒이다. 산조슈는 산바이조조슈三倍増醸酒의 줄임말로 원료인 쌀을 절약하기 위하여 거르지 않은 술에 물로 희석한 양조 알코올과 포도당, 물엿을 첨가해서 양을 3배로 늘린 술이다. 이 산조슈의 생산을 정부에서 장려하여 술 수요를 충당하게 되자 산조슈는 소비의 중심이 되었다. 전쟁이 끝나고 혼란스러운 시기에는 아주 형편없이 만들어진 밀주가 시장에서 유통되었다. 고도 경제성장기에 들어서면서 조잡한 밀주들은 없어졌지만 산조슈는 소비자들 사이에 정착되었다. 고푸자케コップ酒, 오제키주식회사가 1964년에 발매한 니혼슈로, 용량은 1홉(180ml). 고푸자케로 처음 발매된 제품을 'ONE CUP(ワンカップ)'이라고 함도 이 시기에 등장한다. 이 산조슈의 맛은 본래의 니혼슈와는 먼 조잡한 맛으로 맥주, 와인, 위스키 등 서양의 술이 들어오기 시작하면서 니혼슈

의 존재감은 희박해져 갔다. 이러한 니혼슈의 위축기가 상당 기간 계속되다가 당류가 첨가된 산조슈에 대한 반격으로 깔끔하고 쌉쌀한 맛을 내세운 새로운 상표의 니혼슈들이 등장하면서 유행하기 시작했다. 그 이후부터 니혼슈는 인기를 얻기 시작하여 지금까지 다양화와 고급화가 계속되고 있다.

니혼슈의 원료

앞서 언급한 것처럼 니혼슈는 쌀, 물, 누룩의 세 가지 원료로 만들어진다. 그중 가장 중요한 것은 물이다. 에도시대에 발간된 《혼초쇼칸本朝食鑑》의 술에 대한 부분을 보면 '물을 고르는 것이 제일 중요하다'고 기술되어 있다. 니혼슈의 경우 그저 물이 '원료에 들어가기 때문에' 중요한 것이 아니라 쌀을 씻고 불리고 찌는 술을 만드는 전 과정에 사용되기 때문에 중요한 것이다. 특히 씻고 불리는 과정에서 쌀은 물속의 성분을 흡착하기 때문에 술 만드는 과정에서 불필요한 성분이 없는 물이 선호된다. 술을 만들 때 불필요한 성분이란 맛과 향 그리고 색을 노화시키는 철과 망간이다. 이러한 이유로 많은 양조장이 물 좋은 곳에 위치해 있다. 니혼슈의 또 다른 중요한 원료는 쌀이다. 이 쌀을 얼마나 깎아 냈는지를 나타낸 것을 정미비율이라고 한다. 술을 빚을 때 잡맛의 원인이 되는 쌀 표면의 단백질과 지질을 깎아 내야 깔끔한 니혼슈가 완성된다. 보통 니혼슈를 만들 때 정미비율은 80~35%이다. 예를 들어 정미비율이 40%라고 하면 쌀을 깎고 남은 부분이 40%라는 뜻이므로 쌀을 60% 깎아 낸 것이다. 대개는 쌀을 많이 깎아 낼수록 가볍고 깔끔한 마무리가 된 것으로 여긴다. 얼마 전까지는 니혼슈의 맛은 정

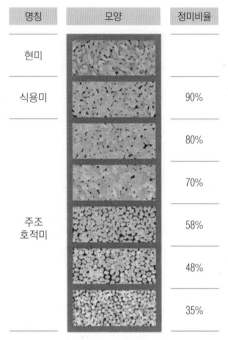

명칭	모양	정미비율
현미		
식용미		90%
		80%
		70%
주조 호적미		58%
		48%
		35%

정미비율의 차이에 따른 쌀의 상태

미비율이 높을수록 좋다는 인식이 있었으나 정미비율이 너무 높을 경우 맛이 너무 평탄하다는 의견도 있다. 그래서 좋은 품질의 쌀로 일부러 정미비율을 낮추어 쌀 본래의 맛을 살린 니혼슈도 인기를 얻었다.

쌀의 구조를 알면 술의 맛이 좌우되는 정미의 중요성을 알 수 있다. 현미는 표층부와 중심부인 심백心白으로 나뉘는데, 표층부는 단백질과 지질을 많이 포함한다. 이 부분을 깎아 내는 것을 정미라고 한다. 중심부인 심백은 순수한 전분질에 가깝기 때문에 하얗게 보인다. 술을 담그는 쌀을 사케마이酒米라고 하는데 그중 비교적 입자가 크고 심백이 있는 특별한 쌀은 산지와 상표가 지정되어 있어 주조호적미라고 한다. 이것은 담그기에 최적의 쌀을 말하며 야마다니시키山田錦 외에

도 오마치雄町, 고햐쿠만고쿠五百万石, 미야마니시키美山錦, 아키타사케고마치秋田酒こまち, 긴푸吟風, 구라노하나蔵の花, 고시탄레이越淡麗, 핫탄니시키이치고八反錦一号, 하나후부키華吹雪, 히토고고치ひとごこち, 효고유메니시키兵庫夢錦, 다카누니시키たかぬ錦, 데와산산出羽燦々, 긴깅카吟ぎんか, 신리키神力 등이 있다. 주조호적미의 특징은 외관상으로 입자와 심백이 크고 벼 이삭이 길다. 기능적인 특징은 다음과 같다. 정미비율이 70~50%까지 고도의 정미가 이루어지므로 이에 견딜 수 있는 균일하고 큰 입자를 가져 정미하기 쉽고 단백질이 적으며 흡수성이 좋다. 그리고 누룩이 자라기 좋고 당화糖化가 잘 된다. 거르지 않은 술醪, 모로미 속에서 잘 풀어진다. 말 그대로 술 만들기에 적합한 쌀이다. 이 주조호적미는 생산량이 정해져 있고 가격이 비싸 주로 긴조슈吟醸酒에 사용된다.

마지막으로 중요한 원료인 누룩은 쌀을 찌는 과정이 끝난 다음에 시작된다. 니혼슈를 만드는 과정의 철칙은 '첫째는 누룩, 둘째는 주모, 셋째는 술 만들기'라고 할 만큼 어떤 누룩을 만드는가에 따라 술의 완성도가 달라진다. 약 35℃ 실온을 유지한 상태로 찐쌀을 넓게 펴서 누룩균種麴, 다네코우지을 뿌린다. 이 누룩균이 쌀 표면에서 중심부로 번식해 간다. 2~3일간 여러 가지 방법을 동원하여 누룩균이 순조롭게 증식하도록 한다. 누룩이 만들어지면 다음은 주모酛, 모토를 만든다. 물·유산乳酸·누룩을 탱크에서 혼합한 후에 다시 찐쌀과 효모를 추가한다. 거기서 2주간 정도 효모가 증식하면 주모가 완성된다. 술을 만들 때는 양질의 효모가 대량으로 필요하므로 그 효모를 배양하는 것을 주모 만들기라고 생각하면 되겠다.

니혼슈의 종류

● 특정명칭주와 보통주

니혼슈는 흔히 사케酒로 통용된다. 니혼슈의 주세법에 의한 올바른 표기는 세이슈清酒이다. 2006년 5월에 개정된 신주세법에서 정의한 세이슈는 '알코올 도수 22도 미만이고 쌀·누룩·물을 원료로 하여 발효시켜 거른 것'을 말한다. 알코올 도수가 22도 미만인 것은 세이슈를 만들 때 그 이상의 알코올 도수가 나오지 않기 때문이다. 니혼슈의 알코올 도수는 일반적으로 15~16도이다.

요즘은 가볍게 마실 수 있는 저알코올을 선호하는 추세로 종래의 니혼슈보다 알코올 도수가 낮은 저농도주가 주목받고 있다. 저농도주는 알코올 도수가 13도 미만인 술을 말하는데 알코올 도수 8도 정도의 술이 가장 많다. 여성과 젊은 층을 겨냥하여 스파클링 사케도 다양하게 출시되고 있다. 한국에서 소주 도수가 낮아지고 과일 맛의 소주가 출시되는 것과 같은 맥락으로 보인다.

니혼슈는 양조주 중에서 마시는 시점의 알코올 도수가 가장 높다. 양조주란 원료가 되는 쌀 등의 곡물이나 과일 등을 알코올 발효시켜 생기는 단순한 주류를 말하는데, 증류 공정이 없기 때문에 원료 자체의 맛을 그대로 반영하는 술이라고 할 수 있다. 니혼슈는 주세법에 따라서 특정명칭주特定名稱酒, 도쿠테이메이쇼슈 8종류와 보통주普通酒, 후쓰슈로 모두 9가지로 분류된다. 보통주는 특정 명칭의 규정에서 벗어난 술에 대한 총칭으로 일반주一般酒, 잇판슈 또는 레귤러슈 라고 한다.

보통주는 규정량 이상의 양조 알코올을 사용하고 원료에 당류, 조미료, 산미료, 아미노산 등을 사용한 것이다. 정미비율이 71% 이상이고 누룩 사용 비율이 15% 이하이다. 특정명칭주는 누룩 사용 비율이 15% 이상이며 원료가 되는 쌀은 농산물검사법에 의해 3등 이상 되거나 그에 상응하는 쌀이 조건이 된다. 거기에 원료의 제조법이나 정미비율 등에 따라 준마이다이긴조슈 , 준마이긴조슈, 도쿠베쓰준마이슈, 준마이슈, 다이긴조슈, 긴조슈, 도쿠베쓰혼조조슈, 혼조조슈 8가지로 분류된다.

이 분류는 원료에 양조 알코올이 첨가되었는가에 따라 크게 두 가지 타입으로 구분할 수 있다. 알코올이 첨가된 것은 혼조조슈 타입이고, 알코올이 첨가되지 않은 것은 준마이슈 타입이다. 이것은 또 원료인 쌀의 정미비율에 따라 긴조슈와 다이긴조슈로 분류할 수 있다. 니혼슈의 일반적인 경향은 정미비율이 높을수록 경쾌하고 깨끗한 맛이다.

이러한 이유로 같은 상표의 술이라도 긴조슈나 준마이긴조슈보다 다이긴조슈나 준마이다이긴조슈가 고유의 향과 맛이 두드러진다. 긴조슈 계통은 고도로 연마한 쌀로 장기간 저온에서 발효와 숙성을 거쳐 긴조카^{吟醸香}, 긴조슈 계통의 긴조슈, 준마이긴조슈, 다이긴조슈, 준마이긴조슈에서 나는 특유의 과일 향를 높이는 제조법이다. 다시 말해, 준마이슈 계통과 혼조조슈 계통의 술은 원료_{양조 알코올을 사용하는지 아닌지}에 차이가 있고, 긴조슈 계통의 술은 원료가 아니라 만드는 방법에 차이가 있다. 다이긴조슈^{大吟醸酒}나 도쿠베쓰혼조조슈^{特別本醸造酒}처럼 '다이^{大, 대}'나 '도쿠베쓰^{特別, 특별}'라는 말이 붙어 있는 경우가 있는데, 정미비율을 말할 때 규정은 '이하^{以下}'이다. 예를 들어 정미비율이 50% '이하'의 긴조슈^{吟醸酒}라면 다이긴조슈^{大吟醸}가 되지만, 정미비율이 35%와 50%인 긴조슈를 각각 제조했다고 할 때 35%는 다이긴조슈가 되고 50%는 긴조슈가 되는 경우도 있다. 또 '도쿠베쓰^{特別}'의 예를 들면, 야마다니시키^{山田}

특정명칭주의 8종류

특정명칭주(도쿠테이메이쇼슈)	
준마이슈 계통	**혼조조슈 계통**
• 원료: 쌀, 누룩, 물 • 특징: 쌀의 풍미가 살아 있고 농후하며 입에 닿았을 때 부드러운 느낌과 향보다는 맛이 뛰어나고 감칠맛이 있음	• 원료: 쌀, 누룩, 물, 사용한 백미 총 중량의 10% 이하의 양조 알코올 사용 • 특징: 깔끔하고 산뜻하며 쌉쌀한 맛과 향이 강하고 맛의 균형이 좋음 • 준마이다이긴조슈 라벨 표시조건: 정미비율 50% 이하
준마이다이긴조(純米大吟醸酒) 라벨 표시조건: 정미비율 50% 이하	다이긴조슈(大吟醸酒) 라벨 표시조건: 정미비율 50% 이하
준마이긴조슈(純米吟醸酒) 라벨 표시조건: 정미비율 60% 이하	긴조슈(吟醸酒) 라벨 표시조건: 정미비율 60% 이하
도쿠베쓰준마이슈(特別純米酒) 라벨 표시조건: 정미비율 60% 이하 또는 특별한 제조방법	도쿠베쓰혼조조슈(特別本醸造酒) 라벨 표시조건: 정미비율 60% 이하 또는 특별한 제조방법
준마이슈(純米酒) 라벨 표시조건: 규정 없음	혼조조슈(本醸造酒) 라벨 표시조건: 정미비율 70% 이하
긴조슈 계통	
고도로 연마한 쌀로 장기저온 발효와 장기저온 숙성을 거쳐 긴조카(吟醸香)를 높이는 제조법. 즉 원료가 아닌 만드는 방법의 차이를 말함.	

錦 100%의 술과 일반미로 만든 도정비율 70%인 술이 있을 경우 야마다니시키 100%의 술에 '도쿠베쓰'를 붙이기도 한다. '大'와 '特別'을 붙이는 것은 각 주조에 위임되어 있다. 니혼슈는 무조건 준마이슈가 최고라고 생각하는 경우가 많은데 물론 맛도 좋고 좋은 술이 많은 것은 사실이나 그렇다고 해서 혼조조슈가 질이 떨어지는 술이라고 생각해서는 안 된다. 양조 알코올을 첨가하면 입에 닿았을 때 세련되고 맛

에 군더더기가 없다. 그러므로 요리와 함께 마실 때는 혼조조슈가 궁합이 맞는 경우가 더 많은 편이다. 시장점유율은 대량생산이 가능한 보통주가 70% 이상이고 나머지 30%를 특정명칭주가 차지한다.

니혼슈의 다양한 이름들

같은 상표의 니혼슈라도 나마즈메슈生詰め酒, 나마초조슈生貯藏酒, 나마자케生酒 등 여러 가지 이름이 있다. 일반적인 니혼슈는 저장하기 전과 병에 넣기 전 두 번에 걸쳐 열처리火入れ, 니혼슈를 살균하거나 숙성을 멈추게 하기 위해서 가열하는 것를 하는데, 나마자케는 열처리를 한 번도 하지 않은 가장 신선한 맛의 술이다. 혼나마本生 라고도 한다. 나마生에는 3종류가 있는데 나마자케生酒, 나마초조슈生貯藏酒, 나마즈메슈生詰め酒이다. 나마초조슈는 두 번의 열처리 중에서 저장 전에 열처리를 하지 않고 병에 넣기 전에 열처리를 한다. 열처리를 하지 않은 상태로 저장기간이 계속되므로 어느 정도 숙성감이 있다. 나마즈메슈는 저장 전에 열처리를 하고 병에 넣기 전에는 열처리를 하지 않은 것으로 세 종류 가운데 신선도가 가장 떨어진다.

하얗고 탁한 술에는 여러 종류가 있는데 도부로쿠とぶろく는 거르기 전 단계의 술인 모로미醪를 여과하거나 거르거나 하지 않고 누룩이나 원료인 쌀 입자가 많이 남아 있는 상태 그대로 마시는 것이다. 니고리자케にごり酒는 결이 고운 천으로 거른 것으로 천의 고운 결을 통과한 고형물이 섞여 있는 것이다. 오리가라미おりがらみ는 거른 술에 고운 쌀 등의 침전물おり, 오리를 남긴 것이다. 간단히 말해, 오리가라미는 침전물을 남긴 것이고 니고리자케는 결이 고운 천으로 침전물을 걸러

낸 것이다. 니고리자케의 대부분은 니혼슈에 포함되지만 '도부로쿠'는 세이슈^{清酒}의 규정으로 정해진 거르는 작업을 하지 않았기 때문에 니혼슈로 분류되지 않는다. 제조가 간단한 도부로쿠는 이전에는 가정에서도 만들었으나 메이지 시대에 자가 제조가 금지되었다. 이후 도부로쿠는 일반적으로는 밀주를 가리키는 말이 되었다. 현재 주조회사 이외에 도부로쿠 제조가 허가된 곳은 신에게 제사 지낼 때 도부로쿠를 사용하는 신사^{神社}뿐이다. 또 바로 그 자리에서 소비하는 조건으로 민박집 등에서 제조·판매가 허락된 도부로쿠 특구_{고이즈미 정권 때 도입된 구조개혁특별구역}가 있다. 도부로쿠 제조가 허가된 신사에서는 도부로쿠 축제_{전국적으로 일곱 군데로 모두 신사에서 개최함}를 열어 일반 참배객에게 도부로쿠를 대접하기도 한다.

그리고 특별한 용기에 들어 있는 다루자케^{樽酒}는 나무통에서 숙성시킨 니혼슈로 삼나무의 상쾌한 향이 특징이다. 출하 시에 병이 아닌 다루_{樽, 나무통}에 들어 있는 것은 축하의 자리에서 다루자케의 뚜껑을 깨서 술을 나누어 먹는 가가미비라키_{鏡開き, 원래는 술이 아니라 정월에 신이나 부처에게 공양한 가가미모치(鏡餅, 가가미떡)를 나누어 먹는 일본의 연중행사로 신에게 감사하}

_{고 또 공양한 것을 먹음으로써 무병장수를 빌었음}에서 비롯된 것이다. 또 다루자케의 뚜껑을 양조장에서 가가미_{鏡, 거울}라고 부르기도 한다. 농경민족인 일본인에게 쌀로 만든 니혼슈는 신성한 의미로 여러 신에게 농사가 잘 되길 기원하고 기원이 끝나면 술을 나누어 먹으며 기원의 성취를 비는 풍습이

다루자케

있다. 결혼식 피로연에서 인기가 많은 가가미비라키鏡開き 의 '鏡거울' 에는 원만함, '開き 열림'에는 '스에히로가리末広がり, 끝이 좋은 것'의 의미가 있다. 연회나 회식의 종료를 오히라키お開き 라고 하는 것도 끝이 좋다는 뜻이기 때문이다. 다루자케를 술잔 대신 마스枡, 체적을 재는 계량기이나 니혼슈를 마시기 위한 사카마스(酒枡) 등에 따라서 하는 건배는 복을 부르는 멋진 의식으로 프로야구나 스모를 비롯하여 각종 경기의 우승 축하연, 회사의 신년회, 개업식, 결혼식에서도 자주 볼 수 있다.

전래동요와 전래동화로 만난
일본 문화

전인옥(한국방송통신대학교 유아교육과 명예교수, 다문화 예술교육자)

노래하는 뇌와 다문화 예술교육

대니얼 J. 래버틴은 저서 《노래하는 뇌》에서 수만 년에 걸쳐 인류에게 일어난 음악과 뇌의 진화에 대하여 설명하면서, 인류의 정체성을 빚어낸 핵심요소가 '노래'라고 주장한다. 우정, 기쁨, 위로, 지식, 종교, 사랑이라는 여섯 유형의 노래를 분석하고, '음악적 뇌에서 문명이 시작되었다'라는 결론을 과감히 내리고 있다. '노래하는 뇌'는 문화적으로 협소한 편견에 사로잡히지 않게 하므로, 어린 나이에 다른 문화권의 음악에 노출되면 영유아는 음악의 규칙과 구조를 추출하는 법을 쉽게 배운다. 음악적 뇌를 특징짓는 세 가지 인지능력은 '조망 수용', '표상', '재배치' 능력이다. 그 덕분에 언어, 미술, 무용, 음악의 문화예술이 탄생했다. 인간을 가장 차별화하는 것은 다른 어떤 동물도 하지 않는 행동, 바로 '예술'이다. 예술이 그저 존재한다는 것이 아니라 예술이 삶의 중심을 차지한다는 것이 중요하다. 예술을 하는 뇌가 발달하면서 인간의 창의성이 발달하고, 추상적 사고를 하고, 열정과 감정을 소통하는 것도 가능해졌다.

1982부터 1991년까지 9년간 미국 유학을 마치고 한국방송통신대학교에서 유아교육과 교수로 재직하면서 '다문화 예술교육'의 관점에서 세계의 전래동요, 전래동화, 전통춤에 관심을 갖고 세부 전공을 깊이 있게 연구했다. 세계 여러 나라의 놀이문화에도 관심이 많아서 다문화적 관점에서 한국과 다른 나라 놀이문화의 공통점과 차이점에 관해서도 지속적으로 연구해 왔다. 특히 노래, 악기, 신체, 극화놀이 등으로 놀이유형을 다양하게 나누어서 진행했다. 다문화 예술교육의 관점에서 연구를 지속하게 된 계기의 에피소드를 몇 가지 소개하고자 한다.

첫 번째는 2001년에 미국 워싱턴대학교에 교환교수로 나가 한국 전래동요 〈새야 새야〉를 음악교육과 학생들에게 소개하는 과정에서 비롯되었다. 농민들의 지도자인 녹두장군 전봉준과 동학혁명의 역사적 배경을 설명하며 "새야 새야 파랑새야, 녹두밭에 앉지 마라" 노랫말 부분을 풀이해 주었다. 국악장단 중 느린 '도드리장단 2/점 4분 박자' '덩 - 기덕 쿵 - 더러러러'로 말장단 놀이를 하며 노래를 불러 주었다. 그랬더니 그 당시 박사과정에 있던 한 학생이 〈새야 새야〉가 중국 노래가 아니냐고 반문하면서 중국어로 녹음된 〈새야 새야〉 CD를 제시했고, 나는 펄쩍 뛰듯이 놀라 1894년 동학사상에 기초한 농민봉기라는 한국의 역사적 배경을 설명하며 〈새야 새야〉가 그때부터 유래된 한국 고유의 전래동요임을 주장하느라 난감했던 기억이 있다.

최근 나카쓰카 아키라中塚明 교수의 저서 《일본인이 본 역사 속의 한국》에서 '청일전쟁은 중국과의 전쟁만은 아니었다 pp.87~93'를 읽으면서 1894년 청일전쟁의 내막과 동학농민군의 지도자 전봉준 녹두장군과 관련된 〈새야 새야〉의 정통성을 다시금 확인했다. 동아시아에 대한 역사적 인식의 폭이 넓어지고 깊어짐에 따라 한국을 둘러싼 중국과 일본의 문화를 더 잘 이해하게 되고, 한국 고유의 문화에 대한 자부심도 높아지는 계기가 되어 기뻤다. 전라북도 고부군에 있는 '무명동학농민군 위령탑'을 돌아보고, 2001년에 개최된 동학농민혁명 107주년 기념대회에서 "동학농민혁명은 우리나라 민중혁명의 정점임과 동시에 반反봉건과 반反제국주의의 선봉적 운동이었습니다. (중략) 그 이념과 정신은 3·1운동과 4·19혁명 그리고 광주민주화운동 등 우리나라의 자주독립과 민주화 역사에 면면히 계승되고 있습니다. 그리고 지금도 민주주의와 인권, 사회개혁이라는 오늘날의 시대정신으로 살아 호흡하고 있습니다."라고 말씀하신 김대중 대통령의 메시지가 가슴에 깊이 와닿았다.

두 번째는 2008년 미국 워싱턴대학교 음악교육과에 다시 교환교수로 나갔을 때 이야기이다. 다문화 음악교육의 세계적 권위자인 캠벨 Dr. Campbell 교수의 차를 타고 야키마Yakima 원주민 보호구역에서 이루어진 음악교육실습과 음악회 참석을 위해 한밤중에 얼어붙은 스티븐 패스Steven Path를 넘고 있었다. 캠벨 교수가 얼음길 밤 운전이 무섭다기에 마침 둥실 뜬 보름달을 보며 두려움을 극복하고 운전에 몰입하게 하려고 한국의 전래동화 〈선녀와 나무꾼〉과 〈견우와 직녀〉를 들려주고 있었다. 재미있게 이야기를 듣던 캠벨 교수가 중국의 전래동화를 연상해 내면서 〈견우와 직녀〉 전래동화의 원조가 중국이 아니냐고 반문했을 때, 자랑스럽게 우리의 옛이야기를 들려주던 나는 문화적 자존감이 훅 빠져나가는 것 같은 충격을 받았던 기억이 있다. 그 후 한국에 돌아와 아시아의 전래동화를 비교문화적 관점에서 분석한 서울대학교 유안진 지도교수의 논문을 통해 문화맥락이 유사한 동아시아권에서는 문화교류의 과정에서 전래동화와 설화의 원형적 구조에서 문화적 공통점이 발견된다는 것을 확인하고, 한국 전통문화의 보편성과 특수성에 대해 다시금 새롭게 인식했다.

세 번째는 세계의 전래동화 중 가장 보편적인 〈신데렐라〉 동화를 수집하는 과정에서 일어난 이야기이다. 페르시아, 중국, 한국, 일본 등 아시아권의 〈신데렐라〉 이야기가 다르게 전개되고, 같은 나라 미국 내에서도 아팔라치아, 텍사스 신데렐라 등이 다르게 전승되고 있음을 알게 되었다. 그 후 세계 여러 나라, 여러 지역의 〈신데렐라〉를 다문화 예술교육의 관점에서 음악, 미술, 춤을 통합한 다문화 예술교육 프로그램으로 개발하는 과정은 정말 흥미진진했다. 그중 프랑스의 전래동요 〈프레흐 쟈크Frere Jacques〉의 노랫말을 개사하고, 한국 유아교육현장에 〈봉주르, 메자미 Bonjour Mes Amis〉로 무도회의 음악과 춤을 구성하여 〈신데렐라Cinderella〉 음악극을 만들었다.

같은 맥락에서 한국 전래동요 〈대문 놀이〉를 전래동화 〈콩쥐 팥쥐〉에 접목하여 극화놀이 〈콩쥐야 문 열어라〉를 두꺼비, 황소, 참새가 되어 다양한 노랫말로 구성했던 기억이 지금도 생생하다. 그 과정에서 만난 《한국 신데렐라Korean Cinderella》 영어 그림책의 삽화를 보면, 한국의 농민들이 삿갓처럼 생긴 원뿔형 베트남 모자 '논 라'를 쓰고 논에서 일하고 있고, 임금님의 권위를 나타내는 왕의 지팡이가 중국의 신선 지팡이로 묘사되어 있었다. 이처럼 한국의 문화예술이 미국이나 유럽에 올바로 전달되지 않고 중국, 일본과 같은 문화강국의 영향을 받아 문화적 왜곡이 일어나고 있음이 안타까웠다. 그런 불편한 문화적 왜곡을 경험할 때마다 한국이 문화예술의 강국이 되도록 한국의 문화예술 교육자로서 좋은 문화콘텐츠를 개발하고 세계의 교육현장에 적용하여 한국 문화예술의 장점이 세계에 널리 잘 알려지도록 더욱 노력해야겠다고 결심했다.

일본 노래문화에서 경험하는 '전승의 힘', 에피소드 1 〈카에루노우타〉

다문화 음악교육 교재 《음악의 가지와 뿌리들Roots and Branches》와 《아동기의 음악Music in Chilhood》는 세계 전래동요의 출처와 정통성을 밝히면서 다양한 노래를 소개하고 있다. 그중 내게 가장 특이했던 노래가 바로 일본의 전래동요로 소개되는 〈카에루노우타개구리의 노래〉이다. 원래 독일 전래동요를 일본어로 번역하여 일본에 전해진 〈카에루노우타〉의 정통성을 찾기 위해 NHK가 추적해 보았는데, 독일에서는 노래의 전승이 끊겨져 사라진 것으로 확인되었다. 반면에 〈카에루노우타〉는 일본 문부성에서 일본인이 꼭 알아야 할 전래동요로 지정하여 현재 '일본화된 전래동요'로 잘 전승되고 있었다. 2010년에 일본 가고시마 여행을 하면서 머플러 가게 직원에게 〈카에루노우타〉 노래를 부탁했더니 아주 자랑스럽게 부르는 모습을 보고, 일본에서 전래동요 전승의 힘이 놀라움을 실제로 확인할 수 있었다. 지금은 유튜브를 통해서도 일본의 전래동요로 〈카에루노우타〉가 소개되고 있다.

그렇다면 일본에서 전래동요를 전승하는 힘은 어디서 오는 걸까? 의문이 자연스럽게 생겨난다. 한국에서 전래동요의 사전적 의미는 '옛 아이들의 놀이노래'라고 간략히 정의된다. 일본의 대표적인 전래동요에는 어떤 것이 있을까? 찾아보면 미국에서 배운 〈사쿠라 사쿠라〉가 제일 대표적인 곡으로 검색된다. 일본에서는 전래동요를 자연발생적으로 만들어져 전승되는 '와라베우타わらべ歌, 자연동요, 전승동요'라고 부른다. 일본에서 전승동요는 어떻게 구전되고 전승되어 지금까지 불리게 되었을까? 일본에서 '동요'는 가사가 난해한 창가와 달리 아이들의

아름다운 공상이나 감정을 길러 주는 시와 노래를 창작했던 '다이쇼기 동요운동' 기간과 제2차 세계대전 후 베이비붐 시기에 만들어진 '어린 이를 위해 만들어진 가곡'을 의미한다. 1970년대에 〈핑퐁방 체조〉, 〈헤엄쳐라! 붕어빵아〉, 〈경단 3형제〉 등이 대히트를 쳤지만, 최근에는 애니메이션 곡 등에 떠밀려 예전처럼 가정에서 다이쇼기 동요를 부르 는 현상은 많이 사라졌다고 한다. 이러한 창작동요는 자연발생적으로 만들어져 전승되는 와라베우타와는 다르다.

쇼조지 너구리장단과 개구리를 주제로 한 마쓰오 바쇼1644~1694의 하이쿠를 〈카에루노우타〉와 연계하여 생각해 본다. 쇼조지 너구리장 단証城寺の狸囃子은 노구치 우조 작사, 나카야마 신페이 작곡의 동요 이다. 이 노래는 치바현 기사라즈시의 쇼조지証城寺에 전해지는 너구 리 전설에서 유래한다. 노구치 우조는 기사라즈를 방문했을 때 이 전 설을 알게 되었고, 시로 적어 아동잡지 《긴노호시金の星》1942년 12월에 발표했다. 나카야마 신페이가 이 시에 같은 음을 반복하여 리듬감 있 고 경쾌한 곡조를 붙여 같은 잡지에 발표한 것이 이 노래이다. 이 고장 에서는 매년 10월 중순이 되면 너구리 축제를 개최하고 있다. 다만 절 이름의 한자 표기가 바뀐 것은 특정 지역의 절이 아니라 전국의 아이 들이 즐길 수 있도록 하기 위한 것이라는 설이 있다. 아이들이 쉽게 접 할 수 있도록 제목을 히라가나 표기「しょうじょうじの狸ばやし」로 하는 경우도 많다. 이 장단은 너구리의 배를 신체악기로 사용하여 북鼓 처 럼 울리는 소리를 장단으로 반복하여 노래를 부르면서 너구리 장단을 친숙하게 신체로 접근하는 놀이로 접목하고 있다는 장점이 있어서 아 이들이 즐길 수 있게끔 구성되어 있다.

하이쿠는 일본 고유의 시 형식으로, 5·7·5 음절로 구성된 세계에서 가장 짧은 정형시라 할 수 있다. 마쓰오 바쇼의 구는 하이쿠를 대표하는 것으로 다양하게 번역되어 있다. 바쇼의 문하생들이 모여서 개구리를 주제로 하이쿠 모임을 열었을 때 바쇼가 읊은 하이쿠는 다음과 같다.

古池や(ふるいけや 5)	오래된 연못
蛙飛びこむ(かわずとびこむ 7)	개구리 뛰어드는
水の音(みずのおと 5)	물소리 퐁당

　오래된 연못에 개구리 한 마리가 뛰어들면서 일순간 적막이 깨지고, 그 파문이 마음속까지 번지는 이미지의 하이쿠이다. 계절어는 개구리이고, 기레지는 '야や'이다. 문학평론가 야마모토 겐키치山本健吉가 "하이쿠의 모든 이해는 바쇼의 이 하이쿠에 대한 이해로부터 시작된다."라고 말할 만큼 가장 대중적으로 널리 알려진 하이쿠이다. 일본에서는 예로부터 5·7·5의 리듬감을 중요시해 왔으며, 일본어의 운을 다는 데는 5·7·5가 가장 좋다고 한다. 지금도 엔카를 들으면 노랫말이 5·7·5 풍인 노래가 많은 것도 그러한 이유 때문이다.
　일본화된 전래동요 〈카에루노우타〉에서는 개구리의 소리가 두 가지로 소개되는데, '과 과/과 과 ♩♪♩♪♩♪'와 '게로게로게로게로 ♫♫♫♫'이다. 우선 두 가지의 다른 리듬패턴, 즉 4분음표와 4분쉼표의 끊어짐, 8분음표의 연속성이 대조되어 음색과 리듬의 차이를 보여 주어 음악적 어울림이 좋은 노래이다. 〈카에루노우타〉를 부를 때, 나무로 제작된 '개구리 악기'의 머리를 두드리거나 등을 긁는 기로의 연주기법을 사용하여 두 가지 노래 반주를 해 주면 더욱 재미있는 노래, 악기

놀이가 된다. 아이들의 특성을 잘 반영하여 노래, 악기와 같은 음악놀이보다 몸 움직임을 좋아하는 아이들은 개구리 노래에 맞춰서 제자리에서 높이 뛰거나 개구리처럼 팔짝 뛰며 움직이는 신체 놀이를 하는 것도 좋은 방법이다.

일본 문화의 '공동체 문화', 에피소드 2 〈쓰키〉

일본의 공동체 문화의 특성이 잘 드러난 '오봉お盆'에 대해 알아보자. 오봉은 전국적으로 양력 8월 13일부터 16일까지, 지방에 따라서는 양력 7월 13일부터 16일에 걸쳐 행하는 행사이다. 1년에 한 번 조상의 영혼이 이승으로 찾아오는 날이라고 믿기 때문에 음식을 장만하여 조상의 명복을 빌고, 조상의 묘를 찾아 성묘를 간다. 이처럼 오늘날에도 집에서 제사를 지내거나 조상의 묘소를 찾아가 참배하는 중요한 행사이다. 조상의 영혼을 모시는 제단에는 위패, 꽃, 향을 갖추고 떡, 국수, 야채, 과일, 정화수 등을 바친다. 한편 선조의 영혼을 즐겁게 만들기 위해 마을 사람들이 한자리에 모여 춤을 추는데 이를 '봉오도리盆踊り'

오봉 제단

봉오도리 축제

선조의 영을 강물에 띄우기

라고 한다. 지역에 따라 선조의 영을 모형 배에 태워서 강물에 띄워 보내는 행사를 진행하기도 한다.

일본의 지역사회 공동체 문화는 다양하지만, 양력 8월 15일을 전후하여 '오봉' 기간을 정하고 축제를 여는데, 이때 춤을 추면서 부르는 노래가 〈쓰키月〉이다. 보름달이 뜨는 날에 불리는 노래와 춤이란 점에서 우리나라의 음력 8월 15일 추석에 보름달에 뜰 때 추는 〈강강술래〉와 흡사한 공동체 문화를 강화하는 문화적 특성이 있다.

일본에서는 보름달이 뜨는 여름밤에 전통 옷을 입고 부채를 꽂고 춤추며 '봉오도리'를 즐긴다. 여럿이 둥근 보름달 모양의 원을 만들어 빙둘러서고, 북을 준비하여 2/4박자의 강박에 맞추어 쳐 주면 리듬감 있는 봉오도리 춤을 즐길 수 있다. 〈쓰키〉는 노랫말 없이 2/4박자의 멜로디에 맞춰서 일본의 공동체 문화를 반영하는 춤동작으로 만들어 볼 수 있다. 둥글게 원형으로 서서 손바닥을 뒤집는 춤동작을 오른쪽으로 4걸음 걷다가, 방향을 바꿔서 왼쪽으로 4걸음 걷고, 마지막엔 제자리에서 손바닥을 뒤집으면서 보름달처럼 둥근 원을 그리며 즐긴다.

다문화 예술교육의 통합 '음악극' 〈오니기리 할아버지〉 에피소드 3

일본의 전래동화 〈오니기리 할아버지〉는 다문화 그림책 《일본의 주먹밥 할아버지와 혹부리 영감》에서 일본인 엄마의 이야기로 소개되었고, 또 다른 버전은 《주먹밥이 데굴데굴》로 번역되어 소개되었다. 그중 〈주먹밥 할아버지〉를 〈오니기리 할아버지〉 내용으로 각색하여 극본을 만들고, 2014년에 〈세계 전래동요를 활용한 음악극 활동 — 일본편)에서 다문화 통합 예술활동 프로그램을 개발하여 유아교육현장에 적용한 사례를 소개한다.

일본화된 전래동요 〈카에루노우타〉를 〈오니기리 굴러가おにぎり転がる〉로 개사하여 1막에서 주먹밥이 생쥐마을로 굴러가는 노래를 부르고, 2막에서는 〈오모지오 쓰쿠리마쇼〉로 손 리듬놀이를 하면서 생쥐들이 떡을 만드는 과정을 놀이하고, 3막에서 전래동요 〈쓰키〉를 〈보물 나온다〉로 개사하여 착한 할아버지는 부자가 되고 옆집의 욕심 많은 할아버지는 어려움을 겪는 전래동화의 권선징악의 의미가 반영된 음악극을 만들었다. 그 과정에서 아이들이 함께 노래 부르기, 악기연주, 춤동작을 통합하는 다문화 음악극을 즐기고 유아들의 놀이성, 음악성이 발달되는 교육적 효과가 있음을 실증하는 논문이 완성되어 음악교육학회에 게재했다.

일본어로 '떡을 만듭시다'라는 뜻의 리듬찬트 〈오모지오 쓰쿠리마쇼おもちを作きましょう〉는 2/4박자에 맞춰서 두 사람이 마주 서서 모찌를 만드는 과정을 손으로 하는 리듬놀이이다. 오르프 – 슐베르크 학회를 통해 다문화 음악교육 워크숍을 할 때 배운 일본 리듬찬트를 한국화된 노랫말로 작사, 편곡하여 음악교육현장에 접목했다. 둘이 마주 보며 하는 손 리듬놀이를 소개하면 다음과 같다.

① 오모지오 쓰쿠리마쇼×2번: 허리 높이와 머리 위에서 한 번씩 번갈아 손뼉을 친다.

② 페탄코×4번: 왼손 바닥을 위로 향하게 한 후 손등을 무릎에 붙이고 오른손으로 내 왼손, 오른쪽 친구 왼손, 다시 내 왼손을 친다.

③ 쓰이코노 테이×4번: 내 왼손부터 오른손으로 원을 그리며 다시 왼손으로 돌아온다.

④ 톤 톤 톤톤톤×3번: 리듬에 맞춰 아래, 중간, 위에서 치고, 반대로 위, 중간, 아래 치고, 마지막에 아래, 중간, 위, 중간, 아래, 중간, 위로 손뼉을 친다.

다문화 예술교육의 시너지 효과

한국방송통신대학교 일본학과를 다니면서 다문화 예술교육자로서 나의 관심이 다양화되고 있음을 느낀다. 일본의 전래동요, 전래동화를 통해 내가 만든 음악극과 일본문화를 소개하면서 다문화 예술교육의 관점에서의 경험을 에피소드 중심으로 소개했다. 개구리는 예부터 농경 생활을 했던 일본인에게 친숙한 동물이다. 《고킨와카슈古今和歌集》에 "개구리의 울음소리를 들으면 노래를 읊고 싶어진다."라고 했듯이 일본인이 좋아하는 〈카에루노우타〉는 독일의 전래동요임에도 불구하고 완전히 일본화되어 일본의 전래동요로서 사랑받고 있다. 다른 나라의 노래이지만 일본화하여 후손들에게 전하는 일본문화의 '전승의 힘'에 대해 생각해 보았다.

일본의 '공동체 문화'로는 신에게 감사하며 즐거움을 나누는 지역공동체의 축제 '마쓰리'도 있지만, 일본에서도 한국의 강강술래와 같이 보름달이 뜨는 달밤에 즐기는 '봉오도리'로 〈쓰키〉를 소개하면서 일본의 조상신에 대한 의식과 '공동체 문화'의 특성을 살펴보았다. 이때 일본인들은 유카타를 입고 피리나 북소리에 맞춰서 봉오도리 춤을 추며 축제를 즐긴다. 일본에는 '오봉' 외에도 음력 8월 15일 밤에 보름달을 보며 달맞이 축제를 벌인다. 이날 밤의 보름달이 1년 중에서 가장 둥글고 가장 밝게 빛나기 때문에 일본인들은 스스키すすき, 억새와 쓰키미

당고月見団子, 달구경 하며 나눠 먹는 당고를 장식하고 보름달을 즐긴다. 우리나라에서 추석 때 송편을 먹으며 보름달을 맞이하여 소원을 비는 것과 아주 흡사한 것 같다.

마지막으로 일본의 전래동요, 전래동화를 활용하여 〈오니기리 할아버지〉 '음악극'을 만들어 본 체험을 공유했다. 알고 있는 일본의 노래를 〈오니기리 굴러가〉, 〈오모지오 쓰쿠리마쇼おもちを作きましょう〉, 〈보물 나온다〉 등으로 개사하여 유아교육현장에서 생기는 다문화 예술교육의 통합성과 그 시너지 효과에 대하여 간단히 살펴보았다. 일본에 전해오는 전래동요와 전래동화를 바르게 알고 활용했던 교육적 효과를 강조하고자 했으나 아직 미흡한 부분이 너무 많아서 글을 쓰는 내내 부끄러웠다. 그렇지만 앞으로도 다문화 음악교육의 관점에서 일본 문화를 존중하고 교육현장에 적용하는 사명감만은 그대로 간직하고, 일본 문화를 체험하며 배워 나가기 위한 새로운 각오를 다짐해 본다.

속담으로 풀어 보는 일본 문화

신재관(전 무역회사 CEO, 한국방송통신대학교 대학원 튜터)

내가 가난한 것은 조상 탓, 출세를 못한 것은 조상 무덤 탓, 시험을 망친 것은 내가 모르는 것만 나와서 등 우리는 세상 탓을 하기가 쉽다. 이런 남 탓하기 쉬운 세상에서 나름대로 삶 속에서 지혜를 찾아가며 생활 속에서 만들어진 속담은 표현하는 방법이 나라에 따라 조금씩 다르지만 인간 본연의 속내를 잘 나타낸다.

이런 속담에는 해학, 재치, 훈계 등을 통하여 깨달음을 주는 기능이 있다. 속담과 비슷한 것으로 격언, 고사성어, 사자성어, 관용구 등이 있다. 명확히 구분되지 않는 영역이 있기도 하다. 오랫동안 많은 사람들의 지혜를 말로 표현한 속담은 간단하면서도 촌철살인의 재치가 있다. 속담은 중국의 고사성어에서 유래한 것도 있지만, 특히 일본 독자獨自의 속담이 많고 그 대부분이 에도시대에 만들어졌다고 알려져 있다.

에도시대는 엄격한 신분사회이면서 에도시대 이전과는 달리 경제·문화 활동이 활발해지고 각 지역에서 모여든 다양한 신분층의 인적 교류가 풍부해지면서 속담이 많이 만들어졌다고 한다. 이런 속담은 시대를 거치면서 새롭게 생겨나거나 소멸되기도 하고 본래의 의미보다는 반대의 뜻으로 사용되기도 한다.

오늘날에는 속담 패러디가 등장하기도 하고 젊은 층을 중심으로 SNS를 통한 이모티콘, 아스키 아트 ASCII art 형태로 이어지며 변화하기도 한다. 필자는 일본 속담인 「犬も歩ければ棒にあたる(행동하다 보면 생각지도 않은 행운이 올 수도 있다)」의 자세로 이 글을 써 본다.

삶의 지혜가 묻어나는 속담

에도시대에는 다양한 계층이 모여 사는 사회 활동과 의식주 생활 속에서 교토, 오사카, 나고야, 에도로 퍼져 나간 47~48자로 된 불교정신을 표현한 카드놀이인 「いろはカルタ 이로하 카루타」가 유행했다. 그중 「犬も歩ければ棒にあたる」(개도 돌아다니다 보면 몽둥이를 맞는다), 「花より団子」(금강산도 식후경) 등의 그림 카드를 통해 어릴 적부터 지혜를 익히고, 어른이 되어서는 연극, 책 등을 통해 「江戸っ子は宵越しの銭は持たぬ 에도っ고는요이고시노젠에는모타누」(그날 번 돈은 그날 다 써 버린다는 도쿄 출신자의 자존심을 표현) 등의 문구를 받아들였다. 이는 좋든 싫든 생활하며 몸에 자연스럽게 익혀 온 것이다. 생활 속의 예시를 몇 가지 들어 본다.

● 음식 궁합에 관한 속담

「に梅干し」(니우메보시): 기름진 장어와 새콤한 매실 장아찌를 함께 먹으면, 과식하게 되어 몸에 좋지 않음을 경계하는 속담으로 중국 당나라 의학서에 기재된 말이다. 이는 일본에서도 경험적으로 일찍부터 믿어져 왔던 것인데 전국시대 의학서적《기킨혼조우 宣禁本草》에 언급되면서 널리 유포되었다. 이 책에 언급된 상극 음식으로 붕어와 겨

자, 감과 게, 꿩고기와 버섯 등이 있다. 그중 감과 게는 우리나라에서도 통용되는 금기 음식이다.

- 도미에 얽힌 이야기

「腐っても鯛」(썩어도 도미): 우리말의 '썩어도 준치'와 비슷한 말로, 도미는 생김새, 색, 맛까지 좋은 생선이다. 일본에서는 예부터 생선의 왕으로 여겼고 헤이안시대에는 여러 제국에서 공물로 바쳐 왔던 생선이다. 맛도 그렇고 축하의 선물로 빼놓을 수 없는 경사스러운 음식이었다. 보통은 생선이 상하면 굽거나 쪄도 먹을 수 없다고 생각했으나, 도미만큼은 예외여서 썩어도 각별한 대접을 받았다. 이를 잘 보여 주는 에피소드가 있다. 에도시대 나카미카도 천황1709~1735 때 황실의 건강을 책임지는 시의侍醫로 근무했던 니시키노코우지 요리쓰네는 공납받은 도미를 너무 아낀 나머지 먹지 않고 그대로 두었다. 그 결과 도미가 썩어 버렸으나 니시키노코우지는 개의치 않고 썩은 도미를 조리해서 먹었다. 복통이 생겼지만 공납받은 생선이 상급품이라서 그런지 그럭저럭 복통이 해결되었다. 이러한 이야기에서 유래된 속담으로 본래는 '상급품은 다소 문제가 있어도 가치나 품격을 가지고 있다'라는 뜻으로 사용된다. 이와 비슷한 속담으로는 「布子(ボロ)着せても美人には人がつける」(누더기를 걸쳤어도 미인에게 사람이 붙는다)가 있다.

깊은 의미가 있거나 재미있는 속담 이야기

● 정반대의 의미로 통용되는 속담

「犬も歩ければ棒にあたる」(개도 돌아다니다 보면 몽둥이를 맞는다)

① 용건도 없이 어슬렁거리다가 몽둥이를 맞는다.

② 아무 용건이 없어도 적극적으로 행동하면 예상하지 않은 행운이 찾아온다.

정반대로 의미를 부여하고 있다. 요즘은 ②의 뜻이 우세하게 사용된다.

「秋茄子は嫁に食わすな」(가을 가지를 며느리에게 주지 마라)

가을 가지는 향기가 좋고 껍질이 얇으며 맛이 각별하다. 이 맛난 가지를

① 며느리에게 주기가 아깝다.

② 가을 가지는 몸을 차갑게 하고, 독이 있어 소중한 며느리에게 줄 수 없다(또는 가을 가지는 씨가 적어 자손이 귀하게 된다).

● 남다른 각오를 표현하는 속담의 사례와 유래

「清水の舞台から飛び降りる」(기요 미즈데라의 무대에서 뛰어내리다)

마음의 결정을 하고 필사의 각오로 큰일에 임하는 것으로 거액의 물건을 살 때 또는 비즈니스를 할 때 상대에게 각오를 표하는 속담으로 자주 인용된다.

기요 미즈데라^{清水寺}의 무대는 교토의 관광 명소이다. 매년 수많은 관광객이 붐비는 이곳에 드물기는 하지만 자살하는 장소로도 알려진

기요 미즈데라는 교토의 히가시야마구의 오토와산 중턱에 있는 절이다. 이곳의 본존불상에 천수보살상이 있어 예부터 사람들을 고난에서 구해 준다고 믿었는데 그 관음상 앞에는 아악雅樂이나 노能 등의 예능을 펼치는 13m 높이의 무대가 있다. 관음상에게 소원을 빌며 무대에서 뛰어내려 무사하면 소원을 들어준다는 민간신앙이 싹트게 되었다.

이런 신앙이 싹튼 배경으로 여러 번 불탔던 무대를 에도시대 3대 장군인 도쿠가와 이에미쓰가 1629년에 중건하면서부터라고 알려졌다. 높이가 말해 주듯이 낙하하면 사망이나 중상을 입을 수 있다. 과거 기록을 살펴보면 투신자 234명로 연간 평균 1.6명, 사망자는 34명으로 생존율은 약 80%에 달한다. 비교적 젊은 층이 많은 데다가 무대 아래에 나무가 우거져 있어서 생존율이 높았다고 한다.

투신의 이유는 각양각색이지만 자신과 가족의 병 치료, 입학 기원, 연인과의 연애 성취 등 자살 목적이 아닌 소원이 이루어진다는 강한

기요 미즈데라의 무대

무대에서 뛰어내리는 여인
출처: 足立区綾瀬 미술관 소장

신앙심에서 출발한다. 1872년에는 위험행위로 인식하여 금지령을 선포하고 무대 주변에 목책을 설치하기도 했다. 이런 사례 중에는 에도 중기의 우키요에 판화가인 스즈키 하루노부가 그린 양산을 가지고 뛰어내린 여인의 그림도 있다.

이런 연유로 필사의 각오로 어떤 일에 대처한다는 뜻에서 오늘날에는 거액의 투자를 앞둔 상황 또는 비즈니스에서 필사의 각오를 표현할 때 쓰이는 속담이기도 하다.

● 전혀 예상하지 못한 결과를 초래하는 속담 사례

「風が吹けば桶屋が儲かる」(바람이 불면 물통 장수가 돈을 번다)

어떤 일이나 현상이 발생함에 따라 전혀 관계없다고 여겨지는 일이나 장소에 영향을 주는 일, 즉 나비효과를 뜻하는 속담이다. 이 무슨 똥딴지같은 소리인가 하면 다음과 같은 흐름이다.

①	風が吹くことで地埃が立つ	바람이 부니 흙먼지가 일어난다.
②	地埃が目に入って、失明する人が増える--	흙먼지가 눈에 들어가 실명하는 사람이 늘어난다.
③	失明した人が三味線を買う	실명한 사람이 사미센을 산다(당시에는 사미센을 맹인의 직업으로 여겼다).
④	三味線をつくるために猫の皮が必要なので、猫が乱獲された。	사미센을 만들기 위해 고양이 가죽이 필요해서 고양이를 남획한다.
⑤	猫が減るので鼠が増えた	고양이가 줄어드니 쥐가 늘어난다.
⑥	鼠が桶を齧る	쥐가 통(물통)을 갈아 먹는다.
⑦	桶の需要が増えるので桶屋が儲かる	통의 수요가 늘어나서 물통 장수가 돈을 번다.

해학이 담겨 있는 속담 사례

「尻に目薬」(엉덩이에 안약) 전혀 보람이 없는 헛된 일을 말한다. 그 당시 개발이 활발하여 모래 먼지가 날리는 에도에서는 안약이 필수 아이템이었다. 어느 날 남편이 비싼 분말 안약을 사가지고 왔는데, 글자를 잘 읽을 줄 모르는 부부는 열심히 해독하여 「このくすりは□のしりにさすべし(　　)」까지 알아냈다. 그런데 가장 중요한 □ 한 글자를 알 수 없었다. 부인이 말하기를 "어디선가 본 듯한 글자네. 女湯의 상호에 있는 글자야" 하면서 「女」자가 「め」와 비슷하다고 했다. 사실은 「め(目)しり」인데 「女しり」로 착각한 것이다. 남편은 "이거 참 야릇한 사용법이네"라고 설복하고 부인의 엉덩이尻에 분말 안약을 뿌렸는데, 간지러움을 참기 어려운 부인은 뿌우웅 하고 방귀 한 방을 날렸다. 그러자 가루약이 날려서 남편의 눈에 들어가게 되었다. 그러자 남편이 "이렇게 쓰는 것이로구나"라고 했다는 해학이 담겨 있는 속담이다.

대화 속에 나타나는 속담

●〈일본어 속담 대화〉

─ 어른의 대화를 통한 속담의 유머, 재치. 훈계에서

스즈키: 아들놈 말일세, 어떻게 하려는지 걱정일세. 결혼할 생각이 있는지 없는지.(息子のこと何だけどさ、これからどうするんだか心配でさ。結婚する気があるのかないのか。)

사　토: 올해 몇이지?(今 いくつ?)

스즈키: 40을 넘겼지. '짚신도 짝이 있다고'라는 속담도 있건만…. (もう40越えてる。「割れ鍋に綴じ蓋」って、ことわざもあるのに…)

사　토: 무슨 일 있었나?(何かあったのか?)

스즈키: 얼마 전에 맞선을 봤는데 상대가 못생겼다, 키가 작다, 나이가 들었다 따위를 투덜대고 있어서… 서로가 '도토리 키재기'에다 변변하지도 못한 주제에 '똥 묻은 개가 겨 묻은 개 나무라다'라는 격이지.(この前、息子がお見合いしたんだけどさ。相手が美人じゃないとか、背が低いとか、年がいっているだとか、ぶつぶつ言ってるわけ… お互い「団栗背比べ」で、あまり変わらないくせに、「目糞鼻糞を笑う」とはこのことだよ。)

사　토: 그거야 '자업자득' 아닌가? 자네도 돈만 있으면 미인이나 귀여운 며느리를 말했잖은가! 역시 '그 아비에 그 자식일세!'(でもそれって「あなたの身からて出た錆び」じゃん。お前が「金は有るからべっぴん(美人)や可愛いお嫁がいい」ってを言ったんだろ！やっぱ「カエルの子はカエル」だよな~!)

스즈키: 지나친 말이군. 사실 돈이 있으면 무엇이든 가능한 세상 아닌가? '염라대왕 앞에서도 돈만 있으면 죄가 가벼워지는 법'이라고 하지 않는가.? 그래서 내가 지금껏 재산을 모으는 데 얼마나 고생했는지 자네는 알고 있지? 이제 재산도 있고 '돈이 있으면 도깨비도 부릴 수 있는 법'이라고 하잖는가?(そこまで言うか?. 実際お金あれば何でも可能な世

の中じゃないか、「地獄の沙汰も金次第」って言うだ
ろ? それで 俺がこれまでお金を作るのにどれだけ苦
労したか、お前も知ってるだろう。やっと財産できた
んだし、「銭ある時は鬼も使う」って言うじゃないか、)

사 　 토: 자네 참말로… 맘대로 하게나. 돈으로 자식을 젊게 할 수 있
겠나. '시간은 금이다', '과유불급', '화무십일홍'일세. 명심
하게나.(お前なあ…もう好きにしろ。金で息子の若返
らせることが出きると思うか?「時間は金」、「過ぎたる
はなお及ばざるが如し」、「華も一時」ってな、「肝に銘
じとけ」。)

스즈키: 그것이 아주아주 어려워…. 뭐 '내일은 내일의 해가 뜨겠
지….'(それが中々難しいだよ…まあ「明日は明日の風
が吹く」たろうよ…)

속담의 시대 변화에 따른 흐름

　시대 흐름과 더불어 요즘에는 속담를 통해 속담 패러디, 표어 등이
등장하기도 하고, 패러디만을 취급하는 책이 나오기도 한다. 또한
SNS를 통한 아스키 아트 ASCII art 가 젊은 층을 중심으로 널리 퍼져서
내용의 해학 및 함축성, 간략성 등이 환영받고 있다고 할 것이다. 그 예
시를 소개해 보면 다음과 같다.

● 속담 패러디

패러디 속담	본래 속담	비고
雨降って地崩れる	雨降って地固まる	땅이 굳어진다. → 땅이 무너진다.
命あっての者	命あっての物種	–たね라는 감탄 종조사
老婆は一日にしてならず	ローマは一日にしてならず	로마 → 노파
天才は忘れた頃にやってくる	天災と逃げ馬は忘れた頃にやってくる	경마장에서 쓰이는 격언의 하나이기도 하다.
銭は急げ	善は急げ	善 → 錢(동음이의어)
早起きは3分の損	早起きは三文の徳	3푼의 덕 → 3분 손해
損して徳とれ	損して得とれ	패러디가 본 속담이라는 설도 있다.
金持ちは献金せず	金持ちは喧嘩せず	부자는 손해나는 싸움을 하지 않는다.

● 패러디를 작품이나 책 제목, 교통안전 등에 사용한 예시

패러디 작품/제목 등	본래 속담	작품 형태	비고
花より男子	花より団子	만화/TV/영화	작품 타이틀로
渡る世間に鬼ばかり	渡る世間に鬼はなし	TV 드라마	橋田壽賀 作
赤信号みんなでわたれば怖くなし		교통안전 패러디	만담 소재 (개그 콤비)
狂気の沙汰も金次第	地獄の沙汰も金次第	패러디 도서	筒井康隆 (新潮文庫)
悪妻盆に帰らず	覆水盆に返らず (엎질러진 물이다)	패러디 도서	森真紀 (まどか 출판)

● 아스키 아트 ASCII art의 예시

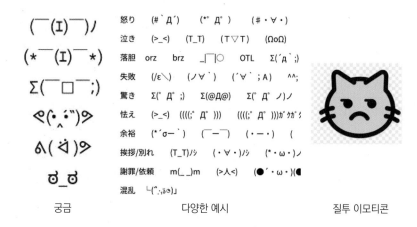

怒り	(#｀Д´)	(*° Д°)	(#・∀・)
泣き	(>_<)	(T_T)	(T▽T)	(ΩωΩ)
落胆	orz	brz	＿□○	OTL	Σ(´д｀;)
失敗	(/ε＼)	(ノ∀｀)	(´∀｀;A)	^^;
驚き	Σ(°Д°;)	Σ(@Д@)	Σ(°Д°ﾉ)ﾉ
怯え	(>_<)	((((;°Д°))))	((((;°Д°)))ｶﾞｸｶﾞｸ
余裕	(*´σーｰ)	(￣ー￣)	(・－・)	(
挨拶/別れ	(T_T)ﾉｼ	(・∀・)ﾉｼ	(*・ω・)ノ
謝罪/依頼	m(_ _)m	(>人<)	(●´・ω・)(
混乱	ﾚ(°,｡°ω°)」		

궁금　　　　　　　　　　다양한 예시　　　　　　　　질투 이모티콘

　　마지막으로 필자는 「風が吹けば桶屋が儲かる」(바람이 불면 물통 장수가 돈을 번다)라는 속담을 통해 작은 소망을 말하고 싶다. 작은 것이나마 속담처럼 '시작이 반이다 案ずるより産むが易い'하는 마음으로, 이 책을 통한 일본 문화의 이해가 한일 양국의 우호 관계 증진의 계기가 되었으면 하는 나비효과를 기대해 본다. 이것이 바로 '누이 좋고 매부 좋고 両手に花', '양손의 떡 飛車取りの王手'이 아닌가 생각한다.

〈신세기 에반게리온〉의 비일상과 일상

요시다 유코(전남대학교 일어일문학과 강사)

신세기 에반게리온

안노 히데아키庵野秀明 감독의 〈신세기 에반게리온〉은 1990년대 방영된 여러 애니메이션 중에서도 발군拔群이다. 소년이 철로 만든 거대한 로봇에 탑승하여 적을 무찌르는 이야기를 로봇물이라 분류할 수 있는데, 그 시작은 〈철인 28호〉요코야마 미쓰테루(橫山光輝) 원작, 1963년 10월 첫 방영 그리고 〈마징가Z〉나가이 고(永井豪) 원작, 1972년 12월 첫 방영, 나아가서 일본 로봇 애니메이션의 대명사로 꼽히는 〈기동전사 건담〉1979년 첫 방영이다. 그런데 〈에반게리온〉은 유사한 외연을 가진 채 지금까지의 로봇물과 다른 방향으로 나아갔다. '에바 신드롬'을 일으키며 수많은 오타쿠덕후를 만들어 내고 애니메이션 산업계의 새로운 붐을 일으켰다. 1995년부터 방영하기 시작해 1996년까지 〈에반게리온〉의 TV 애니메이션이하 'TVA'이 총 26화로 완결되었고, 1997년 TVA 판의 결말을 보충하기 위해 극장판 애니메이션으로 〈엔드 오브 에반게리온〉, 1998년 〈에반게리온: 데스(트루)²〉가 상영되었다. 여기서는 넷플릭스에서 볼 수 있는 세 가지 〈에반게리온〉 중 'TVA' 총 26화에 주목하여 이야기를 나누고자 한다.

〈신세기 에반게리온〉은 주인공의 자의식이나 인간관계의 고민, 사랑과 같은 지극히 평범한 일상생활이 전개된다. 이와 대조적으로 주인공은 지구의 명운이 달린 거대한 사명을 받아들이고 수행해야만 하는 비일상적인 상황에 처하게 된다. 이는 스토리의 구조상 양극단으로 이원화된 구성으로 이야기를 전개하는 참신함으로 시청자들의 마음을 사로잡을 수 있었다. '비일상'과 '일상'으로 이원화된 구성을 띠는 〈신세기 에반게리온〉의 동거인 3명을 미사토, 신지, 아스카 '가쓰라기 패밀리'로 명명하여 그들의 이야기를 자세히 살펴보고자 한다.

에반게리온 가쓰라기 패밀리의 비일상

2000년, 세컨드 임팩트라 불리는 대재앙이 벌어진다. 지구가 생성될 당시의 충돌을 퍼스트 임팩트라 명명하고, 그 이후 남극의 소형 운석이 충돌^{이는 공식적인 견해로 원인을 숨겼다}하며 발생한 대폭발로 인해 남극의 빙하가 녹아내리고 해수면이 상승, 지구의 자전축이 뒤틀리며 기아, 내전, 전쟁 등의 요소가 겹쳐 인류의 절반이 죽는다. 이것이 세컨드 임팩트의 영향이었다. 그리고 15년 후인 2015년, '사도^{使徒}'라 불리는 정체불명의 적이 하코네^{神奈川県箱根}의 지하 요새 도시인 '제3 신도쿄시'를 습격한다. 사도의 목적은 서드 임팩트를 일으켜 인류를 멸망시키는 것으로, 이를 막기 위해 UN이 총공세를 행하지만 사도에게는 AT필드라는 육안으로 보이지 않는 방벽이 있어서 지구상에 존재하는 모든 화기가 통하지 않는다. 이는 UN이 네르프^{超法的特務機関, NERV}에게 전권을 넘기는 당위성을 마련하고, 거대한 범용인형 결전무기 에반게리온^{EVA}만이 사도를 요격할 수 있었다. 그러나 EVA를 조종할 수 있는 파이럿은 EVA의 구조상 특별한 능력을 가진 어린 14세의 소년과 소녀뿐이었기에 세계의 운명은 그들에게 맡겨진다.

주인공인 이카리 신지는 친구도 없고 고독을 즐기는 소년이다. 어릴 때 아버지에게 버림받은 트라우마에서 벗어나지 못한 채로 아버지가 지휘하는 네르프에 전속 파이럿이 되었다. 이러한 복잡한 심정에 EVA나 네르프 따위에 대해 전혀 모르던 상태인 신지는, 사도로부터 공격받아 부상을 입은 소녀 파일럿 아야나미를 대신하여 어쩔 수 없이 첫 출동을 하게 된다. 신지는 공격을 받아 무의식 상태에 빠졌지만 EVA가 스스로 폭주해서 사도를 물리친다. 놀랍게도 승리를 거두고 신지는 곧 제3 신도쿄시를 지키는 영웅이 되었다.

사도의 공격이 계속되자 신지는 묻는다. "사도의 정체는 대체 뭘까? 왜 싸우는 걸까?" 이에 아스카는 "너 바보냐? 정체 모를 놈들이 습격해 오고 있잖아. 발등에 떨어진 불부터 끄고 보는 게 당연하지"라고 답한다. 이렇듯 비일상을 당연한 것으로 받아들이는 아스카는 인상적이다. 12화에서는 사도가 우주에서 공격해 왔다. 슈퍼컴퓨터가 사도와 교전하여 선전할 확률이 거의 없는 수치를 도출해 내자 미사토 사령은 EVA 파일럿인 신지·아스카·레이에게 "이 업무를 거부할 수도 있고 규칙상 유서를 작성할 수 있다"라고 알렸다. 세계 멸망을 코앞에 둔 심각한 사태인 것이다. 그러나 세 명의 아이들은 도망치지 않고 "아직 죽을 마음이 없다"고 말하며 유서 작성을 거절한다. 미사토는 미안함에 사도를 처리하면 대신 스테이크를 사준다고 약속한다. 일촉즉발의 상황에서 신지는 미사토에게 네르프에 들어온 이유를 묻는다. 이에 미사토는 "나를 살리기 위해 아버지는 세컨드 임팩트로 돌아가셨어. 세컨드 임팩트를 일으킨 사도를 무찌르겠다는 일념하에 네르프에 들어온 거야"라고 답한다. 미사토의 마음을 알게 된 신지는 받아들이기 어려운 환경에서도 더 이상 "도망치면 안 돼"라고 마음속으로 반복하면서 사도와의 대결을 결의한다.

이렇게 비일상은 자신의 목숨을 걸 수밖에 없는 상황이나 자신의 판단이 많은 영향을 미치는 중대한 상황에서 찾아와 사람들을 정신적·육체적으로 고통스럽게 만드는 위기 상황이라고 할 수 있다. 그러한 절체절명의 순간에서도 '가쓰라기 패밀리'는 위기를 극복할 용기를 지니고 있다. 도대체 그 원동력은 어디서 온 것일까?

에반게리온 가쓰라기 패밀리의 일상생활

세계의 명운을 좌우하는 임무를 맡은 네르프의 작전부장 미사토. 미사토의 비일상적인 상황에서 오는 스트레스가 일상생활에 큰 영향을 끼치는지는 미사토의 평소 일상에서 쉽게 알 수 있다. 2화에서 신지의 보호자 역할을 하게 된 미사토는 신지를 자기 집으로 데리고 왔다. 식탁은 치우지 못한 맥주 캔과 쓰레기로 쌓여 있었고 냉장고에는 술과 술 안주, 얼음뿐이다. 사도가 멸망할 때까지 싸우겠다는 의지로 가득해 그것에만 몰두하는 미사토에게 시원한 맥주 한 잔은 유일한 즐거움이다. 미사토와 동거하게 된 신지는 여느 남학생과 다르다. 야근을 해서 피곤해 잠에서 깨어나지 못하는 미사토를 대신해 등교하기 전에 가연성 쓰레기를 버리는 등 집안일을 잘 하는 남학생인 것이다.

7화 아침 식사 장면에서는 식빵과 커피를 먹는 신지 앞에 느지막하게 일어나 곧바로 맥주를 맛있게 마시는 미사토가 등장한다. 식사 당번도 잘 하지 않는 미사토에게 신지는 핀잔을 준다. 이렇게 두 사람의 동거가 시작되었다. 얼마 후 독일에서 아스카가 왔다. 아스카는 가쓰라기의 새로운 동거인이 되고 신지와 같은 학교로 등교한다. 학교에 도시락을 가져가야 하는데 도시락을 챙기는 이는 여자인 미사토나 아스카가 아닌 신지이다. 16화에서는 신지가 만든 아침 식사가 클로즈업되면서 된장국의 맛 이야기로 시작한다. 된장국의 다시가 바뀐 것을 미사토가 재빨리 알아차리고 아스카는 신지가 준비한 목욕물의 온도가 너무 높다며 화를 낸다. 신지는 평범한 일상에서 엄마처럼 요리도 하고 집안일을 전부 맡는다. 가쓰라기 패밀리를 정의하자면, 미사토가 아버지 역할, 신지가 엄마 역할을 하는 셈이다. 그리고 아스카는 버릇없는 외동딸이라고 할 수 있겠다.

22화에서는 EVA 파일럿으로 신지가 아스카를 능가하게 되자 아스카의 자존심이 짓밟히고, 가쓰라기 패밀리의 화목한 분위기는 신지에 대한 아스카의 분노로 인해 반전된다. 미사토는 "즐거웠던 가족 놀이도 여기까지?"라는 말을 듣는다. 그리고 23회 이후에는 미사토, 신지, 아스카가 각자 이미 지나가 버린 추억을 상기하는 장면이 많아지고 더 이상 '가쓰라기 패밀리'라 부를 법한 장면이 없어진다.

에반게리온 일상생활 속에 보이는 일본 문화

10화에서는 화산에서 태아 상태의 사도가 발견되어 아스카가 조종하는 EVA 2호기가 투입되었다. 포획에 실패하고 작전은 사도 섬멸로 끝났지만 자칫 또 다른 세컨드 임팩트를 야기할 절체절명의 위기에 처한다. 이에 아스카가 열팽창을 이용하며 공격전을 전개했고 사도를 무사히 소멸시켰다. 그러나 그와 동시에 EVA 2호기의 연결 케이블이 끊어지면서 아스카도 마그마 속에 떨어지는 상황이 벌어졌다. 바로 그때

10화 노천탕에서 목욕하는 신지

출처: ground works

신지가 조종하는 EVA 1호기로 2호기를 잡아 올렸고 무사히 아스카를 구출한다. 다음 장면의 무대는 오미야 온천정으로 바뀐다. 무사히 사도를 박멸하고 아스카를 구출한 중대한 임무를 마친 신지는 뿌듯한 마음으로 노천탕에서 목욕을 한다. 평소 목욕을 별로 좋아하지 않는 신지였으나 이번 전투에서 경험한 승리감으로 가득 찬 마음과 피로한 몸을 감싸 주는 따뜻한 온천을 통해 마음과 몸이 상쾌해진다. 신지는 노천탕에서 목욕을 하며 힐링과 치유를 받고, 이는 목욕을 자주하는 일본인의 문화로 시청자들 역시 이 장면에서 신지와 같은 카타르시스를 공유한다.

12화에서는 EVA 파이럿인 신지·아스카·레이가 자신이 조종하는 EVA와 함께 사도를 무너뜨리고 승리하자 미사토는 이를 축하하는 위로의 저녁 만찬을 사 준다. 함께 지하철을 타고 도착한 만찬 장소는 고급 레스토랑이 아닌 포장마차의 라면 가게였고 네 명이 나란히 앉았다.

12화 라면을 먹으러 가는 장면

출처: ground works

"마늘 라면, 차슈 빼고". 회식을 싫어하고 고기를 싫어하는 레이의 주
문답다. 아스카는 "샥스핀 차슈 곱빼기로요"라고 큰 소리로 주문한다.
이 장면으로 보아 일본인에게 라면은 남녀노소 친근하고 마음을 따뜻
하게 하는 매개체인 것 같다.

일상생활 속에서 신지가 하는 일 중에는 청소와 쓰레기 버리기가
있다. 3화에서 가연성 쓰레기를 버리는 날인 목요일, 미사토는 신지에
게 버려 달라고 부탁한다. 신지는 순순히 쓰레기를 버리고 학교로 향
했다. 17화에서는 신지와 스즈하라 토지가 학교에서 준 밀린 유인물
을 아야나미 레이에게 전달하기 위해 레이의 집에 방문한다. 레이의
방에 어지러이 떨어진 쓰레기를 줍는 신지를 보고 스즈하라는 "남자
가 할 일이 아냐"라고 말한다. 이에 신지는 "그래, 근데 미사토 씨는 그
런 남자를 싫어해"라고 답한다. 그 소리를 듣고 미사토 씨를 좋아하는
스즈하라는 동요하지만 그럼에도 자기 생각을 바꾸지 않는다. 집에 들

어온 레이에게 신지는 "미안, 허락도 없이 치웠어. 쓰레기 외에는 안 만졌어"라고 설명한다. 그저 더러워서 치우는 것이 아니라 상대방을 생각해서 깨끗한 환경을 만들려고 하는 신지의 배려심을 알게 된 레이는 고맙다고 대답했다. 여자가 하는 일이라고 세상에서 치부하곤 하는 청소나 쓰레기 버리기 역시 남자도 함께 해야 하는 일로 그 인식이 바뀌고 있는 장면도 하나의 라이프스타일을 알 수 있는 단서가 될 것 같다.

에반게리온 가쓰라기 패밀리와 미움받을 용기

네르프 사도요격 작전부장인 미사토는 일본의 권위적인 조직 인간의 충성심, 타인의 시선 따위에 민감하지 않다. 그렇기에 슈퍼컴퓨터 MAGI의 예측으로 작전 성공확률이 0.001%로 도출되더라도 '0%가 아니다'라는 마음가짐으로 작전을 결국 승리로 이끌어 갈 수 있었다. 미사토는 아들러 심리학에서 말하는 '미움받을 용기'를 실천하는 여자이다. 다른 사람의 가치관에 흔들리지 않는다. 신지는 자신을 사랑하지 못하고 타인의 시선에 민감한 채 열등의식 속에서 살아왔다. 그러던 신지는 EVA 파이럿으로서 비일상적인 생활을 수행하는 과정에서 깨달음을 얻었다. 삶이라는 것은 칭찬을 받기 위한 것이 아니라는 것이다. 이러한 인정욕구의 부정, 즉 미움받을 용기를 가지고 있는 그대로의 나를 사랑하는 '자기 수용'을 시작했을 때, 주변 사람들은 신지를 축하한다. 이것이 26화의 마지막 회 부분이다. 그때 당시 이 결말에 대해 적지 않은 시청자들에게 많은 비판을 받았다고 한다. 그런데 이러한 결말에는 '아들러 심리학'의 개념들이 숨어 있던 것이다. 아스카는 전형적인 인정욕구가 너무나도 강한 소녀였다. TVA에서는 아스카는 결국은 자신의 인정욕구 추구치가 한계를 넘어서 결국 폐인이 되어 버렸다. 이렇듯 가쓰라기 패밀리는 그간 잘 알려지지 않았던 심리학계 제3의 거장 '아들러'의 사상을 대변하는 주인공들이 아닐까 생각한다.

일상과 비일상을 반복하면서 세계 평화를 실현하기 위해 살아갔던 가쓰라기 패밀리가 소속한 네르프는 정부로부터 조소당하고 환영받지 못하는 존재였다. 그러나 비일상을 살아가는 이들이야말로 진정으로 역사를 움직이고 미래를 개척하고 있는 것임을 알리고 싶었던 모양이다. '가쓰라기 패밀리'가 위기를 극복한 원동력은 바로 '미움받을 용기'에서 오는 것 같다. 〈신세기 에반게리온〉 EVA 26화는 많은 비판과 함께 세상으로부터 상당한 주목을 받았다. 다소 부정적인 시선으로 이목이 집중되었던 해당 화로 인해 오히려 '미움받을 용기'를 몸소 실천한 작품이었음이 드러난다. 결국 이 작품은 비일상이 일상이 되어 가는 환경 속에서 살아가는 우리의 고민에 하나의 해답을 제시하는 작품이 아닐까 생각한다.

고슈인, 나만의 인연을 수집하다

도이 미호(한성대학교 기초교양학부 교수)

'고슈인'에 대해 들어본 적이 있을까? 한자로 쓰면 御朱印. 신사나 사찰을 참배한 증표로서 받을 수 있는 도장을 말한다. 참배증을 모으는 '고슈인 수집'이 수년 전부터 주목을 받고 있다. 고슈인 수집 열풍을 일으킨 요인을 찾아보면 거기에는 일본의 독특한 종교관뿐만 아니라 만남의 인연, 즉 '고엔ご緣'을 소중히 여기는 일본인의 가치관, 손글씨나 한정판에 각별한 애착을 가진 일본인의 감성이 숨어 있다. 일본인의 종교관에 대해서는 시리즈의 전작인 《알면 다르게 보이는 일본 문화》 1~3권에도 소개된 적이 있기 때문에 여기서는 종교적인 요소를 제외해서 고슈인 수집의 매너와 매력을 소개하면서 그 안에 있는 '일본인다운 요소'를 조명해 보고자 한다.

고슈인 수집의 매력

고슈인은 신사나 사찰마다 내용에 다소 차이가 있을 수 있지만 '도장과 붓글씨참배 날짜, 신사·사찰의 명칭, 모셔져 있는 신·부처님 이름'으로 구성되어 있는 게 일반적이다. 고슈인의 유래에 대해서는 여러 설이 있지만 본래는 순례자가 사찰에 납경納経했을 때 받은 증명서가 기원이라고 알려져 있다.

고슈인 자체는 역사가 꽤 길지만 20년 전까지만 해도 모르는 사람이 더 많았다. 그러나 2000년대에 들어서 좋은 기운을 받으려고 신성한 곳을 찾아가는 '파워스폿 순례'가 젊은 여성들에게도 인기 액티비티로 자리 잡았고, 2013년에 이세신궁伊勢神宮이 20년 주기로 성전을 새로 짓는 '식년천궁式年遷宮'을 맞이해 신사에 대한 대중적인 관심이 높아졌다. 그즈음에 언론이 고슈인을 수집하러 다니는 젊은 여성들을 가리키는 '고슈인 걸girl'라는 단어를 만들어 내면서 큰 주목을 받았다. 이후 '인기 취미 랭킹'의 단골 자리까지 차지했고, 2023년의 한 온라인 조사에 따르면 20~50대의 폭넓은 연령층에서 '호감이 가는 이성의 취미'로 고슈인이 상위권에 들어가 있다.

필자 주변에도 고슈인 수집이 취미인 사람이 꽤 많다. 그중에는 이미 60개 이상 모은 사람도 있다. 지인들에게 고슈인 수집의 매력을 물어보면 "이야시힐링, 슬로우 라이프, 간편하다, 인연, 감사, 귀하다, 오리지널 컬렉션, 아트, 귀엽다"라는 대답을 많이 듣는다. 신사나 사찰을 찾아가는 일 자체가 바쁜 일상에서부터 나를 해방시켜 주는 특별한 시간인 것은 물론이고, 명소 관광을 겸해서 손쉽게 할 수 있는 취미이며 초보자에게도 허들이 높지 않다. 도시의 소음을 잠시 잊고 평소와 다른 거리를 걸으며 아름다운 자연, 계절의 변화를 오감으로 느끼는 것만으로도 기분 전환이 된다. 하지만 얼핏 보기에 신사나 사찰과는 무관할 것 같은 '귀엽다, 오리지널, 아트'라는 키워드야말로 '고슈인 걸'을 탄생시킨 원동력이며, 종교의 틀을 넘어 남녀노소 누구나 편하게 즐길 수 있는 취미로서의 고슈인 수집을 정착시킨 요인이라고 볼 수 있다.

고슈인을 받는 법

고슈인은 크게 '지카가키 直書き'와 '가키오키 書き置き' 두 종류가 있다. '지카가키'는 그 자리에서 신관이나 스님이 수첩에 직접 기입해 주는 방식이고, '가키오키'는 사전에 미리 쓰여진또는 인쇄된 것을 받아 각자가 수첩에 붙이는 방식이다.

어느 쪽이든 고슈인을 받을 때는 수첩이 필수품인데, 여기서 말하는 수첩은 그냥 수첩이 아니라 '고슈인초'라 불리는 전용 수첩이다. 참배하는 신사나 사찰에서 오리지널 전용 수첩을 구입할 수도 있고, 문구점이나 온라인상에서도 다양한 디자인의 전용 수첩을 판매하고 있다. 전용 수첩은 '자바라 타입'이 많고 한 권에 고슈인을 20개 이상 모을 수 있다앞뒤 양면을 사용한다면 40~50개도 가능하다. 일반적으로는 와和의 느낌으로 그 신사나 사찰 건물을 표지로 한 것이 많지만, 세련된 디자인이나 캐릭터가 프린트된 것도 있어 매우 다양하다. 고슈인 수집은 마음에 드는 전용 수첩을 준비하는 것부터 시작된다아무 노트나 종잇조각을 내미는 것은 매너에 어긋난다.

고슈인을 받을 때는 사찰에 봉납할 사례금도 필요하다. 고슈인의 종류에 따라 차이가 있을 수 있지만 일반적으로는 500엔 정도로 설정되어 있다. 참고로 신사에서는 수여품에 대한 사례금은 '하쓰호료初穂料'라 부른다. '하쓰호'란 그해 처음으로 익은 벼 이삭이란 뜻이며 공물로 쌀을 신 앞에 바쳐 감사를 표해 온 것에 기인한다. 물론 신사 안에 있는 '오마모리お守り, 부적'나 '에마絵馬, 소원을 적는 목판'는 대금을 지불해서 사는 것이지만, 가게에서 판매하는 상품이나 서비스와는 근본적으로 의미가 다르기 때문에 신사나 사찰에서는 '사다'라고 하지 않고 '받들다

좌: 60개 이상을 수집한 지인의 '자바라형 고슈인초'. 토끼를 좋아해 피터래빗이 디자인된 귀여운
고슈인초를 사용 중이다.
중: 일본 3대 이나리(稲荷, 곡식을 맡은 신) 중 하나인 다케코마(竹駒) 신사의 고슈인이다.
우: 아마쓰신명궁(天津神明宮)의 고슈인. 神人和楽(신도 사람도 함께 화동해서 즐긴다)라는 말이 적
혀 있다.

いただく, 이타다쿠'라고 표현한다. 관광객이 많은 신사나 사찰의 경우 현
금 이외의 방법으로 사례금을 낼 수도 있겠지만, 카드나 거스름돈이
필요한 지폐보다는 '고슈인을 받을 마음의 준비'가 되어 있다는 의미로
되도록이면 100엔 동전으로 봉납하는 것이 바람직하다.

　돈을 내고 초상화를 그려 달라고 하는 것과는 다르기 때문에 써 주
는 신관이나 스님에게 요구사항을 말하거나 찰칵찰칵 사진을 찍는 등
의 행위는 삼가고 엄숙한 마음으로 기다리는 것이 매너이다. 또한 아
무리 취미로 모은다고 하더라도 고슈인은 단순한 스탬프 랠리가 아니
라는 점을 명심할 필요가 있다. 여행을 갔다 온 기록으로 여권에 도장
이 찍히는 것처럼, 고슈인은 어디까지나 '참배의 증표'이기 때문에 오
직 고슈인을 받기 위해 참배하기보다 참배 후에 감사의 마음으로 받는
것이 기본 자세이다.

고슈인은 '이치고 이치에'

일본인이 좋아하는 사자성어 중 하나가 '이치고 이치에 一期一会'이다. 다도의 기본 정신으로도 유명한 말이다. 일생에 단 한 번뿐인 만남, 나아가서 '그 사람 공간, 사물과의 만남과 거기서 함께하는 순간을 소중히'라는 뜻으로 사용된다. 신 또는 부처님과의 인연을 눈에 보이는 형태로 기록한 것이 고슈인인데, 이 고슈인은 여러 사람에게 같은 내용 같은 글자, 같은 날짜이 쓰여 있다 하더라도 손붓글씨로 한 장 한 장 쓰면 모두가 오리지널인 셈이다. 도장도 찍을 때의 힘에 따라 문양의 짙음과 얕음이 달라지기 때문에 똑같은 것은 존재하지 않는다고 해도 과언이 아니다. 내가 찾아간 그 순간에 나를 위해 써 준 세상의 하나뿐인 기록을 즐기는 것도 고슈인 수집의 묘미라고 할 수 있다.

전용 수첩에 멋진 필체로 술술 기입해 주는 솜씨를 보면서 감탄할 때가 많지만, 모든 신관이나 스님이 붓글씨를 잘 쓰는 것은 아니다. 예전에는 신도학과나 신관양성과정이 있는 대학에서는 서예 수업이 필수였던 시절이 있었고, 서예가 신관의 기본 소요의 하나로 간주되었지만 오늘날 꼭 그렇지는 않다. 그래서 유행을 타고 '고슈인 걸'이 된 사람 중에는 기대했던 멋진 필체가 아니라 실망한 경우, 본인이 받은 고슈인 사진을 온라인 게시판에 올리면서 '젊은 신관이 써 주셨는데 필체가 별로 안 예쁘고 도장도 처음에 색이 잘 안 나와서 두 번이나 찍은 흔적이 있어 깔끔하지 않아요. 다음에 다른 신관에게 다시 써 달라고 해도 될까요?'라고 질문하는 사람도 있다. 그런 질문에 대해 '베테랑 고슈인 수집인'은 이렇게 답한다. '구성지고 보기 좋은데요. 이 또한 고엔 ご縁, 인연이에요' '열심히 쓰려고 하는 마음이 전해져서 풋풋한데요.

이건 레어 케이스예요.' '도장의 둥근 형태가 흐렸다고 생각하지 말고 도장을 두 번이나 찍어 주셨다고 생각하면 더 고마운데요.' 그런 답변을 읽고 질문자가 '여러분들의 답변을 읽고 고슈인을 다시 보니 왠지 애착이 생기는 것 같아요. 이것도 고엔! 이치고 이치에의 산물인 것 같네요.' 라는 결론에 이르는 것도 흥미롭다. 일본에서 고엔이라는 말은 모든 불만을 가라앉히는 마법의 단어일지도 모른다.

손글씨만의 멋과 감성

일본 사람은 손글씨를 좋아하고 손글씨로 쓴 것에 애착이 있다. 특히 종이에 직접 쓰는 스타일을 선호하는 편이다. 지금은 아이패드와 같은 디바이스에 전용 펜으로 쓰면서 디지털화하는 방법도 있지만, 그럼에도 일본 사람은 여전히 종이 매체를 선호한다. 일본에서는 아직까지 종이 다이어리, 종이 가계부 등이 큰 사랑을 받는 아이템이다. 다이어리 활용법을 소개하는 비즈니스 도서만 해도 1,000권이 넘는 정도이다.

예전에 비하면 많이 줄었지만 일본에서는 아직도 손글씨로 작성한 이력서에 더 좋은 인상을 받는다는 기업도 있다. 손글씨로 작성할 경우 중간에 잘못 썼을 때 수정액을 사용하는 것은 예의에 어긋하는 일이어서 처음부터 다시 새로 써야 한다. 그래서 손글씨로 작성하는 것이 비효율적이고 시대에 뒤떨어졌다는 비판도 있지만, 손글씨 이력서를 긍정적으로 보는 인사 담당자는 정성스럽게 쓴 글씨에서 열의, 마음가짐, 성격 등을 가늠하려고 하는 것이다. 물론 글자로부터 그 사람의 성격이나 됨됨이를 알려고 하는 것이 비과학적이라고 할 수 있지만

글씨체의 아름다움을 떠나서 거기에 투자한 시간과 노력으로부터 작성자의 성의, 진심을 느끼려고 하는 것이다. 그런 가치관은 연하장, 쇼추미마이 暑中見舞い, 무더운 여름에 보내는 편지 등 인사장挨拶狀를 선호하고 미덕으로 여기는 일본 문화에서도 알 수 있을 것이다.

그렇기 때문에 일본의 초등학교에서는 바른 자세, 바르게 필기구를 잡는 법을 몸에 익혀 읽기 편하고 예쁜 글자를 쓸 수 있게 하는 '서사書写' 수업이 있다. 일본에서는 기본적으로 '글자의 흐트러짐은 마음의 흐트러짐'이라는 교육개념이 있기 때문이다. 특히 서예는 전혀 수정이 안 되기 때문에 더더욱 집중해야 한다. 흰 종이에 검은 먹물이라는 심플한 흑백의 세계이기에 오히려 강약의 정도, 여백, 써내려 가는 속도, 붓에 함유된 먹물의 농도 등 붓을 든 사람마다 차이가 나기 쉽다고 할 수 있다. 고슈인이 '이치고 이치에'라는 것은 그러한 의미로 오리지널리티가 있다고 할 수 있다.

그저 풍경이나 인물의 모습을 기록에 남기는 것이 목적이라면 사진이나 영상으로 충분할 테지만, 이렇게 하이테크놀로지화된 세상에서도 사람들은 손으로 글을 쓰고 그림을 그린다. 붓글씨는 형태에서 아름다움을 전하고 뜻에서 진심을 표한다고 하니, 고슈인 수첩은 소중한 추억을 재생해 줄 뿐 아니라 장인 정신이나 슬로우 라이프의 흐름과도 잘 맞아 현대인에게 이야시힐링을 선물하는 역할을 한다고 볼 수 있다.

한정판을 좋아하는 일본인

많은 사람들이 고슈인 수집에 열중하는 현상에서 빼놓을 수 없는 키워드는 '아트'이다. 주색의 도장과 검은 먹물의 대비가 아름다운 것은

물론 앞에서 언급했듯이 같은 곳에서 받아도 써 주는 사람에 따라 차이가 있다는 부분도 '아트'로 볼 수 있다. 최근에는 한 폭의 그림처럼 구성되어 있는 것이나 '기리에切り絵, 종이를 오려 내어 사물의 형태로 만든 그림' 타입, 파랑·노랑·초록 등 다채로운 색상을 사용해 취향을 북돋우려고 공을 들인 것도 많고 시기나 계절에 한정된 특별한 고슈인도 있다.

한정판이라는 말에 끌리는 것은 '희소성의 원리'가 작용되어 모든 사람에게 해당되지만, 경제행동학적인 고찰에 따르면 일본인은 유난히 한정판을 선호하는 경향이 있고 한정판 중에서도 계절 한정판에 민감하다고 한다. 명확한 사계절 구분이 있는 일본에서는 태어났을 때부터 계절의 변화에 민감하고 벚꽃이 지기 전에 꽃 구경하는 것이 정례행사생활 의례로 되어 있고 역사적으로 '모노노아와레もののあはれ, 헤이안 시대 문학의 미적 이념이며 계절의 변화 속에서 나타나는 순간적인 아름다움에 대한 깊고 애절한 이해와 정서'를 느껴왔기 때문으로 분석된다. 그렇기 때문에 계절 한정판을 받기 위해 계절마다 같은 신사나 사찰을 찾아가서 봄에서는 벚꽃, 가을엔 단풍 그림이 있는 고슈인을 모으는 사람도 있고, 신사 사찰 중에는 매달 디자인이 다른 고슈인을 준비하고 있는 곳도 있다. 고슈인 자체는 단순하지만 거기에 계절감이나 지역색이 더해져 더욱 다양한 고슈인이 탄생한다. 나중에 고슈인 수첩을 펼쳐 보면 각각의 희소 가치를 느낄 수 있고 특별한 추억을 떠올릴 수 있는 것도 고슈인 수집의 큰 매력이라고 할 수 있다.

일본의 언어학자 마키노 세이이치牧野成一는 《우치와 소토의 언어학ウチとソトの言語学》에서 일본의 시각형 문화의 특성으로 '잘 볼 수 있고 바로 만질 수 있도록 대상을 작게 만들어 집 안으로 가져오려 한다', '기능적으로 동일한 것의 시각적 종류와 양식이 많다'라고 고찰하고

좌: 이쿠타(生田) 신사의 봄 한정 '기리에' 형태 고슈인.
우: 오노테루사키(小野照崎) 신사의 이중구조 특별 고슈인. 화투에 나오는 친근한 그림의 주인공
   인 오노노 도후(헤이안시대의 저명한 서예가)는 이 신사에 모셔진 오노노 다카무라(헤이안시대의
   시인)의 손자이다. 빨간 동그라미 부분에는 할아버지가 버드나무 뒤에서 손자를 몰래 응원하고
   있는 모습이 귀엽게 디자인되어 있다. 이 신사는 특별한 고슈인이 많은 것으로 유명하다.

있다. 이것은 분재나 한정판 상품의 종류에 두드러지게 나타나지만 이 특성은 고슈인 수집에도 해당한다. 고슈인 수집이 유행한 것은 비교적 최근이지만 실은 종교적인 의미보다도 일본인이 시각적인 것을 선호하는 특성을 갖추고 있었던 것이다.

여기까지 고슈인의 매력을 소개하면서 고슈인 수집에서 볼 수 있는 '일본인 다움'에 대해 고찰해 보았다. 참배에 종교적인 의미를 부여하지 않고 신사나 사찰을 찾아가 야오요로즈八百万의 신과 만난 '순간의 고엔인연'을 귀하게 여기며 감사하고, 그것을 눈에 보이는 형태로 남기고 싶어 하는 사람들. 고슈인 수첩에는 손글씨가 아니고서는 느낄 수 없는 따뜻함과 독창성이 있고 거기에 '이치고 이치에'라는 희소가치가 가미되어 멋과 정취가 깊이 담겨 있다. 고슈인 수첩은 글자와 그림도장으로 기록된 '내가 만난 신과의 앨범'일지도 모른다.

다음에 일본을 방문한다면 봄에는 봄의 자연을, 여름에는 여름의 자

좌: 정감이 있는 그림으로 유명한 엔조인(圓常院)의 고슈인.
우: 마네키네코로 유명한 묘렌지(猫恋寺)의 고슈인.

연을 느끼면서 거기서 인사를 나눈 사람과의 고엔^{인연}을 느끼면서 고슈인을 받아 보는 것은 어떨까? 나중에 그 고슈인 수첩을 펼쳤을 때 은근하게 올라오는 먹물의 향과 부드러운 종이의 감촉은 사진과는 또다른 형태로 소중한 추억을 떠올려 줄 것이다.

3

내 마음속의 그곳으로
여행을 떠나요

일본 열차 시스템의 '은밀한 비밀'

에치고 조후

일본 동북지방의 매력에 빠지다

일본 산의 매력, 후지산과 일본 알프스

일본 전문가 교수와 함께 떠난 시코쿠 답사여행

70세의 일본 유학, 놀라운 변화

스토리텔링으로 부활한 사카모토 료마와 함께 하는 추체험

일본 여행의 묘미, 미치노에키

도쿄의 번화함에서 벗어나 닛코의 자연과 함께

새 1만 엔권 지폐의 주인공과 함께 하는 도쿄와 파리 여행

일본 열차 시스템의 '은밀한 비밀'

고성욱 (아동문학가, 전직 교장)

"이거, 정말 실화?" 인터넷에서는 가끔 이런 꼬리말이 딸린 기사를 볼 수 있다. 그 표현에 드러나 있듯이 도무지 믿어지지 않는 사실을 보았을 때 나타나는 반응이다. 2017년 11월 4일, 일본 이바라키현의 사철인 '쓰쿠바 익스프레스'는 인터넷 홈페이지에 사과문을 하나 게재했다. 도쿄와 쓰쿠바를 오가는 자사의 보통열차가 미나미나가레야마역에서 사전 고지된 시간을 어기고 '20초 일찍 발차'하는 바람에 고객

ニュースリリース		TX

平成29年11月14日
首都圏新都市鉄道株式会社

【お詫び】南流山駅における普通列車の早発について

首都圏新都市鉄道株式会社（本社：東京都千代田区　代表取締役社長：柚木 浩一）では、11月14日（火）9時44分頃、南流山駅において普通列車（下り）が定刻より約20秒早発するという事象が発生いたしました。お客様には大変ご迷惑をおかけしましたことを、深くお詫び申し上げます。

記

1　発生日時
　　平成29年11月14日（火）　9時44分頃

'수도권신도시철도주식회사는 11월 14일(화) 9시 44분경 미나미나가레야마역에서 보통열차가 정각보다 약 20초 일찍 발차한 일이 있었습니다. 고객 여러분에게 폐를 끼친 것에 대하여 깊이 사과드립니다.'라고 쓰여 있는 사과문.

들에게 폐를 끼쳤다고 사과하는 내용이다. 20분이 아니라 20초. 단 20초를 예정보다 일찍 발차했으므로 그 점을 정말 사죄드린다는 내용이다. '이거 정말 실화'이다.

'ニュース·リリース뉴스 릴리스'란 일본의 정부나 관청, 기업 등이 홍보를 위해 매스컴에 배포하는 인쇄물을 가리키는 일종의 보도자료이다. 쓰쿠바 익스프레스의 이 사과문을 BBC에서 해외토픽으로 내보냈고, 세계 여러 나라에서 인용하여 보도했다.

일본은 철도의 나라이다. 전국이 '실핏줄 철도망'으로 촘촘히 연결되어 있다. 신칸센이 전국의 주요 도시를 고속으로 달리고, 다양한 일반철도가 방방곡곡으로 이어져 있다. 그래서 마음만 먹으면 어디든지 갈 수 있다. 일본에서 열차로 갈 수 없는 곳은 아주 깊은 시골이 아니라면 거의 없다고 보아도 된다. 열차의 형태도 무척 다양하다. 신칸센, 일반 열차, 지하철, 노면전차트램, 경전철, 모노레일에 이르기까지 종류도 등급도 다채롭다. 일본에 살면서 열차를 이용하지 않고 산다는 것은 거의 불가능하다. 그래서 영화, 드라마, 애니메이션 등 모든 스토리텔링에서 열차가 배경으로 등장하는 편이다.

일본에는 텟짱鉄ちゃん이라는 엄청나게 큰 규모의 철도 오타쿠덕후들도 있다. '꽂히면, 파헤친다.' 오타쿠는 세상의 모든 사물과 현상을 후벼 판다. 자신이 꽂힌 것을 속속들이 파헤쳐 끝장을 보는 것은 일본인의 기질에 꽤 잘 어울린다. 오타쿠의 나라 일본에서도 텟짱의 규모는 어마어마하다. 텟짱은 가끔 지나친 집착과 관심으로 여러 사고를 유발하여 철도를 마비시키는 사회적 문제를 일으키기도 한다. '무단 선로 침입, 안전선 넘기, 차량 점거하기, 각종 시설물 무단 절취, 경적이 울려도 초근접 사진 찍기' 등 일부 텟짱의 민폐는 상상을 초월한다.

달려 들어오는 열차의 사진을 찍겠다면서 철로에 뛰어들기도 하는 텟짱은 지나친 행동으로 사회적인 문제를 일으키기도 하는 골치 아픈 오타쿠 집단이다.

일본에서는 텟짱을 최악의 오타쿠 집단이라는 평가를 내리기도 한다. 텟짱의 존재는 일본인들 삶에 열차가 얼마나 깊숙이 들어와 있는지를 보여 준다.

'최고이며 최악', 일본 열차의 정시성

이런 일본의 열차는 쓰쿠바 익스프레스의 해프닝으로 알 수 있듯이 놀라운 정시성을 자랑한다. 거의 결벽에 가까운 정시성이다. 신칸센은 언제나 어디서나 무조건 제시간에 들어온다. 여행을 가서 신칸센을 타 본 사람이라면 일본 열차의 정시성에 대한 체감도가 아주 높을 것이다. 지난 2016년, 스웨덴의 한 일간지는 고속철을 운영하는 세계 주요 9개국의 8년간 운행기록을 분석해 정시율을 보도했다. 이 조사에서 신칸센이 99%의 정시율 예정보다 5분 이내 출발·도착 비율로 1위를 차지했다. 우리나라 KTX는 94%로 3위였다.

그렇다면 일본의 열차는 정말 세계 최고의 정시성을 지녔을까? 일본 열차 시스템의 뒷사정을 아는 사람이라면 이 물음에 고개를 끄덕이기가 쉽지 않다. 그렇기도 하지만 그렇지 않기도 하기 때문이다. 실제로 인터넷에는 우리 동포나 유학생들의 울화통 터지는 사연을 쉽게 볼 수 있다. 어떤 사람은 일본 열차를 '개판 5분 전'이라는 다소 과격한 용어로 표현하기도 한다. 한국 사람만 유달리 불평불만이 많은 것일까? 그렇지는 않을 것이다.

'20초 일찍 발차 사과'라는 일본 열차의 놀라운 정시성, 그 이면에는 최악의 지체라는 오명이 숨어 있다. 이 복잡한 난제를 이해하려면 일본 열차의 운영 시스템을 알아야 한다. 이제부터 세계 '최고이며 최악'인 일본 열차 운영 체제의 비밀스러운 속살을 샅샅이 파헤쳐 본다.

일본 열차 운영의 주체

일본 열차의 운영 주체는 크게 둘로 나눌 수 있다. JR과 사철이다. JR은 예전에 국영기업이었지만 지금은 민영화가 되었다. 그러니 엄밀히 말해서 JR도 사철이다. 하지만 아직 정부로부터 꽤 많은 간섭을 받고 있어서 자유로운 경영이 가능하지 않다. 그래서 JR을 여전히 국철로 여기는 일본 사람이 많다. JR은 일본 전국을 JR 홋카이도, JR 동일본, JR 도카이, JR 서일본, JR 시코쿠, JR 규슈 6개 회사로 나누어 신칸센을 비롯, 일반 열차와 지하철도 운영한다.

자동차가 늘어나고 항공 운송이 발달하면서 철도는 서서히 경쟁력을 잃어 가고 있었다. 하지만 도로교통은 대량 수송에 한계가 있고, 비행기는 탑승 절차가 너무 복잡한 치명적 단점이 있다. 만일 대량 수송이 가능한 철도가 시간 경쟁력을 가진다면 다시 우위를 누릴 수 있을

JR 홋카이도

JR 동일본

JR 서일본

JR 도카이

JR 규슈

JR 시코쿠

각 JR 그룹 회사의 담당 구역

것이다. 이런 기대로 등장한 것이 고속철도이다. 신칸센은 1964년에 도쿄 올림픽을 맞아 개통된 세계 최초의 고속열차이다.

JR이 운영하는 신칸센은 스러져 가던 철도 교통을 새롭게 부활시켰다. 신칸센은 그저 빨리 달리는 것을 넘어 철도 운송의 개념을 바꾸었다. 고속철 전용선로, 정시 출발과 도착, 무사고 운용 시스템 등으로 세계 철도사에 큰 영향을 끼쳤다. 지금 신칸센은 열도 최북단 홋카이도에서 최남단 규슈까지 해저터널을 포함해 무려 2,400km에 이르는 어마어마한 거리를 운행하고 있다. 도쿄, 나고야, 오사카 등 일본의 3대 주요 광역권을 연결하는 도카이도 신칸센은 배차 간격이 4~5분에 한 대꼴로 촘촘하다. 거의 우리나라 지하철 수준이다.

신칸센은 철저한 정시성으로 세계 고속철도의 모범이 되었다. 개통 이래 현재까지 차량이나 시설 결함에 의한 인명사고가 단 한 건도 없는 안전성도 자랑하고 있다. 하지만 워낙 오래전에 건설된 탓에 고속철도 기준으로는 급커브 구간이 꽤 여러 군데여서 선형이 그다지 좋은 편은 아니다. 따라서 최고속도도 KTX보다 조금 낮은 시속 285km 수준이다.

JR은 신칸센 이외에도 다양한 종류의 일반 열차는 물론이고 대도시의 지하철도 운영한다. 일본 철도의 마스코트라고 부르는 야마노테선도 JR 소속이다. 도쿄 도심을 순환하는 야마노테선은 아키하바라, 우에노, 이케부쿠로, 신주쿠, 하라주쿠, 시부야, 시나가와 등을 지나는데, 차창 밖으로 보이는 고층빌딩 숲이 압도적 풍광을 연출한다. 전국을 촘촘히 누비는 JR은 이렇게 열도 교통망의 핵심이다.

사철을 빼고 말할 수 없는 일본 열차 시스템

일본 열차를 이야기할 때 사철을 빼놓을 수 없다. 사철私鉄은 민간이 건설하고 운영하는 열차이다. 우리에게는 없는 제도여서 이해하기 쉽지 않은데, 일본의 교통 체계를 힘들고 복잡하게 만드는 주인공이다. 일본에는 JR 이외에도 전국적으로 무려 200곳에 이르는 사철 회사가 있다. 사철은 열도 전체를 누비는 JR과 달리 어느 특정 지역을 중심으로 열차를 운행한다. 우리나라 어느 지방 도시의 버스 회사를 연상하면 된다. 그래서 비교적 영업 거리도 짧고 노선도 두세 개에 불과한 경우가 많다. 이들은 과거 국철이었던 JR이 다니지 못했던 지역에 직접 철로를 깔고 열차를 운행했다. 물론 대도시를 운행하는 사철도 있다. 특히 도쿄, 간사이 광역권 같은 대도시에는 '한큐, 한신, 난카이, 긴키, 세이부'처럼 이름도 알려져 있고, 규모도 어마어마한 대형 사철이 있다. 이들 사철 회사는 선로를 만들면서 경우에 따라 JR과 연결시켜서 보다 편리한 이용이 가능하도록 했다.

　사철은 어떻게 만들어진 제도일까? 20세기 초, 일본은 산업화 과정에서 대도시 인구가 폭발적으로 증가했고 엄청난 교통 수요가 발생했다. 하지만 도로와 차량은 형편없이 부족했고, 빈약한 정부 재정은 이 문제를 해결할 수 없었다. 그래서 민테쓰民鉄라는 민간의 철도 부설 정책을 생각해 냈다. 도시 발전 초기에 사철 회사들은 외곽의 빈 땅에 철도를 깔고 부동산을 개발했다. 이렇게 취락을 형성하면 거주 인구가 생기고 철도가 이동 수단이 되었다. 도시 자체가 사철에 의존하는 구조가 된 것이다. 이런 식으로 전국에 사철이 우후죽순처럼 난립했다.

　사철 건설 열풍은 태평양전쟁으로 일제가 패망할 때까지 이어졌다. 하지만 이게 끝이 아니었다. 전후 복구 과정에서도 사철 회사들은 철도를 깔아 댔고 1960년대에 이르러 절정을 이루었다. 하지만 이런 경쟁은 여러 부작용을 낳았다.

　대표적인 것이 중복 노선의 발생이다. 고객이 몰리는 비슷한 코스를 서너 곳의 회사가 같이 달리며 경쟁하는 것이다. 이런 현상은 도쿄, 오사카, 나고야 등 거의 모든 대도시에서 벌어졌다. 경쟁에서 승리하려면 상대에 대한 비교우위가 필요했다. '가격, 속도' 같은 요소이다. 그래서 치열한 속도 경쟁이 벌어졌다. 핵심은 경쟁 노선보다 목적지에 먼저 도착하는 것이다. 사철들은 급행, 특급, 쾌속 같은 새로운 등급을 만들며 더 빨리 열차를 굴렸다. 또 새로운 모델의 열차를 개발하며 경쟁했다. 속도에서 우위를 확보하려면 열차의 정시성이 굉장히 중요했다.

　분초 단위로 구성된 촘촘한 운영 시간표에서 한 열차가 늦어지면 다음 열차가 줄줄이 밀리는 문제가 발생한다. 거기에 만일 다른 회사와의 직결 노선이라면, 그 회사에도 피해를 입히게 된다. 이런 불상사를 방지하기 위해 사철 회사들은 20초 이상 열차가 지연되면 인사고과에서 페널티를 부과하기 시작했다. 정시성을 엄격하게 강조한 것이다. 이 정책은 대부분 사철과 민영화 이후의 JR에도 마찬가지로 적용되었다. 하지만 이것은 열차 승무원에게 엄청난 스트레스가 되었다. 출퇴근 시간에 일본 대도시 열차의 여객 상황은 '서울 지하철 4호선'에 비할 바가 아니다. 엄청난 인파로 미어터진다. 이런 열악한 상황에서 정시성을 지나치게 강조하는 것은 치명적인 사고 원인이 되기도 한다.

2005년 4월 25일, JR 서일본이 효고현에서 운영하는 후쿠치야마 선

일본 열차 사상 최악의 참사 중 하나인 '후쿠치야마 선'의 탈선사고 현장

출처: 지지통신사(時事通信社) 홈페이지(2005년 4월 25일)

이 일으킨 대형 탈선사고가 있었다. 이날 기관사는 1분 20초 정도 지연된 열차를 회복시키려고 과속을 하다가, 커브 구간에서 열차가 철로를 이탈해 선로 옆 아파트로 날아가 충돌하는 사고를 일으켰다. 이 사고로 기관사를 포함하여 107명이 죽고, 무려 562명이 중상해를 당하는 역대급 대참사가 빚어졌다. 이처럼 정시성을 지키려는 일본 열차의 노력은 목숨을 건 도박에 가까웠다. 하지만 이런 피눈물 나는 노력에도 불구하고 일본 열차 시스템이 가진 치명적인 문제가 정시성을 흔들었다. 우선 '철로의 궤간'에 따른 문제이다.

일본의 철로, 아직도 협궤가 대부분

1,435mm. 우리나라에서 열차가 달리는 선로의 폭이다. 선로의 규격은 지역마다 나라마다 모두 다르다. 그중 가장 많이 사용되는 것이 1,435mm이다. 이것을 '표준궤'라고 부른다. 2,000여 년 전에 고대 로마의 전차는 두 마리 말이 끌었다. 로마 제국은 로마로 향하는 모든 길을 이 마차의 폭을 기준으로 만들었다. 이때 달리는 말 두 마리의 엉덩이 폭이 바로 1,435mm라고 한다. 1825년에 세계 최초로 철도 운행을 시작한 영국은 1,435mm를 선로의 궤간으로 정하는 궤간법을 의결했다. 이것이 표준궤의 시초이다. 물론 세상의 모든 나라가 이 표준궤를 사용하는 것은 아니다. 하지만 지금 전 세계 철도 총 길이의 약 60퍼센트 이상은 모두 표준궤를 사용하고 있다. 철로의 궤간이 표준궤보다 넓으면 '광궤', 좁으면 '협궤'라고 부른다.

우리나라는 최초의 열차 경인선부터 이 표준궤를 사용했으며, 현재도 지하철을 포함한 모든 열차는 표준궤를 달린다. 우리나라에도 한때

수인선이라는 협궤 열차가 있었지만 지금은 역사 속으로 사라졌다. 1995년에 추억만 남기고 떠난 762mm 궤간의 이 협궤 열차는 마주 앉으면 서로의 무릎이 닿을 것 같은 폭 좁은 꼬마열차였다. 뒤뚱거리며 달리는 모습이 이제 막 걸음마를 뗀 아가처럼 아슬아슬했지만 귀엽고 사랑스러운 열차였다. 지금 우리나라는 일부 경전철을 제외한 모든 철도가 표준궤를 달리고 있다.

표준궤는 열차가 고속으로 달려도 안정적인 흐름을 유지할 수 있다. 그래서 전 세계의 모든 고속열차는 표준궤를 이용한다. 그야말로 세계 표준이다. 일본도 신칸센은 표준궤를 달린다. 하지만 과거 국철을 인수한 JR의 재래선과 상당수의 사철은 협궤를 달린다. 일부 사철은 국철과 달리 표준궤나 스코틀랜드 궤간1,372mm을 설치하여 안정적인 선로를 이용해 빠르게 열차를 굴리면서 경쟁을 더욱 심화시켰다.

협궤 철도의 장점과 단점

일본이 처음 열차 운송을 시작한 것은 1872년이다. 도쿄를 시작으로 전국으로 철도망을 넓혔는데, 그 당시 국철은 처음에 선로를 협궤로 깔았다. 국토의 대부분이 산지인 일본은 열차가 산자락을 따라 달려야 하는 경우가 많은데, 협궤는 선로 폭이 좁아서 설치에 유리했기 때문이다. 협궤는 건설 시간이 짧고 비용도 적게 들었다. JR의 재래선이 대부분 협궤인 까닭이다. 이렇게 빠른 속도로 늘어난 협궤는 일본을 세계적인 철도강국으로 만드는 데 크게 기여했다.

하지만 협궤는 좁은 선로 폭 때문에 열차 내부가 좁고 안정성이 떨어질 수밖에 없었다. 최고 속도에도 한계가 있었다. 나중에 좀 넓혀 보려는 시도가 없지 않았지만 이미 철로가 너무 많이 깔렸고 수많은 터널이나 철교 등 부대시설을 생각할 때 돌이키기가 어려웠다. 일본은 지금도 화물 열차들이 협궤를 달리는데, 여기에는 우리나라와 달리 아주 작은 컨테이너가 달려 있다. 아기자기하고 귀여운(?) 컨테이너이다. 철로 폭이 좁고 버티는 하중도 낮아서 이런 컨테이너로 화물을 옮기는 것이다. 하지만 이 컨테이너는 항구에서 배에 그대로 선적하지 못하고, 다시 국제 규격으로 옮겨 실어야 한다.

이처럼 협궤를 달리는 열차는 크기가 표준궤보다 작아야 한다. 그러면 운송 승객의 수효가 줄어드는 단점이 있다. 그래서 일본의 많은 열차는 협궤에서도 표준궤 못지않은 큰 열차를 매달고 운행한다. 이것은 여러 가지 문제점을 노출한다.

일본은 자연재해가 매우 많은 나라이다. 태풍, 폭우, 폭설 상황에서 커다란 열차가 좁은 선로를 달린다면 어떤 일이 벌어질까? 열차는 맞바람을 받아 요동치고 안전에 위협을 느낄 수밖에 없다. 이런 까닭에 일본 열차는 웬만한 자연재해만 일어나도 속수무책이 된다. 표준궤를 달리는 우리나라 열차는 이럴 때 속도를 조금 줄여 운행하면 되지만, 일본은 어느 정도 이상의 재해 상황에서는 아예 열차 운행 자체를 중지하는 경우가 많다. 게다가 이런 자연재해가 그리 드물지 않은 나라이다. 이런 상황에서 정시성을 따진다는 것 자체가 무의미해진다.

일본 열차, 인신사고를 아시나요?

일본 열차의 정시성을 망가뜨리는 아주 엉뚱한 이유가 또 하나 있다. 인신사고人身事故이다. 인신사고는 '선로 추락, 선로 출입, 열차

접촉, 무리한 승차, 철도 투신' 등으로 사람이 열차와 접촉하며 생기는 사고를 가리킨다. 실수이든 고의이든 모두 사람이 선로에 떨어지며 발생하는 사고이다. 이 세상 어느 나라이든 이런 사고는 일어난다. 하지만 일본은 인신사고가 정말 흔한 나라이다.

일본의 역에서는 안내판마다 인신사고 관련 내용을 흔히 볼 수 있다. 모든 인신사고가 열차의 정체를 부르지만 특히 투신 사망사고의 뒤처리 시간은 엄청나게 길다. 그런데 이런 사고가 하루에도 몇 차례씩 발생하기도 한다. 만일 서로 다른 직결 노선이 겹치는 역에서 이런 사고가 발생하면 연쇄 파장은 엄청나다. 정시성이고 뭐고 따질 겨를이 없다.

인신사고로 인한 열차의 지체를 알리는 승강장의 게시판

인신사고 발생을 확인하는 지연증명서

자주 벌어지는 일은 매스컴에서 뉴스 가치가 떨어진다. 일본에서는 특수한 경우가 아니면 열차 인신사고를 그저 '열차가 멈추었다' 정도의 단신으로만 처리한다. 그만큼 사고가 잦다는 뜻이다. 일본의 모든 역에는 아예 인신사고로 인한 '지연증명서'를 발급해 주는 시스템이 확립되어 있다. 지연증명서를 제출하면 학교, 회사, 관청 등 어디에서도 아무런 문제가 되지 않는다.

스크린도어가 필요하다

이런 사고를 줄이는 대책은 없을까? 당연히 스크린도어가 떠오른다. 일본인이 우리나라 여행에서 가장 감탄하는 것 중 하나가 스크린도어이다. 우리나라 전철이나 지하철에는 거의 예외 없이 스크린도어가 설치되어 있다. 하지만 일본은 그렇지 못하다.

출퇴근 시간에 일본 대도시의 역은 항상 엄청난 인파로 붐빈다. 개별 회사가 열차를 운영하는 일본은 환승도 어렵고 복잡하다. 시스템도 지역과 회사마다 모두 다르다. 아예 완전히 바깥으로 빠져나와야만 환승이 가능한 곳도 많다. 그러므로 이 시간대 정류장에서 이동하는 사람들의 숫자는 정말 어마어마하다. 지나가다 잘못 밀려서 철로에 떨어지는 것이 하나도 이상하지 않다. 그런데도 왜 일본은 스크린도어를 설치하지 않을까? 정확히 말하면 설치하지 않는 게 아니라 설치가 불가능한 것이다.

우리나라의 모든 열차는 표준궤를 달리며 그 규격이 동일하다. 전철과 지하철도 마찬가지이다. 하나의 열차는 출입문이 네 군데이며 간격이 모두 같다. 그러므로 예산을 투입해서 스크린도어를 설치하면 '끝'

이다. 그런데 일본은 그게 불가능하다. 스크린도어는 기본적으로 모든 열차의 규격이 같아야 설치가 가능한 것이다. 그런데 일본의 열차는 그렇지 않다. 회사마다 열차 크기도 제각각이고, 출입문의 위치도 서로 다르다. 심지어 시간대에 따라 출입문 개수가 달라지는 회사도 있다. 열차마다 규격과 출입문이 다른데 무슨 재주로 스크린도어를 설치하는가? 물론 출입문 개수에 대응할 수 있는 로프식 홈도어를 개발했지만 여러 문제점이 있다. 그래서 일본에는 스크린도어가 설치된 역이 손에 꼽을 정도이다. 이것이 일본 열차의 정시성이 '최고이면서 최악'인 이유이다.

우리나라의 열차는 분초 단위의 정시성까지 완벽하지는 않아도 커다란 지연 도착은 거의 없다. 하지만 일본은 미세 단위 정시성은 매우 뛰어나다. 디테일에 강한 나라답다. 하지만 이런저런 이유로 끝을 모르는 장시간 지체가 꽤 흔하다. 잘 달리고 있던 열차가 인신사고로 공중에 매달린 채 그대로 멈춰 있을 때는 정말 가슴이 답답하다. 하지만 대책은 없다. 그냥 참고 기다려야 한다. 티키타카에 능한 아기자기한 축구, 그런데 정작 골은 넣지 못하고 보기에만 화려한 축구를 지켜보는 거북함이라고나 할까? 아 일본, 어렵고 복잡하다.

에치고 조후
- 계승하는 눈의 혜택 '유키자라시'

야마기시 아키코(포항대학교 교수)

도쿄에서 신칸센으로 1시간 15분 정도 가면 니가타현 미나미우오
누마시新潟県南魚沼市가 있다. 눈과 물의 고장이다. 겨울이 되면 2m 넘
게 눈이 내려 쌓이는 폭설 지대이다. 그 지역에서 겨울은 계속해서 내
리는 눈으로 인해 제설작업에 매달려야 하는 긴 인내의 기간이다. 4월
이 되어서야 눈이 녹아 땅이 보이기 시작하고 평지의 모든 눈이 사라
진다.

그런 어려운 환경 속에서 사람들은 다양한 전통문화와 산업을 일으
켜 왔다. 이 지역의 눈석임물은 우오누마 지역이 자랑하는 최고급 쌀
고시히카리와 사케일본 술를 만들어 왔다. 그리고 여름철 최상급 기모
노 원단인 에치고 조후越後上布가 탄생했다. 에치고 조후는 우오누마
지역에서 태어난 마직물로 시오자와 명주塩沢紬라고도 한다.

삼베실을 아주 가늘게 꼬는 일부터 시작하여 실을 염색하고 날실과
씨실을 무늬를 맞추어 짜고, 짠 옷감은 미지근한 물에 담가 발로 밟는
작업을 통해 풀이나 얼룩을 제거한다. 마지막 작업으로 완성된 원단을
2월 말부터 3월까지 날씨가 좋은 날에 3일에서 10일 정도 눈 위에 펼
쳐 놓는 유키자라시雪晒し가 진행된다. 이는 태양과 눈의 힘으로 천을
문지르는 것으로 염색이나 직조 단계에서 더러워진 곳이나 묻은 얼룩

등을 깨끗하게 해 준다. 옛날에는 과학의 원리를 확실히 몰랐음에도 불구하고 그 역사는 1,200년에 이른다고 한다. 그것은 선인의 지혜라고 할 수 있을 것이다. 이 지역에서 유키자라시는 봄을 알리는 풍물시가 되고 있다. 모든 과정이 이 설국의 습한 공기 속에서 이루어진다. 겨울의 혹독한 기후가 최고의 여름용 기모노 생산에 빼놓을 수 없는 조건이기 때문이다. 여기서는 에치고 조후의 역사와 복잡한 생산 과정을 소개한다.

에치고 조후의 역사

에치고 지방에서 마직물의 역사는 오래되었으며 나라시대 덴표쇼호 연간 749~757에 에치고 지방 구비키군에서 조정에 바친 '요오후庸布'가 쇼소인[1]에 수록되어 있다. 조후의 최고급품으로 '동쪽의 에치고, 서쪽의 미야코 北の越後、南の宮古'로 불리는 일본의 대표 직물 중 하나이다.

헤이안시대에는 〈엔기시키延喜式〉에 '에치고 지방의 상포 1,000단이 상납'이라는 기록이 있어 에치고의 천을 궁중에 바쳤음을 알 수 있다. 가마쿠라시대에는 겐큐 3년1192년에 정이대장군 취임을 축하하는 칙사에게 주는 선물로 '에치고후'를 보냈다는 기록이 《아즈마 가가미吾妻鏡》에 남아 있다. 그리고 남북조시대에 우에스기 씨가 에치고 슈고守護가 되어 산업 장려책을 취했다. 또 무로마치시대에는 막부의

---

1   쇼소인(正倉院): 나라의 동대사(東大寺) 대불전 북서쪽에 있는 목조 보물 대창고. 7~8세기의 동양 문화의 정수 9,000여 점을 소장했다. 현재는 구나이초에서 관리하고 있다.

공복인 수오우素襖, 마포(麻布)에 가문(家紋)을 넣은 의복의 재료로서 에치고후가 필수품이 되었다. 에치고 지방 슈고 우에스기 후사사다는 쇼군 아시카가 요시히사에게 선물로 에치고후를 30단 보냈다.

무로마치시대를 통틀어 권력자에게 줄 선물로 에치고후는 빼놓을 수 없는 물건이었다. 에이로쿠 3년1560년에는 우에스기 겐신이 조정에 에치고의 삼베를 바쳤고, 덴쇼 14년1586년에는 우에스기 가게카쓰가 300단이나 되는 에치고후를 도요토미 히데요시에게 바쳤다. 우에스기 가문의 중신인 나오에 가네쓰구는 백성을 위해《농계서農戒書》[2]를 적고 '정월에는 실을 뽑고 모시를 꼬고 기모노를 만들라'라며 농한기 부업으로 삼베 생산을 권장했다. 다이에이 3년1523년에는 저마선苧船이 와카사현재 후쿠이현 국에서 16척 나포되었으며, 저마苧麻, 등나무과의 다년생 식물를 운반하기 위한 전용선이 설치되었음을 알 수 있다.

에도시대에는 아카시 출신 낭인무사 호리 마사토시가 간에이 무렵 1624~1644 에치고로 이주했다. 호리는 오지야 지지미小千谷縮의 개발과 조후上布의 기술 혁신에 성공했다. 호리는 현재의 오지야시, 우오누마시, 미나미우오누마시에 지지미와 조후의 기술을 전달했다. 겐로쿠 무렵1688~1704에는 여러 다이묘로부터의 고요 지지미누노御用縮布의 주문이 이루어졌다. 기술이 완성되면서 교호 연간1716~1735에는 도카마치에서는 도매상 조합이 생기고 대도시의 큰 포목 도매상과의 거래가 시작된 것으로 볼 수 있다. 그리고 겨울이 되자 그 지역 대부분에서 지지미와 조후를 만들었다. 분카 연간1804~1818 무렵까지는 일 년 내내 지지미를 짜는 마을도 생기고 남성도 일을 하게 되었다. 워낙

2 　농계서(農戒書): 농부가 일 년 동안 해야 하는 일과 주의사항을 쓴 것.

사치스러워 천보 연간 1830~1844에는 사치금지령³의 대상이 되기도
했다.

　그 후 메이지에서 다이쇼, 쇼와의 전쟁 전까지는 부유한 집안의 여
성들이 반드시 한 장은 가지고 있었다고 할 정도로 조후는 여름의 고
급 직물의 대표였다. 습기가 많고 무더운 일본의 여름을 쾌적하게 보
내기 위한 실용적이고 세련된 의복이었다.

원료

　저마苧麻 줄기의 인피섬유 외피 밑에 있는 부드러운 내피를 가늘게 찢어서
한 올 한 올 묶어 실로 만든다. 얇고 질이 좋은 천조후을 짜내기 위해서
는 가늘게 찢어서 질이 좋은 실이 필요한데, 실이 가늘어질수록 모든
공정 연사, 손 묶기, 염색, 풀 붙이기, 정경, 제직 등이 어려워진다. 상반되는 전통
기술 매우 가는 제사=저적 오우미(苧績み) 기술과 정밀정미 염직 기술의 결실이 에치
고조후이다. 에도시대에는 20만에서 30만 반反이나 생산되었다고 기
록되어 있지만, 현재는 80반 정도만 생산되어 있다고 한다. 환상의 직
물이라고 불리는 이유다.

　에도시대부터 에치고 조후에 사용되는 대부분의 모시는 아이즈현재
의 후쿠시마현 오누마군 쇼와무라 지방에서 생산되어 정제한 상태로 도착
한다.

3　사치금지령: 에도시대 때 지속적으로 발령된 사치금지령(도쿠가와 금령)은 무사, 초
　닌(町人)에 대해 감의 종류부터 염색 색상까지 지정했다. 특히 마을 사람들에게 기모
　노 옷감은 명주, 목면, 마 외에는 금지하고, 염색 색상도 갈색과 회색은 사용할 수 있
　고 화려한 색조는 사용할 수 없는 엄격한 통제가 취해졌다.

에치고 조후의 특색

조후上布은 얇고 가벼운 상등
급 삼베 천을 가리키는 말이다.
에치고 조후의 원재료는 모시초마
또는 가라모시라는 쐐기풀과의 다년
초이다. 에치고 조후의 특징은 흡
수성과 발수성이 매우 뛰어나고
산뜻한 착용감으로 여름용 기모

에치고 조후의 무늬

노着物로는 최고급 삼베 직물이다. 그리고 날실도 씨실도 하나하나 직
접 만든 매우 가는 삼베 실을 사용하고 있다는 것이다. 지기地機라는
전통적인 직조기를 사용해서 때로는 복잡한 다테요코가스리経緯絣 무
늬로 문양을 표현한다. 재료 준비부터 직조에 이르기까지 이렇게 시간
과 수고를 들여 만드는 직물은 세계에서 유례가 없다. 모두 손수 만든
에치고 조후가 최고급 삼베 직물로 일컬어지는 이유이다.

에치고 조후가 설국에서 태어난 이유

눈과 물의 나라 니가타현 우오누마 지방에서 태어난 삼베 직물이 에
치고 조후이다. 폭설 지대로 알려진 이 지방에서는 매년 2m 이상 눈이
내린다. 실 준비, 직조기 준비, 베 짜는 것부터 마무리까지 모든 공정
이 이 설국의 습한 공기 속에서 이루어져야 한다. 그런 겨울의 혹독한
기후에서 최고의 여름용 기모노가 탄생한다.

일반적으로 마류는 습기가 있는 곳에서 부드럽고 강해진다. 특히 극

단적으로 가는 에치고 조후용 삼베실은 습기가 없으면 짜는 것이 불가능하다. 에도시대 에치고의 문인 스즈키 보쿠시의《호쿠에쓰 셋푸北越雪譜》1836~1842, 전 7권에서도 "설 중에 실을 짜고 눈 속에 부어 눈 위에 펼쳐서 표백한다. 눈이 있어야 지지미가 있고, 그러기에 에치고지지미는 눈과 사람과의 기력이 합쳐져서 명산의 이름이 있다. 우오누마군의 눈은 지지미의 부모라고 할 수 있다."라고 기록되어 있다.

에치고 조후를 만드는 공정

- **오우미(苧績み): 매우 가는 실을 만들기**

동양 마직물의 특징 중 하나는 '오우미'라는 실을 만드는 방법이다. 서양 마방적 전통과 달리 삼베 섬유에서 가는 한 가닥의 섬유를 떼어 손톱으로 찢은 다음, 다른 한쪽 끝과 끝을 가급적 묶지 않고 연결한다. 원리는 밧줄 제조법과 같다. 최상급의 실은 인간 머리카락만큼이나 가늘다. 제대로 연결하면 이것만으로 이음매는 풀리지 않고, 상급 실이 되면 거의 눈에 띄지 않는다. 기계 방적으로 만든 삼베 실의 감촉과는 전혀 다르다.

- **요리카케(撚り掛け): 삼베 실의 꼬임을 걸기**

근세 이전에는 '쓰무'와 '쓰무마시'라는 도구를 사용하여 꼬임을 걸었다고 알려져 있다. 그 후 이들 도구는 '실레방아'로 바뀌었고 현대에는 기계로 대체되었다.

● 가스리(絣) 무늬 짓기: 염색하기 위한 실 묶기

수적인 삼베실과 함께 또 하나의 에치고 조후의 특징은 복잡한 경위무늬経緯絣-たてよこがすり이다. 무늬를 넣으려면 제도가 필요하다. 실의 수를 계산한 방안지에 무늬를 그리고 그것을 종이테이프에 그린다.

무늬 작업소에서는 씨실을 무늬가 있는 테이프를 평행하게 붙이고 차례로 먹물이 묻은 주걱으로 무늬의 위치를 실에 찍어 간다. 그 후 면사로 염색하고 싶지 않은 부분을 묶는 '구비리졸라매는 일' 작업을 한다. 구비리는 단순하지만 고도의 기술이 들어가는 작업이다. 눈으로는 쫓을 수 없을 정도로 빠르게 진행되며 숙련된 장인은 하루에 2,000번 구비리를 계속하기도 한다. 구비리를 한 실은 염료에 담가 염색하기 때문에 면사로 묶은 곳만 물들지 않고 하얗게 남는다.

● 가스리 무늬 염색

가장 어려운 무늬는 십자 가스리 무늬十字絣 등의 가스리 무늬라고 한다. 제도의 도안과 똑같이 무늬를 짠다. 그렇게 세세한 무늬를 짜내기 위해서는 수천 개의 날실과 씨실의 교차에 약간의 어긋남도 허용되지 않는다.

근세 에치고 조후의 염색은 대부분은 남색 혹은 흰색으로 표백한 것이었다. 남색을 제외한 일반적인 천연염료는 색의 정착과 발색이 좋지 않았기 때문이다. 현재는 대부분 과학 염료로 염색하고, 남색 등 천연염료를 일부 사용하기도 한다.

● 실 처리(실타래): 염색으로 생긴 보풀 제거하기

염색 등의 마찰로 의해 생긴 보풀을 제거하고 실을 짤 수 있는 상태로 만들기 위해서는 다양한 처리가 필요하다. 처음에는 이토쿠리실타래라고 불리며, 염색한 실을 실패에서 실타래로 감는 작업이다. 장인은 실을 가볍게 손가락 사이로 꿰고 손상된 실은 보풀을 잘라 내는 방법으로 실을 한 올 한 올 수리한다.

● 풀칠: 실 한 가닥씩 풀을 칠하고 염료 번짐을 방지하기

에치고 조후의 '풀 먹임' 공정에는 끈기와 수고가 든다. 이것은 에치고에서만 할 수 있는 얇은 조후를 만드는 비법 중 하나이기도 하다. 다른 삼베 생산지처럼 날실 전체를 풀에 물들이거나 짜기 전에 정경된 실패 전체에 풀을 바르지 않고, 정경하기 전에 실을 하나씩 풀에 꿰어 붙인다. 이렇게 하면 실에 부담을 주지 않고 강하고 매끄럽게 만들 수 있다. 풀을 먹일 때 사용하는 것은 야나기 김柳海苔이라고 불리는 해초로 만든 천용 풀이다.

● 하타노베(機伸べ): 정경하기

에치고에서는 실의 길이를 갖추는 정경 작업을 '하타노베機伸べ'라고 부른다. 실을 3장 3척약 12.5미터 길이로 정경한다. 에치고 조후는 이렇게 한 단씩 개별적으로 정경을 진행한다.

● 오사도오시(筬通し)

오사도오시는 천의 길이에 맞춘 실을 차례로 천 폭까지 넓히는 작업이다. 오사베틀의 바디는 대나무로 되어 있으며, 꿰면서 정경한 날실을 고정하기 위해서 위에 추를 얹는다.

● 헤카케(経(へ) け): 날실만 한 가닥 걸러 올리기

에치고 조후에서 사용하는 지기에는 종광이 달려 있지 않기 때문에 매번 날실을 준비하면 한 가닥의 실종광을 만들어야 한다. 이 종합광은 '아소비'나 '아야'라고 불리며, 날실의 윗실 아랫실 중 아랫실, 즉 날실만 한 가닥 걸러 올린다. 이 작업은 '헤카케'라고 부른다. 헤카케를 하려면 두 사람의 수작업이 필요하다. 헤카케가 끝나면 긴 틀에 걸기 전의 준비가 거의 끝난다. 드디어 지키리날실을 감는 막대 모양의 것를 틀에 걸쳐 짜기 시작할 수 있다.

● 하타오리(機織り): 베틀로 베를 짜기

전통적으로 에치고 조후의 오리테옷감을 짜는 사람는 하타야機屋의 주문을 받아 겨울철에 집에서 베를 짠다. 에치고 조후에 사용하는 기기는 과거 이자리바타居座機라고도 불리던 뒷허리띠가 붙은 지기이다. 에치고 지방에서는 뒷허리띠를 시마키라고 부른다.

실패를 피하기 위해서 중요한 것은 일단 짜기 시작하면 가급적 장시간 작업을 계속한다는 것이다. 바탕색, 무늬, 줄무늬 등 씨실이 여러 개 있는 경우에는 조베틀의 북를 여러 개 사용한다.

삼베실은 건조하면 약해지고 쉽게 잘린다. 짜면서 끊어진 실을 바로 연결하지 않으면 짠 원단에 흠집이 생긴다. 날실을 고치려면 약한 부분을 모두 잘라 내고 수선실을 기계 매듭으로 연결해 고친다. 그래서 무늬의 위치를 항상 손가락으로 조정해야 한다.

● 아시부미(足踏み): 발로 밟기

직조된 원단의 풀을 제거하고 올을 좁히고 더욱 부드럽게 하기 위해

미지근한 물을 넣은 '후미오케^{디딤통}'에 원단을 넣고 발로 밟는다. 천장에서 묶은 두 줄의 고리에 손과 팔을 꽂고 밧줄에 체중을 실으면서 두 다리로 천을 돌리면서 골고루 밟고, 20분 정도 밟은 후 찬물로 헹군다.

● 유키자라시: 원단을 눈으로 표백하기

미나미우오누마의 대표적인 경치로 알려진 유키자라시^{눈 표백}는 에치고 조후의 마지막 공정이다. 2월 후반부터 3월까지 눈으로 덮여 있는 논에 조후를 펼친다. 맑은 날 아침 9시경부터 오후 4시경까지 하고, 거두어들여서 물세탁을 한다. 흰색 바탕의 원단은 표백되어 올이 더욱 좁혀지고, 색 바탕의 원단도 천의 감촉이 부드러워진다. 날씨와 옷감의 상태를 보면서 흰색 바탕의 원단은 5~10일 정도, 색옷은 3~5일 정도 눈 위에서 표백한다. 오래되고 더러워진 조후의 기모노도 유키자라시에 의해 아름답게 되살아난다.

에치고 조후의 유키자라시 풍경

에치고 조후의 귀향

제품으로 누군가의 손에 건너간 에치고 조후가 다시 이 땅으로 돌아올 때가 있다. 오래 착용하여 생긴 얼룩을 눈으로 깨끗이 하기 위해서다. 이것을 옛날 사람들은 애정을 담아 '에치고 조후의 귀향'이라고 불렀다. 오래 입어 얼룩진 땀이나 무심코 묻혀 버린 간장 얼룩도 유키자라시를 하면 신기할 정도로 깨끗하게 지워진다. 유키자라시는 비단 직물로는 할 수 없는 마직물 특유의 천연 세탁이다. 몇십 년 된 기모노도 유키자라시로 깨끗해지고, 그 원단으로 다시 기모노를 만들어서 입는다.

전통 기술의 계승자 양성

에치고 조후는 오지야 지지미와 함께 쇼와 30년1955년에 국가의 중요무형문화재로 지정되었고, 2009년에는 유네스코 무형 문화유산으로 지정되었다. 이 전통이 현재도 이어지고 있는 이유 중 하나로 계승자 양성 사업이 있다. 에치고 조후와 오지야 지지미의 계승자 양성 강습회의 오우미부苧績み部는 쇼와 42년1967년에 개강했다. 직조부의 '100일 강습회'는 쇼와 48년1953년에 시작되어 현재는 매년 문화청의 보조를 받아 '에치고 조후 오지야 지지미 기술 보존협회'가 운영하고 있다. 매년 4~5명 정도 강습생을 받고 있다. 에치고 조후는 정말로 후세에 전하고 싶은 전통문화이다.

우오노강 강가 에치고의 산들에 둘러싸여 눈부신 설원에 소중히 펼쳐진 풍경을 보면, 원단을 만든 손길과 마음이 전해지는 듯한 따뜻함을 느낄 수 있을 것이다.

일본 동북지방의 매력에 빠지다

문경철(동북문화학원대학 교수)

일본 열도는 크게 네 개의 섬으로 이루어져 있는데, 그 중심을 이루는 혼슈의 북동쪽 끝에 위치한 지방을 동북도호쿠지방이라고 부른다. 언제부터 이 지방을 이렇게 부르게 되었는지는 분명하지 않지만, 문헌 등을 종합해 보면 아마도 메이지시대 이후인 근대로 생각된다. 그 이전에는 오우지방 또는 땅의 끝을 의미하는 미지노쿠로도 불렸다. 역사 이래 일본은 교토를 중심으로 한 관서에서 동경을 중심으로 한 관동으로 그 축이 옮겨지면서도 동북지방은 그 중심에 한 번도 서 본 적이 없어 일본의 변방이나 소외지역으로 남아야 했다. 이런 의식은 동북지방으로 들어오는 최대 관문인 시라카와 이북 사람들이 단결하는 원동력이 되기도 한다. 동북지방은 면적이 꽤 넓어서 일본 전체의 약 20%에 해당하지만 인구는 그의 절반인 10% 정도가 살고 있다. 행정적으로는 미야기현, 후쿠시마현, 야마가타현, 이와테현, 아키타현, 아오모리현을 합하여 동북 6현으로 불린다.

동북지방의 중심 센다이, 도호쿠대학

이런 동북지방의 중심은 단연 센다이시다. 센다이는 동북지방의 행정, 문화, 교육, 상업의 중심지이다. 인구 100만 명에 달하는 대도시로 100만이 넘는 도시는 동북지방에서는 독보적으로 유일하며 일본 전국에서도 열한 번째에 해당한다. 일본에서 20개 있는 정령 지정도시 중 하나이기도 하다. 오늘날 센다이시의 역사는 1600년에 센다이번의 초대 영주 다테 마사무네가 이곳을 거성으로 삼으면서 시작되었다. 다테 마사무네는 최대 영지 62만 석으로 한때는 도요토미 히데요시와 쌍벽을 이루기도 했다. 그후 철도가 놓이고 교통이 발달하면서 센다이시는 그 위상을 한층 높여 갔다.

센다이시는 계획적으로 정비되고 자연과 잘 조화된 경관을 가진 아름다운 도시이다. 도시 한가운데로 히로세강의 맑은 물이 흐르고 시내의 주요 중심도로에는 느티나무를 비롯한 가로수가 울창하다. 그래서 센다이시는 숲의 도시로도 불린다. 겨울에는 이 가로수의 앙상한 가지에 반짝이는 전구를 달아 환상적인 밤거리로 변신한다. 센다이번의 거성이었던 아오바성은 모두 해체되어 지금은 성벽의 일부나 수문대 정도만 남아 있지만 그 일대를 공원으로 잘 정비하여 센다이 시민들이 즐겨 찾는 휴식의 공간으로 이용되고 있다. 시내에 있는 다테 마사무네의 영묘로 화려하게 장식된 건물인 즈이호덴이나 국보로 지정된 오사키하치만궁에 관광객의 발길이 잦다. 센다이를 대표하는 축제 중 하나인 칠석제는 매년 8월 초에 열린다. 시내 상점가에는 찬란하기 이를 데 없는 칠석 장식으로 가득 메워지며 매년 200만 명이 넘는 관광객이 찾는다.

센다이를 찾는 사람들이 먹고 싶어 하는 요리에 '규탄'이란 것이 있다. 옛날에는 버려졌던 소 혀를 식재로 활용하여 숯불에 구운 요리로 보리밥과 곰탕을 곁들여 먹는 것이 일품이다. 또 센다이는 태평양에 면해 있어서 신선한 생선, 멍게, 굴 등을 마음껏 맛볼 수 있다. 육상 교통뿐만 아니라 센다이항을 이용한 해상교통도 발달되었고, 센다이 항에서는 북해도홋카이도 나 나고야까지 가는 장거리 페리도 운행되고 있다.

센다이는 또 교육의 도시로도 불리는데 그 중심에는 도호쿠대학이 있다. 도호쿠대학의 역사는 아주 깊어서 1907년에 도쿄대학, 교토대 학에 이어 일본에서 세 번째 제국대학으로 탄생했다. 세 번째로 탄생 된 것이 오히려 자극이 되어 도호쿠대학은 처음부터 '연구제일', '문호 개방'을 주창했다. 연구제일의 정신은 그 후 뛰어난 결과로 이어졌고 동문 가운데 노벨 화학상 수상자를 배출하기도 했다. 문호개방의 정신 으로 일본의 제국대학 가운데 처음으로 유학생을 받아들였고, 당시에 는 문턱이 높았던 여학생에게도 문호를 개방하여 1913년에 일본의 제

김기림 시비 제막식(도호쿠대학 가타히라캠퍼스)

국대학으로서는 처음으로 세 명의 여학생에게 입학을 허가했다. 그중 여성으로서 일본에서 두 번째로 박사 학위를 받은 구로다 지카黒田チカ가 있다. 이러한 분위기는 한국 유학생들에게도 좋은 기회가 되어 도호쿠대학에서 많은 한국 유학생들이 수학하게 되었고, 이들이 귀국한 후에는 한국의 주요 요직에서 크게 활약했다. 동문 중에 시인 김기림이 있는데 도호쿠대학 가타히라캠퍼스에 그의 시비가 세워져 있다. 최근에는 도호쿠대학의 위상이 더욱 높아져 영국의 대학 평가기관이 선정한 일본의 대학 랭킹 1위에 올랐고, 더욱 일본 정부에서 실시한 '국제탁월연구대학' 선정에서 도쿄대학과 교토대학을 누르고 1위로 선정되는 쾌거를 이루기도 했다.

동북지방 전체가 일본 최고의 절경

옛날에는 시라카와 관문이자 이북의 변방으로 불렸던 이 동북지방이 지금은 교통의 발달로 크게 변화했다. 예를 들면 센다이는 동경에서 가장 빠른 신칸센으로 한 시간 반이면 도착할 수 있는 거리가 되었다. 그래서 국내외에서 많은 관광객들이 찾게 되었고 그에 따라 많은 사람들이 다양하게 즐기고 만족할 만한 관광지도 많다. 일본에서는 여행 하면 제일 먼저 떠올리는 것이 온천인데, 동북지방에는 명 온천수로 꼽히는 유명한 곳이 수없이 많다. 센다이시 중심부에서 자동차로 30분 거리에는 '아키우 온천'이 있는데 이 온천이 열린 게 지금부터 1,200년 전이라고 하니 그 역사를 가늠하기도 벅차다. 온천수에 몸을 담그면 마음의 때가 거품처럼 사라지고 아주 가뿐하게 천상으로 떠오르는 체험을 하게 될 것이다. 주위는 자연 풍광이 수려하고, 온천수가 졸졸 흐르는 소리는 꿈속으로 이끄는 듯하다. 이곳에서 크게 한 발짝을 떼면 화산 폭발로 만들어진 자오산이 있다. 자오산은 겨울에는 두터운 눈으로 쌓이고, 눈이 녹은 물이 멋진 폭포를 이룬다. 이곳의 풍부한 눈으로 좋은 스키장이 만들어졌고, 겨울이면 스키를 즐긴 후에 온천수에 몸을 담글 수 있는 것이 이곳만의 특권이다. 온천으로 유명한 곳으로 미야기현 북쪽의 '나루코 온천'이 있다. 이곳은 특히 단풍철이 더욱 각별하다고 한다. 이번에는 산에서 바다 쪽으로 눈을 돌리면 일본 삼경 중 하나인 '마쓰시마'가 있다. 여기도 센다이 중심부에서 그리 멀지 않으며, 자동차나 센세키선의 전철로 가면 바로 앞에 닿을 수 있다. 마쓰시마는 일본 삼경의 하나로 널리 알려져 있어 다른 설명이 필요하지 않을 정도이며, 수백 년 전부터 많은 유객과 묵객을 불러들이고 있다.

태평양의 넓은 바다에서 조금 안쪽으로 들어온 만에는 초록으로 덮인 작은 섬 260여 개가 그림처럼 떠 있다. 각양각색의 모양을 하고 있는 이 섬 사이를 유람선으로 돌면 이곳이 곧 무릉도원이라 할 것이다. 유람선이 아니더라도 밖에 네 개의 조망대가 있는데 보는 각도에 따라 전혀 다른 풍경을 느낄 수 있다고 한다. 마쓰시마 안쪽 숲에는 고찰 서암사가 있다. 이 절의 역사는 센다이번 초대 영주 다테 마사무네와 함께한다. 사서에 보면 다테 마사무네는 요네자와에서 나와서 처음에는 이와데야마에서 거성으로 삼았다가 센다이로 옮기기 전에 서암사에 잠시 머물렀다고 한다. 이 절은 828년에 자각대사가 창건하여 그 역사가 꽤 길어서 다테 마사무네가 1609년부터 5년에 걸쳐서 대대적으로 재건했다고 한다. 본당 앞 좌우에는 와룡매라고 하는 홍매오른똑와 백매왼쪽 두 그루가 거목을 뽐내고 있다. 이 매화나무는 다테 마사무네가 임진왜란 때 물자를 가지고 조선에 갔다가 돌아오는 길에 이 묘목을 투구에 가식을 해서 가지고 와서 1609년 3월 26일에 서암사의 상량 기념으로 이곳에 이식했다고 전해진다. 보통 3월 하순에서 4월 상순까지 꽃이 만개하여 그 위용을 뽐내는데 열매는 7~8개가 한 다발로 묶여서 열리는 게 특징이라고 한다.

미야기현에는 패총이 약 210개 있는데, 그중에서도 마쓰시마에서 제일 큰 미야토섬에 있는 사토하마 패총이 유명하고 보존 상태가 양호하다. 이것으로 조몬시대 전기_{약 6800년 전}에서 야요이시대 중기까지의 생활상을 엿볼 수 있다. 마쓰시마 주위는 풍광이 수려하고 지형이 완만해서 산책로가 잘 정비되어 있다. 2018년 10월에 '게센누마·가라쿠와 코스', '오쿠 마쓰시마 코스'를 시작으로 2019년 9월 '오사키·나루코 온천 코스」, 2020년 3월 '도메 코스'가 오픈하여 현재 4개 코스가 운영 중이다. 이 산책 코스는 한국의 올레길 팬들에게도 인기가 많아 찾는 숫자가 점점 늘고 있다고 한다.

야마가타현은 센다이에서 서쪽 방향에 있다. 센다이에서 야마가타 사이에는 험준한 산맥이 가로막혀 있어서 예부터 교통이 불편했는데 이를 해소하기 위해 일찍이 철도가 건설되었고, 교류 전력을 이용한 철도로는 일본에서 최초였다고 한다. 이처럼 보통의 기차로는 넘을 수 없는 눈 녹아 흐르는 청류와 험준한 협곡과 터널을 지나 야마가타의 문턱에 다다르면 거대한 암석 위에 구름처럼 걸쳐 있는 야마데라라는 산사의 고찰이 보인다. 이런 산사는 한국이나 중국에서는 쉽게 찾아볼 수 있지만 일본에서는 희귀하여 예부터 많은 사람들이 이곳을 찾았다. 그중에는 에도시대의 유명한 시인 마쓰오 바쇼가 있는데 너무나 감동하여 한 구의 시를 남겼다.

"적막함으로 암석에 녹아드는 매미의 노래"

　얼마나 적막하고 조용했으면 이런 시를 읊었을까? 오로지 1,015단의 돌계단으로만 오를 수 있는 야마데라의 석산을 오르면서 이런 상념에 빠져들면 좋을까 한다. 야마가타의 '야마'는 '산'이라는 뜻으로 야마가타는 '산의 본향'이다. 그중에는 일본의 명산 100선에 뽑힌 자오산과 갓산이 있다. 갓산은 데와 3산 중 하나로 신이 깃들어 있다고 생각해서 산악 신앙의 성지로 여긴다. 산이 깊으면 강도 있으니 야마가타의 젖줄인 모가미강이 급류로 흐른다. 야마가타에도 시내를 사이에 두고 쇼와시대의 목조 건축물이 운치가 있는 긴잔 온천, 미인탕으로 널리 알려지고 하루에 8,700톤의 풍부한 온천수를 뿜어내는 자오 온천 등이 유명하다. 자오 스키장은 미야기현 쪽에도 있지만 야마가타 자오 온천 스키장이 더 인기가 있다고 한다. 특히 자오에서는 설상차를 타고 올라가 바람과 눈이 합작해서 만들어 내는 환상적인 '수빙'을 관람하기도 한다.

　또 야마가타는 과일의 왕국이라고도 한다. 수박이나 포도 등도 유명하지만, 그중 체리의 일종인 사쿠란보는 생산량이 일본 전국의 70%나 차지한다고 한다. 야마가타현 남쪽에는 오키타마 지역의 중심 요네자와가 있다. 요네자와 시내에는 요네자와성을 중심으로 전국시대의 모습이 그대로 남아 있는데, 이곳의 번주였던 우에스기 겐신을 미국의 케네디 대통령이 가장 존경하는 일본인으로 꼽았다. 쓰루오카에는 옛날 교육기관인 '지도관'이 지금은 박물관으로 남아 있고, 해파리로 유명한 가모수족관이 있다. 사카타는 모가미강을 이용한 수운의 거점으로 북해도나 관서를 연결하는 무역의 중계지로 번성했다. 그때의 영광이 '혼마가구저택'으로 남아 있다. 또한 그런 관계로 동북지방임에도 교토의 문화가 깊게 숨어 있다. 야마카타에서 북쪽으로 거대한 초카이 산이 보이는데 해발 2,236m로 동북지방에서 제일 높은 산이다.

이와테현 하면 무엇이 떠오르는가

이와테현은 미야기현의 북쪽에 위치한다. 일본에서 면적이 가장 넓은 현으로 일본 전체 면적의 4%에 해당한다고 한다. 해발 2,038m로 동북지방에서 두 번째로 높은 이와테산을 중심으로 광대하게 펼쳐진 산과 비옥한 토지, 산리쿠 연안의 천혜의 바다로 둘러싸여 오랜 역사와 전통, 윤택한 생활을 자랑한다. 이와테는 오랜 역사를 간직하고 있는데 대표적인 것으로 유네스코가 지정한 세계문화유산 '히라이즈미 문화'가 있다. 이것이 세계에 전해져 마르코 폴로가 쓴 《동방견문록》에 일본을 황금의 나라라고 했다. 히라이즈미의 중심인 중손사는 850년 자각대사에 의해 창건되었고, 황금문화의 중심인 금색당은 1124년에 완성되었다. 국보인 금색당은 황금과 칠보주옥으로 꾸며져 현란함은 극치에 달하고 독자성은 다른 예를 찾을 수가 없다. 현남인 이치노세키 지역은 일본의 원시풍경이 잘 간직되어 있고 곡창지대여서 쌀을 이용한 떡이나 정종의 문화가 발달되었다. 미즈사와로 올라가면 미즈사와 3위인이 있는데 그중 하나가 사이토 마코토로 조선총독을 20여 년 가까이 지냈다. 임무를 마치고 일본으로 돌아올 때 조선사람들이 전별금을 주었는데, 그 돈으로 지은 것이 지금의 사이토 기념관이다. 기념관에는 그때 가지고 온 우리나라 책이 3,000여 권 소장되어 있다. 하나마키는 이하토브로 불리는 유명한 시인 미야자와 겐지의 연고지이고 도노는 민화의 고향이다. 태평양 연안에 있는 가마이시는 일본 최초의 제철소가 있었고 하시카미 제철 유적은 유네스코 세계문화유산으로 지정되었다. 오후나토는 원양어선의 기지로 일본 유수의 어항의 하나이다. 기타카미 지구는 지금은 자동차, 반도체 공장들이 진출하여 산업도시로 발전하고 있다.

이와테현의 중심은 현청이 있는 모리오카시이다. 모리오카시 한가운데로 동북지방에서 가장 긴 기타카미강이 도도히 흐른다. 이곳의 강물은 맑고 깨끗해서 가을이 되면 연어가 알을 낳기 위해 태평양에서 여기까지 올라온다. 모리오카시는 인구 30만 정도의 아담한 규모이지만 전통과 현대가 잘 조화되어 미국의 여행사에서 발간한《세계에서 가장 가고 싶은 도시》2위에 랭크되었다. 모리오카 3대 면이 있는데 그것은 모리오카냉면, 짜장면, 왕코메밀국수이다. 냉면과 짜장면은 모두 우리의 것과는 많이 다르다. 하지만 모리오카냉면은 지금은 전국 브랜드로 성장하여 불고기와 함께 사랑받고 있다. 시즈쿠이시는 양질의 눈으로 한때 동계올림픽 개최지로 신청한 적이 있었고 세계 알파인 스키대회도 개최되었다. 현의 북쪽은 전통적인 생활과 자연이 잘 보존되어 있고 하치만타이를 중심으로 좋은 온천과 스키장이 많이 있고 아스피티 라인은 산악 드라이브 코스로 환상적이다. 이와테현 가장 북동쪽에 있는 구지에는 일본에서 최고의 호박석이 나온다. 이와테를 대표하는 시인 이시카와 다쿠보쿠石川啄木, 1886~1912는 메이지시대에 '일본국민시인'으로 존경과 사랑을 받아 왔다.

아키타 하면 생각나는 것

아키타신칸센은 모리오카에서 갈라진다. 아키타신칸센은 재래선을 개량하여 사용하고 있어서 보통의 신칸센처럼 빨리 달리지는 못한다. 아키타현으로 들어서면 다자와호가 보인다. 다자와호 호반에는 호의 상징인 다쓰코 동상이 서 있다. 다자와호는 주위 약 20km의 원형이고, 수심이 423.4m로 일본에서 가장 깊은 호수이다. 이처럼 아키타현은 다른 의미에서 깊이가 있다. 위도는 북위 40도로 중국의 북경이나 미국의 뉴욕과 같은 위치이다. 면적은 일본에서 5번째로 크지만 인구는 94만 명 정도로 센다이시의 인구보다도 적고 인구 감소 현상이 일본에서 가장 빠르다고 한다. 그래서 아키타에서는 교육에 중점을 두고 있다. 이런 노력이 성과를 가져와 전국 학력평가를 하면 아키타 아동들이 전국 최상위 수준이라고 한다. 아키타 교양대학은 규모는 작지만 전국 톱클래스의 대학이다. 아키타는 옛날부터 일본에서는 드물게 석유가 채굴되었지만, 지금은 풍력이나 지열발전 등 재생 가능 에너지에 전국 최고의 투자를 하고 있다. 아키타항을 이용한 국제 물류 거점화와 기업의 유치로 동북아시아의 지역 발전을 견인하는 비전을 향해 노력하고 있다. 기후에도 마찬가지로 겨울이 길고 여름이 짧다는 단점이 있지만 이는 반대로 성실하고 근면하며 끈질긴 정신을 만들어 내어 무엇보다도 귀중한 자원이 된다. 아키타에는 1993년 일본에서 처음으로 유네스코 세계자연유산에 지정된 시라카미 산지가 있다. 문명에 오염되지 않은 자연 그대로의 원시림은 세태를 말끔히 씻어 준다. 아키타 시내에는 옛날 성이 잘 보존되어 센슈공원으로 일반에게 개방되어 있다. 아키타의 축제로는 동북지방 3대 축제 중 하나인 간등제가 있는

데, 10m에 달하는 대나무에 50kg이 넘는 엄청난 양의 등을 달아 손으로 다루는 묘기는 보는 이의 감탄을 자아낸다. 아키타항에는 높이 143m의 포토타워 세리온이 관광객의 발길을 끈다. 오가반도에는 수족관 'GAO'가 있으며 북극곰의 애교가 제일 인기가 있다. 또 오가마야마 전승관에서는 나마하게를 체험할 수 있다. 아키타에는 고대 유적인 스톤서클도 있으며 한반도와의 교류 흔적인 산성도 많이 보인다. 아키타는 일본의 대표적인 민요의 고장이며 미인의 고장이기도 하다. 이곳 토종의 아키타견은 세계적으로도 유명하다. 가쿠 노다테의 무사의 저택군이 위용을 뽐낸다. 뉴토온천, 쓰루노유온천, 다마가와온천 등이 명온천으로 꼽힌다. 오마가리 불꽃놀이축제는 동북지방 최대의 규모를 자랑하는 전통적인 이벤트로 전국 3대 불꽃놀이 중 하나이다. 아키타의 서민적 먹거리로는 기리단포 찌개나 이나니와 우동 등이 있다. 아키타시 교외에 성체봉사회가 운영하는 가톨릭 수도원이 있는데, 여기에 눈물을 흘리는 '기적의 마리아상'이 있어서 한국에서도 순례객이 많이 찾고 있다.

천혜의 자연 아오모리의 사과, 그리고 다자이 오사무를 찾아

동북지방의 가장 북쪽에는 아오모리현이 있다. 아오모리현은 이와테와 아키타 두 개의 현에 걸쳐 씌워진 머리의 뚜껑과도 같다. 아오모리는 남쪽을 제외한 세 면이 바다로 둘러 싸여 있어 동쪽으로는 태평양, 서쪽으로는 동해, 북쪽으로는 쓰가루해협이 있다. 아오모리의 맞은 편에는 북해도가 있는데 지금은 쓰가루해협에 세이칸터널이 뚫려서 신칸센이 운행되고 있다. 산과 바다로 둘러싸인 아오모리는 천혜의 자연으로 식량자급율이 전국에서 가장 높다고 한다. 아오모리 하면 누구나 떠올리는 사과는 아오모리의 명산품이다. 아오모리시는 일본의 여름 축제를 대표하는 '아오모리네부타제'의 개최지로 매년 많은 관광객이 찾는다. 아오모리는 아주 오랜 역사를 가지고 있는데, 대표적인 것이 2021년 7월에 유네스코 세계문화유산으로 지정된 '북해도·북부 동북지방 조몬유적'의 하나인 특별사적 '산나이마루야마유적'이다. 조몬시대약 5900~4200년 전 일본 최대 취락 유적으로 당시 식량으로 이용되었던 밤나무나 호도나무의 흔적이 엿보인다. 유적에는 대형 굴립지주형 건축물이나 높은 마루 창고, 수혈식 가옥 등이 복원되어 당시의 생활상을 엿볼 수 있다. 여기서 출토된 석기, 토기, 토우 등 1,958점의 유물은 2003년 국가 중요 문화재로 지정되었다. 그 후 아오모리 역사의 중심은 히로사키였다. 지금의 아오모리현 동부의 대부분은 지금의 이와테현인 남부 번의 영지에 속했기 때문이다. 히로사키성은 에도시대에 건조된 천수각을 비롯한 그 당시의 건축물이 잘 보존되어 있어 국가 지정문화재나 사적으로 지정되어 있다. 지금은 주위가 공원으로 정비되어 봄이 되면 본주 최북단의 벚꽃놀이에 수많은 상춘객이 몰려든다.

히로사키시 뒤로는 해발 1,625m의 쓰가루후지로 애칭되는 이와키산이 우뚝 서 있다. 이와키산은 아오모리현의 최고봉이며 일본 명산 100선에도 선정되었다. 아오모리시에서 남동쪽으로 내려가면 하치노헤시가 있다. 하치노헤는 대규모의 어업 기지로 한때는 생선 물동량 전국 1위를 한 적도 있다. 또 상업항이며 공업항으로 배후에는 동북지방 북단 최대의 공업단지가 있다. 그래서 아오모리현 3대 도시인 히로사키시, 아오모리시, 하치노헤시가 각각의 역할을 잘 수행하여 아오

아오리현에 있는 히로사키성

이와키산

모리 발전을 견인하고 있다.

하치노헤시의 북쪽을 무쓰라고도 하는데 이는 뭍의 끝, 즉 땅끝 마을을 의미하는 것이니 우리말과 유사하다. 무쓰의 최북단은 괴암괴석으로 이루어진 해안의 풍광이 수려하고, 맨 끝의 오마는 한 줄 낚시로 낚는 삼치잡이로 유명하다. 하치노헤에서 서쪽으로 가면 아키타현과의 접경에 도와다호가 있다. 도와다호는 도와다하치만타이 국립공원 내에 위치하며, 주위 약 46km, 수심은 최대 327m로 일본에서 세 번째로 깊은 호수이다. 개방적인 파노라마가 펼쳐지는 풍경은 신비적인 아름다움의 극치이다.

전통적인 아오모리를 대표하는 것은 쓰가루 지역이다. 쓰가루는 특색 있는 사투리로도 유명하다. 아오모리현 서부의 최북단에 돌출된 쓰가루 반도는 동해에 면해 있어 겨울에는 엄청난 양의 눈이 내리고, 이 기후로 재배되는 사과는 일본 제1의 생산량을 자랑한다.

이곳 출신의 소설가로 다자이 오사무가 있다. 다자이 오사무는 가나

기초에서 부농의 아들로 태어났다. 초등학교를 7년 다닌 후 중학교는 아오모리에서, 고등학교는 히로사키에서 다녔다. 그가 태어난 가나기 초의 집은 한때는 사양관이라는 여관이었다가 지금은 다자이 오사무 기념관으로 바뀌었다. 그가 1944년 자기 고향을 방문하여 쓴《쓰가루》라는 소설을 읽다 보면 꿈처럼 아득하지만 현재에도 변함이 없는 이 지방의 풍정이 손에 잡힐 듯하다.

일본 산의 매력,
후지산과 일본 알프스

석치순(국제노동자교류센터 고문)

일본의 상징, 후지산

하네다행이나 나리타행 비행기를 타고 도쿄를 향하다 보면 뜻하지 않은 선물을 받게 될 때가 있다. 하늘 위에서 후지산을 만나 입국환영 인사를 받는 것이다. 왼쪽 창가 쪽 승객들이 이 행운에 당첨될 확률이 높다. 주문 제작이라도 한 것 같은 후지산의 단정한 원추형의 자태는 수만 피트 상공에서 봐도 매력적이다. 특히 비행기 아래 세상이 운해에 묻혀 있는 날은 더욱 환상적이다. 흰 구름바다 위에 홀로 고고하게 정수리를 내밀고 있는 모습은 초현실적인 판타지를 보고 있는 것 같은 느낌을 준다. 후지산을 보면서 일본에 왔다는 것을 실감하게 된다.

후지산은 설명이 더 필요 없는 일본을 대표하는 국보급 산이다. 일본 최고봉의 명성에 걸맞은 3,776m의 독보적인 높이, 균형 잡힌 수려한 원추형의 자태는 우아하면서도 범접하기 어려운 위엄을 지니고 있다. 군더더기가 전혀 없는 독립봉이어서 쾌청한 날에는 100km 떨어진 도쿄에서도 그 모습을 확인할 수 있다. 몇 년 전 겨울, 도쿄 메구로 역 근처를 지나다 무심코 바라본 언덕길 너머로 하얀 정수리를 드러낸 후지산을 마주하고 전율을 느낀 적이 있다.

이처럼 멀리서도 한눈에 알아볼 수 있는 수려하고도 기품 있는 특유

3. 내 마음속의 그곳으로 여행을 떠나요 205

의 산세는 사람을 압도하는 마력이 있어 예부터 일본인들에게 외경과 추앙의 대상이 되었다. 일본에는 "첫째 후지, 둘째 매, 셋째 가지一富士二鷹三茄子"라는 말이 있다. 일본 사람들이 새해 첫 꿈에 보면 재수가 좋다고 여기는 세 가지를 이르는 말인데, 그중 첫 번째로 꼽는 것이 후지산이다. 또 후지산이 보이는 지역이나 지형에는 예외 없이 '후지미초富士見町'라든가 '후지미다이라富士見平', '후지미자카富士見坂' 등의 지명이 붙어 있다. 나중에 확인해 보니 메구로역 근처에 있는 언덕의 이름도 '도쿄후지미자카'였다.

후지산은 일본인들의 삶과 생활에 떼려야 뗄 수 없는 심상 풍경이자 마음의 고향과도 같은 존재라 할 수 있다. 우리나라에서는 이제 찾아보기 힘들지만, 일본에는 아직도 '센토銭湯'라 불리는 공중목욕탕이 많이 있다. 이 센토의 벽을 장식하고 있는 그림은 거의 예외 없이 후지산이다. 몇 년 전에 히트했던 영화〈럭키〉는 일본 영화〈열쇠도둑의 방법鍵泥棒のメソッド〉을 리메이크한 작품인데, 이 영화의 도입부에 나오는 '센토' 장면에서도 어김없이 후지산 그림이 등장한다.

또한 후지산은 문화와 예술의 원천이기도 하다. 많은 예술가들의 영감을 자극해 문학과 미술 등 예술의 모티브를 제공해 주었다. 에도시대 후기의 우키요에浮世絵, 에도시대에 서민계층을 기반으로 발달한 풍속화 화가 가쓰시카 호쿠사이의《부악 삼십육경冨嶽三十六景》이 대표적이다. 후지산을 소재로 한 호쿠사이의 우키요에는 고흐나 모네 등 유럽의 인상파 화가에게까지 영향을 미쳤다.

이렇게 후지산은 일본의 상징인 동시에 문화의 원천이자 정신적 고향과도 같은 존재라 할 수 있다. 그래서 일본인이라면 누구나 일생에 한 번은 후지산을 오르고 싶어 하는지 모른다.

"한 번도 오르지 않은 바보, 두 번 오르는 바보"

하지만 등산이라는 관점에서 볼 때, 후지산은 그렇게 재미있는 산은 아니다. 대부분의 등산객이 산행을 시작하는 '고고메 5부능선'부터 정상에 이르기까지, 황량한 화산재와 용암투성이 너덜길 만이 계속되는 멋대가리 없는 등산로는 일단 사람을 질리게 만든다. 완벽한 독립봉인 탓에 해나 바람을 피할 곳도 없다. 해발 3,200m '하치고메 8부능선'를 지나면 사람에 따라서는 고산병 증세가 나타난다. 이런 악조건 속에 풍경 변화가 전혀 없는 등산로를 하염없이 오르기만 하는 6~7시간의 산행은 등산이라기보다 극기 훈련에 가깝다. 두 번 다시 오고 싶지 않다는 생각이 드는 것도 무리가 아니다. 그래서 생긴 말이 있다. "한 번도 오르지 않은 바보, 두 번 오르는 바보 一度登らぬ馬鹿、二度登る馬鹿" 일본의 상징이자 최고봉인 후지산을 한 번도 못 올라가 보는 것은 애석한 일이지만 그렇다고 이 지루하고 재미없는 산을 두 번씩이나 찾아가는 것도 바보 같은 짓이라는 뜻이다. 후지산을 올라 본 경험이 있는 사람이라면 고개가 끄덕여지는 속담이다. "후지산은 오르는 산이 아니라 바라보는 산"이라는 말도 있는데, 이 또한 위에서 언급한 후지산의 특징을 잘 묘사한 레토릭이라고 할 수 있다.

어쨌거나 후지산이 일본인들의 정신적 지주와도 같은 산이라는 점은 틀림없는데, 이에 관한 흥미로운 에피소드가 있다. 제2차 세계대전 당시 심리전 차원에서 미군이 계획한 황당한 작전이 있었다고 한다. 일본인들의 전의를 상실하게 만들기 위해 일본의 상징인 후지산을 빨간 페인트로 도배해 버리려고 했다는 것이다. 믿기 어려운 만화 같은 이야기지만, 실제로 미군은 이 작전을 진지하게 검토했다고 한다. 그러나 후지산을 페인트로 덮기 위해서는 페인트 수십만 톤과 그것을 실어 나를 수송기 수만 대가 필요해, 작전의 현실성이 없어 결국 포기했다고 한다. 전쟁의 광기와 어리석음을 보여 주는 동시에 후지산의 위상을 가늠하게 해 주는 일화라 할 수 있다.

일본의 지붕 '일본 알프스'

일본의 산, 하면 반사적으로 후지산을 떠올리는 사람이 많지만, 일본에는 후지산에 버금가는 높이나 수려함을 자랑하는 산들이 많다. 후지산 다음으로 높은 일본 제2봉은 해발 3,193m의 기타다케北岳이다. 3위는 3,190m의 오쿠호다카다케奧穂高岳. 그 뒤를 이어 아이노다케間ノ岳, 야리가다케槍が岳 등 3,000m급 산들이 순위를 다투고 있다.

일본의 3,000미터급 산은 후지산과 2014년에 분화로 많은 희생자가 나온 온타케산御嶽山을 제외하고는 모두 '일본 알프스'에 속한다. 일본 알프스란 일본 열도 중부지방을 남북으로 종단하는 세 개의 거대한 산맥을 일컫는 총칭이다. '일본의 지붕'이라고도 하는 이 3대 산맥은 북알프스로 통칭되는 '히다산맥'과 중앙알프스라 불리는 '기소산맥', 그리고 남알프스라고도 하는 '아카이시산맥'을 말한다.

이들 산맥에 '알프스'의 작위를 부여한 것은 영국 사람이다. 1881년, 일본의 히다산맥의 지질을 조사하던 영국인 광산기사 윌리엄 고어랜드가 히다산맥의 풍광이 유럽 알프스를 연상시켜 '일본 알프스'로 유럽에 소개한 것이 그 유래라 한다. 그 후 영국인 선교사 월터 웨스턴이 후지산과 야리가다케, 호다카다케穂高岳 등 일본 알프스의 여러 산을 등반하고 1895년에 영국으로 귀국한 후《일본 알프스의 등산과 탐험

Mountaineering and exploration in the Japanese Alps 》이란 책을 출판해 일본 알프스를 본격적으로 유럽에 소개했다. 이로 인해 그는 '일본 알프스의 아버지'로 불리고 있다.

인기 만점의 스타군단, 북알프스

북알프스와 중앙알프스, 남알프스는 저마다 개성과 매력을 지니고 있는 산악군^群이지만, 등산 애호가는 물론 일반 관광객에게 가장 인기 있는 것은 뭐니 뭐니 해도 북알프스이다. 도야마현과 니가타현, 기후현, 나가노현 등 4개 현에 남북으로 150km, 동서 25km에 걸쳐 3,000m 전후의 고봉준령들이 연출하는 웅장한 산악 파노라마는 알프스라는 이름이 결코 과장이 아니라는 것을 보여 준다. 그 라인업을 보면, 우선 북알프스의 얼굴이라고 할 수 있는 야리가다케^{槍が岳}와 호다카다케^{穗高岳} 연봉을 꼽을 수 있다. 호다카다케 연봉은 북알프스 최고봉인 오쿠호다카다케^{奧穗高岳, 3,190m}를 포함해, 기타호다카다케^{北穗高岳}, 마에호다카다케^{前穗高岳}, 니시호다카다케^{西穗高岳} 등 3,000m급 봉우리들이 병풍처럼 이어져 있는 웅장한 산악군단이다. 다이내믹하고 박력 있는 암릉과 능선, 도도하고 웅장한 산세는 범접하기 어려운 위엄과 품격을 지니고 있다. 이 호다카다케와 이웃사촌인 3,180m의 야리가다케는 그 이름만으로도 산악인의 가슴을 뛰게 하는 마력을 지닌, 말 그대로 일본 알피니스트의 성지라 할 수 있다. 이들 간판스타 외에도 다테야마^{立山}, 쓰루기다케^{劔岳}, 시로우마다케^{白馬岳}, 가시마야리가다케^{鹿島槍が岳}, 쓰바쿠로다케^{燕岳}, 가사가다케^{笠ヶ岳}, 조넨다케^{常念岳}, 노리쿠라다케^{乘鞍岳} 등 일본을 대표하는 쟁쟁한 국가대표급 산들이 북알프스를 화려하게 장식하고 있어, 산악인은 물론이고 일반 관광객의 발길을 유혹하고 있다.

북알프스는 다이내믹하고 화려한 산세가 특징이자 매력이다. 수목한계가 낮고 능선이나 봉우리에 암릉이 많아 전망이 뛰어나다. 거기에 교통편도 잘 정비되어 있어 접근이 용이하다는 것도 인기를 끄는 요인이다. 다테야마나 시로우마다케, 니시호다카다케 등에는 로프웨이케이블카가 설치되어 있어서, 본격적인 등반이 아니더라도 가벼운 마음으로 알프스적인 분위기 넘치는 고원 산책이나 트레킹을 즐길 수 있어 관광명소로도 인기가 높다.

야리가다케나 호다카다케 등반의 전진기지이자 북알프스의 현관이라 할 수 있는 가미고치上高地도 매력적인 명소이다. 맑은 에메랄드 빛 아즈사가와梓川 계류와 그 뒤로 펼쳐지는 호다카다케 연봉의 웅장한 자태는 가미고치의 심벌이자, 일본의 산악 풍경을 상징하는 아이콘이라고 할 수 있다. 해발 1,500m에 위치해 8월 평균기온이 19℃ 정도로 선선한 데다 풍광이 뛰어나, 등산객뿐 아니라 주변 경관이나 트레킹을 즐기려는 일반 관광객의 발길이 끊이지 않는 일본 유수의 경승지이다.

가미코치에서 6시간 정도 걸어 올라가면 가라사와涸沢 카르kar를 만날 수 있다. 카르는 '권곡'이라고도 하며, 수만 년 전에 빙하의 침식에 의해 형성된 넓은 반원형 또는 말굽형 지형을 이르는 말이다. 해발 2,300m에 위치하는 가라사와 카르는 호다카다케의 등산 기점으로, 풍광이 아름답기로 유명하다. 특히 호다카다케 연봉 아래 광활한 산자락에 펼쳐지는 가을 단풍은 그야말로 숨이 멎을 정도의 절경으로 일본 제1의 단풍 명소로 손꼽는다.

북알프스의 아이돌, 야리가다케槍が岳, 다테야마立山, 시로우마다케白馬岳

야리가카케는 북알프스의 랜드마크이자 맹주라 할 수 있다. '일본의 마테호른'이란 별명에 어울리게 창날처럼 뾰족한 봉우리가 하늘을 찌르고 있는 독특한 자태는 어디서 보아도 한눈에 알 수 있어 북알프스의 많은 3,000미터급 산 중에서도 독보적인 존재감과 카리스마를 과시한다. '야리槍', 즉 '창'이라는 이름처럼 위험한 암릉이 많고 체력소모도 많아 일본에서도 산 좀 타 봤다는 사람들이 야리가다케에 도전한다. 보통의 일본 사람들이 일생에 한 번쯤은 오르고 싶어 하는 산이 후지산이라면, 산을 좋아하고 어느 정도 산행 경력을 쌓은 사람들이 꼭 한 번 올라 보고 싶어 하는 산은 단연 야리가다케이다. 이웃하고 있는 호다카다케까지 종주하는 '야리 - 호타카 종주'는 산을 좋아하는 사람이라면 누구나 한 번쯤 꿈꾸는 로망이라고 해도 과언이 아닐 것이다. 야리가다케와 호다카다케에서는 한국 등반객의 모습도 심심치 않게 볼 수 있다.

근래 북알프스에서 대중적으로 가장 '핫'한 산은 다테야마일 것이다. 다테야마는 '다테야마 - 쿠로베 알펜루트'를 통해 편하게 접근할 수 있어 인기가 높다. 다테야마 - 쿠로베 알펜루트는 해발 3,015m의 다테야마를 사이에 두고 도야마현의 다테야마역과 나가노현 오오마치역을 연결하는 다양한 교통시설로 1971년에 개통되었다. 전기버스, 등산철도, 케이블카, 트롤리버스 등 흥미진진한 여러 교통편을 이용해 해발 2,450m의 다테야마 무로도고원까지 편하게 올라갈 수 있다. 무로도 고원에서는 2시간 정도의 등산으로 3,015m의 다테야마 정상에 오를 수 있고, 풍광이 뛰어난 무로도고원의 산책과 트레킹만으로도 알프스적인 분위기와 정취를 한껏 만끽할 수 있어 한번쯤 찾아볼 만한 가치가 있다.

다테야마는 적설량이 많기로도 유명하다. 겨우내 쌓인 눈은 보통 7~8m에 육박한다. 해마다 3월이 되면 제설차 수십 대가 동원되어 제설작업에 들어가는데, 제설한 눈을 길옆에 쌓아 만든 15~20m 높이의 거대한 눈 터널, 눈 장벽은 가히 장관이다. 이 멋진 풍경을 보기 위해 4~5월에는 많은 관광객이 몰려든다.

북알프스 북부에 위치한 해발 2,932m의 시로우마다케도 매력적인 산이다. 시로우마다케 등반의 하이라이트는 등산로 중에 있는 일본 최대의 설계, '하쿠바대설계白馬大雪渓'이다. '설계'란 고산의 계곡이나 사면에 여름에도 녹지 않고 있는 눈밭을 말하는데, 하쿠바대설계는 일본 최대 규모를 자랑한다. 장장 3.5km에 이르는 거대한 눈 계곡은 한여름

하쿠바 대설계 모습

에도 녹지 않고 냉기를 뿜어내 겨울 산을 방불케 한다. 여름 시즌 중에는 설계를 즐기려는 사람들의 행렬이 끝없이 이어져 흰 눈밭에 형형색색의 장관이 펼쳐진다.

또한 등산로 곳곳에서 고산식물, 야생화의 향연을 만끽할 수 있다는 것도 시로우마다케를 비롯한 북알프스의 빼놓을 수 없는 매력포인트이다.

일본 알프스의 전망대, 중앙알프스

중앙알프스는 일본 혼슈의 중앙부에 자리한 산악군으로, 정식 명칭은 '기소산맥'이다. 최고봉은 2,956m의 기소코마가다케로 이를 필두로 호켄다케宝剣岳, 산노사와다케三ノ沢岳, 히노키오다케檜尾岳, 우쓰기다케空木岳, 미나미코마가다케南駒ヶ岳 등 2,900m급 산들이 주 능선을 이루고 있다.

3,000m 이상의 산이 없는 데다 산맥의 흐름도 단순해 북알프스나 남알프스에 비해 규모는 작은 편이다. 반면 북알프스와 남알프스 사이에 위치한 로케이션으로 인해 남과 북, 양대 알프스를 조망하는 전망이 뛰어난 산맥이다.

중앙알프스의 명소는 해발 2,931m의 호켄다케 아래 광활하게 펼쳐진 '센조지키千畳敷 카르'라 할 수 있다. 센조지키는 북알프스의 가라사와와 함께 일본을 대표하는 '카르'로 경관이 출중하다. 해발 2,612m에 위치하고 있지만 고마가다케 로프웨이로 불과 7분 만에 간단히 올라갈 수 있어 관광객들에게 인기를 끌고 있다. 더구나 연중무휴로 운행되기 때문에 고마가다케 로프웨이를 이용하면 여름은 물론이고 심지어 겨울의 설산 풍광과 정취까지 손쉽게 만끽할 수 있다는 점이 최고의 매력이다.

2013년 중앙알프스 한국인 등산객 조난사건

중앙알프스와 관련해 특기할 내용은 2013년에 발생한 한국인 등반객 조난사고이다. 2013년 7월 29일, 중앙알프스 히노키오다케2,728m 부근을 등반 중이던 한국인 등반객 4명이 폭우와 강풍 등 악천후 속에 조난당해 사망했다. 한여름이었음에도 불구하고 사망 원인은 저체온증으로 인한 동사였다. 이들은 한국 부산에서 온 20명의 단체팀으로, 중앙알프스 등반의 대표적인 코스인 우쓰기다케 - 히노키오다케 - 호켄다케를 종주 중이었다. 종주 이틀째였던 이날, 능선 종주 중 폭우와 강풍으로 인해 대열이 삼삼오오 흩어졌고, 맨 뒤에 처진 4명이 체력을 소진한 끝에 사망했다. 희생자 4명 중 3명이 70대의 고령이었다.

이들은 20명의 대규모 팀이었음에도 3,000m급 산을 현지 가이드도 없이 등반한 데다, 사고 당일 아침에도 기상악화로 종주를 자제하는 게 좋겠다는 산장 관리인의 충고를 무시하고 산행을 강행했다. 벼르고 별러 온 해외 산행을 악천후 때문에 포기하기가 쉽지는 않았겠지만 결과적으로 치명적인 실수였다.

사망자들이 1회용 비닐 우의를 입고 있었던 것에서, 3,000m급 고산을 너무 쉽게 생각한 것 아니냐는 지적이 일본 언론과 인터넷상에 오르내리기도 하고, 반대로 일부 한국 언론에는 급작스런 기상변화에 대해 경고나 입산 통제를 하지 않은 일본 당국의 무책임함에 대한 비난이 나오기도 했다.

이런 상반된 주장의 배경에는 한국과 일본의 등반 문화의 차이 등이 있지만, 어쨌거나 이 팀이 해외의 산, 특히 고산에서의 기상악화로 인한 돌발 상황에 대한 사전 준비나 주의가 부족했다는 점은 지적하지 않을 수 없다. 안타까운 사고였지만 산을 좋아하는 사람들, 특히 해외 등반을 계획하는 사람들에게는 소중한 교훈을 주는 사건이라고 할 수 있다.

일본의 지리산, 남알프스

남알프스는 일본 알프스 중 최남단에 위치하는 산맥이다. 공식 명칭은 아카이시산맥으로 나가노, 야마나시, 시즈오카 등 세 개 현에 2,500m~3,000m급 산과 봉우리 80여 개가 포진해 있는 거대한 산맥이다. 남쪽에 위치한 관계로 눈도 적게 내리고 수목한계도 북알프스에 비해 200m나 높아 전반적으로 삼림이 울창하고 육산肉山이 많다. 그로 인해 화려하지는 않지만 산세가 웅장하고 품이 넓어 산 하나하나의 규모는 훨씬 중량감이 있다. 한국의 산에 비유하자면, 북알프스가 설악산이라면 남알프스는 지리산과 같은 느낌이라고 할 수 있다. 또 교통편이 좋지 않은 데다 산장의 수도 많지 않아 등산객 수는 북알프스에 비해 훨씬 적다. 북알프스나 중앙알프스와 달리 로프웨이가 설치되어 있는 산도 없다. 그러나 그런 만큼 북알프스처럼 번잡하지 않고 고즈녁하다는 장점이 있어 상대적으로 산을 아는 사람들, 이른바 꾼들이 선호하는 산맥이라 할 수 있다.

남알프스의 최고봉은 해발 3,193m의 기타다케北岳로, 후지산 다음가는 일본 제2봉이다. 기타다케를 비롯한 아이노다케山間／岳, 3,189m,

가이코마가다케 ^{甲斐駒ヶ岳}, 2,967m, **센조가다케** ^{仙丈ヶ岳}, 3,033m, **시오미다케** ^{塩見岳}, 3,052m, **아카이시다케** ^{赤石岳} 3,120m, **히지리다케** ^{聖岳}, 3,013m 등이 미나미알프스의 주요 멤버들이다.

남알프스는 수목한계가 높아 수림지대를 오르는 구간이 많지만 능선에 올라 전망이 열릴 때는 감동적이다. 남알프스 종주산행에서 빼놓을 수 없는 매력의 하나가 환상적인 후지산 조망이다. 능선 곳곳에서 만나는 후지산의 매혹적인 원경과 실루엣은 종주 산행의 지루함과 힘겨움을 보상해 주고도 남는 최고의 선물이다.

《일본100명산》

일본의 산을 대표하는 후지산과 일본 알프스에 대해 개괄적으로 소개했지만, 산에 있어서만큼은 일본은 축복받은 나라라고 할 수 있다. 국토의 70%가 산과 구릉인 산악국인 것은 우리나라와 비슷하지만 생각보다 높은 산이 훨씬 많다. 3,000m 이상만 해도 21개가 있고, 2,000m 이상은 600개가 훨씬 넘는다. 후지산과 일본 알프스 외에도 크고 작은 명산들이 열도 곳곳에 산재해 있다.

일본의 산을 각별히 사랑한 작가이자 등산가인 후카다 큐야 ^{深田久弥}가 1964년에 발표한 수필집 《일본100명산 ^{日本百名山}》은 산을 좋아하는 사람들의 필독서가 된 책으로, 일본 전국의 산을 섭렵하고 산의 품격과 역사, 개성이라는 기준으로 엄선한 100명산에 대한 감상과 품평을 담은 책이다. 이 《일본100명산》은 NHK의 프로그램으로도 제작, 방영되어 관심과 인기를 끌었고, 100명산 붐과 등산 붐을 일으켜 사람들의 발길을 산으로 이끄는 촉진제가 되었다. 최근 우리나라에서도

100명산 붐이 일고 있지만, 그 원조라고 할 수 있다.

마지막으로 《일본100명산》에 있는 '야리가다케'의 한 대목을 소개하면서 글을 마친다.

후지산과 야리가다케는 일본의 산을 대표하는 두 개의 타입이다. 하나는 단정한 피라미드로 우아하게 산자락을 늘어트리고 있는 '후지형'인데 반해, 다른 하나는 예리한 창으로 하늘을 찌르는 '야리형'이다. 이 두 개의 상반되는 타입은 다른 지방의 산들에 수많은 '○○후지'와 '○○야리'를 낳았다. 어딘가의 산에 올라 '아, 후지가 보인다!'라고 기뻐하는 것과 마찬가지로 '아, 야리가 보인다!'라고 외치는 소리를 들을 수 있다. 그 유니크한 첨단은 한눈에 알아볼 수 있다. 어디서 보아도 그 날카로운 삼각추는 변함이 없다. 그것은 슬플 정도로 홀로 하늘을 찌르고 있다.

일본 전문가 교수와 함께 떠난 시코쿠 답사여행

강숙(세계문화탐방가)

강연이(한국방송통신대학교 문화교양학과 동문회장)

걷기 예찬은 여행 예찬으로

걷기는 만병통치, 여행 인생의 행복이라는 생각에 바르게 걸으며 하는 여행을 최고의 행복으로 믿고 살아왔다. 원래 집은 서울이었지만 제주도에서 2년을 살게 되었다. 여기에는 나름 이유가 있었다. 어느 날, 담당 의사로부터 건강진단 결과가 좋지 않다는 말을 들었다. 건강에 자신이 있다고 살아온 나에게는 청천벽력과도 같은 소리였다. 건강을 되찾기 위해 무엇을 할까 고민하던 끝에 가족을 서울에 남겨 두고 홀로 제주도로 떠나기로 했다. 운동만이 살길이라고 생각해 식생활을 조절하면서 매일 구석구석 걷고 또 걸었다. 사실 집에서 공주처럼 자란 탓에 차를 타고 다니는 것이 익숙했지만 제주도에서는 자가용을 과감하게 없애고 오직 버스와 걷기에만 의지했다. 처음에는 하루에 1시간 그다음에 2시간을 걷는 것이 너무 힘들고 괴로웠다. 발가락에 티눈까지 생길 정도였다. 힘들었지만 건강을 생각해 걷고 또 걷다 보니 6개월이 지나자 하루에 3시간이나 걸어도 그다지 피곤하지 않았다. 살고 있는 서귀포에서 차를 없애고 제주 한라산까지 2년을 걷고 나니 지금은 걷는 것이 일상이 되어 버렸다. 다시 건강해져 제주도 살기를 실천하면서 지금도 3개월은 제주도 그리고 다른 지역이나 일본 등 해외에서 살기를 실천하려고 노력하고 있다. 고등학교 때부터 공부보다는 다른 데 더 관심이 많았기에 일찍 결혼해 애들을 낳고 평범한 주부로 살았다. 그러다가 일본에 관심이 많아져서 늦은 나이에 대학에 진학해 일본어를 공부하기 시작했다. 우연히도 방송대에서 고등학교 동창도 만나게 되어 공부가 어려워서 힘들 때는 서로 격려하면서 학교생활을 해 나갔다. 그런데 무엇보다도 대학에서 가장 즐거웠던 것은 일본 여행이었다. 한일교류회에서 한국을 좋아하는 일본 방송대 학생들과의 교류를 통해 일본어를 배웠고, 일본인에게는 한국어를 가르쳐 주면서 친구가 되어 일본을 여기저기 탐방했다. 이 이야기는 내가 아주 좋아하는 여동생 연이, 그리고 남동생 가족들과 함께 이야기하며 도움을 받아가며 기록한 답사 여행기임을 밝혀 둔다.

7년 만에 다시 떠난 시코쿠 여행

코로나가 풀리고 나서 4년 만에 일본여행을 다시 떠났다. 4년 만의 일본 여행은 동생들, 올케, 친구, 친구의 언니와 함께 떠나는 여행이라 더 의미 있게 다가왔다. 4박 5일의 여정 동안 관심이 많은 지역을 5일 내내 다니려면 건강과 체력이 중요해서 건강 관리에 신경을 썼다. 설렘 때문에 밤잠을 설치고 간 인천국제공항은 새벽부터 사람들로 붐볐다.

4박 5일 일정의 시코쿠와 나오시마 여행은 그 어느 때보다도 기대하던 것이라 부푼 가슴을 안고 여행길에 올랐다. 나오시마는 7년 전에 이경수 교수님이 인솔해 주신 팀과 답사여행으로 다녀온 적이 있다. 그때는 일본에 대해 잘 모르고 얼떨결에 가서 따라가기만 했으나 이번에 다시 함께 가게 되어 제대로 공부해 가려고 준비했다.

오랜만에 떠나는 일본 여행을 준비하는 과정에서 영감을 준 것은 2021년에 출간된 《알면 다르게 보이는 일본 문화 1》에 실린 글 '쓰레기 섬, 나오시마 예술로 다시 태어나다'였다. 이 글을 읽고 나니 쓰레기 섬을 어떻게 예술로 바뀌었을지 궁금했다. 여기에 안도 다다오의 건축물을 만날 수 있다는 기대감도 있었고 구사마 야오이의 유명한 호박은 물방울이 몇 개이고 실제로 보면 또 얼마나 예쁠지 너무 궁금해서 흥분되었다. 그리고 많은 작가 중 우리나라의 이우환 작가의 작품이 그곳에서는 어떻게 비칠지도 궁금증을 안은 채 비행기에 올랐다. 일본에 대해 공부한다는 것이 막연하게 느껴졌을 때 이경수 교수님과 강상규 교수님이 답사여행에 참가한 모든 사람들에게 선물로 준 이 책 덕분에 일본에 대한 새로운 기대감이 일었다. 이번 일본 여행은 이러한 지적 호기심을 채워 주는 기회였다.

일본 여행이 재미있는 이유

일본 여행이 재미있는 이유는 알면 알수록 비슷하면서도 다르게 보이는 일본이기 때문이다. 목적지에 도착하자마자 간 곳은 사누키 우동을 만들고 체험을 할 수 있는 나카노 우동 학교였다. '사누키'는 가가와현의 옛 지명으로 우동의 명소가 가가와현이다. 인천국제공항을 출발해 다카마쓰 국제공항에 도착해서 만난 첫 코스가 가가와현의 명소 나카노 우동 학교에서 체험하는 명물 사누키 우동 만들기라니 인상적이었다. 우동 만들기는 전에도 체험했던 기억이 있다. 나카노 우동 학교는 올 때마다 재미를 체험하고 가는 곳이다. 선생님의 지시에 따라 신나는 음악에 맞춰 우동을 만드는 것이 인상적이다. 우리 형제들은 한

조가 되어 각자 역할을 분담해 우동을 만들기로 했다. 여동생의 흥겨운 댄스 반죽, 남동생의 부드러운 칼질, 나는 총감독, 이렇게 만들어진 우리의 우동. 반죽에서 뽑기까지 사누키 우동 비법까지 전수받고 나카노에서 인증하는 우동학교 졸업장까지 받는 뿌듯한 경험을 했다. 인증서에는 맛있게 만드는 법, 먹는 법 등이 잘 기록되어 있다.

첫날 여행을 체험으로 신나게 보낸 후 휴식을 위해 찾은 곳은 리쓰린 공원栗林公園이다. 한자에서도 알 수 있듯이 일본어로 '리쓰린'은 '밤나무 숲'이란 뜻이다. 밤나무 공원에 가서 편안한 마음으로 아름다운 밤나무를 찾아보기 위해 간 리쓰린 공원은 그냥 공원이 아니라 규모가 엄청난 일본 최고의 공원이라 해도 과언이 아니었다. 리쓰린 공원은 일본 3대 정원 중 하나로 특별명승지로 지정된 회유식 정원이다. 즉, 중앙에 위치한 연못을 중심으로 주위를 둘러보며 관상하는 정원이다. 에도시대부터 메이지시기에 이르기까지 228년 동안 마쓰다이라松平 가문 영주들의 별장으로 이용되었던 곳이다. 여러 종류의 나무들과 꽃으로 잘 가꾸어진 아름다운 정원의 멋진 풍경을 감상할 수 있었다. 공원 안 카페에서 말차를 마시며 바라본 경치는 최고의 힐링 장소였다. 공원의 이름이 유래된 밤나무는 1850년에 오리사냥을 위해 모두 베어 현재는 밤나무가 남아 있지 않았지만 옛 지명을 그대로 사용하고 있었다. 그래서 정작 밤나무를 찾지 못한 것이다.

다음 목적지는 하이쿠의 도시 마쓰야마였다. 일본을 대표하는 작가 나쓰메 소세키의 《도련님》일본어 제목은 '봇짱'의 배경 도시이자 온천의 도시 마쓰야마이다. 마쓰야마로 이동하여 저녁을 먹은 후 최고의 수질을 자랑하는 온천을 체험하러 가는 도중에 엘리베이터에서 해프닝이 벌어졌다. 우리는 이번 답사 여행에서 이름 대신 번호로 이름을 대신하고 있었다. 여러 곳에서 와서 누가 누군지 잘 파악하지 못한 상태였다. 우리는 엘리베이터를 타고 대욕장으로 이동하면서 한국말로 이야기를 나누고 있었다. 그런데 그때 어느 부부가 "안녕하세요, '일번(?)'입니다"라고 말하며 엘리베이터에 탔다. 우리는 반갑게 웃으면서 남동생을 가리키며 "45번입니다. 끝번입니다"라고 하며 각자 자기 번호와 함께 가볍게 인사를 했다. 그런데 우리가 갑자기 번호를 말하자 그 부부는 어리둥절한 표정을 지었다. 사실은 이러했다. 일본인 부부가 아까 인사하면서 한국어로 간단히 말한 '일번'이 '일본인'이라는 뜻이었는데, 우리가 "일번입니다"라고 잘못 알아들은 것이었다. 일본인 부부는 우리가 갑자기 번호를 이야기하자 이해가 되지 않아 놀랐던 것이다. 첫날 아직 얼굴을 익히지 못해 일어난 황당한 일로 온천에 가는 도중에 소화가 다 될 정도로 크게 웃었다. 공항에서 여행 인원이 많아 가이드가 번호로 인원 체크를 하고 서로 소개를 안 해서 일어난 일이었다. 단체여행에서는 가급적 빨리 서로 인사하는 기회를 만들면 좋겠다고 생각했다.

일본 젊은 대학생들과의 가슴 설레는 만남

일본 메이지시대를 대표하는 시인이자 국어학 연구자 마사오카 시키正岡子規가 살았던 주택 터와 비석을 관람한 후, 오래된 성곽도시 마쓰마야 섬으로 이동해 천수각에서 마쓰야마 시내 전경을 보았다. 시내 전체가 보이는 아름다운 산에 성과 천수각을 멋지게 지어 놓은 것이다. 멋진 풍경 자체가 힐링이었다. 일본 애니메이션 〈센과 치히로의 행방불명〉의 배경이 된 300년 역사의 도고 온천에서 설레는 만남이

기다리고 있었다. 에히메대학에서 한국어와 한국 문화를 공부할 정도로 한국을 좋아하는 남녀 대학생 40명과 만나 조를 짜서 안내를 받는 시간이었다. 한국에서도 풋풋한 20대 대학생들과 만났을 때 즐거웠던 경험이 있어서 일본의 20대 대학생들과 만날 생각에 오랜만에 설렘을 다시 느꼈다. 우리와 한 팀이 된 일본인 대학생들과 함께 도고 온천 주위를 돌아보며 일본에서 체험한 이야기를 하면서 즐거운 시간을 보냈다. 우리 조와 연결된 일본인 학생들은 여자 대학생 네 명이었다. 한류 붐의 영향은 에히메현에서도 예외가 아니어서 K-POP, 한국 드라마와 음식이 인기가 많았다. 나보다도 더 많은 것을 알고 있어서 나 자신이 한국에 대해 잘 몰라서 부끄러운 순간도 있다. 우리가 함께 다닌 일본인 현지 대학생들은 우리 아이들과 비슷한 또래였다. 무엇보다도 에히메대학에 다니는 여자 대학생들은 학생답게 순수하고 청순해서 기억에 남았다.

우리와 같이 다닌 에히메대학의 학생들을 키워드로 표현한다면 검소함, 부지런함, 상냥함이었다. 대중교통비가 비싸서 그런지 몰라도 대부분의 학생들이 자전거로 통학했고 단정하면서도 검소했다. 또한 대화를 하면서도 유쾌한 맞장구와 리액션을 보여 주는 모습에서 예전의 우리에게 있던 상냥함과 예의가 느껴졌다.

같이 다닌 일본인 여자 대학생들도 한국의 음악, 드라마, 음식을 많이 좋아해서 내가 알고 있는 한국의 가수와 드라마를 이야기해서 신기했다. 한국에 오면 먹고 싶은 것이 무엇이냐는 질문에 일본인 대학생들은 '감자탕과 떡볶이 그리고 핫도그'라고 했다. 확실히 신세대 일본인이 우리가 속한 기성세대의 일본인보다 한국에 호감을 많이 느끼고 있음을 알 수 있었다.

일본인 여자 대학생 한 명은 우리도 깜짝 놀랄 만큼 한국어가 유창해서 대화하는 데 전혀 불편함이 없었다. 짧은 시간 동안 정이 많이 들었는지 일본인 대학생들과 헤어질 때는 많이 섭섭했고 다시 만나고 싶다는 생각까지 들었다. 우리는 서로 전화번호를 교환했다. 한국에 오면 우리 집에서 먹여 주고 재워 주겠다고 한 나의 말에 일본인 대학생들이 너무 좋아했다. 나는 진심으로 그들 중 한두 명이라도 한국을 방문해 주면 좋겠다고 생각했다. 일본 젊은이들과 자연스럽게 대화하며 한국을 알리며 한국인과 일본인이 좋은 감정을 가지고 일상에서 작은 만남을 가지는 것이야말로 민간 외교가 아닐까 하는 생각도 했다. 이렇게 멋진 일본인 대학생들이 한국을 좋아하니 나도 더 열심히 일본어 공부를 해야겠다는 각오를 했다. 헤어지는 순간까지 여러 번 뒤돌아 인사하고 손을 흔들어 주는 일본인 대학생들의 모습이 너무 감동적이었다.

이후에는 나쓰메 소세키의 소설에서 영감을 받은 봇짱 열차坊っちゃん列車, 그리고 소설 속 등장인물 캐릭터 인형들이 정시에 나와 춤을 추는 가라쿠리 시계탑カラクリ時計塔과 야외 족욕탕, 상점가를 둘러봤다.

한국에도 작품이 번역되어 소개된 마사오카 시키正岡子規는 야구를 좋아하는 시인으로 하이쿠, 단카, 소설, 평론, 수필, 신체시 등 다양한 작품 활동을 한 것으로 유명하며 일본의 근대문학에 큰 영향을 미친 메이지를 대표하는 문학가에 속한다. 시키는 결핵을 앓고 있던 자기 자신을 '두견새子規'에 비유하며 지은 필명이다. 형식에 얽매여 있던 에도시대까지의 와카를 비판하는 등 자기 주장이 강력하고 작품관이 뚜렷한 작가였다.

야구팬답게 야구 野球라는 이름을 알리는 데 일조했고 각종 야구 용어를 한자로 번역한 인물이기도 하다. 예를 들어서, 'batter'를 타자打者로 'runner'를 주자走者로 번역한 천재 작가이기도 하다. 1867년에 태어나 1902년에 35세의 젊은 나이에 결핵으로 생을 마감한 안타까운 삶을 살다가 시인이다.

사카모토 료마가 태평양을 바라보며 가슴에 숨겨둔 비밀을 찾아서, 고치 여행

시바 료타로 司馬遼太郎의 소설《료마가 간다 龍馬が行く》를 통해 대중적으로 알려진 사카모토 료마 坂本龍馬는 일본 근대사에 매우 중요한 인물이다. 짧은 기간의 격변기에 치열한 활약을 통해 1866년에 료마의 주선으로 교토에서 사미고 다카모리 西鄕隆盛와 조슈번의 기도 다카요시 木戸孝允가 회담 끝에 사쓰마번과 조슈번의 동맹 이른바 삿초 薩長동맹이 이루어져 일본이 도쿠가와 막부체계를 종식하고 천황 중심의 중앙집권적 근대국가로 재탄생하는 길을 여는 데 이바지한 것이다. 사카모토 료마 기념관을 구경하고 가쓰라하마 桂浜 해변에서 태평양을 바라보는 사카모토 료마의 동상을 보며 나 또한 많은 생각에 잠겼다.

고치현을 여행한다면 반드시 가 봐야 한다는 히로메 시장 ひろめ市場은 가게마다 따로 자리가 있어서 푸드 코트처럼 편안했다. 술과 풍류를 좋아하는 고치 사람들은 낮부터 히로메 시장에 모여 술을 마시기도 해서 술을 좋아하는 외국인이라면 꼭 가봐야 하는 명소이기도 하다. 고치의 인기메뉴 가쓰오 다타키 かつおのたたき는 '가다랑어회'로 시원

한 맥주를 부르는 최고의 안주로 꼽힌다.

고치에서 꼭 가보고 싶었던 곳이 명소이지만 직접 보면 실망한다고 알려진 하리마야 다리이다. 에도시대에 만들어진 붉은색 다리로 상업적인 거래를 위하여 만들어졌다. 일본에서 인기 있었던 TV 드라마 〈준신 마馬의 슬픈 사랑〉의 무대로 유명한 곳이다. 들은 것처럼 정말로 작고 초라한 다리로 일본의 실망명소がっかり名所의 대표라고 해도 과언이 아니지만 재미있는 명소임이 틀림없다.

한국인은 '밥심'으로 움직이는데 고치 여행을 마치고 다카마쓰로 돌아오는 길에 일본인의 고지식함으로 저녁밥을 못 먹는 사건이 발생했다. 가게는 3층인데 1층에서 밥과 만찬을 만들어 좁은 계단을 통해 3층으로 이동해야 했다. 융통성이 있는 한국인으로서는 아주 불편하고 번거로운 일이다. 3층에서 밥을 푸고 반찬을 만들면 좋으련만 좀 느리더라도 가게의 매뉴얼대로 1층에서 모두 준비해 가며 조심스럽게 3층으로 이동하는 것이 가게의 방침이었던가 보다. 아무리 기다려도 밥과 반찬이 나오지 않자 일행 일부가 참지 못하고 밖으로 나가 버리는 사태가 벌어졌다. 저녁 식사 때 밥이 늦게 나온 일은 한국에서는 절대로 있을 수 없는 일이었으나 절차를 중시하는 일본의 정서를 직접 체험하는 경험이기도 했다. 결국 찌개를 다 먹을 때까지 밥이 나오지 않았고 직원들은 친절하게 조심스럽게 느긋하게, 당황하지 않고 하나하나 계단을 올라가며 따뜻한 밥을 1층에서 3층으로 내왔다.

한국과 일본의 장점은 서로 다르다는 생각이 들었다. 지진이 일어나도 질서를 지키며 차분히 이동하는 일본인들이 떠오르며 순발력과 융통성보다는 매뉴얼대로 행동하는 느긋함과 끈기가 일본의 장인정신을 이어 가는 원동력이라는 생각이 들었다. 반대로 급하고 빠른 국민성이 한국의 경제발전을 이룬 원동력이라는 것을 다시 한번 느꼈다. 신속함, 민첩함, 과감함을 중시하는 한국 사회와 달리 천천히 원칙대로 매뉴얼대로 끈기 있게 한다는 슬로건 아래 각자 맡은 일에 최선을 다하고 살아가는 것이 일본 사회 아닐까? 느리지만 원칙대로 살아가는 것이 그들 삶의 방식인 것이다.

구사마 야요이, 안도 다다오 그리고 이우환 작품과의 만남

다카마쓰항으로 이동을 앞두고 아침부터 마음이 설레기 시작했다. 그중 가장 보고 싶었던 것이 바로 예술의 섬 나오시마의 노란 호박과 지중미술관 그리고 이우환의 점과 선 작품이었다. 꿈을 실현하는 순간이었다.

페리로 나오시마 미야노우라항에 도착하여 세계적인 설치 미술가 구사마 야요이 草間彌生의 유명한 붉은 호박이 해변에 눈에 띄게 놓여 있었다. 사진과 작품으로만 보던 붉은 호박을 보는 순간 가슴이 뛰기 시작했다. 한참을 보고 호박 안으로 들어가 보기도 했다. 노란 호박은 장마로 안타깝게 물에 떠내려가서 없다고 들어서 내심 섭섭했는데 다행히 우리가 도착하기 전에 노란 호박이 구조되어서 볼 수 있었다. 노란 호박 앞에서 찍은 사진은 비가 내렸지만 멋진 풍경으로 인생 사진이 되었다. 안도 다다오 安藤忠雄가 설계한 지중미술관은 전체 공간이 땅속에 지어져 건물 자체가 하나의 예술품이라고 평가받고 있으며, 19세기 프랑스 인상파 화가로 '자포니즘'의 영향을 받아 일본문화에도 호감이 있던 클로드 모네의 〈수련〉이 전시되어 있었다. '빛의 예술가'로 불리는 미국의 설치 미술가 제임스 터렐 James Turrell의 빛 자체가 예술로 제시된 작품을 명확히 체험할 수 있도록 제임스 터렐이 형태와 크기를 직접 설계했다고 한다. 그리고 드디어 이우환 미술관과 만났다. 가공되지 않은 물질, 즉 '모노 일본어로 '물건'을 의미'를 예술 대상으로 삼은 '모노하'를 창시한 인물이 이우환 작가이다.

이우환 미술관은 일본에 우리나라 예술가의 이름을 단 미술관이 설립되었다는 점에서 자랑스러웠다. 우리나라 예술가의 작품을 응원한다는 의미에서 우리 형제 일행은 작품과 소품을 구매했다. 나 역시 작품을 구입했고 집에 가져와서 보니 참 잘 샀다는 생각이 들었다.

미국의 설치 미술가 월터 드 마리아Walter De Maria의 작품 속에서 만난 예술은 지금도 가슴에 남는다. 세밀한 치수와 함께 공간을 제시하고 그 공간에 직경 2.2m의 구체와 금박을 입힌 목제조각 27개를 배치하여 공간을 구성하여 작품 공간의 입구가 동쪽이기 때문에 일출에서 일몰까지 시간이 지나면서 작품이 시시각각 변화했다. 나오시마에는 빈집을 예술 공간으로 탈바꿈시키는 '이에 프로젝트'가 있다. 일본어로 '이에家'는 '집'을 뜻한다. 미국의 설치 미술가 월터 드 마리아의 작품 속에서 만난 예술이야말로 인상에 남는 이에 프로젝트이다.

낡고 버려진 나오시마 건물을 개조하여 작품 공간으로 탄생시킨 주민들의 주민의식과 참여의식이 성공적인 지역재생을 이루었다. 지도를 보며 마을을 돌아보고 방문한 곳에서 도장을 찍는 재미 또한 즐거웠다. 허물어지고 망가진 집을 재구조하여 살아 움직이는 집으로 만든 것은 감동 그 자체였다.

마지막 날에는 시코쿠의 도쿠시마현 나루토시 나루토공원 안에 위치한 오츠카 국제 미술관으로 이동했다. 포카리 스웨트의 오츠카 제약 그룹이 1988년에 창업 75주년 기념으로 개관 총공사비 400억 엔을 들인 미술관으로 세계 명화를 원본과 같은 크기와 색채로 복제한 것이 특징이다. 나루토 해협의 모래를 사용한 도판 명화 미술관으로 미켈란젤로의 천장화 〈시스티나성당〉을 실물 크기로 완벽하게 재현했고 피카소의 대작 〈게르니카〉, 레오나르도 다빈치의 〈최후의 만찬〉과 〈모나리자〉, 고흐의 〈해바라기〉, 네덜란드 화가 요하네스 베르메르의 〈진주 귀걸이를 한 소녀〉 등 2,000년이 지나도 퇴색하거나 파손되지 않아서 마음대로 사진을 찍고 손으로 만져볼 수도 있었다. 작품 중 모네의 〈수련〉은 옥외에서 전시 중이었다. 프랑스 오랑주리 미술관에서 봤던 모네의 수련을 오츠카 미술관에서 다시 만날 수 있었다. 그뿐만 아니라 모네의 정원 지베르니에서 차 한 잔 못 마신 아쉬움을 오츠카 미술관에서 차를 마시며 모네를 만나는 것으로 달랠 수 있었다. 지하 3층부터 지상 2층으로 구성된 미술관은 시대별 전시, 역사적 환경 복원 전시, 테마별로 전시되어 하루에 볼 수 있는 규모는 아니었다. 공식적으로 허가받아 만들어진 복제한 가짜이지만 유명한 작품들을 한곳에서 만날 수 있어 다음에 여유를 가지고 다시 또 방문해야겠다고 생각했다.

짧은 기간 나를 변화시킨 일본 답사여행

지금까지 일본 여행은 여러 번 했으나 이번 답사여행을 통해서 새롭게 깨달은 것이 있다. 일본은 지방 곳곳이 너무나도 정갈하게 잘 가꿔지고 예쁜 전원주택들이 많다는 점이 놀라웠고 그 문화의 정신을 오래 잘 이어 가는 점 또한 색다르게 느껴졌다. 지방이나 시골이라도 잘 정비되어 있는 도시, 그 지역 특색을 잘 살려 매력 있는 도시로 만들었다는 것이다. 또한 그다지 가치가 없어 보이는 것도 스토리텔링을 해서 멋지게 만들어 내는 나라가 일본이라는 생각을 했다. 아는 만큼 보이고 보면 볼수록 매력 있는 나라가 일본인 것 같다. 일본을 통해서 한국의 장점과 아름다움은 상대적으로 무엇인지 생각하며 우리의 것도 더욱 가치 있고 소중하게 대하고 싶다고 느낀 여행이었다. 일반적인 패키지 여행과는 달리 일본 전문가인 교수님과 함께 떠나는 역사문화 탐방 여행은 갈수록 또 가고 싶어지는 여행이다. 언제 누구와 어디를 가는가도 여행에서는 매우 중요하다. 일본 전문가인 교수들의 해설을 들으면서 형제들과 함께한 여행은 행복도 두 배였다. 남은 여생도 여행하면서 늘 배우고 새로운 깨달음을 즐기며 멋지게 살고 싶다.

일반적으로 가이드의 짧은 설명으로 끝나 버리는 여행과는 달리 열정적으로 역사에서 문화를 심도 있게 설명해 주시는 전문가 교수들과의 깊이 있는 여행은 기회가 되면 또 가려고 한다. 한 학기 수업을 들은 것처럼 그 도시를 깊이 있게 경험할 수 있게 해 준 짧은 답사 여행이었다. 또한 이런 경험을 사랑하는 가족과 함께하니 더욱 아름답고 뜻깊은 여행, 여행길에서 만난 동료들, 나이 성별 상관없이 하나가 된 이런 여행이 계속 이어지길 바란다. 한일가교의 작은 밀알이 될 일본 답사 여행이 앞으로도 기대된다.

70세의 일본 유학, 놀라운 변화

초부미(전직 초중등 교사, 중고교 교장)

수학 문제집에서 친하게 된 히라가나

나는 어려서부터 수학 과목을 아주 재미있어했다. 강원도의 깊은 산골에서 초등학교를 다녀서 특별한 놀잇감도 그리고 동화책도 가까이 할 수 없었다. 봄에는 동네 친구들과 함께 뒷산에 올라가 진달래를 따 먹으며 놀고 가을이 오면 머루와 다래 넝쿨에서 열매를 따 먹으며 놀았다.

집에 돌아오면 마땅히 할 일이 없었던 나는 수학문제집을 풀며 시간을 보내곤 했다. 수학 문제 중 도형에 관한 문제는 정말 흥미로웠으며 잘 풀리지 않던 문제를 해결하고 나면 성취감과 기쁨으로 가슴이 부풀어 오르는 듯했다. 이런 경험을 하면 할수록 나는 점점 더 수학이라는 과목에 빠져들었다. 서울에 올라와 중학교에 들어가서는 어려운 수학 문제를 잘 풀면 다른 친구들보다 좋은 성적을 얻었다. 혼자 느끼는 성취감보다는 훨씬 눈에 보이는 큰 보상을 받는 것이었다.

고등학생이 되자 고서점을 뒤져서 일본 수학 참고서를 구하여 풀기 시작했다. 수학을 좋아하는 몇몇 친구들과 문제를 풀기도 하고 자신의 풀이 방법을 발표해 가며 즐겁게 지냈다. 그런데 문제가 점점 복잡해지자 히라가나로 쓴 설명이 길어져 문제의 뜻을 분명하게 알기 힘들어졌다. 그럴 때마다 학교에서 일본어를 알고 계신 영어 선생님을 찾아가 도움을 받곤 했다. 나와 친구들은 히라가나를 몰라서 안타까울 때가 많았다. 그러나 일본어 공부를 해야겠다고 벼르기만 하던 우리는 서로 다른 대학교에 진학하고 나서 일본어를 잊고 살았고 세월이 쏜살같이 흘러 중년이 되어 버렸다.

정면으로 만나게 된 히라가나

나는 중학교에서 수학을 가르치는 교사가 되었다. 학교에는 학부모가 재능을 기부하는 명예교사 제도가 있었는데 마침 재일동포 출신의 어머니가 일본어를 가르쳐 주신다고 해서 관심 있는 교사들이 모여 히라가나부터 공부하게 되었다.

이 선생님은 아주 친숙하고 거리낌 없이 일본 문화와 전통을 소개해 주셨고 우리 중 몇 명은 팀을 짜서 일주일에 두 번씩 개인 지도를 받았다. 어릴 적부터 벼르고 있던 일본어 공부였던지라 바쁜 중에도 생활에 큰 재미를 더해 주는 일이었고, 다른 학교에 전근을 가서도 일본어 공부를 계속했다.

나를 찾아 준 행운

일본어 공부를 쉬엄쉬엄하던 어느 날 서울시 교육청에서 공문이 왔다. 서울시 교육청과 도쿄도 교육청이 자매 결연을 맺어 교사들을 대상으로 교환 연수를 보낸다는 것이다. 나의 초급 일본어가 통할 수 있을까 조바심하며 응시했으나 감사하게도 단원 10명 안에 선발되었다. 고등학교 교사 3명, 중학교 교사 2명, 초등교사 3명, 장학사 2명이 한 팀이 되어 25일간 일본에서 현장체험을 하는 것이었다.

나는 신주쿠에 있는 중학교에서 지내게 되었다. 당시 일본어를 가르쳐 주시던 홍 선생님은 일본에 가면 겪을 수 있는 상황에 따라 여러 장의 스피치 내용을 적어 주셨고, 그것을 몇 번이고 읽어 보도록 했다.

이렇게 나름대로 만반의 준비를 하고, 요쓰야 다이이치四谷第一중학교에 도착했다. 교무실에서 선생님들께, 그리고 다음 날 아침 강당에서 전교생 500명 앞에서 연습한 스피치 내용을 유창하게 읽었다. 이렇게 유창한 듯이 포장한 일본어 스피치 덕분이었을까? 이 일로 인해 학교생활이 오히려 곤혹스러워질 줄은 생각지도 못했다. 교무실에서 복도에서 만나는 선생님마다 일본어로 인사를 하며 말을 걸어오는 것이었다. 웃음으로 모면하는 것도 한두 번이지, 이 상황을 어떻게 헤쳐 나가야 할지 가슴이 답답해졌다. 어쩔 수 없이 누가 말을 걸어올까 봐 불안해하면서 교무실에 있기보다는 학생들과 함께 교실에 상주하기로 마음먹었다. 학생들과는 짧은 영어와 손짓 발짓으로도 의사소통이 가능했고 아이들은 나를 외국인으로 받아들여 자신들 말을 이해하지 못할 때 손짓 발짓 그리고 영어와 그림으로 설명하며 무엇이든지 가르쳐 주려고 했다.

고마운 우미짱 그리고 추억의 합창연습

2학년 A반은 남녀 혼성학급이었다. 수학 교과는 교육과정이 우리나라와 거의 같았으며 수업 진도도 비슷했다. 수학 과목은 수식어가 많이 필요하지 않으므로 나의 짧은 일본어로도 수업을 진행할 수 있었다. 아이들은 나와 함께 수업하는 것을 재미있는 놀이로 생각하는 것 같았다.

이 학급의 우미라는 여학생 반장은 참 살가운 아이였다. 점심시간이면 나에게 점심을 가져다 주기도 하고 학급의 여러 가지 이야기를 들려주기도 했다. 우미짱이 나와 이야기를 나누면서 차츰 여학생들이 내 주위로 모여들기 시작했다. 나는 음악 시간에 아이들이 합창연습을 했던 것이 생각나서 점심시간에 모여든 아이들과 노래를 부르기 시작했다. 여학생들이 노래를 부르니까 남학생들도 슬슬 모여들었다. 그래서 점심시간이 자연스럽게 합창을 연습하는 시간이 되었다. 한창 변성기에 있는 중학교 2학년 남학생들은 노래인지 염불인지 알 수 없는 소리를 질러 댔으나 여학생들은 제법 고운 소리를 냈다.

이 학급의 담임 선생님은 영어 교과를 맡은 30대 초반의 남자 선생님이었다. 이 선생님은 내가 일본어가 서툴러서 사람들을 피하는 것을 알아챈 것 같았다. 그래서 나에게 전할 말이 있으면 우미짱을 통해서 전하곤 했다. 나도 전할 말이 있으면 우미짱에게 부탁했고, 우리가 점심시간에 합창연습을 하고 있으면 창문 너머로 슬쩍 쳐다보곤 했다.

일본 학생들은 미술 시간이면 얼핏 보아 작은 공장 같기도 한 미술실에서 무겁고 위험해 보이는 기계 조작도 서슴없이 해내며 작업활동을 했다. 작업이 끝나면 진공청소기로 바닥 청소를 하고 나서 일을 마무리했다. 교사에게 학생들이 다칠까 염려되지 않느냐고 물었더니, 오히려 위험하니까 더욱 학교에서 철저히 가르쳐야 한다고 말했다. 한국의 교육 현실과 너무나 큰 차이를 느꼈다.

학문의 즐거움을 알게 해 준 전문공부, 일본학

시간이 흘러 공직에서 물러난 나에게 자유로운 시간이 허용되었다. 나는 방송대에 편입하여 일본어와 일본 문학을 깊이 있게 공부할 수 있었다. 이과생이었던 나에게 방송대 공부는 또 다른 학문의 즐거움에 빠져들게 해 주었다. 하지만 사실 복잡한 학사과정을 소화하느라 처음에는 가을의 푸른 하늘도 제대로 바라보지 못하며 지낸 것 같았다. 다행히 대학원 강의는 호흡이 길어져 좀 더 깊이 생각할 겨를도 생기고 참고자료도 찾아볼 수 있어서 그제서야 여유 있게 공부하는 기쁨을 느낄 수 있었다.

어떤 강의는 우리말로 강의를 모두 들은 후 같은 내용을 일본인 교수님 강의로 들을 때도 있었다. 일본어로 강의를 들으며 그 내용을 이해할 수 있을 때는 가슴 벅찬 기쁨을 느낄 수 있었다. 이럴 때마다 일본에 가서 공부하고 싶다는 간절한 소망이 생겼다. 그래서 해마다 JLPT 시험을 보았다. 1급은 이미 학부 3학년 때 통과했지만 좀 더 좋은 성적을 받고 싶어서였다. 나는 듣기 능력이 많이 부족했고, 말하기는 머릿속에서 단어가 뱅뱅 돌기만 하고 입 밖으로 나오질 않아서 안타까운 일이 한두 번이 아니었다.

우연히 생긴 보너스, 마음이 가는 대로 실행

이즈음 정말 생각하지 못했던 행운이 다가왔다. 몇 년 전에 믿을 만한 지인에게 제법 큰 돈을 빌려주었는데 5년이 지나도 갚지 않다가 갑자기 돌려받게 된 것이다. 이 횡재한 것 같은 돈을 어떻게 의미 있게 쓸 것인가를 한동안 고민하다가 유학비용으로 쓰기로 마음을 굳혔다. 나는 마음을 결정하면 행동으로 옮기는 것이 매우 빠른 편이다. 누구에게 물어볼 필요도 없었다. 그 나이에 건강이 허락하겠느냐, 다녀와서 어떤 일을 할 수 있겠느냐는 등 별별소리를 다 듣겠지만 그저 내가 마음먹은 대로 실행하기로 했다.

유학원을 통해 학교를 알아보고 기숙사도 정했다. 우선 관광비자로 가서 학생비자로 바꾸기로 했다. 나의 유학길은 결정하기까지는 어려웠지만 결정 이후에는 모든 과정이 물 흐르듯 매끄럽고 즐겁게 진행되었으며, 이러한 모든 일은 나에게 새롭고 신나는 체험이었다.

모든 짐을 내려놓고 오사카로

나는 필요한 모든 절차를 거쳐 오사카 YMCA국제복지전문학교 일본학과에 입학했다. 제출서류 목록에 JLPT 1급이 있어서 제출했더니 한 학기 수업료를 면제해 주었다. 생각지도 못한 혜택이 참 고맙게 느껴졌다. 입학 첫날 레벨 테스트에서 9레벨을 받아 최상급반으로 편성되었다. 다음 날 수업을 받아 보니 JLPT 1급을 준비하는 반이었다. 일주일 수업을 받은 후 수준에 맞는 클래스로 바꿀 수 있다고 해서 2등급 아래인 7레벨 클래스로 내려왔다. 나의 유학 목표는 시험 준비가 아니라 현지에서의 말하기와 듣기였으므로 거기에 더욱 집중하고 싶었기 때문이다.

이 클래스는 7개 국가에서 온 학생 15명으로 구성되었다. 쉬는 시간에도 모두 일본어를 쓸 수밖에 없는 형편이었다. 거의 20대 초반의 대학생인 것 같았다. 이들은 한결같이 한국의 K-POP에 관심을 크게 가지고 나에게 호기심 어린 눈빛으로 다가왔다. 한국에서는 야구장에 한 번도 가본 적이 없었는데 여기서 반 친구들과 고시엔에 야구를 보러 세 번이나 갔다. 이 젊은이들과 함께 응원도 하며 함성을 질러 보기도 했다. 그곳은 젊음의 활기가 넘치는 곳이었다.

학교에서는 일주일에 한 번씩 원어민일본인과 대화할 수 있는 기회가 있었다. 원어민 선생님은 미야자키 선생님이시고 대기업 경리직을 30여 년 하신 독신 여성이었다. 우리는 주말이면 가까운 곳으로 여행을 다니고 여름에는 이곳 저곳에서 열리는 마쓰리도 찾아 다녔다.

또한 학교의 수업은 매우 다양하고 재미있었다. 학급별로 스피치 대회를 하여 대표를 뽑은 후 전교생이 모인 가운데 스피치를 해서 학생들이 순위를 정하기도 했고, 특별활동 시간이 있어서 연극반에서는 연극을 발표하기도 했다. 학교 분위기가 전체적으로 밝고 활기차서 각 교실에서 웃음소리가 끊이지 않았다.

그러나 학교에서 과제는 알차게 내주었다. 학생들 능력에 따라 다르겠지만 나의 경우 하루에 꼬박 3시간 이상 숙제를 하지 않으면 교무실에 불려 갈 것 같았다. 과제를 내면 글자 한 자 한 자, 쓰는 획의 방향까지 전부 빨간펜으로 수정해 주었다. 글쓰기 숙제는 몇 번이고 다시 쓰도록 하는 강훈련을 시킨다. 우리나라에서는 이런 교육을 받아 본 적이 없었는데 일본 선생님들의 노고에 감사하며 감탄하지 않을 수 없었다.

나에게 일어난 놀라운 변화

오사카에 와서 두 달쯤 지났을까? 어느 날 수업 시간 중 갑자기 앞에서 강의하는 선생님이 일본어를 하는지 한국어를 하는지 구분이 안된다는 생각이 들었다. 언제나 선생님은 발음이 정확하고 빠르게 말하지 않으므로 처음부터 알아듣기 쉬웠다. 그런데 아무 긴장도 하지 않고 그저 편안한 마음으로 듣기만 했는데 일본어로 된 설명이 부드럽게 들리는 것을 깨달았다. 이렇게 귀가 뚫리는 것인가? 그런 생각을 하며 지내다가 3개월쯤 지났을 무렵, 내가 어디서나 일본 현지 사람들과 자유롭게 이야기를 나누고 있었다. 생활 속에서 문득 내 일본어 수준의 발전을 느꼈을 땐 정말 뿌듯했다.

매주 신문을 읽고 자신의 생각을 발표하는 수업시간이 있었는데 선생님이 자기 집으로 우리를 초대해 주셨다. 우리는 각자 자기 나라의 음식을 한 가지씩 만들어 갖고 가기로 했다. 기차로 한 시간 정도 되는 곳이었는데, 몇 정거장을 지났을 때 60대 초반 정도의 부인이 내 옆자리에 앉았다. 그 부인은 머리부터 발끝까지, 그리고 핸드백까지 까만색 상복 차림으로 정숙하고 품격이 흐르는 분이었다.

잠시 후에 그 부인께 장례식에 다녀오시느냐고 물어보았다. 그리고 실례지만 지금 부인의 모습이 너무 아름답다고 말했다. 그분은 자신의 삼촌 장례식에 다녀온다며 이 상복은 자신의 어머니께서 혼수로 해 주신 것으로 하절기 기모노상복과 동절기 기모노상복을 해 주셨다고 했다. "기모노가 많이 비싸다고 들은 것 같아요." 라고 하니, 그 부인은 눈물을 살짝 비치며 "어머니가 최선을 다해서 혼수를 해 주셨다."고 말했다. 혼수로 상복까지 마련하는 일본의 풍습을 알게 되었다. 우리는 서로 어머니에 관한 이야기를 나누며 한 시간을 지루하지 않게 보낼 수 있었다. 오사카 사람들은 상대방이 말문만 툭 건드리면 술술 이야기보따리가 풀려 나온다. 그래서 오사카에서 지내다 보면 마음이 편안해지고 여기가 고향 같다는 생각이 들기도 한다. 그런데 무엇보다 오늘 나는 이 고상한 일본 부인과 일본어로 마음속 이야기까지 나누며 감정이 통하게 된 것 같아 너무나 감격스러웠다.

수영장 자치 회장과 친해지기

학교에서 걸어서 10분쯤 되는 곳에 구립 수영장이 있어서 주말만 빼고 수영하러 다녔다. 오후 2시에는 가끔 유아 수영반만 있을 뿐 넓은 수영장에는 10여 명이 한가롭게 수영하곤 했다. 그런데 어느 날 수영장 자치회장 아주머니가 나에게 다가와서 자율적으로 하고 있는 샤워장 청소에 나도 동참하라고 말했다. 유의사항에서 그런 내용을 보지 못했다고 했더니 자율적으로 하는 것이니 할 수 있는 요일을 정하라고 했다. 그러면 수업이 적은 날 좀 일찍 와서 할 생각으로 금요일에 하겠다고 했다. 자치회장은 청소하는 방법까지 일일이 가르쳐 주었다. 그 태도가 왠지 미심쩍어 샤워장 청소 상태를 잘 살펴보았는데 며칠이 지나도 청소한 흔적은 보이지 않았다. 금요일에 일찍 가서 청소를 하며 어떤 회원에게 당신은 무슨 요일에 청소하느냐고 물었더니 자신들은 청소하지 않는다고 했다. 그 후로 나는 조용히 청소를 그만두었다.

이 수영장에는 레인이 네 개 있었는데 어느 날 내가 1레인에서 수영하고 있을 때 자치회장이 다가와서 1레인은 남자들 레인이라고 했다. 내가 유의사항에서 읽지 못했다고 하며 이 수영장은 레인마다 다른 물이 흐르냐고 되물었다. 그랬더니 그러면 오늘은 1레인에서 하고 다음부터는 3, 4레인에서 하라고 주의를 주었다. 나는 사무실에 가서 물어보고 그렇게 하겠다고 말했다. 내가 자신의 말에 고분고분 따라주지 않으니 골려 주고 싶었나 보다. 외국인 같으니까 따돌리고 싶었던 것은 아닐까 하고 조금 서운하기도 했다.

그러던 중 며칠이 지난 어느 날, 나는 하나뿐인 손목 시계의 시계줄이 끊어져 이를 수선할 만한 시계방을 찾지 못해 고생하고 있었다. 그래서 동네 터주대감 같은 자치회장에게 물어보았다. 그런데 깐깐하다고만 생각했던 수영장 자치회장은 마치 시계방까지 데려다 줄 것처럼 자세하고 친절하게 안내해 주었다. 그 이후로 자치회장과 나는 자연스레 사이가 좋아졌다.

귀경에 앞선 뉘우침

학기가 끝나갈 무렵이 되면서 문득문득 가족들 생각이 떠올랐다. '아기를 출산하고 출산휴가 중인 딸에게 아버지를 보살펴 달라고 부탁하고 떠나온 것이 과연 엄마로서 해도 되는 일이었을까?', '학위 공부도 아니고 어학연수를 하면서 가족들을 너무 힘들게 한 것은 아닌가?' 하는 생각이 자주 들었다. 처음 일본에 왔을 때는 특별한 생각이 없이 하루하루가 즐거워서 붕붕 떠다니는 것 같았다. 그런데 막상 돌아가려고 생각하니 아쉬운 마음보다도 가족들에 대한 미안한 마음이 자꾸자꾸 떠오르는 것이었다. 제일 먼저 남편에 대한 미안한 마음이 컸다. 그래서 남편을 위해 위로 여행이라도 떠나야 할 것 같았다.

나의 오랜 일본어 선생님인 홍 선생님을 통하여 알게 된 다케다 씨와 평소에 내가 가고 싶었던 시코쿠 여행 계획을 세웠다. 다케다 씨는 결혼 전에 여행사에 근무한 적이 있어 사전 같이 두꺼운 기차시간표 책까지 소지하고 있었다. 며칠을 궁리하여 알찬 계획표를 세운 후 남편을 간사이 공항으로 초대할 계획이다. 남편은 일본으로 출장을 온 적도 없어서 어디든 좋다고 했다.

한 해 살이 일본 유학의 마침표

　나의 한 해 살이 일본 유학은 이렇게 저물어 가고 있었다. 나는 이번 유학의 마지막 코스로 7박 8일 일정의 남편을 위한 위로 시코쿠 여행을 준비했다. 서울의 남편을 간사이 공항으로 초청하여 여행을 시작하고, 다케다상과 머리를 맞대고 짜 놓은 여행 일정에 따라 움직일 것이다. 3월 13일 오전 11시, 간사이 공항에서 우리의 일본 투어가 시작되었다. 남편은 엄청나게 반가운 표정으로 달려와 포옹으로 인사했다. 나도 반갑기는 마찬가지였다. 우리는 첫날 여정으로 신오사카 역에서 신칸센을 타고 히로시마로 향했다. 숙소에 짐을 맡기고 평화의 공원으로 갔다. 여기 저기서 핵으로 인한 폐허의 잔해들을 보며 마음이 무거웠다. 이렇게 참혹한 상황을 초래한 사람들도, 이런 상황을 예상했으면서도 감행한 사람들, 모두 다시는 인류에 존재하지 말아야 할 것이다. 무거운 마음으로 다시 시내로 돌아오니 해가 질 무렵이었다.

　그런데 남편이 갑자기 일본 여행의 첫날부터 남방셔츠를 하나 사야겠다고 했다. 여행 첫날에 대도시도 아닌 곳에서 웬 쇼핑이냐며 반문하고 싶었으나 여행의 목적을 생각하며 순순히 응하기로 했다. 백화점의 상품 진열이 서울과 달라서 물건 찾기가 힘들었다. 내가 우왕좌왕하니까 남편은 지나가는 행인에게 물어보라는 것이다. 지금은 퇴근 시간이라 모두 바쁘게 귀가하고 있는데 민폐가 될 것 같아 선뜻 말을 걸기가 힘들었다. 그래도 남편의 기분을 맞춰 주고자 나름 용기를 내어

30대 초반 정도의 젊은 남성에게 조심스럽게 말을 걸었다. 그 젊은이는 우리를 한번 살펴보더니 엘리베이터를 타고 올라갔다가 또 계단으로 내려오면서 매장까지 동행해 주었다. 나는 고맙기보다 너무 미안해서 몸 둘 바를 몰랐다. 미안하고 고마워서 초콜릿 하나라도 쥐어 주고 싶었으나 아무것도 건네줄 게 없었다. 순간 나는 청년의 손을 두 손으로 덥석 붙잡고 정말 미안하고 고맙다고 몇 번이고 인사했다. 나는 지금도 그 청년의 선량한 눈매를 기억하고 있다.

그런데 남편은 힘들게 찾아온 매장에서 정작 물건을 사지 않았다. 한마디 쏘아붙이고 싶었지만 그냥 힘을 주어 꿀꺽 삼키고 말았다. 이번 '위로 여행'에서는 어떠한 경우에라도 굳은 인내심을 잃지 않고 알차게 계획한 스케줄을 완벽하게 소화시켜야 했다.

3월 17일에는 다카마쓰에서 한 시간 배를 타고 나오시마에 가서 이 섬의 아름다운 풍경과 안도 타다오가 설계한 미술관의 미술품을 감상했다. 나오시마에서 다카마쓰에 돌아오니 저녁 무렵이었다. 이제 여행의 분위기가 점차 고조되자 오늘쯤은 이자카야에서 기분을 풀어도 될 것 같았다. 동네 가게를 살피다 웃음소리가 크게 들리는 가게에 들어갔다.

남편은 마치 우리 동네 주막집에라도 온 듯 언어 소통의 불편을 전혀 느끼지 않고 안주도 이것저것 주문하고 술도 주문하며 옆에 앉아 있는 사람들과 어울리기 시작했다. 술이 약한 나는 도리어 안주만 축내며 꿔다 놓은 보릿자루 신세가 되었다. 이런 분위기에서는 일년간의 피나는 어학연수의 실력도 싹을 틔울 수 없었다. 나의 불타는 학구열도 알코올의 친화력 앞에 힘을 쓸 수 없었다.

잠시 후 옆에 앉은 50대 정도로 보이는 아저씨가 높은 선반에 보관해 두었던 자신의 큰 술병을 꺼내서 술을 돌리기 시작하면서 가게 안은 온통 축제 분위기가 되었다. 이 뜻도 모를 시끌벅적한 소란과 알아듣지도 못하게 지껄여 대는 소음을 나는 의연하게 견뎌 내야만 했다. 이날 이후 남편의 기분은 항상 쾌청한 상태여서 여행은 순항할 수밖에 없었고 내가 계획한 여행의 목표인 '위로'도 성공적으로 달성했다.

나의 행복했던 한 해 살이 일본 유학 여정은 나 자신에게 평생 잊지 못할 소중한 추억을 남겨 주었고, 또한 남편을 위한 '위로 여행' 역시 유종의 미를 거두며 아름답게 마무리했다. 이 모든 것에 감사할 뿐이다.

스토리텔링으로 부활한
사카모토 료마와 함께 하는 추체험

김경란(일본 여행 및 온천 전문가)

이기성(한의사)

일본 사람이 존경하는 인물

일본인이 존경하는 인물 하면 사카모토 료마와 도쿠가와 이에야스가 빠지지 않는다. 한국인 입장에서 보면 특히 사카모토 료마는 특별하게 큰 공적을 세웠다기보다는 탈번허락 없이 번 밖으로 나가는 것을 감행하고 짧게 살다 간 풍운아이자 하급 무사의 이미지여서 존경받을 부분이 거의 없어 보인다. 그런데도 료마는 일본에서 존경받는 인물 사이에 들어가는 경우가 많다. 그 이유는 무엇일까? 일본에서 료마는 에도시대의 하급 무사이지만 대정봉환을 주도한 일본의 역사적인 인물로 실질적으로 일본의 근대화를 이끈 주역으로 알려져 있다. 그 당시 위기가 감돌던 일본 전역에서 서로 대립하던 사쓰마번薩摩藩과 조슈번長州藩의 동맹을 성사시켜 도쿠가와 막부를 무너뜨리는 데 주요한 역할을 한 인물이 바로 사카모토 료마이다. 일본의 근대화를 이야기할 때 료마를 빼놓고는 말할 수 없을 정도이다. 시코쿠의 도사번土佐藩. 지금의 고치현에서 태어나 막부와 번을 통일시키는 데 주요한 역할을 했기 때문이다. 막부와 번을 통일시켜 에도막부가 천황에게 국가 통치권을 돌려주는 대정봉환大政奉還을 구상했고 이를 성공시켰다. 하급 무사였던 료마가 일본 전국을 다니면서 이렇게 커다란 역할을 하게 된 것은 나

름의 커다란 안목이 있었기 때문이다. 그러나 안타깝게도 료마는 33세에 교토에서 암살된다. 일본 NHK 대하드라마 중에 인기를 끈 드라마 〈료마가 간다〉는 지금도 회자되고 있다. 일본 전국을 방황한 료마가 신혼여행을 가면서 들렀던 기리시마의 와케 신사에는 '坂本竜馬とお龍の日本最初野新婚旅行の地'라는 기념비가 세워져 있다. 해석하면 '사카모토 료마와 오료가 다녀간 일본 최초의 신혼여행지'이다.

희망의 메시지를 명언으로 전하는 귀재 료마

료마는 꽤 많은 명언을 남긴 인물로 평가받는다. 얼마 전 나가사키를 방문했을 때 일이다. 나가사키에는 꽃의 명소로 알려진 가자가시라 산風頭山이 있다. 여기에는 커다란 동상이 있는데, 동상 옆에는 산에서 나가사키 항구를 내려다보며 료마가 한 말이 있다. 서양의 선박이 나가사키 항구로 들어오는 것을 보았을 때 료마가 뛰는 가슴, 흥분된 가슴을 쓸어내리면서 한 말이다. '나가사키는 나의 희망이다長崎はわしの希望じゃ.' 나가사키에 대한 희망과 열정을 알 수 있는 말이다. 이 외에도 료마가 남긴 명언이 많다. 그중 일부를 소개해 본다.

> 일본의 국면을 크게 바꾸는 발판이 될 것이다やがては日本回天の足場になる 일본을 바꾸자日本を変えよう

막부의 말기 시대를 다룬 일본 대하드라마 중에서 단연 톱이 료마 이야기이다. 원작인 시바 료타로馬遼太郎의 대하소설 《료마가 간다》에서는 막부를 그대로 지키려는 사람들과 달리 사카모토 료마는 일본을 근대화에 맞게 새로운 모습으로 바꾸려고 한 사람으로 그려진다.

이 외에도 료마가 남긴 명언과 명구를 소개한다.

일본을 지금이야말로 세탁해 바꾸어야 할 때이다. 日本を今一度せんたくいたし申候

시대의 흐름에 따라 자기를 변혁시켜라. 時勢に応じて自分を変革しろ

인생길은 하나만 있는 것이 아니라 백 가지 천 가지나 된다. 人の世に道は一つということはない。道は百も千も万もある。

작게 두드리면 작은 소리가 나고 크게 두드리면 큰 소리가 난다. 小さく叩けば小さく鳴り。大きく叩けば大きく鳴る。

편견을 갖지 마라. 偏見を持つな。

인간으로 태어난 이상 태평양처럼 커다란 꿈을 가져야 한다. 人として生まれたからには、太平洋のように、でっかい夢を持つべきだ。

우리는 낙담하기보다도 다음 비전 등을 가지고 살아가는 인간이다. おれは落胆するよりも、次の策を考えるほうの人間だ。

이처럼 료마는 투박하면서도 의미심장한 명언과 명구를 남기고 있어 그가 추구하던 일본의 방향성과 삶에 대한 열정을 생생하게 읽을 수 있다. 일본에서 료마의 흔적이 발견된 곳은 13곳에 이른다고 한다. 고치, 도쿄, 교토, 나가사키, 가고시마, 히로시마, 시모다 등 그의 흔적이 있는 명소가 일본 전역에 걸쳐 다수 존재하는 것이다. 료마는 어떤 인물이기에 통제가 심하고 교통체계가 불편했던 당시에 이처럼 머나먼 길 위에서 종횡무진했던 것일까?

하급 무사로 태어났으나 포부는 컸던 인물

료마의 소년 시절은 생각보다 많이 알려져 있지 않지만 14세부터 검술을 시작했고 1853년에는 수련을 위해 에도로 떠나 엄청난 경험을 했다는 정도만 잘 알려져 있다. 그 당시 일본에게도, 료마에게도 큰 영향을 미친 사건이 있다.

미국의 동인도함대 사령관인 페리 제독은 흑선 4척을 이끌고 일본으로 와서 일본의 개항을 강하게 요구했다. 이듬해 일본은 개국하고 1858년에 일본과 해외의 무역을 정한 '미일수호통상조약'을 맺었다. 하지만 불평등 조약이기에 일본의 국내 경제는 큰 피해를 입었고 이에 일본 각지에서 외국과 막부에 대한 불만이 쌓여 '막부를 대신하여 천황 중심의 세상을 만들자', '외국인을 쫓아내라'는 분위기가 팽배해졌다.

이때 1861년에 '도사근왕당'이 결성되어 료마도 함께하지만 리더였던 다케치 한페타즈이잔와 의견이 맞지 않자 이듬해 3월 도사를 탈번한다. 그 시대 상황에서 보면 하급 무사의 탈번은 큰 사건이 아닐 수 없었다. 지금으로 말하면 군대를 탈영한 것과 마찬가지 충격적인 사건이다. 그 후 료마는 에도에서 막부 가신 가쓰 가이슈와 만나 '앞으로 일본은 외국에서 배워야 한다'라는 진보적인 의견에 깊은 인상을 받았고 그의 제자가 되어 가이군주쿠에 입문한다. 그러나 얼마 지나지 않아 가이군주쿠가 폐쇄되고 갈 곳 없는 료마는 사쓰마번현재 가고시마현에 몸을 의탁하게 된다.

이때 사쓰마번과 조슈번현재 야마구치현의 연합을 만들어 막부에 대항하려는 사람들이 있었다. 같은 생각이었던 료마도 많은 사람들과 협력하여 1866년에 '삿초동맹'을 이루어 낸다. 삿초동맹은 훗날 대정봉환을 이루는 데 기여한다. 새로운 시대의 기반이 되어 막부가 스스로 천왕에게 정권을 바치는 것이 '대정봉환'이다. 료마는 대정봉환을 성공시킬 열쇠를 쥐고 있는 도사번의 관리 고토 쇼지로와 협력하여 번의 권력자인 야마우치 요도가 막부에 대정봉환을 주장하도록 한다. 마침내 막부 쇼군 도쿠가와 요시노부는 이를 받아들여 1867년 10월에 대정봉환을 결정한다.

마침내 일본을 오랫동안 통치하던 가마쿠라 막부 이래 675년 동안 계속되었던 봉건시대가 에도 막부를 마지막으로 무사가 지배하던 시대가 끝을 맺게 된다. 그 후 1개월 뒤 료마는 33세라는 젊은 나이에 교토의 오미야 여관에서 누군가에게 암살당하고 만다. 지금도 료마를 암살한 사람이 누구인지 명확히 밝혀지지 않았고 다양한 설만 난무할 뿐이다.

료마는 짧은 인생을 살았지만 분명히 개화기의 일본에서 정치와 경제에 큰 역할을 담당했다. 일본을 여행하며 료마를 추체험하다 보니 그의 성품을 조금 알 것 같다. 뜻을 이룰 때를 기다릴 줄 아는 '인내'와 무사이기 전에 조닌商人의 아들이던 료마의 '협상의 기질', 그리고 뜻이 맞는 사람들과 함께 손잡고 꿈을 현실로 이루어가던 '협동심'을 갖춘 료마의 모습이 보였다. 이러한 성품의 료마는 '일본을 깨끗이 세탁해야 한다'라는 뜻과 포부를 품고 있었다. 료마의 뜻과 포부가 오늘날 일본인에게도 동경과 존경의 대상이 되고 있는 것이다. 한번은 어느 젊은 일본인에게 료마를 사랑하고 존경하는 이유가 무엇인지 물어보았다. 일본 젊은이의 답변은 이러했다. "시대를 앞서가고 새로운 것들을 좋아하고 받아들이는 료마의 모습이 멋집니다. 저도 료마처럼 살고 싶습니다." 그리고 일본 젊은이는 '만일 료마가 암살당하지 않고 살아 있었다면 지금의 일본은 어떻게 바뀌었을까?' 하는 궁금증이 젊은이들 사이에 회자되고 있다는 말도 들려주었다.

료마에 대한 궁금증은 계속되었다. 료마와 누나가 서로 주고받은 편지가 고치시에 있는 사카모토 료마 박물관에 남아 있다고 한다. 그 당시 료마와 누나는 서로 먼 거리에 있었는데 편지를 주고받는 것이 가능한지 박물관에 문의했는데, '일본인들은 워낙 시와 글을 쓰고 편지를 주고받는 것을 예부터 좋아한다'는 답변을 받았다. 그래서일까? 지금도 서점의 문구 코너에 가 보면 다양한 편지지와 예쁜 펜이 즐비한 것을 볼 수 있다. 한편으로 부럽기까지 했다. 우리도 한때는 손편지로 서로의 안부를 전하던 때가 있었는데 지금은 찾아보기 힘든 풍경이 되어 버렸으니 말이다.

료마의 남다른 점은 또 있었다. 료마는 적으로부터 현재 상황을 듣는 것으로만 만족하지 않고 본인 스스로 각 지역을 다니며 확인하고 습득하고 뜻을 품는 열정을 보인 것이다. 료마가 일본 땅을 직접 밟고 다닌 거리는 상상을 초월할 정도로 넓다. 료마는 멀리 바다를 바라보며 해운과 무역으로 오대주를 본인의 주 무대로 생각하며 얼마나 두근거렸을지 생각해 본다.

료마, 스토리텔링의 천재인가 스토리메이킹의 천재인가

고치시를 방문했을 때 사카모토 료마 박물관을 둘러보고 사쓰라하마에서 바다를 내려다 보고 있는 료마의 동상을 다시 마주했다. 몇 달 전 가고시마를 방문했을 때처럼 료마는 지금의 바다를 보며 무슨 생각을 했을까 하는 궁금증이 생겼다.

일본을 여행하다 보면 일본의 지역과 문화를 이해하는 데 가장 큰 역할을 하는 것은 바로 '스토리텔링'이다. 일본의 여러 지역을 방문할 때마다 지역 고유의 스토리텔링 방식을 경험한다. 지역마다 스토리텔링이 있어서 해당 지역을 찾는 많은 관광객들에게 마을의 역사를 알아가는 재미를 전하고 관련 특산품도 소개하는 여러 전략으로 이어진다. 어떻게 보면 그냥 스쳐 지나칠 작은 것도 스토리텔링을 통해 멋지게 포장하는 것도 똑똑한 지역 홍보 전략이라고 생각한다.

가끔은 지역을 알리려는 일본의 적극적인 노력이 한편으로 부럽기도 하다. 우리나라의 많은 지방 자치단체도 각 지역의 특성을 살리고 그 지역을 대표하는 인물을 발굴해 스토리텔링으로 연결하면 지역이 살아나고 주민들도 안정적인 경제활동을 할 수 있을 것이다. 이러한 방향으로 노력하는 지방 자치단체가 우리나라에도 많이 나타나길 내심 바란다. 고치시를 방문했을 때도 스토리텔링의 중요성을 다시 한번 크게 느꼈다.

자칫 잊혀질 뻔한 지방의 무명 인사가 작가인 시바 료타로의 펜 끝에서 재탄생되었다. 그것이 바로 앞서 소개한 대하소설 《료마가 간다》이다. 이 소설은 일본인들 사이에서 큰 인기를 끌고 나아가서 영화, TV 드라마, 애니메이션이라는 2차 콘텐츠로 생산되었다. 덕분에 오늘날까지도 사카모토 료마는 일본인들이 가장 좋아하는 영웅적인 인물로 꼽힌다.

료마의 유명세가 어느 정도인지는 여행하다 보면 알 수 있다. 길거리 잡화점의 상품, 찻집의 카페 라떼아트, 표지판 등 여러 곳에 료마의 사진과 료마를 나타내는 캐릭터가 어김없이 나타난다. 료마는 마치 현재를 살고 있는 연예인처럼 이곳저곳에 모델이 되어 지역을 알리는 활동을 하고 있다.

또 한 가지 료마의 동상에는 재미있는 것이 있다. 의상은 남성용 기모노인데 신발은 나막신이 아닌 구두라는 사실이다. 일본을 근대화로 이끄는 인물인 료마에게 처음으로 변화를 가져온 것이 구두가 아닌가 싶다. 료마가 서양식 구두를 신고 오대주를 누비며 무역을 하고 일본을 강대국으로 이끌 자신의 모습을 상상하며 흥분하지 않았을까 생각해 본다. 예부터 신분이 변화되었을 때 신발을 새롭게 하듯 료마도 비슷한 꿈을 꾸지 않았을까 생각한다.

료마의 못다한 꿈을 대신 이루어 준 인물이 이와사키 야타로가 아닐까? 료마와 어린 시절과 청년기를 함께한 이와사키 야타로는 여러 공직을 거쳐 료마가 꿈꾸던 해운업, 민간회사 쓰쿠모상회를 설립했다. 쓰쿠모상회는 훗날 미쓰비시의 전신으로 알려진다. 지금의 미쓰비시를 일본 최대의 재벌로 발전시킨 인물이 바로 료마와 젊은 시절을 함께한 이와사키 야타로이다.

실제로 TV 드라마 〈료마가 간다〉는 이와사키 야타로가 사업가로서 성공한 모습으로 일본의 상징인 벚꽃이 흩날리는 장면으로 시작된다. 이어서 이와사키 야타로의 어린 시절, 청년기, 에도 유학 시절이 다루어지고 이와사키 야타로가 꿈을 이루어 가는 모습, 료마가 누나와 편지를 주고받으며 지내는 인간미 넘치는 모습도 소개된다. 시바 료타로의 소설 《료마가 간다》도 추천하지만 미디어와 더욱 친숙하신 분이라면 훌륭한 배우들이 등장하고 그 시대를 더욱 생생하게 고증한 생활사나 건축물, 사회풍습, 료마를 사랑했던 여인들의 절제된 연애사, 가족사 등을 볼 수 있는 TV 드라마도 료마를 알아가는 매체로 추천한다. 이렇듯 책이나 드라마로 료마를 접하고 일본 여행을 하면 또 다른 볼

거리와 스토리가 많이 눈에 들어올 것이다. 료마가 두근거리며 터질 것 같은 심장의 박동소리를 들으며 달려가던 바닷가 길을 함께 걸어가며 료마가 살았던 시대로 함께 떠나보는 시간여행을 떠나 보면 어떨까?

일본 여행의 묘미, 미치노에키

김미진(향토예술가)

　우리는 여행을 준비하면서 어디에서 무엇을 할 것인지 목적지에 관한 기본적인 정보를 파악하고 일정에 맞춰 계획을 세운다. 준비 단계에서부터 여행이 시작되고 대부분의 여행은 특별한 경우가 없다면 일정에 맞춰 진행된다. 하지만 때로는 예상치 못한 일들을 만나게 되어 여행의 방향이 바뀌는 경우도 종종 생긴다. 내게 일본의 미치노에키는 그런 곳이었다.

　미치노에키道の駅에 대해 알게 된 것은 2016년 시코쿠 여행을 통해서였다. 시코쿠는 에니메이션 〈센과 치히로의 행방불명〉, 나쓰메 소세키의 소설 〈도련님〉의 배경이 된 도고 온천이나 예술의 섬 나오시마, 일본 근대화의 길을 연 메이지 유신기의 영웅 사카모토 료마의 이야기를 통해 익숙한 곳이었지만 한 번도 가본 적이 없었다. 다른 관광지에 비해 쉽게 접근할 수 없는 지역이라 여기저기 숨겨진 명소를 찾아 즐기고 싶어 한 달 동안 캠핑카를 이용한 여행을 계획했다. 다른 지역과 교류가 어려웠던 지형이라 발전이 더딘 대신 생활 속에서 자연을 느낄 수 있고, 대도시의 관광지에 비해 한적하게 여행할 수 있을 것이라는 기대가 있었다.

　숙박을 위해 캠핑카를 주차할 수 있는 안전한 공간이 필요했는데 미

미치노에키에 서 있는 캠핑카들

한 달간 시코쿠를 함께 달린 우리의 미니 캠핑카

치노에키가 적당한 장소라는 정보를 접하게 되었다. 미치노에키는 우리나라의 휴게소처럼 기본적인 서비스를 제공해 주는 곳이라는 정보만 알고 여행을 시작했다. 하지만 다행히 일정과 목적지에 구애받지 않고 여행할 수 있었기 때문에 길 위에서 자유롭게 머물면서 휴식 공간인 미치노에키의 장점을 알게 되었다. 그 후에는 미치노에키 자체를 지역 관광지로 즐기면서 여행했다. 그래서 미치노에키를 중심으로 여행 코스를 계획할 정도로 미치노에키는 여행의 즐거움을 주는 중요한 요소가 되었다.

미치노에키의 운영

미치노에키는 길가에 있는 역이며 휴게 장소이다. 도로 이용자에게 안전하고 쾌적한 도로교통 환경을 제공하고 지역발전을 위한 목적으로 설립되었다. 1991년에 이바라기현, 기후현, 야마구치현의 12개소에서 미치노에키의 시험 운영이 이루어졌고, 1993년 4월에 공식적으로 미치노에키가 운영되기 시작했다. 미치노에키 탄생 30주년이 된 2023년 8월 기준, 일본 전역에는 1,209개소가 운영되고 있다. 2016년 시코쿠 여행 당시에는 전국 1,107개소가 운영되고 있었는데 그 후 102개소가 늘었음을 알 수 있다.

국토교통성과 지방 공공단체에 의한 공동사업으로 지역민이 운영하는 미치노에키는 지역의 특색이 강하게 표현되는 곳이다. 지역의 관문에 위치해 그 지역의 문화와 역사, 자연을 즐길 수 있고 지역 특산물이나 전통 식문화를 통해 지역민과 자연스럽게 교류할 수도 있다. 주요시설은 24시간 무료로 이용할 수 있는 주차장과 화장실, 도로나 관광 등의 정보를 제공하는 안내소와 지역 특산품 판매소, 카페, 레스토랑 등이 있다. 그 외에도 공원, 숙박시설, 기념관, 박물관, 온천 등의 주변 시설과 연계되어 있어 자연스럽게 지역관광을 할 수 있다.

미치노에키의 기능

자동차를 이용한 여행이 많아지고 업무상의 장거리 운전이나 여성, 고령 운전자가 증가함에 따라 안심하고 자유롭게 들러 이용할 수 있는 쾌적한 휴게시설의 필요성이 커졌다. 이런 배경으로 만들어진 미치노에키는 도로 이용자를 위한 휴게 기능, 도로 이용자와 지역을 위한 정보 발신 기능, 활력 있는 지역 만들기를 위한 지역 교류 기능을 한다.

미치노에키는 지역문화와 자연환경을 반영한 다양하고 개성 있는 공간으로 구성되어 있다. 지역 특산물을 이용한 상품이나 먹거리 등을 이용한 서비스를 제공하고, 특산물 가공품과 지역의 관광자원을 연계하여 관광지의 활성화는 물론 문화교류의 장이 되고 있다. 미치노에키가 개성 있고 활기찬 공간이 됨에 따라 지역의 중심 역할을 하면서 주변 지역과 교류가 촉진되는 효과도 생겼다. 동일본 대지진 이후에는 자가발전설비를 설치하고 연료, 모포, 식음료 등 기본적인 필수품을 배포하는 등 방재 거점으로도 활용된다. 또한 미치노에키의 활성화는 지방의 인구 감소와 고령화에 대한 대응책이 되고 있다.

이러한 다양한 기능을 가진 미치노에키는 사회 인프라로서 중요성이 갈수록 높아지고 있다. 미치노에키의 운영을 돕는 미치노에키연락회는 전국 9개 지역으로 나뉘어 구성되어 있고, 전국 통합조직인 사단법인 전국 미치노에키 연락회에서 미치노에키의 경영을 지원한다. 한편 코로나19 시기를 거쳐 운영의 어려움이 생긴 미치노에키를 위해 다양한 해결 방안을 제시하고 있다. 인력난을 해결하기 위해서 대학과의 제휴를 통해 인턴십을 활용하거나, 자체적으로 해결하기 힘든 수익성 문제는 자본이나 운영의 노하우를 가진 민간기업을 지정관리자로 정해 미치노에키 운영에 필요한 기능을 제공하는 방안이 검토되고 있다. 일본 정부는 미치노에키에 공적인 힘을 부여하고 공공적인 측면에서 지원하고 있는데, 이러한 사회시스템이 민관의 협력을 통해 잘 작동하고 있는 것이 일본 사회의 힘이라는 생각이 든다.

미치노에키의 운영 지원

일본 정부는 미치노에키의 운영을 지원하기 위해서 '특정테마형 미치노에키'와 '중점 미치노에키', 그리고 미치노에키 운영의 모범이 되는 6개소 전국모델 미치노에키를 선정하고 있다. 여기서는 특정테마형 미치노에키와 중점 미치노에키를 간단히 알아본다.

특정테마형 미치노에키는 각 지역의 기능이 다른 점을 고려해 지역의 특정 주제를 중점으로 선정하고 있다. 2016년 헤이세이 28년 에는 주민서비스모델 부문에서 고령화나 지역 과제 등 공공복지 증진을 목적으로 지역 주민에 대한 서비스 향상에 이바지하는 미치노에키 6곳을 선정했다. 2017년에는 지역교통거점 부문에는 중산간 지역과 그 주변 지역에서 대중교통 이용의 거점이 되고 지역주민의 생활에 기여한 7개소를 선정했다.

중점 미치노에키는 지역 활성화의 거점이 될 수 있고 기획이 뛰어난 곳으로, 효과적인 운영이 기대되는 미치노에키를 선정하여 관계기관과 연계하여 지원한다. 2019년에는 중점 미치노에키가 15곳 선정되었다. 중점 미치노에키의 기획을 살펴보면 일본 정부가 추구하는 미치노에키의 방향성을 알 수 있다.

미치노에키 오나가와는 기후 변화에 대비한 스마트 모빌리티 활용과 충전 인프라 정비 측면에서 지역 과제 해결과 지속 가능한 저탄소 사회를 구축할 수 있도록 추진하고 있다. 후쿠시마현의 미치노에키 후쿠시마는 동일본 대지진·원자력 재해의 부흥의 상징으로 인구 감소가 사회문제가 되고 있는 곳이다. 지속 가능한 지역 조성을 위한 대책과 지진 재해 등으로 야외에서 놀 수 없는 어린이를 위해 놀이터 정비를 기획했다. 치바현 미나미보소시는 8개 미치노에키를 묶어 협력을 통해 그 역할을 강화시키고 있으며, 니가타현은 지역 특성을 살린 육아 세대 지원사업과 인바운드 관광에 힘을 쏟고 있다.

아이치현의 아쓰미반도 유채꽃 낭만가도 네트워크는 자전거도로의 활용과 정비를 추진해 내셔널 사이클 루트 지정을 위한 태평양 연안 자전거도로 사이클리스트 수용과 인바운드 관광에 힘을 쏟고 있다. 사가현의 아이토우마가렛스테이션은 농업체험형 '가든빌리지'를 통해 특색 있는 지역 거점 조성을 목표로 하고 있으며, 육아지원 기능에 집중해 육아 부모와 자녀에게 교류의 장을 제공하고 교류 촉진을 도모하고 있다. 도쿠시마현의 미치노에키 이타노는 농업의 지속과 발전을 위해 차세대 육성을 지원하고 있으며, 자동차의 차세대 에너지로서 EV 급속충전기와 수소충전소 설치하고 있다. 이처럼 중점 미치노에키에 선정된 기획의 방향은 육아지원과 인바운드 관광 추진, 미래환경에 대한 교통 정비 등이 주요 키워드가 되고 있음을 알 수 있다.

여행 중에 만난 미치노에키

시코쿠와 홋카이도를 여행하면서 많은 미치노에키를 들렀는데 그 중 인상적이었던 미치노에키 몇 곳을 소개하고 싶다. 많은 미치노에키가 다시 찾고 싶을 만큼 만족을 주는 서비스와 멋진 장소를 제공해 주었지만 시코쿠 에히메현의 우치코 프레시파크 가라리는 특별했다.

전국모델 미치노에키인 가라리는 지역 농산물 판매와 더불어 직접 만든 맛있는 빵과 음료를 제공하는 카페가 있는 멋진 공원을 즐길 수 있었다. 잘 정리된 공원은 만남과 휴식의 장소가 되고 있다. 에도시대 때의 목랍木蠟과 종이 산업으로 번영한 거리가 잘 보존된 마을 옆에 위치하고 있어 근접한 관광지를 쉽게 둘러볼 수 있었다. 가라리의 심볼 마크는 태양의 손이다. 시대가 변해도 사람 사는 일의 기본은 따뜻함을 전하는 것으로 함께 손을 모으면 뭐든 할 수 있다는 의미를 담고 있다.

미치노에키 가라리의 주민들

출처: https://karari.jp

가라리 레스토랑   일본 아저씨의 미니 캠핑카

　이곳에서는 공간이 주는 따뜻함과 마을의 정취에 반해 예정과 달리 이틀간의 일정을 보냈다. 특히 차박을 하는 캠핑카들이 많이 모였던 곳으로 오디오 마니아인 중년의 일본 아저씨와 즐거운 대화를 나누었던 추억이 있다. 여행 중에 인상적이었다는 근교 관광지를 자세하게 적어 주어서 다음 여행에 도움을 준 고마운 인연이었다.

　가가와현 미토요시의 미치노에키 다카라다노사토사이타たからだの里さいた는 2015년에 중점 미치노에키에 선정되었던 곳이다. 아소산맥

미치노에키 다카라다노사토사이타

출처: www.mitoyo-kanko.com

에 둘러싸인 이곳은 자연 풍광이 뛰어난 곳으로 노천욕을 즐길 수 있는 온천과 숙박시설이 있다. 남녀노소 누구라도 가볍게 이용할 수 있는 파크골프장과 산지 직송의 신선하고 풍부한 농산물을 값싸게 구매할 수 있는 곳이다. 특히 주민들의 적극적인 참여가 인상적인 곳으로 안전하게 차박을 하면서 주변 시설을 즐길 수 있었다.

도쿠시마 나루토시의 제9의 마을第九の里은 일본에서 최초로 베토벤 9번 교향곡이 연주된 곳이다. 이 지역은 제1차 세계대전 때 독일군 포로수용소가 있던 곳으로 독일군들에 대한 인도적인 배려와 주민들의 환대 정신이 양국의 우정으로 이어져 현재까지도 관련 행사가 진행되었다. 그 역사를 기록한 기념관인 독일관과 사회운동가 가가와 도요히코 기념관賀川豊彦記念館이 있어 일본 사회 운동과 지역의 역사를 살펴볼 수 있었다.

도쿠시마현 미마시에 있는 아이란도 우다쓰藍ランドうだつ는 이름에서 짐작할 수 있듯이 쪽 염색으로 유명한 곳이다. 에도시대 교통의 요충지로 각지에서 상인들이 모여 쪽藍의 제조와 판매로 크게 번영한 상인들의 저택이 있는 와키마치가 있다. 미마시 관광 1번지로 일본의 거리 100선, 도시경관 100선에 선정된 곳이다. 강을 따라 펼쳐지는 자연 공원이 기분을 상쾌하게 해주는 곳이었다.

멋진 풍광을 자랑하는 홋카이도에는 127개소의 미치노에키가 있다. 인구 7,631명인 데시카가초에 있는 마슈 온천摩周温泉에서는 마침 마을 축제가 열리고 있었다. 따뜻한 온천물로 여행의 피로를 풀고 지역민과 함께 마을 축제를 즐기고 안전한 숙박을 했던 곳이다. 풍부한 먹거리와 아름다운 마슈블루를 기대하게 하는 마슈호로 이어지는 자연 풍광을 즐길 수 있는 지역의 관문에 위치해 있다.

미치노에키 마슈 온천 족탕   마슈온천 마을축제

아바시리시에 있는 유빙가도 아바시리 流氷街道網走 는 오호츠크해와
시레토코 관광의 거점이 되는 곳으로 오호츠크해에서 밀려온 유빙이
유명한 곳이다. 매년 유빙의 계절에 유빙선 오로라가 출발하는 곳
이다. 2023년에는 2월 3일부터 3월 12일까지 32일간 유빙 항해가 진행
되었다. 여름의 홋카이도 여행에서는 유빙 박물관을 둘러보고 오호츠
크해의 노을빛을 마음에 담아 왔다. 이처럼 미치노에키는 지역의 이야
기를 담은 주변 시설과 연계되어 지역관광의 거점이 되었다.

미치노에키 유빙가도 아바시리   오호츠크해의 저녁노을

미치노에키의 즐거움, 스탬프 랠리

전국 미치노에키 연락회에서는 전국을 9개 지역 홋카이도, 도호쿠, 관동, 호쿠리쿠, 중부, 긴키, 주고쿠, 시코쿠, 규슈/오키나와으로 구분하여 미치노에키 스탬프 랠리를 열고 있다.

9개 지역의 완주 증명서를 모으면 홈페이지에 이름을 게재하고 제패 인정 기념증과 제패 기념 스티커 2종을 수여하고 있다. 2022년에 전국 미치노에키 스탬프랠리를 달성한 사람은 59명으로 지금까지 달성 누적 수는 266명이다.

우리의 스탬프랠리는 시코쿠 어느 시골 가게에서 선물로 받은 한 권의 스탬프 북에서 시작되었다. 그 후 미치노에키에 들를 때마다 스탬프를 찾아서 찍었는데 미치노에키 여행의 색다른 즐거움이었다.

시코쿠 미치노에키 스탬프북

홋카이도 미치노에키 스탬프북

미치노에키 여행에서 느낀 신선한 충격

　일본의 미치노에키를 여행이라는 측면에서 접근해 봤지만 내가 경험한 미치노에키는 하나의 콘셉트에 머물지 않고 상호 유기적으로 연결되어 진화하고 있다는 생각이 들었다. 지역 주민의 창의적인 아이디어와 행정의 적극적인 지원을 통해 서로 협력하고 지속적으로 발전해 나가는 미치노에키의 성공 스토리를 보면서 우리 사회의 손익계산식 발상과 운영 방식, 보여 주기식 행정에 대한 아쉬움이 들었다. 지금은 우리나라의 고속도로 휴게소에도 많은 변화가 생기고 로컬푸드를 판매하는 지역상품관도 늘고 있다. 하지만 지금 이대로의 구태의연한 발상과 행정이라면 변화를 이끌어 내기는 어렵지 않을까. 다른 눈으로 보고 다른 방식으로 생각할 수 있다면 우리의 지역문화와 자원도 충분히 지역 주민의 삶을 지지할 기반이 될 수 있을 것이다. 민관의 협력을 통해 지역의 삶을 지지할 수 있는 문화적 자원을 만들고 지역 간의 교류를 통해 그 문화를 공유할 수 있다면 분열된 동서의 연대 또한 가능하지 않을까. 일본의 미치노에키는 우리에게도 진지한 사회적 고민이 필요하다고 생각한 계기가 되었다. 2016년의 여행에서 느꼈던 미치노에키의 신선한 충격은 여전하다.

도쿄의 번화함에서 벗어나
닛코의 자연과 함께

박현수 (와세다대학 창조이공학부 재학)

도쿄의 번화한 거리와 넘치는 사람들, 시끄러운 소음에서 벗어나 조용하고 평온한 곳을 찾는다면 닛코는 완벽한 선택이 될 것이다. 닛코는 도쿄 근교의 도치기현에 위치해 있으며, 아름다운 자연 경관과 역사적인 문화유산이 어우러진 곳이다. 도쿄의 아사쿠사에서 닛코까지는 기차로 약 두 시간이면 도착할 수 있어 도쿄 여행 중 하루 정도는 닛코를 방문하는 것도 좋은 선택이다. '닛코를 가보지 않고 아름답다고 말하지 말라 日光を見ずして結構と言うな'라는 일본 속담이 있다. 이러한 속담이 나올 만큼 아름다운 곳이다. 여기서 말하는 것은 닛코의 신사 도쇼구 東照宮 의 아름다움을 말하는 것이다. 결국 자기 눈으로 직접 확인하지 않고서는 '좋다, 아름답다'라는 말을 함부로 하지 말라는 의미도 함축되어 있다. 도쇼구는 에도가 수도가 된 지 14년이 지난 1617년에 지어져 오늘날로 이어지고 있다. 닛코는 유네스코 세계유산으로 지정될 정도로 높이 평가받고 있는 곳이다. 왜 꼭 한번은 가 봐야 하는지 어떠한 가치가 있는지 닛코로 여행을 떠나가 보고자 한다.

도쿄구, 닛코의 문화와 예술의 중심

닛코 도쿄구는 일본의 국보와 중요 문화재가 모여 있는 세계유산으로, 일본의 역사와 문화를 한자리에서 느낄 수 있다. 이곳은 에도시대의 초대 쇼군인 도쿠가와 이에야스를 기리기 위해 세운 신사로, 그의 위엄과 권력을 상징하는 다양한 건축물과 예술작품이 있다. 그중 하나가 산진코와 세 마리 원숭이이다. 도쿄구에는 '산진코 三神庫'라고 불리는 신전 세 개가 있다. 산진코 중 하나가 가미진코인데, 이 지붕 밑에는 '상상의 코끼리' 조각과 그 유명한 세 마리 원숭이 三猿, さんざる의 유명한 조각도 볼 수 있다. 이 세 마리의 원숭이들은 '악을 보지 않고 見ざる, 악을 듣지 않고 聞かざる, 악을 말하지 않는다 言わざる'라는 삶의 지혜를 알려준다. 어릴 때나 어른이 되었을 때나 필요한 지혜로 쓸데없는 것은 보지도 말고 듣지도 말고 남에게 말하지 말라는 뜻이다. 삶의 메시지를 전달하는 이곳은 많은 관광객들이 이 원숭이를 보러 오는 명소 중 하나이다. 세 마리의 원숭이를 포함해 원숭이 16마리가 조각되어 있다. 이들 원숭이를 통하여 인간이 살아가는 이야기, 지켜야 할 이야기 등 우리가 살아가는 데 도움이 되는 일생을 이야기식으로 나타내고 있다.

도쿄구의 대표적인 또 하나의 명소는 정교하게 조각된 '요메이몬 陽明門'이다. 요메이몬의 건축은 보면 볼수록 감동이다. 이 아름다운 요메이몬에는 500개가 넘는 아름답고 정교하고 섬세한 조각이 새겨져 있다. 세 마리 원숭이와 더불어 유명한 것이 바로 잠자는 고양이 眠り猫 조각이다. 도쿠가와 이에야스의 묘에 가기 위해서는 이 문을 통과해야 하는데 잠자고 있는 것처럼 보이지만 사실은 묘 입구에서 도쿠가와 이

에야스를 지키기 위해 잠자는 것처럼 위장하여 언제든지 공격할 수 있는 태세를 갖춘 고양이처럼 보인다. 여기서 재미있는 점은 고양이 조각 뒤로 가면 즐거운 듯이 힘차게 나는 참새가 새겨져 있다는 것이다. 이 문만 잘 통과하면 참새들이 평화롭게 날아다니는 아름다운 세상이 된다는 등의 이야기도 전해진다. 도쇼구에서는 매년 5월 17일과 18일에 춘계 예대제가 열린다. 기회가 된다면 춘계 예대제와 천명 무사 행렬을 꼭 보길 바란다. 이 행사에서는 내빈들이 참례하는 제사와 '신사 하야부사'라는 마상 활쏘기 행사, 그리고 '천명 무사 행렬' 등이 진행된다. 이 행사는 도쇼구의 역사와 문화를 한눈에 볼 수 있는 기회를 제공하기 때문에 볼 만한 가치가 있다. 이와 같이 도쇼구는 닛코의 문화와 예술, 역사가 어우러진 곳으로 닛코 여행에서 빠질 수 없는 명소이다. 이곳에서는 단순히 아름다운 건축물을 감상하는 것 이상으로 일본의 깊은 역사와 문화, 예술을 이해할 수 있는 기회를 제공한다.

주젠지 호수, 닛코의 자연 아름다움을 만나다

주젠지 호수는 고도가 높아 하늘에 가장 가까운 곳에 있는 호수로, 아름다운 경치를 보기 위해 많은 관광객들이 방문한다. 이곳은 특히 여름에는 더운 일본 날씨를 피해 즐기기 좋은 명소로 알려져 있다. 또 가을에는 화려한 단풍으로 물든 주변의 숲이 더욱 아름다운 풍경을 연출한다. 사계절 모두 아름다운 경치로 인정받는 곳이다. 주젠지 호수는 닛코 국립공원의 일부로 다양한 야외 활동과 함께 호수 주변의 자연을 즐길 수 있다. 마음의 여유를 가지고 호수 주변의 산책과 등산을 권하고 싶다. 주젠지 호수 주변에는 산책로가 잘 조성되어 있어 호수를 둘러보며 자연의 아름다움을 느낄 수 있다. 또한 주젠지 호수를 둘러싼 산들은 등산로가 잘 정비되어 있어 산을 오르면서 주젠지 호수의 전경을 한눈에 볼 수 있다.

호수의 동쪽에 위치한 주젠지 사찰은 뛰어난 불교 예술작품과 함께 멋진 경치를 자랑한다. 사찰과 어우러지는 주변 환경이 마치 예술작품 같다. 닛코에서는 게곤 폭포의 웅장함을 말하지 않을 수 없다. 주젠지 호수에서 물이 흐르며 형성된 게곤 폭포는 일본에서 가장 유명한 폭포 중 하나이다. 특히 가을에는 단풍과 함께 폭포가 더욱 아름답게 보인다. 주젠지 호수는 닛코의 자연과 문화, 예술이 어우러진 아름다운 명소로, 닛코 여행의 하이라이트 중 하나로 꼽힌다. 여기서는 단순히 경치를 즐기는 것 이상의 다양한 경험을 할 수 있으니 마음껏 아름다운 자연을 즐기면 좋겠다.

닛코의 별하늘, 자연의 다른 얼굴

서울, 도쿄와 같은 대도시에서는 밤하늘의 별자리를 찾기가 어렵다. 그러나 닛코에서는 밤하늘의 별자리도 감상할 수 있다. 도시의 불빛과 소음에서 멀리 떨어진 닛코에서는 밤하늘의 별이 더욱 선명하게 보인다. 특히 닛코 유모토 온천에서는 온천에 몸을 담근 채 밤하늘의 별자리를 감상할 수 있어 많은 관광객들이 찾는다. 여름에는 은하수도 볼 수 있어 별을 좋아하는 사람들에게는 꼭 추천하고 싶은 장소이다. 자연과 더불어 약간의 인공적으로 가미된 곳이지만 JR역 자체가 잘 만들어진 건축물이다. JR 닛코역은 고풍스러우면서도 아름다운 건축물이다. 1890년 8월 1일에 만들어진 오래된 역만으로도 그 느낌을

알 수 있다. 또 하나는 영화에도 자주 등장하는 꼬불꼬불 언덕 길인 이로하자카いろは坂이다. 이곳의 늦가을 단풍은 명품 중 명품이다. 그러나 운전을 할 때는 이 아름다운 멋진 단풍을 감상하지 못하고 땀을 뻘뻘 흘리면서 운전해야만 한다. 오르막과 내리막의 커브가 가파른 계단을 오르는 수준이어서 끝없이 꺾어 올라가고 올라가서는 다시 꺾어야 한다. 오르막 내리막의 커브가 모두 48개라고 해서 이로하 노래에서 유래된 '이로하자카'라는 이름이 붙여질 정도이다. 운전 초보자가 이 도로를 제대로 운전하고 나면 운전에 자신이 생긴다고 할 정도이다. 이로하자카는 오르막보다 내리막이 훨씬 어려우니 렌터카를 빌려 운전할 경우에 특히 주의해야 한다. 이처럼 가능하면 자연을 훼손하지 않기 위해 길을 꼬불꼬불 아슬아슬하게 만들어 낸 것이다. 이와 같이 닛코는 아름다운 자연을 사랑하는 다양한 모습으로 많은 사람들에게 사랑을 받고 있다.

새 1만 엔권 지폐의 주인공과 함께 하는 도쿄와 파리 여행

이주영(번역가, 자포니즘 연구가)

1만 엔권 지폐의 초상 인물, 바톤 터치

코로나19로 한동안 해외 여행길이 막혔다가 엔데믹을 맞은 2023년. 일본 여행을 떠나는 한국인도 계속 늘어났다. '일본을 찾는 외국인 관광객 3명 중 1명이 한국인'. 코로나19 관련 방역 조치가 해제된 2023년 5월 8일 이후, 국내 언론에서 자주 보이는 제목이어서 신기하지도 않을 정도이다. 지리적으로 가까운 데다가 음식도 입에 잘 맞고 깨끗하고 안전할 뿐만 아니라 문화적으로 친근하면서도 한국 문화와는 또 다른 매력이 있는 일본은 항상 한국에서 인기가 많은 해외 여행지에 속한다. 여기에 엔저 현상까지 더해져 일본을 찾는 한국인 관광객이 급증했다. 이처럼 엔데믹 이후 여행을 통한 한일 민간교류도 다시 활기를 띠기 시작했다. 엔저 이야기가 나왔으니 자연스럽게 엔화 이야기로 넘어가 보려고 한다.

2024년 7월 이후로는 일본 여행을 가기 위해 엔화로 환전하면 새롭게 디자인된 엔화 지폐와 만나게 될 것이다. 엔화 지폐 속 인물은 일본의 정체성이다. 특히 엔화 지폐의 최고액권 인물은 일본의 비전과 철학을 상징하는 아이콘이다. 우리가 알고 있는 일본 최고액권 지폐인 1만 엔권의 초상 인물은 후쿠자와 유키치 福澤諭吉, 1835~1901 이다. 메이지시대의 사상가이자 교육가인 후쿠자와는 일본에서 서양 열강들이 동아시아로 밀려오는 '서세동점 西勢東漸'이라는 거대한 파도 앞에서 서구화를 통한 일본 근대화를 이끈 인물이자 일본의 명문대 게이오대학의 창립자, 그리고 〈산케이 신문〉의 전신인 〈시사신보〉 창업주로 유명하다. 한국에서 후쿠자와는 갑신정변을 주도한 개화파 김옥균과 박영효의 스승으로 알려져 있다.

　1984년부터 1만 엔권의 모델 자리를 굳건히 지키던 후쿠자와는 이제 은퇴를 앞두고 있다. 2019년 5월 1일에 나루히토 천황이 새롭게 즉위하면서 일본은 연호가 '레이와 令和'로 바뀌어 새로운 시대를 맞았고, 1천 엔권, 5천 엔권, 1만 엔권 지폐도 새롭게 발행되기 때문이다. 이 중 1만 엔권의 새 인물로 선정된 사람이 '근대 일본 경제의 아버지'로

2024년 상반기에 발행될 새로운 디자인의 1만엔 지폐. 초상인물은 시부사와 에이이치이다.
출처: NHK 정치 매거진, 2021년 9월 1일[1].

1　https://www.nhk.or.jp/politics/articles/lastweek/66924.html

불리는 시부사와 에이이치渋沢栄一, 1840~1931이다. 아소 다로 부총리는 시부사와가 1만 엔권의 새 인물로 선정된 이유에 대해 '일본 자본주의 발전에 기여한 공로가 매우 크기 때문'이라고 설명했다. 시부사와는 한국과도 묘하게 얽힌 인물이다. 1876년 일본 최초의 은행인 제일국립은행현재 미즈호 은행을 설립한 시부사와는 1978년에 제일은행 부산지점을 설립했고 대한제국에서 초기에 통용되던 화폐인 제일은행권의 초상 인물이었다. 또 시부사와는 '경성전기'현재 한국전력의 전신의 사장을 맡기도 했다. 2017년 7월 도쿄에서 한국전력이 경성전기를 비롯해 구한말 사료를 많이 보유한 것으로 알려진 시부사와 에이이치 기념재단과 한국 전기역사 연구협력을 위한 양해각서MOU를 체결한 이유이다.

녹색 옷을 입은 후쿠자와와 파란색 옷을 입은 시부사와가 악수하는 모습의 일러스트.
출처: 나카쓰시 홈페이지.

2024년 상반기부터 1만 엔권 지폐의 초상 인물이 후쿠자와에서 시부사와로 바톤 터치되는 것을 상징하는 흥미로운 이벤트가 일본에서 열렸다. 2022년에 후쿠자와의 고향인 오이타현 나카쓰시의 시청과 시부사와의 고향인 사이타마현 후카야시의 시청이 제휴해 만든 오리지널 포스터에는 후쿠자와와 시부사와가 악수하는 일러스트가 그려져 있다. 이 일러스트가 담긴 우체통은 나카쓰시와 후카야시에 설치되었다.

시부사와 에이이치의 흔적을 찾아서: ① 21세기 도쿄, 시부야

시부사와가 새로 발행될 1만 엔권 지폐의 얼굴이 되었다는 기사를 처음 읽고 깜짝 놀랐다. 프랑스어와 일본학 전공에 일본 인형을 중심으로 자포니즘을 연구하던 나에게 시부사와는 일본에서 가장 관심을 가질 수밖에 없는 역사적 인물이었기 때문이다. 2023년 6월, 김포공항을 출발해 하네다공항에 도착했다. 코로나19 이후 4년 만에 다시 만난 도쿄였다. 도쿄 여행의 테마는 '시부사와의 흔적을 찾아서'였다. 서울에 돌아가면 석사논문 〈시부사와 에이이치 渋沢栄一 의 미일인형교류에 관한 연구〉의 프로포절 발표를 앞두고 있었기 때문이다.

첫 번째 목적지는 시부야였다. 2023년 5월에 출간된 《알면 다르게 보이는 일본 문화 3》을 NHK 한국어라디오 방송 〈하나카페〉에 소개하는 녹음이 예정되어 있었다. 녹음을 마친 후 〈하나카페〉 담당 일본인 PD님의 안내를 받아 NHK 스튜디오를 견학하면서 시부사와를 생각했다. NHK는 21세기를 살아가는 일본의 대중에게 시부사와의 존재를 각인시키는 데 큰 역할을 한 곳이기 때문이다.

시부사와가 새 1만 엔권 지폐의 모델로 선정되자 NHK는 2021년 2월부터 12월까지 시부사와의 생애와 업적을 조명한 대하드라마 〈청천을 찔러라 青天を衝け〉를 방영했다. 사실 〈청천을 찔러라〉에서 시부사와를 연기한 배우 요시자와 료도 무크지 《대하드라마 청천을 찔러라: 시부사와 에이이치의 모든 것》과의 인터뷰에서 밝혔듯이 시부사와는 대중에게는 다소 생소한 인물이었다. 막연하게 당대 거물급의 재계 리더라는 정도만 알려져 있을 뿐 어떤 인생을 살았는지는 일반인에게는 잘 알려지지 않았다. 그런데 〈청천을 찔러라〉가 방영되면서 시부

시부사와의 생애를 조명한 NHK 대하드라마 〈청천을 찔러라〉의 포스터가 표지에 나와 있는 무크지 《대하드라마 청천을 찔러라: 시부사와 에이이치의 모든 것》, 그리고 NHK 〈하나카페〉 녹음 후 받은 기념품 중 하나로 NHK 간판 캐릭터 도모군이 시부사와로 분한 〈청천을 찔러라〉 미니 봉투.

사와에 대한 대중의 관심이 높아지자 시부사와의 초상이 프린트된 에코백과 텀블러, 시부사와의 모습을 한 저금통과 같은 굿즈가 출시되었다. 또한 시부사와의 대표 저서이자 도덕을 상징하는 논어와 경제를 상징하는 주판이 일치해야 한다는 '도덕경제합일설'이 소개된 《논어와 주판論語と算盤》도 다시 조명을 받았다.

NHK 스튜디오를 견학하면서 미즈호 은행과도 만났다. 미즈호 은행은 일본의 3대 은행 중 하나답게 도쿄에서도 쉽게 볼 수 있다. 앞서 소개했듯이 미즈호 은행의 전신인 제일은행은 시부사와가 1876년에 세운 일본 최초의 은행이다. NHK 스튜디오를 걸으면서 NHK 대하드라마의 주인공이자 NHK 안에도 있는 미즈호 은행의 설립자 시부사와를 생각했다. 그 순간, 시부사와가 함께 걸으며 어떤 삶을 살았는지 이야기를 들려주는 상상을 했다.

시부사와는 막부 말기이던 1840년 2월 13일에 무사시국 한자와군 치아라이지마무라현재의 사이타마현 후카야시에서 호농이자 상인이던 시부사와 요시마사의 아들로 태어났다. 어려서부터 아버지의 일을 도우면서 상업을 몸소 체험했으며 아버지의 영향으로 《논어》 등 사서오경을 읽었고 사촌형에게 한문을 익혔고 검술도 열심히 닦았다. 이러한 경험은 훗날 무사의 정신과 상인의 재능을 융합한 실용적인 사상을 기를 수 있는 토대가 되었다.

시부사와가 태어난 1840년에서 20세 청년이 되던 1860년 사이에 일본과 동아시아는 혼란한 시대를 맞이하고 있었다. 1840년에서 1860년까지 영국과 청나라 사이에서 벌어진 제1차 아편전쟁 1840~1842과 제2차 아편전쟁 1856~1860에서 청나라가 패하자 동아시아의 질서 기반이던 중화사상이 흔들리기 시작했고 서양세력이 동양을 점령하는 서세동점의 시기가 이어졌다. 일본도 서세동점이라는 물결을 피해갈 수 없었다. 제2차 아편전쟁이 끝나기 전인 1853년에 일본은 미국 페리 제독이 이끌고 온 함대 '흑선'에 굴복해 문호를 개방했던 것이다. 1863년에 23세의 시부사와는 천황을 받들고 서양 오랑캐를 배척하자는 '존황양이 尊王攘夷' 사상에 물들었다. 마침내 뜻을 같이하는 사촌, 동지들과 함께 다카사키성에 쳐들어가 무기를 탈취해 요코하마의 외국인 거주지를 습격할 계획을 세웠으나 포기하고 교토로 피신했다. 1864년에 히토쓰바시 요시노부一橋慶喜, 훗날 에도 막부의 15대 쇼군이자 마지막 쇼군이 되는 도쿠가와 요시노부의 가신이 되어 실력을 인정받기 시작했다. 그리고 1867년에는 15대 쇼군이 된 도쿠가와 요시노부德川慶喜의 동생인 도쿠가와 아키타케德川昭武를 수행해 파리 만국박람회를 견학하면서 유럽의 앞선 경제와 제도를 배우며 시야를 넓혔다.

28세였던 1868년에 메이지유신이 일어난 일본으로 귀국했고, 프랑스에서 배운 주식회사를 실행해 이듬해 시즈오카에 상법회소 商法会所

를 설립했다. 이후에 메이지 정부를 위해 일하면서 대장성의 관리가 되었다. 1873년에는 대장성을 사임하고 제일은행을 설립해 총감역을 맡으면서 민간 경제인으로 활동하기 시작했다. 제일은행을 거점으로 삼아 주식회사 조직을 통해 기업의 창설과 육성에 힘쓰며 약 500개에 달하는 기업에 관여했다. 비즈니스 이익은 전쟁이 아니라 평화에서 나온다는 생각에 러일전쟁에 반대했으나, 결국 1904년에서 1905년 사이에 러일전쟁이 터지자 조국 일본을 위해 필요한 비용 확보에 분주하던 시부사와는 병으로 쓰러졌다. 하지만 의지가 강했던 시부사와는 다시 일어나 분주히 달렸다. 노년에는 약 600개에 이르는 교육 기관과 사회 공공사업을 지원하면서 민간 외교를 위해 힘썼다.

제1차 세계대전이 일어난 1914년에는 중일 경제계의 제휴를 위해 중국을 방문했고, 1915년에는 파나마 운하 개통 박람회에 참석하고자 미국을 방문했다. 그리고 1916년에 실업계를 은퇴하고 대표 저서 《논어와 주판》을 출간했다. 80세가 넘었던 1921년에는 일본인 이민자들을 배척하는 '배일排日' 문제를 해결할 대책을 강구하기 위해 미국으로 건너가 하딩 대통령과 만났다. 1923년에 관동대지진이 일어나자 '대지진선후회大震災善後会'를 세워 부회장직을 맡았다. 미일관계 및 중일관계 개선과 국제평화를 위해 애쓴 공로를 인정받아 1926년과 1927년에 2년 연속 노벨 평화상 후보에 올랐다. 금융공황이 일어난 1927년에는 미국의 배일 이민법 통과로 악화된 미일관계를 개선하기 위해 일본국제아동친선회를 설립해 회장직을 맡으며 미일인형교류에 힘썼다. 89세이던 1929년에는 세계대공황이 일어났고 1931년 9월에 만주사변이 일어나고 약 두 달 후인 11월 11일에 시부사와는 91세의 나이로 눈을 감으며 파란만장한 생을 마감했다.

시부사와 에이이치의 흔적을 찾아서: ② 21세기 도쿄, 아사쿠사바시

두 번째 목적지는 '아사쿠사바시'였다. 관광지로 유명한 '아사쿠사'에서 전철로 불과 한 정거장 거리인 '아사쿠사바시'는 민간 경제인으로 활약하던 시부사와, 그리고 국민외교^{민간외교}를 실천한 시부사와와 관련된 커다란 건물 2동을 동시에 만날 수 있는 곳이다.

첫 번째 커다란 건물은 시부야 NHK 스튜디오 안에서 봤던 미즈호 은행이 들어선 건물이다. 시부사와가 36세이던 1876년에 세운 일본 최초의 은행이자 주식회사였던 제일은행이 원류인 미즈호 은행은 민간 경제인 시부사와를 떠올릴 수 있는 곳이다.

두 번째 커다란 건물은 일본에서 가장 유명한 인형 전문점 '요시토쿠^{吉德}'의 본점이다. 국민외교^{민간외교} 분야에서 활약한 시부사와를 떠올릴 수 있는 곳이다. 전통인형 가게들이 모여 있어서 도쿄 '인형의 거리'로 알려진 아사쿠사바시는 여자 어린이날인 3월 3일을 앞두고 히나

미즈호 은행 아사쿠사바시점

아사쿠사바시의 랜드마크 요시토쿠 본점

인형 헤이안 시대의 황실을 묘사한 인형 이나 이치마쓰 인형 기모노 차림과 전통적인 헤어스타일을 한 어린아이의 모습을 사실적으로 묘사한 인형, 남자 어린이날인 5월 5일을 앞두고 오월인형 무사 모습의 인형을 구입하려는 손님들이 주로 찾는 곳이다. 인형의 거리 아사쿠사바시를 대표하는 랜드마크인 요시토쿠는 시부사와가 87세이던 1927년에 주력하던 미일인형교류와 인연이 깊다. 시부사와에게 노벨 평화상 후보라는 타이틀을 안겨 준 국민외교 활동이자 일본에서 최초로 민간에 의해 이루어진 대규모의 국제문화교류로 평가받는 '미일인형교류'이다.

미일인형교류는 1924년에 미국에서 일본인 이민자를 배척하는 배일 이민법이 성립하고 미일관계가 최악으로 치닫자, 시부사와가 지일파 선교사이자 일본 도시샤대학에서 교수로도 활동했던 지인 시드니 걸릭과 함께 미일관계 개선을 위해 적극 주도한 활동으로 이후 일본에서 다양한 국제민간교류로 응용되었다. 2021년에 NHK 대하드라마 〈청천을 찔러라〉가 방영되던 기간이던 3월부터 5월 사이에 NHK 사이타마방송국은 사이타마현립 역사·민속 박물관과 특별전 〈청천을 찔러라: 시부사와의 눈빛 青天を衝け~渋沢栄一のまなざし〉²을 공동개최해 미일인형교류도 비중 있게 소개했다. 미일인형교류에서 일본의 평화 메신저로 미국에 건너가는 일본의 답례인형 종류가 여자아이 모습의 이치마쓰 인형인데, 이치마쓰 인형 58체를 제작하는 데 큰 역할을 한 곳이 바로 요시토쿠였다. 공익 목적의 미일인형교류 차원에서 이루어진 답례인형 제작은 일본의 인형업계를 한층 성장시킨 계기가 되었다.

---

2   사이타마현립 역사·민속 박물관 https://saitama-rekimin.spec.ed.jp/page_20201219
     235624

소장하고 있는 여아 이치마쓰 인형. 시부사와의 미일인형교류에서 답례인형(여아 이치마쓰 인형) 58체의 제작에 참여한 인형 장인들 중 한 명이 1대 쇼켄사이토코(松乾齋東光)인데 그 차남인 3대 쇼켄사이토코가 만든 작품이다.

시부사와 에이이치, 파리 만국박람회에 가다

2024년에 올림픽이 열리는 파리와 새로운 1만엔 지폐의 인물이 되는 시부사와 에이이치는 인연이 깊다. 시부사와가 20대 청년 시절에 처음으로 간 해외 여행지가 프랑스였다. 특히 만국박람회가 열리던 파리는 이후 시부사와에게 일본 근대 경제의 아버지라고 불릴 정도로 많은 업적을 남기게 된 직접적인 계기를 마련해 준 도시였다. 2017년 3월에서 6월 사이, 도쿄에 위치한 시부사와 에이이치 기념재단에서 열린 〈시부사와 에이이치, 파리 만국박람회에 가다渋沢栄一, パリ万国博覧会へ行く〉 전시회는 파리 만국박람회가 시부사와의 인생에 얼마나 전환점이 되었는지를 기록을 통해 보여 주었다.

1865년에 에도 막부는 프랑스 황제 나폴레옹 3세로부터 제2회 파리 만국박람회에 참가해 달라는 초대장을 받았다. 그 당시 프랑스는 혁명과 오랜 전쟁으로 경제가 침체기에 들어가 있었다. 여기에다 공업 분야에서 독주하던 경쟁 국가 영국과도 맞서야 했다. 하루라도 빨리 국내 산업을 활성화시켜야 했던 프랑스는 미술품을 대상으로 하던 '살롱'이라는 전시회의 형식을 공산품에 적용하는 프랑스 스타일의 만국박람회를 생각해 냈다. 이렇게 해서 프랑스는 1855년에 제1회 파리 만국박람회, 1867년에 제2회 파리 만국박람회를 개최했다. 특히 1867년 파리 만국박람회는 런던 만국박람회보다 우위에 서고자 산업이 중시된 행사에 예술 작품을 전시하는 파격적인 시도를 하면서 '예술의 나라 프랑스'의 이미지를 브랜드로 만들려고 했다.

한편, 당시 에도 막부는 프랑스와 좋은 관계를 맺어 막부의 권위를 높이려는 생각이 있었다. 1865년에 사쓰번이 영국에 사절단을 보내며 독자적인 대외관계를 맺고 있었고 막부는 조슈번과도 심각한 정치적 갈등을 빚고 있었기 때문이다. 이렇게 해서 막부는 1867년에 파리 만국박람회에 참가하기로 한다. 그 당시 27세 청년이던 시부사와는 파리 만국박람회에 참가해 유럽 각국에 막부의 존재를 알리려는 도쿠가와 아키타케 15대 쇼군 도쿠가와 요시노부의 동생를 수행하는 역할을 하면서 처음으로 해외에 나갔다. 요코하마항을 거쳐 마르세유에 도착한 시부사와 일행은 1867년 3월 7일에 파리의 땅을 밟았다. 시부사와는 파리 만국박람회 현장에서 근대 프랑스와 유럽의 첨단기술과 사회 및 경제 조직을 직접 경험하면서 훗날 이를 일본에 적용해 일본의 근대 경제 기틀을 마련했다.

1867년의 파리 만국박람회는 시부사와에게뿐만 아니라 일본에게도 큰 의미가 있었다. 일본이 주체적으로 참가한 최초의 만국박람회로 이때 일본은 프랑스와 유럽에 보여 주고 싶은 일본 문화의 이미지를 스스로 선택해 적극 알리면서 '일본'을 인식하는 계기를 마련했다. 이때 파리 만국박람회는 1870년대에 프랑스에서 '자포니즘Japonisme'으로 불리는 문화현상을 탄생시켜 유럽과 북미로 퍼뜨리는 데 중대한 역할을 했다.[3] 19세기 후반 우키요에, 부채, 도자기, 인형 등 일본 특유의 문화가 주는 매력이 서구권에 일본 문화 열풍을 낳았고 이러한 자포니즘은 이후 로트레크, 고흐, 마네, 모네, 클림트 등 인상파 화가와 아르 누보 화가에게 큰 영향을 끼쳤다. 현재 파리를 상징하는 에펠탑, 오르세 미술관 등의 건축물도 원래는 파리 만국박람회를 위해 지어진 것이다. 소설 《보봐리 부인》으로 유명한 작가 귀스타브 플로베르는 《통상 관념 사전Le dictionnaire des idées reçues》에서 세계 만국의 물건과 사람이

양장 차림은 근대 일본을 지향한 시부사와의 트레이드 마크이다. 양장 차림의 시부사와로 분한 NHK 캐릭터 도모군의 봉제인형과 도모군의 일러스트가 담긴 미니 봉투이다.

3　寺本敬子, 『パリ万博とジャポニズムの誕生』(思文閣出版, 2017), 30쪽.

모인 '박람회'를 가리켜 '19세기 열광의 대상'이라고 표현하기도 했다.

그 당시 최첨단 유행의 중심 도시이던 파리는 이후 총 여섯 차례 만국박람회를 개최했다. 한편, 대한제국이 권위와 위상을 세계에 알리고자 전시관을 독립적으로 세워 참여한 첫 박람회는 1900년 파리 만국박람회였다.

시부사와, 21세기 레이와 일본의 아이콘

프랑스와 유럽, 미국, 중국. 19세기에 태어나 20세기에 사망한 시부사와가 다녀 본 해외이다. 21세기에 사는 일반 사람들도 이렇게 많은 나라를 다니며 국제감각을 키우기가 쉽지 않은 것이 현실이다. 따라서 그 당시 일본인들 사이에서도 국제경험이 많은 편이었던 시부사와는 일본에서 매우 시대를 앞서 나간 생각을 했을 것이다. 전쟁보다는 평화, 부국강병보다는 부국유덕, 사리사욕보다는 공익에 기반한 경제, 지나친 서구 사대주의보다는 동서양의 장점을 융합하는 균형감각을 중시한 시부사와의 생각은 당시로서는 몽상에 가까운 이상주의였을지도 모른다. 하지만 시부사와는 쉽게 대세에 순응하기보다는 나름의 방법으로 이상을 실현해 나가려고 애썼다. 시부사와도 인간이기에 모든 면에서 완벽하다고 할 수 없겠지만, 적어도 레이와 일본이 나아가고 싶은 방향을 상징하는 '아이콘'으로서 시부사와만큼 21세기의 가치에 잘 부합하는 역사적 인물도 찾기 힘들 것이다. 시부사와가 새 1만엔권 지폐의 초상 인물로 선정된 것은 결코 우연이 아닌 듯하다.

4

외면해도 지워지지 않는 흔적,
한반도 속의 일본

야나기하라 기치베와 조선
가토 기요마사가 축성한 울산왜성과 구마모토성
왕인의 발자취를 따라서
안중근을 존경하는 일본 사람 이야기

야나기하라 기치베와 조선

김경옥 (한림대학교 일본학연구소 HK 연구교수)

야나기하라 기치베, 그는 누구인가

　일제강점기에 조선인들은 근대적인 선진지식과 일자리를 찾아서 일본으로 건너갔다. 식민지 조선에서 왔다는 이유만으로도 민족적 차별을 겪어야만 했던 조선인들에게 야나기하라 기치베柳原吉兵衛는 크리스천 인류애 사명으로 조선인을 대한 인물이다. 1858년에 출생하여 1945년 3월에 사망한 야나기하라는 육군 군복 염색과 면사 공장을 경영하며 실업가로서도 성공했다. 그의 출생연도에서도 알 수 있듯이 메이지유신으로 근대화에 성공한 일본이 청일전쟁과 러일전쟁, 그리고 만주사변과 중일전쟁을 거쳐 제국으로 팽창되어 가는 시기에 그는 실업가이면서 한편으로 사회사업가로서 빈민과 노동자, 특히 조선인 노동자에 대한 지원을 아끼지 않았다. 특히 그의 조선인 여자 유학생에 대한 후원은 근대적 지식의 이식이라는 측면에서도 주목된다. 무엇보다 조선 최초의 여류 화가 나혜석과 최초의 여자 피아니스트 이애내 또한 야나기하라의 지원을 받은 대표적인 근대적 지식인이었음을 생각한다면, 그의 천황제 이데올로기적 한계에 대한 지적과 함께 조선인 여자 유학생에 대한 일본인 보증인으로서 생전에 그가 남긴 족적 또한 더듬어 보지 않을 수 없다.

나혜석(좌)과 야나기하라 기치베 부부　　　　야마토가와 염공소와 야나기하라 기치베

야나기하라는 1858년에 오사카의 상업을 경영하는 부호의 장남으로 태어났다. 21세에 가독을 상속받아 젊은 실업가로 활동하던 중 28세에 사업 실패를 겪는다. 그러던 중 가두 선교를 하던 존 마킴 목사와 만나 1891년에 성공회 사카이 성디모데 교회에서 세례를 받고 가족 모두 기독교에 입신했다. 야나기하라는 크리스천 미션 수행을 강고히 하기 위해 자신의 아들_{야나기하라 데지로}을 신에게 바칠 것을 약속했고, 결국 아들은 성장하여 일본 성공회 오사카교구 주교가 되었다. 그 후 야나기하라는 1896년에 사카이시에 야마토가와 염공소_{大和川染工所}를 설립하고 군복을 카키색으로 염색하여 사업에 성공했다. 사업이 성공하는 한편 고아원을 설립하기도 하고 사회사업에도 적극적으로 관여했다. 1892년의 노비_{濃尾} 대지진 때 이미 자녀 6명을 두어 경제적으로도 여유가 없음에도 불구하고 고아 8명을 받아들여 함께 생활했고, 사카이 실업고아원을 설립해 기독교를 근저로 한 사회봉사를 실천했다.

야나기하라의 사회사업이 일본에서만 이루어진 것은 아니었다. 조선에 있는 대구 나_癩병원_{현재 애락원}과도 인연을 맺고 있었다. 그는 그곳에서 목회를 담당하는 이영식 목사와의 친분으로 조선에 올 때마다 대구 나병원을 방문했다. 이들의 깊은 인연은 이영식 목사가 야나기하라에게 보낸 여러 통의 엽서와 편지를 통해서도 알 수 있다. 특히 나병원의 확장공사와 관련해 병원의 조감도, 시설 일람표, 관련 사진도 야나기하라에게 보내고 있다. 야나기하라는 당시 조선인이 일본인에게 멸시와 조롱을 받는 모습을 몇 차례 목격하고 민족을 떠나 조선인도 같은 인간이라는 것을 강조하며 기독교적 인류애를 실천하고자 노력했다.

야나기하라 기치베와 이왕가어경사기념회

야나기하라는 왕세자 이은과 이방자의 결혼을 기념한 이왕가어경사기념회李王家御慶事記念會, 이하 '기념회'를 조직해 회장으로서 20년 이상 활동하며, 1945년 3월에 사망하기 직전까지 약 25년간 조선인 여자 유학생의 보증인으로 활동했다. 그는 조선의 왕세자 이은 부부가 결혼한

이은과 이방자

1920년 4월 28일을 기념하기 위해 매년 4월 28일에 기념회를 개최했다. 기념회를 통해서 조선 각 지역의 고등여학교, 여자고등보통학교의 최우등 졸업생을 표창하고, 때때로 여자 교사로 구성된 내지 시찰단을 조직해서 일본 견학을 주도했다. 최우등 졸업생 표창은 1933년 당시 402명에 달했고, 1942년까지 표창자가 1,048명에 이르렀다. 내지 시찰단은 단체

와 개인 또는 소수 인원으로 빈번하게 이루어졌다.

그는 근대적 지식을 배우고자 일본 유학을 원하는 여학생을 위해 일본 학교 쪽의 보증인이 되어 그들의 성공적인 유학 생활을 후원했다. 1,202통에 달하는 야나기하라와 유학생의 서신 교환에서는 일본인 보증인과 조선의 여자 유학생이라는 관계를 뛰어넘어 개인적 유대감마저도 느낄 수 있다. 1923년부터 1944년까지 약 20년간 주고받은 서간에서 볼 수 있는 유학생 수는 57명에 달하고 그중 가장 많은 서간을 보낸 사람은 '김성철'로 105통에 달한다.

그 당시 조선에서는 여학생이 고등여학교를 졸업하고 상급학교로 진학하고 싶어도 갈 곳이 없었다. 1923년에 야나기하라가 조선에 갔을 때, 기념회에서 표창을 받은 박소제 외에도 3명이 일본 나라여자고등사범학교 ^{현재 나라여자사범대학} 입학을 희망했다. 야나기하라와 조선인 여자 유학생 4명이 일본에 도착해 야나기하라의 집에서 여장을 풀었고, 야나기하라는 그들의 부모 대신 보증인이 되어 입학과 유학 생활을 후원했다. 그는 매월 1회 아내 세이와 마쓰모토 목사와 함께 나라여자고등사범학교 혹은 나라호텔에서 조선인 여자 유학생과 친목회를 열고, 마쓰모토 목사의 설교를 듣는 시간을 마련하기도 했다. 또 방학 중에 조선에 돌아가지 못하는 학생들은 자신의 집에서 머무르도록 편의를 봐주고 때로는 다카라즈카^{宝塚} 소녀가극단의 공연도 함께 즐기며 친교의 시간을 가졌다.

기념회 설립 이후 야나기하라는 수차례 조선을 방문했다. 그것은 1923년 봄^{제1회 표창식}, 1923년 가을^{관동대지진 직후 위문}, 1924년 봄^{제2회 표창식}, 1926년 봄^{야나기하라 기치베 단독 방문여행}, 1932년 가을^{야나기하라 부부}, 1935년 봄^{야나기하라와 그의 아들, 사다지로}, 1940년 봄^{야나기하라와 그의 손녀}의 일이었다. 1858년생인 그의 나이를 생각하면, 이미 60~70세의 적지 않은 나이였음에도 그의 발길이 조선으로 향했던 것은 조선에 귀국한 유학생들의 안부를 직접 확인하고 싶었기 때문일 것이다.

야나기하라가 기념회를 통해 이루고자 한 신념은 교육제일주의였고, 이를 기독교적 신앙을 통해 실천하고 있었다. 그는 국가와 사회를 개선하기 위해서는 가정의 개선이 우선되어야 하고 가정의 개선은 개인의 계몽으로 이루어지며 그것은 바로 교육을 통해 이루어진다고 믿고 있었다. 조선인 여자 유학생에게 일본 유학의 길을 열어 주고 그들이 일본에서 학업을 무사히 마칠 수 있도록 도와주는 것이 당장에는 큰 효과가 나오지 않더라도 조선의 장래를 생각했을 때 우선되어야 한다는 것이 그의 생각이었다.

야나기하라 기치베와 관동대지진

일본의 조선인 유학생은 1912년 말에 300명도 채 되지 않았으나 1921년에 1,000명을 넘었고 1922년 말에는 거의 2,000명으로 증가했다. 1923년 9월 1일, 관동대지진이 발생하고 유학생의 대부분은 조선으로 돌아갔다. 그러나 그들의 복귀는 의외로 신속하게 이루어졌다. 이와 관련하여 야나기하라의 움직임 또한 언급하지 않을 수 없다. 관동대지진으로 조선인들이 자경단에 의해 목숨을 잃었을 때 야나기하라는 다음과 같이 말했다.

관동대지진 당시 모 마을의 자경단이라고 하는 자들의 광포한 행위는 실로 인도상 용서받을 수 없는 행위입니다. 그러나 우리는 이 광포한 행위를 굳이 그 마을 사람들만 탓할 수 없습니다. 이것은 우리 국민 전체의 과실로서 함께 그 책임을 져야만 합니다. (중략) 사건 발생 당시야말로 내지에 유학하고 있는 조선인 학생의 부형 중에는 앞으로 사랑하는 자제를 내지에 계속해서 유학시키는 것에 대해 위구심을 품고 자제 유학의 뜻을 단념하려는 사람도 있었습니다만, 오늘에 이르러 서로 의지하고 소통하며 앞으로는 아무런 염려 없이 더욱 그 자제를 내지에 유학시키겠다고 명언하는 사람도 있을 정도입니다. 참으로 일본과 조선의 융화는 오직 교육의 힘에 의지할 수밖에 없습니다. 우리는 유학생 부형의 신용에 등돌리지 않기 위해, 힘껏 조선인 유학생을 보호하고 또한 편의를 도모해야만 합니다.[1]

야나기하라는 조선인이 독극물을 우물에 탔다는 유언비어에 휘둘린 일본의 자경단이 수많은 조선인에게 흉포한 행동을 하는 모습을 보고 충격을 받았다. 그는 관동대지진으로 도쿄에 살던 셋째 딸과 손녀를 잃은 상태였지만, 그 슬픔 속에서 1923년 10월 5일에 조선으로 향했다. 그는 조선에서 다음과 같이 말했다.

나는 이번에 조선인 분들에게 양해를 구하기 위해서 왔습니다. 이번 관동지방 대지진 때 소위 유언비어 때문에 조선인들이 그 지방에서 의외의 피해를 입었습니다. 무엇보다도 그 지방을 시작으로 내지의 사람들도 한때는 유언비어 때문에 상당한 공포를 경험했고, 많은 생각을 한 사람도 있습니다. 어쨌든 그것은 그렇다고 해도 내지에 있는 조선인 제군을 비롯하여 여기 계신 분들에게 많은 걱정을 끼쳐드린 것에 대해 사과 말씀을 드리러 왔습니다.[2]

---

1   大和川染工所克己團, 『向上』 임시호, 1923년 11월 20일, 2쪽.

야나기하라는 여류 화가 나혜석의 조카가 되는 김숙배의 수원 집에
도 찾아가서 그의 할아버지인 김영식과 만나 사과와 위로의 말을 전했
다. 그는 김영식이 기뻐하며 '손녀에게 자신은 조선에 있는 조부이고,
야나기하라가 내지의 조부'라고 한 사실을 언급하며, 야나기하라 본인
또한 그렇게 생각하고 있었다고 말했다. 조선인 유학생은 1923년 가
을과 겨울에 일본으로 다시 돌아오기 시작해 1925년 봄에는 거의 관
동대지진 발생 이전의 상태로 돌아왔다. 그 후 1929년 말에 일본의 조
선인 유학생은 3,769명에 이르렀다.

야나기하라 기치베와 조선인 여자 유학생

근우회는 1927년에 창립해 1931년에 해산된 여성 항일구국운동 단
체이다. 나라여자고등사범학교의 조선인 여자 유학생이 1928년 2월
12일에 교토시에서 개최된 근우회 모임에 출석했다는 연락이 경찰서
에서 왔을 때, 학교는 이들의 보증인인 야나기하라에게 조선인 여자
유학생 문제를 의논했다. 그들은 바로 표경조 가사과, 김동옥 가사과, 박
정숙 문과, 김성철 문과이었다. 이들 네 사람은 이 모임에서 노동 부인, 인
신매매, 신간회 지지, 관서부인동맹 지지의 건 등을 토의했다. 1931년
3월에 나라여자고등사범학교 문과를 졸업하고 광주 수피아여학교에
서 교편을 잡고 있던 김성철은 1933년에 다음과 같이 말한다.

2　大和川染工所克己團,『向上』임시호, 1923년 11월 20일, 3쪽.

특히 할아버지가 이번에 광주에 오셨을 때 많은 사람이 할아버지가 하시는 일을 이해해 줘서 정말 기뻤습니다. 그리고 할아버지의 진심이 하느님을 통해서 사람들의 마음에 진심으로 통했다고 생각하니 마음이 든든하고 자랑스럽기까지 했습니다. 무엇보다 할아버지의 마음을 가장 잘 이해하고 가장 잘 전할 수 있는 야나기하라 선생님을 맞이한 것도 정말 기쁜 일 중 하나였습니다. 다만 할아버지의 미소 어린 얼굴을 뵙고 전부 잊어버리고, 멍하니 맞이하고 멍하니 배웅한 것 같습니다.[3]

근우회 교토지회 간사 활동으로 일본 경찰의 감독과 감시의 대상이 되었던 조선인 여자유학생 김성철은 유학생 중 가장 많은 서신을 야나기하라와 교환한 인물이다. 그는 조선으로 귀국한 후에도 야나기하라와 서신과 만남을 통해 끈끈한 신뢰와 유대를 나누었다. 야나기하라가 지원한 조선인 여자 유학생의 대다수가 입학한 곳이 나라여자고등사범학교이다. 나라여자고등사범학교의 조선인 유학생 55명 중 42명이 야나기하라에게 보낸 서간이 일본의 모모야마학원대학 사료실에 남아 있다. 서간은 재학 중에 보낸 것이 가장 많지만 졸업 후 사진을 동봉하여 결혼이나 출산 등의 근황을 알리며 안부를 묻는 것도 있다. 야나기하라는 그들에게 축전을 보내기도 하고 축하나 위로의 답례품을 보내기도 했다. 서간을 보는 한 조선인 여자 유학생의 마음에 위로를 준 것은 야나기하라의 가정에서 받은 따뜻한 분위기였다.

야나기하라는 조선인 여자 유학생들을 인솔하여 이은 왕세자 부부와 덕혜옹주를 배웅하고 전송하는 일도 했다. 특히 1926년 순종의 국장 때 사카이에서 진행된 요배식에는 유학생들과 함께 참석했다. 이

---

3   李王家御慶事記念會, 『櫻槿の華』 제1호, 1933년 12월 25일, 5쪽.

2017년 모모야마학원대학 기획전 '야나기하라
기치베와 아시아의 유학생' 포스터

행사 일정에 대해 1926년 6월 9일에 나라여자고등사범학교의 '교관회의'에서는 야나기하라의 요청사항을 논의했다. 6월 10일에 사카이에서 열리는 순종의 국장에서 요배식을 거행하므로 조선 유학생을 참석시키고자 하는 야나기하라의 요청이었다. 이에 대해 교장은 특별조치로 허락했다.

야나기하라 기치베와 조선의 여류 피아니스트 이애내

조선인 여자 유학생으로 최초로 독일 베를린 뮤직호흐슐레를 졸업한 한국 여성 피아니스트 이애내는 우리나라 근대적 지식인의 한 사람으로 바이올리니스트 안병소의 부인이다. 이애내는 1908년에 미국 하와이에서 출생하여 목사인 부친을 따라 한국으로 건너와 피아노를 배웠다. 그 당시 숙명여자고등보통학교를 졸업하고 일본의 고베여학원 보통과 2년, 연구과에서 4년간 공부한 후, 고베여학원 음악과에서 피아노를 전공하고 독일 베를린에서 공부했다. 이애내의 피아니스트로서의 유학 과정과 활동에는 야나기하라와의 인연을 언급하지 않을 수 없다.

이애내와 야나기하라의 만남은 서신 교환으로 시작된다. 이애내는 고베음악학교로 유학 가는 것에 대해 야나기하라에게 직접 편지를 썼다. 이애내가 자신의 독일 유학 결심을 야나기하라에게 말한 것은 1931년 4월 23일자 편지에서 알 수 있다. 이애내는 유학 자금을 마련하기 위해 레슨을 해야겠다는 의지를 표명했다. 1933년 12월 서신에서 야나기하라에게 독일 유학을 위해 여권의 필요성을 언급하고, 야나기하라는 12월 13일에 이애내의 여권을 마련하기 위해 효고현청에 출두한다. 그 후 1934년 3월 2일, 이애내는 여권 신청을 배려해 준 효고현 외사과장 앞으로 감사장을 보냈다.

일제강점기의 조선에서 미혼 여성이 일본으로, 더욱이 독일로 혼자 유학 가는 것은 결코 일반적인 일이 아니었다. 그러나 근대화된 일본에서는 독일 유학이 그리 낯선 것만은 아니었다. 더구나 식민지 조선의 여자 유학생이었지만 독일 쪽에서는 일본 여권을 가진 이애내를 일본 여성 유학생으로 볼 수도 있었을 것이다. 이애내는 1934년 4월에 독일로 출발해 1938년 9월에 경성에 도착하여 만 4년 5개월 만에 귀국했다. 그러나 이 시기는 나치 히틀러가 독일을 지배하던 시기로 당시 조선은 일본의 중일전쟁으로 '국민정신총동원'이 실시된 시기였다. 이애내의 독일 유학 경험은 아마도 1938년 귀국 이후 일제하에서 적극적으로 음악 활동을 할 수 없었던 이유일 수도 있다. 귀국 후 이애내는 이화여자전문학교 음악과에서 강사로 활동했다. 대부분의 조선인 여자 유학생들이 가사과를 졸업하고 귀국 후 보육학교나 여학교에서 교사가 되었지만, 이애내는 독일 유학을 마친 피아니스트이자 음악가로서 이화여자전문학교에서 음악과 강사로 활동한 것이다.

1910년 한일병합 후 조선은 일본의 식민지가 되었다. 무단통치 이후 진행된 문화통치 속에서 야나기하라가 수행한 조선과 일본의 친선과 융화를 위한 교육사업은, 그의 기독교적 신앙을 토대로 한 보편적

인류애 실천이라는 종교적 신념과 달리 일제의 식민지 정책에 공헌했다. 야나기하라는 천황제 이데올로기의 일본제국이라는 틀 안에서 일본과 조선의 친선과 융화를 위해 어머니이자 교육자가 될 여성의 교육사업에 힘썼고, 그것은 일제의 식민지 정책에 공헌하는 결과를 가져왔다. 그러나 한편으로 그의 적극적인 지원 아래 낯선 일본에서 노동자로서, 유학생으로서 삶을 살아 내는 것이 가능했던 조선인들이 있었다는 사실 또한 잊어서는 안 될 것이다. 1,202통에 달하는 서간은 야나기하라와의 관계가 일본에서 겪은 민족적 차별과 설움 속에서도 이를 견뎌 내는 힘이 되었음을 말해 준다. 야나기하라는 1945년 3월, 일본의 패전을 보지 못하고 88세에 임종했다. 그는 전시 중인 1942년에도 야나기하라 자신의 필적으로 이왕가어경사기념회 표창자 1,048호까지 기록을 남겼다.

가토 기요마사가 축성한 울산왜성과 구마모토성

김영식(《일본 근세성곽과 왜성의 이해》 저자, 공학박사)

간첩으로 오인받으면서도 수십 번 왜성을 답사하다

흔히들 일본을 '가깝고도 먼 나라'라고 한다. 지리상으로는 가까이 인접해 있지만 우리가 잘 모르고 있는 나라라는 의미일 것이다. 일본 여행에서 가장 쉽게 만나는 것 중 하나가 성곽이다. 도쿄의 고쿄^{皇居}를 비롯하여 오사카성, 나고야성, 구마모토성 등 일본에 남아 있는 대부분의 성곽은 도쿠가와 집권기에 구축된 근세성곽이다. 그러나 오다 노부나가와 도요토미 히데요시 시대에 축성한 근세 초기의 성곽은 오늘날 일본에는 거의 남아 있지 않다. 그래서 일본의 성곽 연구자들은 한국에 남아 있는 왜성을 찾는다. 비록 허물어지긴 해도 일본 근세성곽 초기의 원형을 고스란히 간직하고 있기 때문이다. 왜성은 우리에겐 치욕의 유적이지만 일본 성곽 연구자들에게는 근세성곽의 박물관인 셈이다.

왜성에 대해 관심을 갖게 된 것은 대학교 2학년 때 들었던 '일본근세근현대사'라는 과목을 통해서이다. 서생포왜성에서 왜구 연구자이신 이영 교수님의 강의를 들으며 역사의 현장을 직접 둘러보고 임진왜란과 정유재란 시기에 우리나라 남해안에 이와 같은 왜성이 20여 개나 축성되었다는 사실을 처음 듣고 신선한 충격으로 다가왔다.

그 당시 '국내에는 이들 왜성에 대한 자료와 전문가가 거의 없는 실정이니 관심을 가져 보라'고 하신 교수님의 말씀에, 그날 이후 틈나는 대로 왜성 연구에 몰입했다. 그때 필자는 대기업을 그만두고 개인사업으로 일본과 관련된 일을 막 시작하고 있던 때여서 일본이라는 나라를 좀 더 알아야겠다는 생각에 만학도로 일본학과에 진학했다. 왜성이란 존재는 임진왜란과 정유재란, 그리고 일본 역사를 함께 들여다보기에 좋은 주제여서 학부 시절은 겁 없이 덤볐다고 생각한다. 비록 전공은 다르지만 이때 쌓은 일본학 지식들이 훗날 석·박사 학위 과정에 많은 도움이 되기도 했다.

2001년부터 일본의 성곽 전문 연구자들과 교류하면서 본격적으로 일본 근세성곽과 왜성을 들여다보았다. 일본 성곽연구단체의 멤버들로부터 많은 정보와 자료를 입수했고, 성곽 유구의 지표면 조사 방법, 평면도縄張り圖 작성 방법 등도 익혔다. 휴일의 대부분은 우리나라에 남아 있는 왜성지 답사에 할애했다. 4학년 때는 졸업논문을 준비하면서 주말을 거의 서생포왜성 외곽의 산속에서 보내다시피 하는 바람에 서생포 지역 주민들로부터 간첩으로 오인받기도 했다.

일본의 성곽 연구자들이 방한한다는 정보가 있으면 함께 현지답사를 하기도 하고, 시간이 허락되지 않으면 밤에 그들의 숙소로 찾아가 왜성에 관한 궁금증을 해소하기도 했다. 어쩌면 그 당시 그들에게 필자는 좀 귀찮은 존재였는지도 모르겠지만, 한국 내 왜성 답사에서 때로는 필자의 도움이 필요하기도 했다. 왜성을 접한 지 약 20여 성상이 지난 2021년, 이영 교수님의 도움으로 그간 수집한 자료를 정리하여 《일본 근세성곽과 왜성의 이해》라는 책을 출판했다.

현재 울산에는 울산왜성지와 서생포왜성지가 남아 있다. 울산에 몇

십 년째 살고 있는 시민들 중에는 오늘날의 '학성공원'이 정유재란 때의 격전지 '울산왜성'이었다는 사실을 모르는 사람이 많다. 그리고 일본 구마모토성은 가토 기요마사가 정유재란 때 울산왜성에서 겪은 농성전의 기억이 서려 있는 곳이기도 하다.

임진왜란의 부산물 왜성

16세기 말, 도요토미 히데요시 1537~1598 의 야망과 오산으로 벌어진 임진왜란·정유재란의 7년 전쟁은 우리나라에 큰 상처를 남겼다. 이 전쟁이 남긴 부산물 중 하나가 왜성이다. 왜성 倭城 이란 임진왜란·정유재란 기간에 일본군이 우리나라 당시 조선 에 쌓은 일본식 성곽을 말한다. 왜성은 한국의 산성이나 읍성과는 구조가 전혀 다른 성곽으로 일본 근세 초기의 성곽과 같은 부류에 속한다.

임진왜란 초기의 왜성 분포를 보면, 동부 지역 최전선인 울산의 서생포왜성에서 서부 지역 최전선인 진해의 웅천왜성까지 왜성 10여 개가 부산을 중심으로 동남부 해안에 축성되었다. 서생포왜성은 개전 초기 제2번 대의 선봉으로 상륙한 가토 기요마사 1561~1611 가, 웅천왜성은 제1번 대의 선봉으로 상륙한 고니시 유키나가 1558~1600 가 각각 축성과 수비를 담당했다.

정유재란 시기에는 전선이 더욱 확장된다. 동부 지역 최전선이었던 서생포왜성에서 북쪽으로 직선거리 약 20km 떨어진 울산왜성을 시작으로, 서부 지역 최전선이었던 진해의 웅천왜성에서 서쪽으로 직선거리 약 110km 떨어진 순천왜성까지 왜성 8개가 신규로 축성된다. 최전선인 두 왜성의 축성과 수비 총책임자는 임진왜란 시기와 마찬가지로 기요마사와 유키나가가 각각 담당했고, 재침 시의 선봉도 제1번 대는 기요마사가, 제2번 대는 유키나가가 각각 맡았다. 이들 두 사람은 전쟁 기간 내내 서로를 견제하며 전과의 경쟁에 열을 올렸다.

정유재란과 울산왜성 전투

1597년 12월 22일 새벽, 주야를 가리지 않는 돌관공사로 완공을 눈앞에 두고 마무리 공사가 한창이던 울산왜성은 조명朝明연합군의 습격을 받았다. 아사노 요시나가淺野幸長, 1576~1613 등은 직속 부하들을 이끌고 조명연합군에게 응전했지만 최외곽의 구조가 아직 불완전한데다 겨울철이어서 해자에는 물도 채워 두지 못했고, 대군의 공세 앞에 방어가 곤란하여 수비대는 혼마루本丸 등의 성 주곽부에 결집하여 농성전 체제에 들어갔다.

울산왜성이 습격당했다는 소식은 같은 날, 서생포왜성에 있던 가토 기요마사에게 전해졌다. 기요마사는 부장들에게 서생포왜성의 수비를 명하고 부산의 본영本營에 지원군을 요청하는 한편, 자신은 측근

보수한 울산왜성 혼마루 동쪽 성벽

충의사에 있는 울산왜성전투 상상도

약 20여 명과 함께 세키부네關船 1척을 타고 해로를 이용하여 그날 밤 울산왜성으로 들어갔다. 그로부터 이듬해 정월까지 처절한 농성전이 전개된다.

조명연합군의 명나라 장수 마귀麻貴는 본군의 병사로 울산왜성의 북쪽 200m 거리에 진을 치고, 울산왜성 전체를 내려다볼 수 있는 해발 60m의 학성산현재의 충의사 위치에서 전군을 지휘하며 부장 이여매李如梅 등이 이끄는 5만여 대군으로 울산왜성을 포위했다. 울산왜성 내의 일본군 규모는 정확히 알 수 없지만 농성군의 병사는 대략 3,000명 정도라고 전해지고 있다.

조명연합군의 격렬한 공격이 계속되었지만 울산왜성의 수비도 견고하여 군량軍糧 공략의 지구전으로 바뀌었다. 성내에는 준비된 군량이 2일분 정도밖에 없었고, 병력의 식수원인 우물은 조명연합군에게 빼앗겨 버렸으며, 24일에는 물과 식료품이 바닥나는 사태에 빠져 기아와 갈증으로 고전을 면치 못하게 되었다. 오줌을 마시고 벽토壁土를 먹은 것도 모자라 인육을 먹기도 했다는 말이 전해질 정도로 처참한 농성전이었다. 성내의 일본군은 지원군이 오기만을 기다리며 하루하루를 버티는 상황이었다.

해가 바뀌어 1598년 1월 1일, 기요마사와 요시나가는 서생포 방면으로 서신을 보내어 농성전의 상황과 성내의 절박한 사정을 알리고, 지원군의 파견을 요청하며 결사 항전의 각오를 피력했다. 이에 따라 부산왜성을 비롯한 각지로부터 울산왜성에 대한 지원군이 서생포왜성으로 집결, 1월 2일에 서생포를 출발하여 육로와 해로로 나누어 울산으로 향했다. 지원군의 규모는 모리 히데모토 3,900명, 나베시마 나오시게 1,600명, 구로다 나가마사 600명, 하치스카 이에마사 2,200명,

그 외 가토 요시아키·조소카베 모토치카·이코마 가즈마사 등의 병사를 합한 1만 3,000명과 가토 기요마사 휘하의 주력군을 포함한 총 2만여 명의 군대였다.

일본군의 지원군이 온다는 것을 알아차린 조명연합군은 1월 4일 새벽부터 밤늦게까지 다방면으로 맹공을 퍼부었지만, 4,000명이 넘는 막대한 전사자만 남긴 채 끝내 울산왜성을 함락시키지 못했다. 그리고 때마침 도착한 일본군 지원군의 본대에 의한 공격을 배후에서 받아 포위군의 진용이 무너지고, 퇴로가 끊어질 것을 염려한 조명연합군은 포위망을 풀고 퇴각하기 시작했다. 이리하여 가토 기요마사 휘하의 장수들은 약 보름간에 걸친 농성전을 견디고, 아사 직전에 구사일생으로 목숨을 건졌다. 이것이 일본 역사에서 말하는 '울산성전투蔚山城の戦い'의 전말이다. 울산왜성 농성전 이후 일본군은 전선의 축소와 일부 왜성의 폐성 등을 히데요시에게 건의하기도 했다. 이 농성전을 계기로 왜성의 구조에도 커다란 변화를 가져왔다.

1598년 8월 18일, 전쟁을 일으킨 주범이었던 도요토미 히데요시가 사망하자 더 이상 이 전쟁이 무의미해졌다. 10월 27일자 구로다 나가마사 앞으로 보낸 도쿠가와 이에야스1543~1616의 명령서에는 "기요마사와 협의하여 서생포성을 퇴각해 부산성으로 입성하라"라고 되어 있다. 11월 24일에 기요마사와 나가마사 등이 부산왜성을 떠나 일본으로 귀국길에 오르자, 폐성이 된 서생포왜성과 울산왜성은 명나라의 제독 마귀가 입성하여 점령했다. 임진왜란 이후 서생포왜성에는 조선 수군의 동첨절제사영이 설치되어 300년이라는 긴 세월 동안 동남해안을 지키는 요새로서 역할을 수행해 왔다.

세키가하라 전투와 가토 기요마사

임진왜란 7년 전쟁이 끝나고 2년 뒤인 1600년 9월 15일, 미노국^{현재}_{기후현의 남부에 해당하는 곳} 세키가하라에서는 일본의 패권을 두고 도쿠가와 이에야스를 중심으로 하는 동군과 이시다 미쓰나리^{石田三成, 1560~}₁₆₀₀를 중심으로 하는 서군의 전투가 벌어진다. 이 전쟁의 원인을 두고 여러 가지 설이 존재하는데, 그중 하나가 임진왜란 전쟁 기간에 벌어진 도요토미 가신단 내부의 갈등설이다. 임진왜란 7년 전쟁 기간에 이시다 미쓰나리, 마시타 나가모리^{增田長盛, 1545~1615}를 중심으로 한 부교^{奉行}들과 가토 기요마사, 구로다 나가마사 등을 중심으로 한 여러 장수 사이에 발생한 작전 방침과 공로를 둘러싼 대립이 세키가하라 전투의 주요인이라는 설이다.

동군의 승리로 끝난 세키가하라 전투의 처리로 다이묘의 배치 전환은 물론이고 동군에 속한 다이묘들의 녹봉이 대폭적으로 증가하면서 전국적인 축성의 대성황기를 맞이한다. 세키가하라 전투 이전에 축성된 근세성곽은 세키가하라 전투 이후 대대적인 수리를 해서 축성 당시의 모습으로 현존하는 부분은 그다지 많지 않다. 따라서 현존하는 일본의 근세성곽은 대부분 세키가하라 전투 이후의 것이라 해도 과언이 아니다.

구마모토성을 축성한 장본인은 울산의 서생포왜성과 울산왜성을 축성한 가토 기요마사이다. 구마모토성의 축성에는 그가 정유재란 당시 울산왜성에서 겪은 뼈아픈 농성전의 교훈이 고스란히 배어 있다. 그때의 경험을 살려 구마모토성을 축성하면서 우물을 120개나 팠는데, 그중 17개가 오늘날까지 남아 있다고 한다. 또한 방바닥의 다다미

밑에는 비상식량으로 쓰려고 고구마 줄기를 말려서 비축했다고도 한다. 그리고 식료로 쓰기 위해 혼마루에 은행나무를 심었는데, 유감스럽게도 수나무라 열매가 열리지 않았다고 한다. 지금의 은행나무는 서남전쟁西南戰爭으로 불탄 뒤에 움이 나서 자란 것으로 130년에 이만큼의 크기로 성장한 것인데, 구마모토성의 별명 '은행성銀杏城'이 이 나무에서 유래한 것이다.

1562년 6월 24일에 오와리현재 아이치현의 서부에서 태어난 가토 기요마사는 도요토미 히데요시와는 이종사촌이라는 설도 있다. 가토 기요마사는 어릴 때 이름이 야샤마루夜叉丸라 하고, 9세 무렵부터 히데요시를 섬겼으며 성인식 이후로는 가토 도라노스케 기요마사加藤虎之助清正라고 불렸다. 히데요시 사후에 벌어진 세키가하라 전투에서 이시다 미쓰나리, 고니시 유키나가 등과의 갈등으로 동군에 가담했으며, 그 공로로 히고肥後 일국의 52만 석 영주가 된다. 구마모토성 축성 시기는 아직도 수수께끼이지만 1606~1607년경에 완성된 것으로 보인다.

세키가하라 전투에서 동군에 가담하기는 했지만, 주군인 도요토미 가家에 대한 기요마사의 고민은 이만저만이 아니었다. 히데요리의 훈육 담당이었던 기요마사는 히데요시가 없는 세상에서 어떻게 히데요리를 살릴까 하는 것이 큰 과제였다. 1611년에 교토의 니조성에서 히데요시의 어린 아들 히데요리와 도쿠가와 이에야스를 회견시키는 데는 일단 성공했다. 이로써 도요토미가家도 평화로울 것으로 생각했지만 기요마사는 니조성 회견 후 구마모토로 돌아오는 배 안에서 병을 얻어 구마모토성에서 죽었다. 향년 50세, 기이하게도 태어난 날과 같은 6월 24일이었다. 도요토미가도 가토 기요마사가 죽은 뒤 불과 4년

만인 1615년에 '오사카 여름 전투'에서 역사의 뒤안길로 사라져 버렸다.

일본 근세성곽에서 혼마루고텐本丸御殿은 성주의 생활공간이다. 구마모토성 혼마루고텐은 다다미 1,570장, 방이 53개나 되는 건물이다. 그중 아주 큰 건물이 혼마루고텐 오히로마大広間로, 성주의 거소로 사용되거나 부하와 대면하는 장소이기도 하다. 오히로마에는 많은 방이 있지만 그중에서도 가장 격식이 높은 방이 '쇼쿤노마昭君の間'라고 불리는 방이다. 이 방에는 중국 전한前漢 시대의 이야기로, 흉노현재의 몽골에게 시집간 절세의 미녀 왕소군의 이야기가 그려져 있다.

일설에 쇼쿤노마는 '쇼군노마将軍の間'의 은어라는 설도 있다. 구마모토성을 축성한 가토 기요마사는 도요토미 히데요시의 아들을 훈육하던 무장으로서, 만일의 경우 히데요리를 이 구마모토성에 숨기고 서쪽 지방특히 규슈 지방 무장을 이끌고 도쿠가와에게 대항할 각오였다. 이를 위한 방을 '쇼쿤노마'라고 하는데, 이 방에는 비밀통로가 있다는 전설도 있다.

구마모토성 축성에 종사한 목수 젠조善蔵가 들어 알고 있던 것을 메

구마모토성 혼마루고텐 오히로마 　　구마모토성 혼마루고텐 쇼쿤노마

모 형식으로 기록한 고문서[1]에 따르면, 쇼쿤노마 뒤에 있는 벽을 돌리고 바닥 밑의 통로로 사다리와 줄을 타고 내려가면 그대로 문을 빠져나가 성 밖으로 나갈 수 있다고 한다. 그 외에도 우구이스바리嶌張り[2]의 복도 이야기 등도 남아 있어 수수께끼가 많은 건물이기도 하다.

구마모토성이 난공불락이라는 사실이 입증된 것은 축성 후 270년이 지난 19세기 후반의 일이다. 사이고 다카모리1828~1877에 의한 이른바 서남전쟁이 그것이며, 구마모토성 이야기에서 단골로 등장하는 메뉴이기도 하다.

울산왜성이 불과 3,000여 명의 농성 병력으로 5만여 명에 이르는 조명연합군의 포화를 견뎠고, 비록 후세의 일이긴 해도 구마모토성 또한 치열한 농성전을 버텨 냈다. 오늘날 일본에 남아 있는 근세성곽의 대부분은 실전을 치른 경험이 없다. 그런 점에서 가토 기요마사에게 '축성의 귀재'라는 별명이 따라다니는지도 모른다.

일본 성곽의 역사를 거슬러 올라가면 아스카시대의 조선식 산성과 마주하게 된다. 서기 663년, 백제와 일본의 연합군이 나당연합군과의 백촌강 전투에서 패하면서 많은 백제의 유민들이 일본 규슈로 이주했다. 이들이 다자이후大宰府 방어를 위해 구축한 조선식 산성이 현존하는 오노성大野城과 기이성基肄城이며, 구조도 오늘날의 일본 성곽과는 전혀 다르다. 백제의 기술로 시작된 일본의 축성술이 발전과 변천을 거듭하면서 현재와 같은 구조로 정착했고, 그것이 임진왜란과 정유재란 때 우리나라에 재현되었으니 역사의 아이러니라고 해야 할까.

---

1 「大工善蔵より聞覚控」.
2 마루청을 까는 방법의 하나로, 마루를 밟으면 휘파람새 울음소리와 같은 소리가 나도록 한 장치.

왜성을 바라보는 우리 국민들의 시선은 다양하다. 하지만 치욕과 통한의 역사도 우리의 역사이며, 우리 선조들의 한과 피와 눈물이 배인 것이기에 섣불리 훼손하거나 파각破却하는 것만이 능사는 아닐 것이다. 일본의 침략을 입증하는 생생한 증거이므로 우리 국민 모두의 정신을 재무장하는 교육의 장으로 활용되었으면 한다.

왕인의 발자취를 따라서

스즈키 하루코(다이쇼대학 시간강사)

번역: 정효진(시스템 엔지니어)

왕인과의 만남

　오랜 기간 대학 강단에 서다 보면 많은 유학생들과 만난다. 중국인이나 한국인 유학생과 친해지면 나는 그들에게 먼저 "일본에 많은 문화를 전해 주어 고맙다"라는 인사를 건넨다. 갑작스러운 고마움의 표시에 역사에 관심이 없는 학생은 어리둥절해하지만 일본 문학이나 역사를 연구할수록 이러한 생각은 커져 갔다.

　1990년대, 친하게 지내던 어떤 유학생이 내게 한글을 가르쳐 주었다. 그 당시는 좋은 한국어 교재가 별로 없어 한국어 공부가 쉽지 않았지만, 2000년대 초반 '욘사마 붐' 덕분에 한국어 교육 환경이 많이 바뀌었다. 조금씩 한국어 회화를 할 수 있게 되고부터는 한국 여행이 정말 큰 즐거움이 되어 홀로 가방을 짊어지고 50여 차례 한국의 유적지를 여기저기 다녔다. 영암 여행을 하던 중 백제에서 일본으로 한자를 전해 준 왕인 사적지를 들른 것을 계기로 왕인에게 관심을 갖게 되었고 일본에 있는 왕인과 관련된 곳도 방문하며 문헌을 모으기 시작했다. 그렇게 수집한 기록을 바탕으로 일본에서 왕인의 발자취를 따라가보려고 한다.

고대 역사서의 왕인

일본 고등학생용 역사 교재에 '백제의 왕인이 일본에 《논어》와 《천자문》을 전해 주었다는 설화가 있다'라고 쓰여 있다. 이것은 8세기 전반에 쓰여진 역사서인 《고지키 古事記》와 《니혼쇼키 日本書紀》의 기록에 따른다. 《고지키》의 오진應神 천황의 기록에 따르면, 백제 조고왕근초고왕 재위 346~375년이 와니키시 和邇吉師, 왕인에게 명하여 《논어》 열 권과 《천자문》 한 권을 일본에 보냈다고 한다. 《니혼쇼키》 오진 천황 16년의 기록에는 백제왕이 파견한 아치키아직기가 황태자의 스승이 되었지만, 천황이 더욱 뛰어난 학자를 청하여 왕인을 초청했다고 한다. 이 두 가지가 일본에서 가장 오래된 왕인에 관한 기사이다. 《고지키》의 주기注記에는 이 와니키시가 후미우지의 선조라고 적혀 있는데 훗날 글쓰기를 업으로 한 일족 가와치노 후미우지西の文氏를 가리킨다.

이 기록이 일본 역사 교재에 '역사적 사실'이 아닌 '설화'로 소개된 것에는 몇 가지 이유가 있다. 먼저, 《고지키》와 《니혼쇼키》이하 《기기(記紀)》의 역사적 신빙성이 확실하지 않은 점과 오진 천황이 실재했다고 가정하더라도 그 연대가 정확하지 않은 점, 그리고 《기기》의 왕인에 대한 기록이 50년 정도 차이가 있는 점을 들 수 있다. 그보다 더 큰 문제는 왕인이 일본에 전했다고 하는 《천자문》이 쓰인 연대가 《기기》에 적혀 있는, 왕인이 일본에 온 시기보다 늦다는 점이다. 일본에서는 에도시대부터 이 모순을 지적하고 있다. 《천자문》은 남조 양나라의 주흥사周興嗣, 470?~521가 각기 다른 한자 1,000자를 쓴 사언고시四言古詩이기 때문에 왕인이 전했다고 하는 기록보다 후세가 된다. 한국에서는 이 지적에 대한 반론으로, 왕인이 전한 《천자문》은 주흥사의 것이 아니라 중국 삼국시대 위나라의 종요鍾繇가 쓴《천자문》이라는 설을 제기한다. 하지만 종요의《천자문》이 일본에 들어온 것은 사실로 인정받지 못하고 있으며, 유물로 발견된 고대의《천자문》목간이나《쇼소인 문서正倉院文書》[1]는 오늘날 전해지는 주흥사의《천자문》내용과 일치하기 때문에 종요의《천자문》전래설은 이치에 맞지 않는다.

그렇다면 왕인이 일본에 한자를 전했다는 것은 어떻게 해석하면 될까. 왕인이 한자를 전래한 시기는《기기》의 기록보다 백수십 년 정도 늦다는 것이 오늘날의 일반적인 학설이다. 그렇다고는 하지만 고고학적인 유물 발견을 고려하면 백제로부터 한자가 전해지고, 백제에서 온 사람들의 노력으로 일본에서 한자가 사용되기 시작한 것은 부정할 수 없다.

나라시대 왕인의 기록

일본을 대표하는 고도古都, 나라의 중심역인 긴테쓰나라역 앞에 교키히로바行基広場라는 광장이 있다. 그곳에 서 있는 '교키 동상'은 만남의 장소로 시민들에게 사랑받고 있다. 교키行基, 668~749는 민중을 구제하며 많은 영향을 끼친 나라 불교를 대표하는 고승高僧이다. 교키의 전기를 기록한 묘지墓誌[2]에 "백제왕의 아들 와니王爾의 후손"이라고 쓰여 있다. 그리고 교키전傳에도 왕인의 후손인 가와치노 후미우지 일족이라고 기록되어 있다. 가와치노 후미우지는 앞서 이야기한 대로 문필文筆을 관장했던 도래인渡來人의 일족이다.

---

1 도다이지(東大寺) 보물 창고인 쇼소인(正倉院)에 보관되어 있던 문서로 일본 고대사 연구의 기본 사료.
2 죽은 사람의 인적 사항과 행적을 개괄하고 평가하는 글, 또는 그 글을 비석에 새긴 것.

그 밖에 751년에 쓰인 한시집漢詩集《가이후소懷風藻》의 서문에도 왕인이 백제에서 한문 서적을 가져와 무지한 사람들을 이끌었다고 기록되어 있는 것으로 보면, 나라시대에는 이미 왕인이 일본의 문장 작성에 큰 업적을 남긴 인물로 확실하게 인식되고 있음을 확인할 수 있다.

《고킨와카슈》에 그려진 〈나니와즈노우타〉와 왕인

헤이안시대 중반인 904년, 다이고醍醐 천황의 칙명으로 일본에서 최초의 칙찬 와카和歌 집이 편찬되었다. 바로《고킨와카슈古今和歌集》이다. 이 책은 후대 와카의 규범이 되는데, 시인이라면 바이블처럼 우러러 받드는 존재이다. 기노 쓰라유키紀貫之가 쓴 가나仮名 서문에 천황의 시작을 읊은 시로 〈나니와즈노우타難波津の歌〉를 들고 있다. 그리고 주석에는 제16대 닌토쿠仁德 천황재위 5세기 전반이 황태자였을 때 왕인이 바친 것이라고 적혀 있다. 또한 이 시는 〈아사카야마노우타安積山の歌〉와 함께 와카의 기본으로 생각하여 서예를 배우는 사람들은 누구나 처음에 이 시부터 쓴다고 적혀 있다.

같은 글에서 '무언가에 빗대어 읊는 시'의 예로 이것을 들고 있다. 시의 전문은 다음과 같다.

難波津に咲くや木の花冬籠もり今は春べと咲くや木の花
나니와즈에 피는구나 나무의 꽃 겨우내 자다 이제는 봄이라고 피누나 나무의 꽃 일본의 와카 역사상 가장 중요한 《고킨와카슈》의 서문에 와카의 작가로 왕인의 이름이 실린 것은 큰 의미를 가진다. 그 이야기는 15세기 초, 일본의 전통 가면극인 노能를 크게 발전시킨 제아미世阿弥, 1363?~1443?의 작품인 〈나니와難波〉라는 극에도 사용되었는데 여기에 왕인이 주인공으로 등장한다.

최근 흥미롭게도 〈나니와즈노우타〉가 적힌 고대 목간이 다수 발견되고 있다. 시대 추정이 가능한 가장 오래된 것은 740년대이며, 《고킨와카슈》보다 150년 이상 앞선다. 또 〈나니와즈노우타〉는 헤이안시대의 대표적인 고전 문학인 《겐지모노가타리源氏物語》나 《마쿠라노소시枕草子》에도 서예 연습을 위한 와카로 그려져 있으니, 이 시가 헤이안시대에는 깊이 스며들어 많은 사랑을 받은 것은 분명하다.

근세의 왕인 전승

앞서 소개한 와카에 나오는 나니와難波라는 지명은 지금의 오사카의 오래된 명칭이며 나니와즈難波津는 고대 오사카만에 있던 항구의 이름이다. 이처럼 오사카 지역은 예부터 왕인과 깊은 관계를 맺고 있다.

800년경의 문헌에 따르면 왕인의 후손은 가와치노 후미우지이며 이 일족이 거점으로 한 곳은 오늘날의 오사카부 하비키노시 부근이라고 되어 있다. 이곳은 5~6세기의 거대한 고분이 있는 지역으로 유명하며 또한 사이린지西琳寺라는 후미우지 일족의 우지데라氏寺[3]가 남아 있다. 이 밖에도 히라카타시에는 왕인의 묘라고 전해지는 곳이 있고,

---

3 가문의 번영과 안녕을 기원하기 위해 지은 절.

와니 공원도 조성되어 시민들의 사랑을 받고 있다. 이처럼 몇 가지 근세의 전승을 따라가다 보면 왕인의 후손 가와치노 후미우지 일족의 거점이었던 오사카는 현재도 왕인과 깊은 인연을 맺고 있음을 알 수 있다.

마지막으로 한 가지 재미있는 일화를 소개한다. 1990년에 효고현 다쓰노시의 종가에서 쓰시마의 통역관 '운명雲明'이라는 사람이 한글로 쓴 〈나니와즈노우타〉가 발견되었다. 이 인물이 일본인인지 조선인인지, 이것을 무슨 목적으로 쓴 것인지 확실하지 않지만 발견된 곳인 다쓰노의 번주藩主가 에도시대 말기에 조선통신사를 접대하는 임무를 맡은 사람이었기에 조선통신사와의 연회 자리에서 쓴 것이 아닐까 추측된다. 그렇다고 하면 에도시대에는 이 와카를 왕인이 읊었다는 것이 한반도에도 전해졌을지도 모른다. 여기까지가 오늘날 전해지는 왕인에 대한 기록과 전승이다.

맺음말

과거에는 왕인이라는 주제가 민족주의적인 논쟁의 도구로 사용되는 일이 많았다. 이를테면 한반도에서 일본으로 고대문화가 유입되었다는 것을 인정하고 싶지 않아 왕인이 일본에 온 것을 부정하는 주장과, 그 반론으로 왕인이 일본에 온 시기를 앞당겨 신성한 존재로 만드는 주장이다. 두 주장은 객관적인 근거에 바탕을 둔 주장이라기보다는 본인이 원하는 결론을 미리 정해 놓은 감정에 의한 주장이었던 것 같다.

앞서도 언급했듯이 왕인이 《기기》에 나오는 대로 오진 천황 시대에

《논어》와 《천자문》을 가지고 일본에 왔다는 설은, 《천자문》이 쓰인 시기가 그 이후이기 때문에 그대로 인정할 수는 없다. 그러면 왕인은 일본에 오지 않은 것인가? 그렇지는 않다. 그것을 부정하는 자료는 어디에도 없다. 《기기》 등의 문헌, 발견된 목간, 철검에 새겨진 문자와 같은 고대 유물이 있기에, 백제에서 일본으로 건너온 사람들이 일본에 문자 문화를 전한 것은 확실하다. 또한 나라시대에는 왕인이 교키의 선조로서 공경을 받았고, 헤이안시대에는 《천자문》처럼 습자習字에 사용된 〈나니와즈노우타〉의 작자가 왕인이라고 생각되었다. 에도시대에 왕인은 그 자손인 가와치노 후미우지의 거점이었던 오사카를 중심으로 학문의 아버지로 존경받았다. 오늘날에도 오사카에는 왕인의 이름이 지명으로 남아 사랑받고 있다. 이처럼 일본에서는 왕인의 이야기가 긴 시대를 걸쳐 기록되고 전승되어 왔지만 아쉽게도 한국에서는 왕인을 기록한 문헌은 찾을 수 없다.

오늘날 왕인의 업적을 기리기 위한 훌륭한 시설을 세운 영암에서도 현재 왕인의 출생지임을 뒷받침하는 결정적 근거는 없다. 그런데 요즘 영암 주변의 영산강 유역에서 진행 중인 고고학 조사에서, 5~6세기에 일본의 규슈, 긴키 지방과 활발한 교류를 한 흔적들이 발견되고 있다. 앞으로 조사연구가 더욱 진행되어 왕인의 발자취가 이어져 언젠가는 한국과 일본이 더욱 '굵은 실'로 이어지는 날이 오리라 기대한다.

앞으로는 자국 문화의 우월감을 채우기 위한 재료로 한일교류의 역사를 이야기하면 안 될 것이다. 수많은 노력을 기울여 쌓아 올린 연구 업적들이 헛되지 않도록 객관적인 시점으로 왕인의 사적事蹟도 보아 주었으면 한다.

안중근을 존경하는 일본 사람 이야기

이혜균 (안중근의사숭모회 사무처장)

생애 첫 직장인 한국전력에서 일본인들과 함께 근무하며 배웠던 일본어는 내 인생에서 한 여성으로 당당하게 사회에 설 수 있도록 자신을 지키는 수호신이 되어 주었다. 결혼 후 육아를 하면서도 리듬을 잃지 않으려고 노력한 덕분인지 13년의 공백을 딛고 일본어란 수호신을 들고 다시 세상 밖으로 나온 곳이 뜻밖에도 안중근의사기념관이었다.

이후 오늘까지 국내외에 안중근 의사를 알리고 아직 정확한 위치조차 밝혀지지 않은 안 의사의 유해를 비롯해 옥중에서 남긴 육필 자료를 발굴하기 위하여 일본과 중국을 오가며 다양한 조사도 진행했다. 특히 일본 내 조사를 통해 안 의사의 유묵 등 귀한 자료를 발굴해 국내로 환수해 와서 보물 등 문화재로 등록하며 큰 보람을 느끼기도 했다.

그러나 새로운 조사를 진행하면서 최근 수년간은 전 아베 정부의 지독한 반한정책 때문에 도움을 주는 일본인들도 정부기관의 높아진 문턱을 넘는 데 주저해 숨 고르기 시간을 조금 길게 갖고 있지만, 일본 내 안 의사 선양 활동과 자료 조사, 발굴 사업은 참으로 의미 있고 매력적인 일이었다.

안 의사 의거 이후 수감과 재판 과정을 통해 만난 많은 일본 사람들은 안중근의 높은 인격과 깊은 신앙심 숭고한 사상에 경외감을 갖고,

훗날 고향으로 돌아가 후손들에게 안중근의 인품을 전하기도 했다. 그렇게 전해진 안중근의 평화사상은 오늘도 후세로 이어지며 한국과 일본을 잇는 디딤돌로서 그 틀을 넓혀 간다.

여기서는 20세기 초의 안중근 의사 의거와 뤼순 감옥에서의 순국을 통해, 일본인들이 전하는 평가와 100여 년의 시공을 넘어 한 종교인의 아름다운 양심 선언적 활동을 간단히 소개하고자 한다.

안중근을 존경하는 일본인

> 장부가 세상에 처함에 그 뜻이 크도다
> (중략)
> 쥐 도적 이토여…
> 어찌 즐겨 목숨을 비길고, 어찌 이에 이를 줄을 헤아렸으리오
> (중략)
> 만세 만세여 대한독립이로다…

안 의사는 대사를 성공시켜야 한다는 절박함으로 거사에 앞서 동지들과 사진을 찍고 앞의 '장부가'를 지어 읊었다. 드디어 운명의 그 날, 1909년 10월 26일 오전 9시 반경에 하얼빈 역두에서 안중근 의사는 이토 히로부미를 향해 총을 겨눠 세 발을 명중시켰다. 그러나 당시 안 의사는 대사를 성공시켜야 하는 절박함과 이토에 대한 인상을 정확히 확신할 수가 없었기에 순간적으로 동양인을 향해 다시 세 발을 쏘았다. 이토를 뒤따르던 하얼빈 일본 총영사 가와카미 도시히코, 비서관 모리 야스지로, 만철이사 다나카 세이지로 등이 차례로 쓰러졌다. 가와카

미는 오른팔을 맞았고, 모리는 총알이 왼쪽 허리를 관통해 배에 박혔으며, 다나카는 왼쪽 발뒤꿈치에 박혔다. 그리고 또 한 발은 만철 총재 나카무라 제코의 외투와 바지를 뚫고 귀족원 의원인 무로다 요시아야의 바지를 관통해 플랫폼에 떨어졌다. 이토를 제외한 수행원들은 다행히 조금 다쳤을 뿐 생명에 지장이 가진 않았다.

만주철도 수석이사 다나카 세이지로는 수행을 겸한 통역사로 현장에 있다가 안중근에게 저격을 받았으나, 훗날 그의 발언이 많은 사람들에게 감동을 주었기에 그의 후배인 안도 도요로쿠의 글을 통해 옮겨 보고자 한다. 젊은 날의 한때를 조선에서 보냈던 안도는 1984년에《한국, 내 마음의 고향韓國わが心の故里》이란 자전적 저서를 통해 한국 생활을 기록했는데, 그 내용 중에 '안중근은 민중의 마음' 부분을 발췌했다.

안중근 의사가 여순에서 사형된 것은 1910년 명치 43년이다. 내가 13세 때였으므로 당시 일본과 한국의 관계에서 그 분을 잘 알 리가 없었다. 그러다가 1922년 대정 11년 5월 나는 평양 교외, 승호리에 있던 오노다 시멘트사의 평양지사에 부임해 그곳 사택에 거주했다. (중략)

그런데 내가 가장 존경하고 신뢰하는 대선배 중에 다나카 세이지로라고 하는 분이 계셨다. 1872년 명치 5년생이므로 지금 103세 정도 1975년 집필 당시이다. 이토 공과 같이 야마구치현 하기시에서 태어난 도쿄대 법대 출신으로 그 당시 상당한 엘리트였고, 이토 공으로부터 상당히 총애를 받은 수재였다. 그는 고토 신페이가 만철 초대총재일 때 34세로 만주주재 만철 수석이사가 되었다. 이토 공이 러시아의 제1 실력자인 재무대신 코코프체프를 만나기 위해 하얼빈에 갔던 1909년 명치 42년은 만철이사가 된 지 3년 남짓 되었던 해로 37세였다. 이토 공의 안내역이자 불어통역사로서 하얼빈에 수행했다. 코코체프는 이토 공의 열차에 올라 다나카 씨의 통역으로 최초의 회견을 끝냈다.

이토 공이 역두에 내려 다나카 씨보다 2, 3보 뒤쪽에 있었는데 안중근의 총에 맞아 쓰러졌고 탄환 중 한 발은 다나카 씨가 맞았다. 다나카 씨는 피격당한 일조차 마음 쓸 겨를이 없을 정도였다. 총성이 나서 뒤를 돌아보니 이토 공은 쓰러졌고 지근에 안중근이 서 있었다고 다나카 씨가 말했다. 그때 안중근의 표표하고 의연한 모습, 그리고 달려온 헌병과 경찰에게 피스톨에 아직 탄환 한 발이 남아 있음을 주지시킨 태도 등은 그 인격의 고매함을 그대로 드러낸 것으로, 대저 다나카 씨의 생애를 통해 본 최상 최고의 자태였다는 것이다.

다나카 씨는 만주주재 만철 수석이사였기 때문에 시베리아 철도로 일본에 가는 세계 저명인사들을 대부분 만나는 입장이었다. 그 당시 사람으로서는 일본에서도 가장 많은 국제적 인사들과 친근하게 만났던 셈이다. 또한 유명한 만철조사부를 창설한 지식인이기도 했다. 상식적으로 보면 안중근을 가장 증오해야 할 환경에 있던 사람이다. 그런 다나카 씨가 "당신이 지금까지 만난 세계의 여러 사람 가운데 일본인을 포함해서 누가 가장 위대하다고 생각합니까?"라는 나의 질문에 일언지하로 "그것은 안중근이다"라고 잘라 말했다. "애석하게도…"라는 말을 덧붙이면서….

안도 도요로쿠의 안중근 관련 기록은 지극히 짧았지만 강렬했다. 안도는 1897년생으로 도쿄대를 졸업하고 오노다 시멘트 회사에 입사해 사장 자리까지 올랐다. 젊은 시절부터 안 의사에 대해 높게 평가해 왔던 안도는 다나카로부터 '안중근을 가장 존경한다'라는 말에 적극 공감했고, 1980년대에 도쿄에 안중근연구회를 창설해 초대회장으로 활동하다 1990년 2월에 작고했다.

구리하라 사다키치栗原貞吉는 안중근이 수감되어 있던 당시 뤼순감옥 소장이었다. 그는 안중근과의 만남을 통해 이토 히로부미를 사살한 진의와 평화사상 그리고 그의 숭고하고 뛰어난 인간성을 알게 되면서 마음속 깊이 존경했고, 안중근에게 사형이 확정되자 고등법원장과 재판장을 만나 안중근의 구명을 탄원하며 안타까워했다. 그러나 결국 1910년 3월 26일에 안중근에게 사형이 집행되자 안중근을 구할 수 없었던 자신의 능력과 감옥관리의 한계를 느껴, 고민 끝에 감옥 소장직을 사임하고 일본으로 귀국했다. 고향으로 돌아온 그는 역시 후손들에게 이러한 사실을 전했고, 구리하라 사후에 장녀 후사코는 시댁인 이마이 가문에 안중근 이나리 신사稻荷神를 세워 안중근의 진혼을 빌며 영혼을 위로했다고 한다.

뤼순감옥에서 동양평화와 조국독립의 신념을 관철하기 위한 안중근의 의연한 모습은 재판에 관계한 많은 사람들을 감격시켰다. 관선변호인 미즈노 기치타로水野吉太郎는 안중근을 변론하며 "이 사건은 일본의 법률로 재판할 것이 아니라 한국의 형법에 따라 재판해야 하지만 한국에는 아직 그에 해당하는 조규가 없으므로 무죄가 타당하다. 또한 일본의 형법으로 재판한다고 해도 나라를 걱정해 거짓 없는 진심으로 행한 점으로 볼 때 막부 말기 이이 나오스케나 오쿠마 시게노부 등과 다르지 않은 고귀한 행위이다"라고 주장했다. 따라서 미즈노 변호사는 안중근에게 일본 형법을 적용한다 해도 살인죄로서는 가벼운 징역 3년형이 타당하다고 주장했지만 일제의 관동도독부 뤼순법원은 미즈노의 변론을 무시한 채 안중근에게 사형이라는 극형을 구형했다.

결국 안중근 사형 집행 시 입회한 미즈노 변호사는 그 광경에 깊은 마음의 상처를 받아 고향으로 돌아온 이후 두 번 다시 사형재판과 관련된 변호를 맡지 않았다고 한다. 만년에는 곧잘 "나는 안중근을 생각하면 언제나 눈물이 나온다"라며 일본의 식민지 지배에 대한 무의미함을 설파했다.

안중근은 미즈노 변호사에게 감사의 징표로 유묵 '志士仁人殺身成仁 지사인인살신성인, 뜻있는 선비와 어진 사람은 옳은 일을 위해 자신을 바친다'를 써 주었다. 이 유묵은 내가 그간 십 수 년에 걸친 소장자와의 교류를 통해 2016년에 국내로 환수해 우리나라 보물로 문화재 등록을 신청 중에 있다.

검찰관 야스오카 세이시로 安岡淸四郞 는 법원 직원들로부터 돈을 모아 옥중의 안중근에게 내의 등을 넣어 주며 친절하게 대해 주었는데, 이에 안중근은 야스오카가 차입해 넣어준 비단천에 '國家安危勞心焦思 국가안위노심초사, 국가의 안위를 걱정하고 애태운다'라는 글을 써 주며 감사를 표하기도 했다. 훗날 일본으로 돌아온 야스오카는 가족들에게 "지금까지 만난 인물 중에 가장 위대한 인물은 안중근이다"라며 그의 죽음을 안타까워했다고 전한다. 야스오카의 장녀 우에노 도시코는 부친에게 물려받은 안중근 유묵을 소중히 간직하다 1976년에 한국으로 기증해 주었다.

미야기현 구리하라 출신으로 육군헌병 상등병이었던 치바 도시치 千葉十七 는 뤼순감옥에서 안중근이 사형될 때까지 간수로 근무했다. 자신이 존경하던 이토 히로부미를 쏜 데 대해 좋지 않은 감정을 품고 안중근을 지키며 간수 역할에 충실했던 치바는 어느새 고결한 인품을 지닌 안중근의 태도에 감동해 모종의 우정을 싹틔웠고, 안중근을 마음속 깊이 존경하게 되었다. 안중근 사후 고향으로 돌아온 치바는 생애를 통해 일본에 의한 안중근의 처형을 사죄하고, 안중근으로부터 사형 직전에 받은 유묵 '爲國獻身軍人本分 위국헌신군인본분, 나라 위해 몸 바침은 군인의 본분이다'와 존영에 배례를 지속했다. 치바는 안중근이 이토를 사살한 행위가 개인적인 원한에서가 아니라 구국을 위한 저항운동이며 사랑하는 가족과 민족을 구제하기 위한 의거였음을 자각했다. 특히 한국을 식민지배한 가해국의 한 사람으로서 생애를 통해 한국민에 대한 죄책감을 느끼며 살았다.

치바가 불단에 올려 배례하던 유묵과 사진은 안중근 의사 탄신 100주년인 1979년에 조카딸에 의해 한국으로 기증되었고, 이를 기리기 위해 치바의 보리사인 미야기현 구리하라시 다이린지大林寺에는 유묵 석비를 세워 1982년부터 매년 9월에 안중근과 치바 도시치를 기리는 추모법요와 양국의 우호를 다짐하는 친선교류행사를 거행하고 있다.

남산 '와룡매' 이야기

매년 5월이 되면 은은한 향기와 수려한 자태로 안중근 의사 기념관을 찾는 이들의 발걸음을 멈추게 하는 홍백의 매화나무 두 그루가 있다. 이 나무는 1593년에 임진왜란 당시 일본으로 반출된 매화나무의 후계목으로 일본의 한국침략에 대한 사죄의 뜻을 담아 400여 년 만에 환국된 뜻깊은 나무이다. 모목의 수형이 일본 내에서도 보기 드물게 뛰어난 자태로 용이 누워 있는 모습을 하고 있어서 '와룡매'라 불린다.

임진왜란 당시1592~1597 도요토미 히데요시의 명에 따라 조선으로 출병한 센다이 번주 다테 마사무네에 의해 일본으로 반출된 매화나무는 창덕궁에 식재되어 수려한 자태로 궁궐을 장식했던 매화라는 설도 있다. 또한 몇 그루나 되는지 잘 알려지지 않았으나 현재 미야기현 형

무소에 한 그루, 센다이 시민공원에 한 그루, 마쓰시마의 서암사瑞巖寺에 두 그루가 식재되어 있는 것으로 보아 그보다는 훨씬 많은 수가 아니었을까 추측해 볼 수 있다. 1609년 3월 26일에 다테가의 보리사인 서암사가 중건되면서 본당 앞 양 옆에 홍백으로 식재되어 400여 년간 진한 꽃향기와 열매를 자랑하며 사찰의 명목으로 자란 와룡매는 1942년부터는 미야기현 유형문화재로 지정되어 특별 관리되고 있다.

1992년 동 사찰의 129대 주지로 부임한 히라노 소죠平野宗淨 스님은 사찰의 명물로 자리한 와룡매의 유래를 알게 되었고, 도요토미 히데요시의 무의미한 침략으로 인해 조선에 많은 피해를 주고 수많은 인명을 살상한 데 대한 참회의 마음을 가졌다. 이와 함께 풍전등화와 같은 조국의 운명을 되살리기 위해 고군분투하다 일제의 불법 재판으로 사형당한 안중근 의사의 넋을 위로하고, 35년간의 일제 식민지 정책하에서 한국 국민이 겪었을 고통과 아픔을 뼈저리게 반성하며 이러한 마음을 표현하기 위하여 와룡매 후계목의 모국반환을 고려한 것이다.

히라노 주지는 이를 실천하기 위하여 와룡매로부터 가지를 채취해 뿌리를 내리는 작업을 수없이 반복한 끝에 후계목 생성에 성공하자, 1998년 9월 5일에 미야기현 대림사大林寺에서 개최된 제18회 안중근 의사와 치바 도시치 추도법요 이후에 가진 한일친선간담회 석상에서 비록 어린 묘목이지만 참회의 마음과 한일 친선의 상징으로 한국의 안중근 의사 기념관 부근에 식재할 수 있기를 희망한다며 와룡매의 후계목 반환을 제의했고 한국의 안중근 의사 숭모회에서 이를 수락했다.

이에 따라 양국 외교통상부의 적극적인 협조로 1999년 3월 10일에 400여 년 만에 고국으로 돌아온 와룡매 후계목은 동년 3월 26일 안중근 의사 순국 89주기를 맞아 한일 양국 관계자들이 참석한 가운데 대대적인 환국식과 더불어 남산공원에 홍백으로 식수되었다. 이후 홍매는 고향에 돌아온 기쁨을 만끽하며 남산공원 양지 뜰에 뿌리를 내려가며 무럭무럭 잘 자랐지만, 백매는 시름시름 온실을 드나들더니 발육이 늦어져 결국 홍매와는 맏형과 막내동생 만큼이나 크기에 차이를 내며 겨우 꽃을 피울 수 있었다.

그런데 이번에는 남산 르네상스 사업을 위해 서울시가 옛 신궁터를 중심으로 시설 정비를 추진하면서 한창 아름다운 자태로 꽃을 피우던 홍백의 와룡매를 2010년에 재건립된 안중근 의사 기념관 정문 앞으로 또다시 이식했다. 그러나 이식 과정에서 무엇이 잘못되었는지 수려하게 가지를 뻗으며 봄이면 분홍빛 탐스러운 꽃을 피우던 홍매가 한겨울 추위를 견디지 못하고 밑둥을 시작으로 한쪽의 굵은 가지가 통째로 죽어버렸다. 서울시에서도 링거 등을 꽂으며 치료에 힘썼지만 결국 회생시키지 못한 채 한쪽을 살려 내는 것에 만족할 수밖에 없었다. 참으로 안타깝기 그지없다. 환국 직후 겨우 회생하여 제법 새하얀 꽃을 피웠던 백매는 장소를 옮긴 이후 한동안 몸살을 앓았지만 다행히도 다시 기운을 차려 제법 멋진 자태로 봄이면 구름같이 새하얀 꽃을 피워 사무실 창가를 통해 내려다보는 즐거움을 주고 있다.

서암사의 히라노 소죠 주지는 돌아가셨지만 그 분을 비롯한 일본의 양심 있는 인사들의 바람처럼 안중근 의사 기념관 앞뜰에 이식된 와룡매 후계목이 잘 자라 미래 한일 양국의 우호와 평화를 증진시키는 상징목象徵木이 될 수 있기를 바란다.

일의대수의 한일관계

안중근 의사는 풍전등화 같은 조국의 운명을 의거로서 세계에 알렸고 재판을 통해 일본의 파렴치함을 고발했으나 결국 그 뜻을 이루지 못하고 31세를 끝으로 뤼순감옥에서 일제에 의해 처형당했다. 그러나 그의 독립을 향한 의지는 수많은 독립선열에게 영향을 주었고 동양평화를 향한 그의 염원은 옥중에서 휘호한 200여 점의 유묵과 함께 양심 있는 일본인들에게 지금도 잊을 수 없는 역사적 사실로, 결코 잊어서는 안 될 역사의 기억으로 남아 전해진다.

아지랑이 넘어 대다수의 순수한 일본 국민들은 평화를 염원한다. 더욱이 일의대수一衣帶水와 같은 한국과 일본의 진정한 우호는 동양의 평화를 넘어 세계평화로 이르는 가교가 될 것이다. 옥중의 안중근 의사가 그러했듯이 거래가 아닌 교류로 서로의 마음을 전하면 역사는 그 속에서 자연스럽게 자리 잡히지 않을까 생각해 본다. 국가 간보다는 민간 개인에 의한 평화의 와輪를 넓혀 나가야 할 것이다.

5

세세한 규칙과 예절에 담긴 공동체 의식

일본인의 상^喪, 진정한 영예

일본인과 종교의 관계

인지장애를 가진 사람들과 함께 살아가는 일본 사회

나의 일본인 이웃들

하면 되는 한국, 준비가 더 중요한 일본

사다 마사시, 국민 가수 맞상

일본의 예약 문화와 온라인 서비스

일본의 식사 예절

엄마의 응원, 형씨 남매의 일본 유학 분투기

일본인의 상賞, 진정한 영예

어기룡 (과천여자고등학교 교장)

이우진 (과천외국어고등학교 교사)

　최근 미디어 매체를 통하여 전 세계 곳곳에서 수없이 많은 다양한 분야에서 상賞을 수상하고 그 소감을 전하는 훈훈한 이야기에 전 국민이 기뻐하기도 하지만 때론 상을 받을 자격을 놓고 다소 씁쓸한 하마평이 우리의 눈살을 찌푸리게도 한다.

상은 도전자에게 보내는 칭찬과 영예의 증표

　상賞이라고 하면 모름지기 전 세계인 누구나가 알고 인정하는 노벨상Nobel Prize으로, 스웨덴의 발명가 알프레드 노벨이 1895년에 작성한 유언을 기려 스웨덴과 노르웨이의 관련 기관들이 '매년 인류를 위해 크게 헌신한 사람'에게 시상하여 세계적으로 그 권위를 인정받고 있다. 또한 전 세계 예능의 백미라 할 수 있는 각 분야별 아카데미상, 세계 수학자 대회를 통해 선정되는 '필즈상', 최고 여성무용수상 '브누아 드 라 당스' 등이 있다. '브누아 드 라 당스'는 '춤의 영예'란 뜻으로 흔히 무용계의 아카데미상으로 불리는데 최근 40세가 넘는 워킹맘이기도 한 강미선 발레리나가 수상하여 화제를 모았다. 강미선 발레리나는 앞으로 어떤 무용수가 되고 싶냐는 질문에 "발레리나를 꿈꾸는 사람들, 경력을 시작하는 무용수들에게 좋은 영향을 주는 무용수가 되고 싶어요"라고 너무나 자연스럽게 말했다. 이처럼 전 세계 곳곳에서 수없이 많은 상을 주고받으며 기쁨을 나누는 모습을 볼 수 있다. 이렇듯 어떤 분야에서든 상이란 '기대하는 바를 달성한 사람이나 기관에게 칭찬과 격려의 의미를 담아 주는 징표'로 상을 받은 사람뿐만이 아니라 주변 사람들에게도 의욕을 고취시켜 무슨 일이든 계속 도전하게 만드는 긍정의 힘을 돋우는 역할을 한다.

반면 각종 자치단체나 어떤 기관의 경우, 애매한 공적을 구실로 상을 남발하는가 하면 특정 목적을 겨냥하거나 홍보를 목적으로 수여 기관을 바꾸어 가며 서로 상을 수여하는 등 이해관계만을 도모하여 칭찬과 격려는커녕 많은 이들의 눈살을 찌푸리게도 한다.

최근 학교에서 수여되는 상의 의미

실제 학교에서는 과거 대학입시의 성과를 위하여 다양한 분야의 활동을 만들어 가급적 많은 상을 수여하면서 상장이 곧 우수성의 상징으로 비쳐 실제 상의 의미를 퇴색시키기도 했다. 참 아이러니한 것은 상장이 수없이 발급되었는데도 단 한 장의 상장도 못 받고 졸업해야 하는 학생도 있었다는 것이다. 우수성을 입증해야 하는 상장이 아닌데도 말이다. 급기야 누군가는 대학입시의 가산점을 목적으로 상장을 위조하여 합격 여부를 다투는 실정에 이르렀다. 이 때문에 최근의 대학입시에서 수상 실적의 반영 여부를 학기별 한 개로 제한하고 교내 수상만을 허용하겠다고 하며 수시 전형 전에 학기별로 선택하게끔 했다. 그러다가 2023년도부터는 아예 입시에서 수상 실적을 미반영하는 단계까지 이른 세태를 보며 진정한 상의 의미가 무엇인가를 다시 생각해 보게 한다.

얼마 전에 대학 선후배들이 대학 학과 후배들을 격려하고자 십시일 반 모은 장학금을 수여하는 행사가 있었다. 특히 이 자리를 빛내기 위하여 함께해 주신 90세를 넘긴 은사님의 건강한 모습에 감사의 마음과 행복을 기원하는 의미를 담아 행복상을 만들어 수여하는 이벤트도 했다. 학과의 역사와 발전을 위하여 공헌하신 당신의 존재를 인정하고 기억하겠다는 의미와 진정한 감사의 마음을 담은 상이 아니었을까 생각한다. 장학을 담당한 나와 일본학과를 사랑하는 정년을 앞둔 선배님의 제안으로 은퇴한 또 다른 스승님을 찾아 당신의 존재감에 감사함을 표현하고 건강과 행복을 기원하는 행복상 이벤트를 또다시 기획하고 있다. 이 글을 써내려 가자니 문득 별나라로 먼저 여행을 떠나신 은사님을 뵐 수 없음에 아련한 마음이 스며든다. 이 자리를 빌려 대단하지는 않지만 진정한 마음을 담은 행복상을 만들어 스승님과 동문 선후배들을 대상으로 릴레이를 이어가겠다는 의지를 담아 본다. 크든 작든 상은 이런 것이 아닐까 생각한다.

단지 경쟁에서 이겼다는 의미와 자리가 공적이 되는 수상이 아닌 일본의 국민을 감동시키고 미래 청소년들에게 꿈과 용기와 희망을 주는데 공헌한 수상자를 선정한다는 취지의 일본의 영예상榮譽賞에도 그들만의 특별한 의미가 있지 않을까 하는 생각에 이 자리를 빌려 소개해 보고자 한다. 물론 이 국민영예상 수상을 비판하는 사람들이 있지만, 분명한 것은 수상자 모두가 한 시대를 살며 일본 국민에게 감동을 준 인물이라는 사실은 아무도 부인할 수 없을 것이다.

어쩌면 장래에 동아시아 사랑방 포럼의 이러한 노력들이 영예상에 버금가는 어떤 수상의 주인공이 될 수 있지 않을까 상상해 본다. 일본인이 아니라서 안 되는 것이 아닌 한국인과 일본인 모두에게 지금의 소소한 이야기는 국가 간의 이해관계를 넘어 보다 자연스럽고 단단한 멋진 이웃으로서 한일문화교류의 장을 이루어 내겠다는 순수한 의지로 양국의 가교가 되고 있다는 칭찬과 격려의 의미라면 충분한 자격이 있다고 생각한다. 내 생각으로는 이처럼 상이란 주는 사람이나 받는 사람에게 순수성이 있어야 할 것 같다. 예전에 '톨스토이'가 노벨상 수상을 거절한 이유로 오히려 작가의 작품이 돈으로 평가되는 것 같다고 하여 노벨위원회를 분노하게 만들었다는 일화처럼, 어느 누군가에게는 오히려 칭찬과 격려가 아닌 유명세가 거추장스러운 것이 될 수도 있지 않을까 생각해 본다. 물론 톨스토이는 어느 누가 생각해 보아도 당연히 받아야 할 인물인지라 정치적이든 사회적이든 어떤 다른 이유가 있을 수 있기에 오해가 없길 바란다. 단지 상을 수상하는 의미가 항상 긍정적이지만은 않을 수도 있다는 생각도 한번 해 볼 수 있겠다.

일본 국민의 존경과 사랑, 미래세대를 향한 희망이 담긴 공로상

사실 상賞 하면 일본을 빼놓을 수 없다. 일본에는 상의 종류가 참으로 많다. 워낙 많다 보니 일본 국내의 약 3,200종류의 상과 수상자를 담은 사전까지 있다고 한다. 또한 세계적으로 잘 알려진 상의 수상자도 많다. 25명 이상이나 되는 노벨상 수상자, 건축계의 노벨인 프리커츠상 수상자도 7명이나 된다.

수많은 상 중에서도 '국민영예상'은 특히 명예로운 상으로 알려져 있다. 폭넓은 존경과 사랑을 받으면서 국민에게 밝은 희망을 안겨 준 공로가 있는 사람에게 수여하는 상이기 때문이다. 홈런 세계 신기록을 세운 프로야구 선수 오 사다하루를 기리기 위해 1977년에 만들어진 이 상은 지금까지 개인 26명과 단체 1곳에 수여되었다. 개인 가운데 12명은 사후에 수상이 결정되었다. 단체로는 2011년에 일본 여자 축구 국가대표팀이 유일하게 수상했다. 가장 최근 수상자는 구니에다 신고로 오랜 기간 휠체어 테니스계의 일인자로 활약했으며 파라스포츠패럴림픽의 사회적 인지도 확대와 스포츠 발전에 공헌한 바가 크다고 할 것이다. 그의 기록을 보면 남자 세계 역대 최다 50회싱글 28회, 더블 22회 우승 기록 보유자이며 연간 세계최종 랭킹에서도 1위를 10번이나 기록했을 정도이다. 다음에 제시하는 일본 국민영예상 수상자들의 공통점은 세계 역사에 남을 쾌거를 이룩하여 일본 국민에게는 꿈과 감동을, 사회에는 밝은 희망과 용기를 주었다는 점이다. 특히 이 국민영예상은 날짜를 정해 놓고 주는 것이 아니라 그에 걸맞은 사람이 나타났을 때 수여한다는 점과 정부를 대표하여 당해 내각 총리가 선정하여 수여한다는 점이 특이하다.

국민영예상 수상자 이야기

국민영예상 수상은 개인에게 주는 것이 일반적이지만 단체에 수여하는 경우도 있다. 단체에 준 사례로는 2011년 FIFA 여자 월드컵에서 우승한 일본 여자 축구 국가대표팀이 있다. 2011년 FIFA 여자 월드컵에서 일본 여자 축구 국가대표팀은 미국과의 경기에서 사상 처음으로 우승하면서 일본인에게 감동을 선물했다. 2011년 3월 11일 동일본 대지진으로 인해 일본 국민들이 실의에 빠진 상황에서, 같은 해 7월 17일에 치러진 미국과의 결승전에서 승부차기 끝에 일본 여자 축구 국가대표팀이 우승한 것이다. 그 당시 일본 정부는 이 우승이 일본 국민 모두에게 용기를 주기에 충분한 가치가 있다는 확신하에 축구 단체팀을 수상자로 선정했을 것이다. 매뉴얼 사회라고 하면서도 때론 변화의 양상을 잘 적용하는 것 같다. 오히려 이것이 일본 국민에게 용기와 희망을 주겠다는 국민영예상의 제정 취지와 영예상 수상이 갖는 순수성과 사회상이 반영된 것이었음을 증명한 수상 사례로 판단된다.

사실 이 상은 1977년에 제정된 이후, 첫 수상자가 우리에게도 잘 알려진 야구의 달인 오 사다하루왕정치이다. 오 사다하루에게 준 최초의 국민영예상은 기발하면서도 참 의미 있는 수상이다. 오 사다하루는 개인 통산 홈런 세계 신기록을 달성756호한 프로야구 선수로 당시 전 세계인에게도 널리 알려졌다.

1984년에 수상한 유도 선수 야마시타 야스히로는 1984년 로스앤젤레스올림픽 유도 무제한급 금메달리스트로 많은 사람들에 인상 깊이 남아 있다. 또한 1987년의 기누가사 사치오는 프로야구 선수로 연속 경기 출장 세계 신기록을 달성2,215경기했으며 그의 등번호인 3번은 히로시마에서 영구 결번으로 지정되었고 일

국민영예상 첫 수상자 오 사다하루 선수

본 야구 명예의 전당에 오르기도 했다. 만년꼴등인 히로시마의 카프 선수여서 더욱 인상에 남는 선수이기도 하다.

스모 하면 다양한 선수가 있지만 1989년의 지요노후지 미쓰구를 빼놓을 수 없다. 1981년 요코즈나에 오른 뒤 31회 우승을 기록하는 등 뛰어난 기록으로 스모계에 크게 공헌한 선수로 스모계의 길이길이 존경받는 선수이기도 하다. 2009년에 수상받은 모리 미쓰코는 배우이자 가수 그리고 사회자로 오랜 세월 예능 분야의 일선에서 활약한 사람이다. 89세의 고령임에도 연극 '방랑기'에서 2,000회 이상 주연을 맡아 커다란 역할을 하기도 했다. 갑자기 송해 선생님이 생각나는 이유는 뭘까?

일본 야구 하면 오 사다마루가 떠오르지만 사실 일본인에게는 2013년에 수상한 나가시마 시게오를 빼놓을 수 없다. 프로야구 선수에서 감독으로 그의 카리스마 넘치는 야구 실력과 리더십은 지금도 많은 사람들에게 회자되고 있다. 프로야구를 국민 스포츠로 끌어올렸으며 일본 야구계의 발전에 커다란 공헌을 한 사람이다. 동시에 같은 해에 수상한 마쓰이 히데키도 프로야구 선수로 나가시마 시게오와는 사제 관계이다. 미국과 일본을 통틀어 20여 년 동안 팀의 주축 역할을 담당했고 2009년 아시아 출신 선수 최초로 월드 시리즈 MVP 차지할 정도로 최고의 야구선수로 알려져 있다.

2018년에는 3명이나 받았다. 하부 요시하루 장기 기사. 장기계를 이끄는 일인자로 1996년 처음으로 7관왕 동시 제패, **이야마 유타** 바둑 기사. 바둑계를 이끄는 일인자로 현저한 공적을 쌓아 연간 그랜드 슬램을 포함한 최초로 두 번의 7관왕을 동시에 제패, 그리고 우리에게도 잘 알려진 피겨스케이트 선수 하뉴 유즈루이다. 2018년 평창 동계올림픽 피겨 스케이팅 남자 싱글 부문 우승자로 이 종목에서 66년 만에 올림픽 남자 싱글 2연패라는 쾌거를 달성했기 때문이다. 2023년 수상자는 아주 인상에 남는 휠체어 선수인 구니에다 신고이다. 오랜 기간 휠체어 테니스계의 일인자로 활약했고 파라스포츠의 사회적 인지도 확대, 스포츠 발전에 기여했다. 남자 세계 역대 최다 50회싱글 28회, 더블 22회 우승 기록보유자이기도 하다.

사후死後 수상자

사실 사후 수상자에게 상을 준다는 것은 쉽게 납득하기 어렵다. 현존하지 않는 사후 세계에 있는 사람에게 그 업적을 기리며 현재에도 살게 하는 상이라니 역시 일본스럽다는 느낌이 든다. 사후 수상자는 현재까지 12명에 이른다. 그중 우리에게 조금 친숙한 수상자를 소개한다.

1989년: 미소라 히바리美空ひばり. 한국 이름 이성애. 가수. 가요를 통해 일본 국민에게 꿈과 희망을 줌.

1992년: 하세가와 미치코長谷川町子. 만화가. 일본 최초의 여성 프로 만화가. 대표작으로 《사자에상サザエさん》, 《심술쟁이 할머니 いじわるばあさん》 등이 있음. 《사자에상》은 가장 장기간 방영한 TV 애니메이션으로 기네스북에 실려 있음.

1996년: 아쓰미 기요시渥美清. 배우. 일본을 대표하는 서민 영화 〈남자는 괴로워〉 시리즈를 통해 인정미가 풍부한 연기를 펼침. 아쓰미 기요시가 주인공을 맡은 〈남자는 괴로워〉의 무대가 된 시바마타역 柴又駅 앞에는 중절모를 쓴 영화 속 주인공의 동상이 있음.

1998년: 구로사와 아키라黒澤明. 영화감독. 수많은 불후의 명작을 통해 일본 국민에게 깊은 감동을 주고 세계 영화사에 훌륭한 발자취를 남김.

2013년: 다이호 고키大鵬幸喜. 스모 요코즈나. 스모 대회 사상 최다인 32회의 우승을 기록하는 등 스모계에 훌륭한 공적을 남김.

상을 거절하는 사람들도 있었다, 혼토, 우소?!

아니 상을 거절하는 사람이 있다니 정말일까? 그런데 의외로 여러 사람이 있었다. 그들이 정중히 거절했던 이유는 무엇일까? 후쿠모토 유타카는 프로야구 선수로 1983년 6월에 당시 세계 신기록인 통산 도루를 939개 달성해서 국민영예상을 주겠다고 본인의 의사를 물었으나 거절했다. 그는 '오 사다하루 씨와 같은 야구인이 될 자신이 없었다. 국민영예상은 기록뿐만 아니라 국민에게 널리 사랑받는 인물이라야 받을 수 있다고 생각했기 때문'이라고 거절 이유를 밝혔다.

전설적인 음악가 고세키 유지도 국민영예상을 거절했다. 클래식과 가요 그리고 영화음악에 이르기까지 헤아릴 수 없는 많은 작품을 남긴 전설적인 음악가로 특히 야구 응원가를 많이 만든 것으로 유명하다. 오사카 타이거즈의 노래大阪タイガースの歌, 1936년, 고시엔 전국고교야구선수권대회의 응원가인 〈영예의 관은 너에게 빛난다栄冠は君に輝く〉 1948년, 1964년 도쿄 올림픽 개막식 선수 입장 행진곡 〈Olympic March〉 등을 작곡했다. 그가 세상을 떠난 후에 유족들에게 국민영예상 수상 의사를 물어봤으나 유족들은 건강하게 활동하고 있을 때라면 몰라도 사후에 받는 것은 의미가 없다며 이를 거부했다.

또한 우리에게 잘 알려진 스즈키 이치로이다. 일본 야구계의 아이콘으로 더 이상 설명이 필요 없는 이치로는 국민영예상 수상을 여러 번 사양했다. '아직은 젊다', '인생의 막을 내릴 때가 오면 그때 상을 받을

일본의 야구선수 스즈키 이치로

수 있도록 노력하겠다'는 것이 이유였으나 현역 생활을 마감하고서도 여전히 수상을 정중하게 거절했다. 엄청난 노력의 결과로 이미 수많은 상을 받아온 이치로 선수로서는 국민영예상이라고 해서 특별히 중요하지 않았을지도 모른다. 영예의 정점까지 올라간 그에게서 우리가 배워야 할 점은 오히려 그의 말과 실천력이다.

"노력하지 않고 잘할 수 있는 사람을 천재라고 한다면 저는 절대 천재가 아닙니다. 하지만 피나는 노력 끝에 뭔가를 이루는 사람을 천재라고 한다면 저는 천재가 맞습니다. 천재의 손끝에는 노력이라는 핏방울이 묻어 있습니다. 제가 일본 최고의 선수가 될 수 있었던 이유는 저보다 많이 연습한 선수가 없었기 때문입니다. 저는 단 한 번도 저 자신과 맺은 약속을 어긴 적이 없습니다."

진정한 영예

'영예榮譽'라는 말을 다시금 생각해 본다. 국민영예상을 받으려면 타고난 재능과 엄청난 노력과 인내가 필요하다. 그렇다고 아무나 받을 수 있는 것도 아니다. 그에 비해 자신의 영예를 지키는 일은 중용의 마음만 먹으면 누구나 가능하다. 그러나 인간의 욕망이 작동하면 영예는 추락하고 만다. 돈이나 명예에 지나친 욕심을 내다가 비윤리적인 행동을 하고, 그 행위가 드러나 여론이나 법의 심판을 받고 고개를 푹 숙이고 모자와 마스크로 얼굴을 가리는 사람들을 흔히 본다. 그런 장면을 볼 때마다 '자신의 영예를 한 번이라도 생각해 봤다면 저런 낯 뜨거운 짓은 하지 않았을 텐데' 싶어 안타까운 마음이 들기도 한다.

최근 MZ 세대의 특징은 개인의 자아와 행복을 추구하며 진짜 열심히 살아간다는 점이다. 한번쯤은 잘 살고 있는 자신을 발견하면 격려하고 위로하기 위해 자신에게 영예상을 주면 어떨까. 본인에게 상을 준다는 것이 좀 멋쩍기는 하지만 드러내 놓고 하는 일이 아니니 크게 민망해할 필요는 없다. '나는 나에게 주는 영예상을 받을 자격이 있을까?' 자문해 본 다음 자신 있게 '그렇다'라고 답할 수 있다면 자격은 충분하다. 나보다 나를 더 잘 아는 사람은 없다. 내가 나에게 상을 줄 수 있을 정도라면 나는 꽤 괜찮은 사람이 아닐까 한다. 우리 같은 소시민은 영예를 거창하게 생각할 필요가 없다. 그저 스스로 또는 남에게 부끄러운 짓을 하지 않고 이웃과 함께 조금씩 애쓰면서 살아간다면 그게 바로 영예로운 삶이 아닐까.

일본인과 종교의 관계
– 역사적 관점에서 본 불교

데시마 다카히로(경희대학교 일본어학과 조교수)

일본인의 독특한 종교관은 일본 문화를 설명할 때 화제가 되는 단골 소재이다. 예를 들어 일본 사람들이 태어나면 신사에 가서 신에게 복을 빌고 교회에서 결혼식을 올리며 불교식으로 장례를 치른다는 이야기는 잘 알려진 바이다. 그러나 일본인과 종교의 관계에 대해서 역사적 관점에서 바라볼 기회는 거의 없는 것 같다. 특히 일본의 역사를 되돌아보면 불교야말로 일본인의 생활과 문화 속에서 중요한 역할을 해온 바 여기서는 불교와 일본 사회와의 관계, 그 역사의 단면을 살펴보고자 한다.

불교에 덮인 중세 일본 사회

먼저 조선시대 사대부가 남긴 기록에서 일본의 단면을 찾아보기로 한다. 1420년 세종은 무로마치 막부 4대 장군 아시카가 요시모치 足利義持 에게 송희경 宋希璟 이라는 사자 使者 를 보냈다. 그가 남긴 일본기행문 한시집 《노송당 老松堂 일본행록》은 외국인이 중세 일본을 묘사한 가장 오래된 사료이다. 여기에서 그는 일본인과 불교의 관계에 대해서 그의 눈에 묘하게 비치는 많은 것을 기록했다. 한 가지만 꼽자면 지금의 오사카 지역에서 '양민 남녀가 반은 중이니, 누가 공가에서 사역하는 장정인가良民男女半爲僧 誰是公家使役丁'라는 한시를 지었다. 그가 목격한 것은 일반인의 절반이 승려가 될 만큼 일상 공간에 승려들이 많이 있는 풍경이었다.

이 묘사는 과장된 부분이 없는 정확한 묘사로, 그가 본 승려들이란 우리가 그리고 그가 상상하는 것처럼 절에서 수행하는 진짜 스님들이 아니었다. 이들은 삭발한 채 사회생활을 유지하는 일반인이었다. 사실 그 당시 일본인은 어느 정도 나이가 들면 삭발하고 승려의 모습이 되는 것을 당연한 습관으로 삼았다. 조선에서는 출가해서 승려가 된다는 것은 특별한 일이었지만, 중세 일본에서는 사람이 태어나서부터 죽을 때까지 누구나 통과하는 한 장면에 불과한 것이었다.

일반 사람이 승려가 되는 것은 9세기경 귀족사회에서부터 시작했다. 왕족과 귀족뿐만 아니라 시대가 흐르면서 무사나 일반 민중들까지 인생의 어느 시기에 승려가 되어 죽음을 맞이했다. 다시 말하면 중세 일본인은 내세를 불교에 맡기기 위해 죽기 전에 불교도가 되어 죽었다는 것이다.

하지만 사람들이 출가했다고 해도 세속사회에서 지니고 있던 힘을 내려놓지 않고 승려의 모습으로 더욱 자유롭게 권력을 행사하는 경우가 많았다. 모순되는 표현이지만 예를 들어 중세에는 적지 않은 무사의 우두머리가 승려의 모습으로 사무라이 집단을 이끌었다. 12세기 후반 무사의 양대 가문 중 하나인 헤이케平家의 우두머리 다이라노 기요모리平淸盛도 그중 한 명이다.

기요모리는 1168년 출가하여 승려가 된 후에도 1181년에 죽을 때까지 헤이케 가문을 이끌었으며 또 하나의 무사 가문인 겐지源氏를 누르

19세기에 그려진 다이라노 기요모리의 모습

출처: 젠켄코지쓰(前賢故実). 진무(神武) 천황부터 고카메야마(後亀山) 천황 시대에 이르는 명군
(名君)·현인(賢人)·충신·열부(烈婦) 등 500여 명의 초상과 그 소전(小伝)을 기록한 책.

고 권세를 자랑했다. 또한 무로마치 막부 3대 장군 아시카가 요시미쓰

足利義満, 교토의 금각사를 세운 사람으로 유명함는 송희경이 면회한 아시카가

요시모치의 아버지인데, 이 요시미쓰 역시 승려 차림의 그림이 일본

역사 교과서에 실려 있다. 요시미쓰는 요시모치에게 장군직을 물려준

후 1395년에 출가했으나 1408년에 죽을 때까지 승려의 모습으로 권력

을 유지했다.

　물론 중세 사람들이 승려가 되는 시기는 다양해서 죽기 직전까지 출

가만 하면 시기는 상관이 없었다. 일찍부터 출가하는 사람도 있었는

데, 그 이유 중 하나가 사람들이 큰 병을 앓았을 때 출가를 결심하는 경

우가 많았기 때문이다. 예나 지금이나 사람들이 죽음을 각오할 때 다

음 생으로 떠날 준비를 한다. 중세 일본인에게는 그것이 바로 출가였

던 것이다. 즉 일본인의 내세는 극락정토極楽浄土와 같은 불교가 관할

하는 세계였고 그곳으로 무사히 가기 위해 불교도가 되어야 했다. 그래서 사람들이 승려가 된 것이다. 다만, 그와 동시에 출가는 부처에게 충성을 맹세하는 공덕으로 부처의 힘을 얻어 자기 병이 회복되기를 바란다는 의미도 있었다. 극락왕생뿐만 아니라 현세이익도 함께 기대한 셈이다. 다이라노 기요모리의 경우는 출가한 공덕으로 병을 회복하여 계속 권력을 행사했다.

모든 사람이 불교도가 되다

근세에는 사원에 있는 진짜 스님들을 빼고 보통 사람들이 실제로 삭발하고 승려가 되는 일은 거의 찾아볼 수 없다. 그러나 이것으로 일본인과 불교의 관계가 점점 희미해졌다고 말할 수는 없다. 오히려 근세, 즉 에도시대가 되면 또 다른 단계를 거쳐 불교가 일본 사회에 더 깊이 뿌리내리기 때문이다.

일반적으로 무언가가 사회에 정착하기 위해서는 권력의 개입이나 제도화가 필수적이라고 일컬어진다. 중세 이후 일본은 천황을 중심으로 한 조정 외에 무사를 중심으로 한 막부라는 또 하나의 정부를 가지게 되었다. 에도 시대에는 에도에 있는 막부가 그 하부 행정단위인 전국의 번^藩을 통제하면서 국내를 통치했는데 막번^{幕藩} 체제라고 불리는 정치구조 아래 단가^{檀家} 제도 데라우케^(寺請)제도 가 도입된다.

여기서 기독교^{가톨릭교}로 화제를 바꾸고자 한다. 일본에는 16세기 중반에 가톨릭교가 전파되면서 나름의 세력을 형성했다. 당시 일본은 전국에 다이묘^{大名}라고 불리는 군웅들이 할거한 전국시대이었는데 적지 않은 다이묘들이 스스로 기리시탄^{가톨릭 신자}이 되어 자신의 영토에 적극적으로 가톨릭교를 도입하기도 했다. 그 결과 전국시대 말기에는 기리시탄 세력이 사회적으로 무시할 수 없는 존재가 되었는데, 이를 두려워한 에도 막부는 전국적으로 금교를 단행했고 이 정책에 연동되어 확립한 것이 바로 단가제도이다.

막부나 번은 영토 내 사람들이 기독교 신도가 아님을 조사·확인하기 시작했다. 이 정책을 슈몬아라타메宗門改め라고 하는데 집가족을 단위로 민중 모두를 어느 절에 단가신도로 소속시켰다. 앞서 중세 이후 불교가 사회에 침투했음을 언급했는데, 이는 민중 통제에 이용된 것으로 이 단가제도에 의해 일본인이라면 모두 불교도가 되어야 했다. 역설적으로 기독교가톨릭가 일본인 총불교도화를 완성으로 이끌었다는 점은 흥미로운 사실이라고 하지 않을 수 없다.

앞 내용과 관련해서 불교는 당시의 호적제도까지 뒷받침하고 있었다. 에도시대에는 슈몬아라타메를 근거로 마을마다 민중들의 주민등록부가 작성되기 시작했다. 가족마다 이름과 나이와 같은 기본 정보, 그리고 소속된 불교 사원의 이름이 기록되어 목록화되었는데 그 기재 내용을 보증하는 것이 바로 절이었다. 각 절에서 자신의 단가가 되는 주민들의 정보를 가장 확실하게 파악하고 있었기 때문이다. 불교 사원이 어떻게 보면 행정기관적 역할을 한 것으로, 세속 권력인 막부나 번은 종교 세력의 힘을 빌려 교묘하게 영내 통치를 추진했다고 이해할 수 있다. 이러한 점도 조정, 막부, 사원 세력에 권력이 분산되면서 전개해 온 일본사의 특징 중 하나로 볼 수 있다.

그리고 이와 같은 사회를 바꾸어 호적 정도는 공권력이 스스로 통제할 수 있는 중앙집권적 사회를 만들고자 하여 일어난 것이 바로 메이지유신明治維新, 즉 일본의 근대화였다. 하지만 지금도 필자와 같이,

죽으면 자기 집이 소속되어 있는 절의 주지 스님이 계명을 지어 주고 불교식 장례식으로 내세에 가는 것으로 막연히 생각하는 사람이 적지 않다. 이처럼 지금도 단가제도의 영향이 제거되지 못하고 남아 있는 것만 봐도 일본의 근대화는 좀처럼 이루어지지 않은 것으로 보인다.

신도神道는 어디로 갔나 — 신불관계의 역사적 특징

지금까지 불교에 관하여 살펴보았는데 일본에는 수많은 신들이 있으며 일본 고유의 종교가 신도가 아닌가 하는 의문이 들 수 있다. 여기에서는 불교와 관련된 신도 부분만 간단하게 언급하고자 한다.

신불습합神仏習合이라는 개념이 있다. 신도와 불교와의 융합을 나타내는 말로, 일반적으로 이 신불습합이 일본 종교의 특징으로 여겨져 왔다. 하지만 고유 신앙과 불교와 같은 종교가 융합해 가는 현상은 일본에만 한정되지 않고 세계적으로 널리 볼 수 있다. 현재 일본에서 제일 많은 신사 중 하나인 하치만八幡이라는 신은 일찍부터 불교에 귀의하였으며 모습은 승려로 그려지는 경우가 많았다. 이렇게 불교에 귀의하여 출가하는 신 역시 결코 일본 고유의 존재가 아니다. 중국의 불교 관련 사료에도 비슷한 사례를 많이 찾을 수 있다. 즉 일본의 신불습합은 대륙의 신불융합 사상을 수입한 것, 쉽게 말하면 모방에서 시작된 것이었다.

융합 현상 중 어떤 부분이 일본적인 특징인지 언급해 보고자 한다. 앞서 살펴본 바와 같이 불교는 일본인들의 사후세계를 담당하게 되었다. 거꾸로 말하면 현세는 신이나 신도의 영역인 셈이다. 일본에서 신과 불은 대등관계처럼 보이기도 하지만 중세에는 신이 가진 힘이 불교로부터 공급받는다는 생각이 대두된다. 이른바 본지수적本地垂迹 사상이라 불리는 것으로 모든 신들은 각각에 대응하는 불여래이나 보살의 화신수적이며 불·보살본지이 일시적으로 모습을 바꾸면서 이 세상에 나타났다수적했다고 보는 사상이다. 예를 들어 천황가의 조상신인 아마테라스天照 신의 힘의 원천이 대일여래大日如来에 있다고 보고 중세 사람들은 신과 불이 반드시 일대일 대응관계에 있다고 생각했다.

중세에는 불교가 신화의 세계에도 진출했는데, 예를 들면 일본 최초의 남신 이자나기와 여신 이자나미 두 신이 천상세계와 지상바다 사이에 있는 아메노우키하시라는 다리 위에서 창을 바다로 꿰찌르고 휘저어서 일본 땅을 창생했다는 신화가 있다. 이 신화에 바닷속에 대일여래를 상징하는 범자梵字, 고대 인도의 산스크리트어 문자가 보여 거기에 두 신이 창을 꿰찔렀다는 내용이 덧붙여진다. 게다가 일본 국토는 대일여래가 수호하는 땅이며 '대일본국'은 '대일大日'의 '본국本国'이라는 뜻이라고 말하는 언설까지 확산되었다.

일본 사람들은 현세에서 신을 배례하고 신의 가호를 받는다고 믿는다. 하지만 과거에 그 행위는 불·보살을 배례하는 것과 다름없다고 여겨 결국 불교에 대한 믿음으로 연결된 것이다. 에도시대에는 중세의 신불습합적 언설들은 사회에서 사라지지만 신불을 구별하지 않는 일본인들의 사고방식은 공기처럼 일상생활 속에 깊이 뿌리내렸다.

근대의 메이지 정부는 그 성립 첫해부터 신과 불을 분리하는 정책을 펼쳤다. 신도를 불교를 대체하는 새로운 통치사상으로 만들기 위해서였는데, 일본인들이 절과 신사, 불교와 신도를 완전히 다른 것으로 인식하기 시작한 것은 바로 이 이후부터라고 할 수 있다.

지금까지 일본인과 종교와의 관계를 불교를 중심으로 역사적 관점에서 살펴봤다. 다시 송희경 이야기로 돌아가면 그는 일본에서 온 사절을 대동하여 일본에 갔다. 일본의 사절단이 조선에 오게 된 진짜 목적은 따로 있었지만, 여기서 이 사절단의 정사正使를 승려가 맡았으며 표면상 목적이 대장경을 구하려고 조선 왕조에 온 것이었다는 사실 또한 주목할 만하다. 일본의 불교는 국내에서만 중요한 위치를 차지한 것이 아니라 대외교류에도 각별한 역할을 한 것이다. 불교에 대한 이러한 측면을 살펴보는 것 역시 또 다른 흥미로운 주제가 아닌가 생각한다.

송희경의 시대나 지금이나 일본 문화라는 것은 국제적 시각에서 바라볼 때 비로소 그 독특함이 드러난다. 그런 의미에서 한일 양국이 서로 다른 문화나 가치관을 갖게 된 요소를 역사적 관점에서 살펴보는 것이야말로 일본 문화의 독특성을 파악하는 중요한 단서라고 할 수 있겠다.

인지장애를 가진 사람들과 함께 살아가는 일본 사회

민은숙 (학교법인 순유국제의료비즈니스전문대학)

오렌지 램프

　최근에 일본에서 실화를 바탕으로 한 〈오렌지 램프 The Orange Lamp〉라는 영화가 개봉되어 치매에 대해 다시 한번 살펴보는 계기가 되었다. 〈오렌지 램프〉는 39세 나이에 치매 진단을 받은 단노 도모후미 씨의 실화로 그의 가족들이 9년 동안 지내온 시간을 영화화한 작품이다. 소아 알츠하이머 치매 진단을 받은 남편이 아내와 두 딸과 함께 불안에 싸인 가혹한 현실을 마주하지만 만남을 통해 삶을 재건하는 휴먼 드라마이다.

　현재 일본 동북 센다이시에 살고 있는 단노 씨는 병이 발병한 지 10년이 지난 지금도 계속 일하고 있으며, 자신의 경험을 책이나 강연을 통해 세상에 전하고 있다. 영화의 줄거리를 조금 설명하자면, 주인공 다다노 고이치는 아내 마오와 딸 2명을 포함한 4인 가족으로 자동차 판매점의 세일즈맨이었다. 그는 매일매일 열심히 일하며 충실한 하루를 보내고 있었다. 그러나 어느 때부터인가 손님의 이름을 잊어버리고 하루에서 몇 번이나 같은 차를 세차하고 있었다. 스스로 불안을 느낀 고이치가 병원에서 검사한 결과, '소아 알츠하이머 치매'라는 진단을 받았다. 놀라움과 불안에 쌓인 고이치는 마침내 자신이 좋아하는 영업직이 불가능하다고 생각하여 회사를 그만두기로 한다. 남편을 위해서라면 무언이든 믿고 따르는 아내 마오도 남편의 의견을 존중하기로 한다. 그러나 또 다른 주변의 많은 사람들과의 만남을 통해 두 사람은 삶을 포기할 필요가 없다는 것을 깨닫는다. 주인공 다다노 부부가 기억을 잃는 것에 대한 두려움을 어떻게 극복했는지, 또한 주변 사람들의 질병에 대한 이해는 어떻게 얻게 되었는지 잘 보여 주는 영화라고 할 수 있다. 영화를 본 사람이라면 고령화 사회에서 익숙한 문제가 되고 있는 치매와 간호 문제를 포함하여 병을 안고 살아가는 것에 대한 공감을 얻을 수 있을 것이다.

또한 '치매라는 병과 함께 살아가는 방법'을 보여 주고 있다. 아픈 남편을 지원하는 가족과 주변 사람들의 관계는 오렌지색 램프의 밝은 빛처럼 따뜻하고 뿌리가 깊다는 의미이다. 39세의 젊은 사람이 치매를 앓고 있는 것도 사실이지만, 긍정적이고 쾌활하게 하루를 보내고 있는 것도 사실이다. 지금 무엇을 하고 있었는지 의식하지 못하거나 익숙하게 오가던 길인데 갑자기 집으로 가는 길을 잊어버리는 등 얼마 전의 기억이 나지 않는 치매 특유의 증상들이 그려져 있는데, 만약 내가 그런 상황이 되었다면 어떠할까 살짝 공포감을 느끼기도 한다.

일상생활에서 평소에 하던 일을 불가능하게 만드는 질병이 '치매'이지만 병을 정면으로 마주하면서 주인공도 다시 미소를 지었다. 남편을 돌보는 가족들의 노력, 딸들에게 고백하며 받는 상처 등의 장면이 현실감 있게 연출된다. 남편 고이치와 가장 가까운 아내 마오는 남편을 열심히 이해하려고 한다. 직장을 그만두려고 생각하는 남편을 헌신적으로 지지하는 마오는 남편보다 더 고통스러운 시련을 겪고 있을지도 모른다. 그리고 고이치와 마오는 혼자서 참을 필요가 없다는 것을 깨닫는다. 우리가 겪고 있는 것에 대해 말할 수 있는 용기는 결국 우리 삶의 재탄생을 위해 길을 열어 준다.

치매는 치료할 수 없는 질병이라고 한다. 그러나 다다노 부부처럼 고통을 극복하고 '치매와 함께 사는 방법'을 찾아낼 수 있다. 그들의 미소는 비슷한 질병으로 고통받는 사람들에게 살아가는 희망을 줄 것이라는 메시지를 보여 주는 영화이다.

100세까지 사는 시대

일본에는 저출산과 고령화가 급속히 진행되면서 100세 시대가 도래하고 있다. 후생성은 2022년 10월 기준 65세 이상 고령화율이 29%를 넘는다고 발표했다. 그리고 100세 이상 인구는 90,526명이다. 어떤

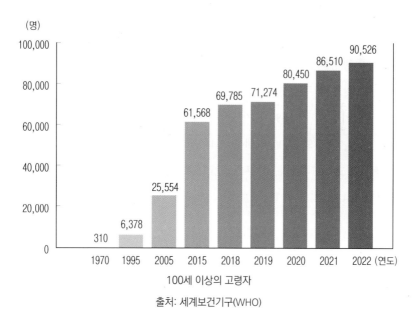

100세 이상의 고령자

출처: 세계보건기구(WHO)

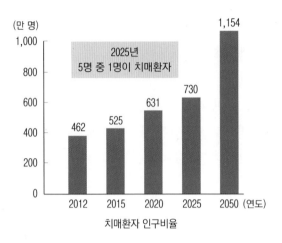

(만 명)

2025년
5명 중 1명이 치매환자

1,154

1,000

800

730

631

600

525

462

400

200

0

2012   2015   2020   2025   2050 (연도)

치매환자 인구비율

조사에 따르면, 대규모 행사가 열리는 도쿄돔Tokyo Dom의 수용 인원은 55,000명인데 100세 이상의 노인이 그보다 훨씬 많아서 도쿄돔에 모두 수용할 수 없다는 뜻이다.

일본은 세계 최고 고령화 사회가 되는 나라이다. 초고령화 사회의 최전선에 있는 일본은 고령화되어 가는 현실에 대한 대책을 연구하고 있다. 후생성의 조사에 따르면 2025년에는 5명 중 1명인 20%가 치매에 걸릴 것으로 추정했다. 고령화는 치매의 가장 큰 원인 중 하나로 현재 65세 이상의 약 16%가 치매인 것으로 추산되고 80대 후반이면 남성의 35%, 여성의 44%, 95세를 지나면 남성 51%, 여성 84%가 치매라는 조사결과가 나왔다. 인구가 고령화됨에 따라 치매 노인의 수가 증가할 것이다.

치매는 누구나 걸릴 수 있는 뇌 질환

치매는 뇌세포가 여러 가지 이유로 죽거나 제대로 작동하지 않아 일상생활에 지장을 주는 각종 장애6개월 이상 지속를 일으키는 질환이다. 치매증상에 대해서는 우리가 알고 있는 것보다 훨씬 많은 종류가 있고, 치매를 일으키는 원인은 우리가 알고 있는 것보다 훨씬 다양하다. 그렇지만 조기 진단과 수술 등의 적절한 치료로 완화되는 치매도 있다. 우울증과 같은 일부질병에는 치매로 오인되기 쉬운 증상도 있다. 앞서 영화에도 소개되었지만, 또한 새로이 문제되는 것은 65세 미만의 젊은 사람들의 치매가 늘어나고 있다는 것이다.

치매는 일반적으로 노인에게는 흔히 볼 수 있는 질병에 속하지만, 젊은 사람들의 치매는 아직 일할 수 있는 세대에서 발생하기 때문에 본인만의 문제가 아니라 가족의 삶에 미치는 영향이 더 클 가능성이 높다는 것이 특징이다. 일상생활에 문제가 발생하여 물론 직장을 그만두어야 할 수도 있으며, 이는 재정적 어려움으로 이어질 수 있다. 또한 자녀가 성인이 아닌 경우 부모의 질병에 따른 심리적 영향이 크며 교육, 취업, 결혼 등의 생활계획이 바뀔 수 있다.

또한 본인이나 배우자의 부모의 간병이 겹치는 경우가 있어 돌봄의 부담은 늘어난다. 이는 일본에서도 사회문제로 대두되었고 각 지방자치단체에서도 치매에 걸린 젊은 사람들이 사회 속에서 함께 살아갈 수 있도록 지원하는 프로그램을 활발하게 시행하고 있다.

또 다른 문제도 있다. 2025년에는 노인 5명 중 1명이 치매를 걸릴 것으로 보고 있다고 했다. 다르게 표현하자면 5명 중 4명은 치매가 없다는 것인데 치매가 없는 일부 노인들은 치매의 전조라고 할 수 있는 경

경도 인지장애의 현황

도 인지장애MIC를 가지고 있다. 이 또한 치매를 가진 노인들이 앞으로
도 계속해서 늘어날 것이라는 뜻으로 경도 인지장애 대한 대책도 함께
경도 인지장애가 더 이상 진행되지 않도록 지원하는 연구도 이어지고
있다.

인지증이 '치매'로 불리었던 시대

일본에서도 2004년에 새로운 명칭으로 개정하기 전까지는 치매痴
못라는 명칭을 사용했다. 그때까지는 일본에서도 치매를 가진 사람들
이나 노인들이 그다지 많지 않았다. 오히려 집에서 돌볼 수 없다는 이
유로 고령자들의 장기적 입원이라는 사회문제가 더 심각한 상태였다.
그러나 2000년 9월을 시점으로 개호보험이 시작되면서 이런 문제들
은 해소되기 시작했다.

그렇지만 치매라는 단어에 대한 문제는 이때부터 인식되기 시작
했다. 1934년의 일본국어사전《고지엔広辞苑》에는 '바카', '아호'라고

기록되어 있다. 그리고 '치매'라는 단어를 나눠서 살펴보면, '치痴'는 「おろか」, 「くるう」, 즉 '미친'를 의미하며 '치한'과 '바보'와 같은 뜻으로 사용되었다.

'치매'라는 말은, '개인이 가지고 있는 지적, 정신적 능력이 없어져, 원래대로 돌아오지 않는 상태, 감정. 의욕이 저하되고 뇌의 중상, 염증 등으로 시작되며 나이를 먹음에 따라 진행되는 마비성 치매 등'이라고 되어 있고, 일상생활에서도 흔한 표현으로 사용되고 있었으나 노인복지법에 의해 사용이 금지되었다.

일본의학에서 치매는 다음과 같이 정의하고 있다. 발육과정에서 획득한 지능, 기억, 판단력, 이해력, 추상능력, 언어, 행위능력, 인식, 감정, 의욕, 성격 등의 여러 가지 정신기능이 뇌의 기질적 장애에 의해 문제가 되었고, 그로 인해 독립된 일상생활·사회생활과 원활한 인간관계를 할 수 없게 된 상태를 말한다. 원래의 상태로 돌아올 수 없는 상태로 개선이 어렵지만 때로는 치유될 수 있다. 행정적인 면에서는 1950년대 후반부터 '치매'라는 용어가 사용되기 시작했다.

'치매' 대신 '인지증'이 사용된 배경

여러 가지 의견을 통하여 분석한 결과 '치매'는 경멸적인 표현이라는 결론이 나왔다. 또한 전문가와 관련 기관과의 인터뷰에서 '치매'라는 용어는 대중에게 널리 알려져 있지만 '치매'라는 단어에서 받은 '아호'와 '바보'의 인상으로 인해 실제 상황이 무엇인지 정확하게 파악되지 않고 대중의 인식을 높이기 위해 이해하기 어려운 용어이기 때문에 문제가 된다는 지적이 있었다. 이러한 이유로 '치매'라는 용어를 바꿔야 한다는 새로운 인식이 나오게 된 것이다. 모욕감을 느끼게 하는 표현이라는 점, 병리학과 실태를 정확하게 나타내지 않고 있는 점, 조기 발견이나 조기 진단 등의 대처를 방해하는 점 등 다소의 문제가 있기 때문이다.

불쾌감이나 모욕감을 느끼기 때문에 새로운 용어로는 '인지장애'라는 용어가 적절하다는 조사가 나타났다. 그러나 치매를 의학 용어로 생각해, 주로 정신과 의사로 구성되는 일본 노인 정신의학회에서는 개정을 검토하기 위한 노력에 나섰다. 무엇보다도 환자의 말을 들어주며, 주의를 기울여 주고, 그들의 감정을 인정하고, 인간으로 존중해 주어야 한다고 한다. 가족의 참여 방법이나 지역 주민과의 교류 방법, 조기 발견·조기진단의 중요성, 외부 간호 서비스 활용의 효과 등에 대해 알기 쉬운 정보를 제공할 필요가 있다. 이러한 이유로 일본후생노동성은 일 년간 치매를 바로 알기 캠페인으로 지정하는 등 효과적인 홍보와 정보 제공을 위해 지자체와 관련 단체가 협력해 줄 것을 요청했다.

인지증認知症을 가진 사람들과 함께 살아가는 사회

치매는 노화와 절대 떨어질 수 없는 관계이기에 누구에게나 친숙한 것이다. 치매와 함께 살아가는 미래지향적인 사회는 만들어가는 것은 혼자가 아닌 모두인 것이다. 2018년 일본 사단법인 일본치매협회에서 발표한 내용이다.

〈인지증과 함께 살아가는 희망선언〉
- 치매에 걸린 우리가 모든 사람들에게 전하는 메시지 -

1. 자기 자신이 가지고 있는 상식의 껍질을 깨고 앞만 바라보며 살아갈 것이다.
2. 앞으로도 자신의 능력을 살려 소중히 여기고 살고 싶은 삶을 살아가며, 사회의 일원으로서 즐기면서 도전해 나가겠다.
3. 같은 병을 가진 우리는 서로 만나고, 연결하고, 살아가는 힘을 불러일으키고, 건강하게 살 것이다.
4. 우리의 생각과 희망을 전하면서 가까운 지역사람들과 함께 걸을 것이다.
5. 치매 환자의 경험과 독창성을 살려 살기 쉬운 쾌적한 도시를 함께 만들어 가겠다.

(중략)

이 희망선언문은 일본후생성에서 지원하며 일본 전국 각 지역 자치제에서 이 선언문을 바탕으로 지역 특성을 살려 지원계획서를 만들어 실천하고 있다. 인지증을 가진 사람들에 대한 사회적 배려는 다음과 같다. 치매에 걸린 사람들은 '정신장애자보건수첩'을 발급받아 여러 가지 혜택을 누릴 수 있다. 예를 들어 장애복지서비스의 선택이 넓어지고 장애자고용 취업활동이 가능해진다. 또한 세금감면 혜택소득세, 상속세, 증여세 등과 공공요금이 할인된다. 또한 TV 요금이 전액또는 50% 감

희망이 이루어지는 도움 카드

면되고, 도쿄도개인택시협회에서는 장애자 수첩을 제시하면 택시요금이 10% 할인된다. 무엇보다도 65살 미만의 젊은 층이 치매에 걸리면 고용보험제도와 장애복지 서비스 등을 이용하여 일상생활을 지원하고 있다.

내 머리 속의 지우개

한국에서 2004년 한국에서 〈내 머리 속의 지우개〉라는 영화가 개봉되자마자 큰 반향을 일으켰다. 그 당시만 해도 젊은 사람이 기억을 잊어버리는 흔하지 않은 내용으로 주위 사람들의 보호와 지원으로 매우 아름답게 마무리지었던 영화라고 기억된다. 그와 같은 상황들이 이제는 주변에서도 흔히 볼 수 있는 남의 일이 아닌 나의 가족, 나의 현실이 되어 가기 때문이다.

나는 치매전문가는 아니지만 치매를 가진 사람들을 전문적으로 돌보는 방식을 가르치는 사람으로서 이 글을 통해 조금이나마 전달하고 싶은 것은 치매에 걸린 사람들과 의사소통할 수 있는 방법을 이해하고 알아주었으면 하는 것이다. 치매환자는 점차 기억을 잃어가고 혼란스럽고 불안해한다. 뭔가 잘못되었다는 것을 가장 먼저 알아차리는 사람은 그 사람 자신일 것이라고 생각한다. 그리고 누구보다 고통받고 슬퍼하는 것은 그 자신이다. 그러기에 주변 사람들이 본인의 감정을 받아들이고 그 사람에게 알맞은 눈높이 돌봄이 필요하다고 생각한다. 놀라지 말고, 서두르지 않고, 자존감을 상하게 하지 않고, 부정하지 않는 방식으로 대하는 것이 중요하다. 또한 자연스럽게 웃는 얼굴로 여유를 가지고, 말을 걸 때는 본인의 시야 안에 들어가서 눈높이에 맞추어서 다정한 말투로 천천히, 확실하게, 본인이 어떤 표현을 하는지 들을 수 있는 마음으로 대하는 것이 중요하다.

　일본은 세계에서도 인정받고 있는 인지증 돌봄의 나라이기도 하다. 또한 인지증에 관련된 여러 가지 방안을 만들어 내기도 한다. 그렇지만 일본인들 중에서도 아직 치매에 걸린 가족을 창피하다고 생각해서 숨기고 인정하지 않는 사람들이 많이 있다. 또한 치매라는 병을 이해하지 못하는 사람도 많다. 그렇기에 치매에 걸린 사람을 이해하기 쉽게 만든 또 하나의 한국 드라마를 소개한다. 2019년에 방영된 〈눈이 부시게〉라는 드라마로, 김혜자 씨가 알츠하이머에 걸린 노인역으로 열연하여 큰 사랑을 받았다. 처음에는 타임슬립이라는 조금은 유머러스한 내용으로 시작하지만 치매에 걸린 사람의 시선으로 세상을 바라보며 잃어버린 과거와 현실 속에서도 자식에 대한 애정을 잃지 않고 지켜 간다는 내용이다. 남의 이야기가 아닌 우리 주위의 치매 환자들을 이해하기 쉬운 내용으로 꼭 한번 봐 주기를 바란다.

나의 일본인 이웃들

김정옥 (마츠모토시)

"お邪魔します。실례합니다"
"玄関開いていますね。현관이 열려 있네요"

이렇게 말하며 문을 열고 들어가면 항상 문을 열고 반겨 주는 나의 일본인 이웃들이 몇 분 있다. 한국에서는 인삿말로 "근처에 오면 우리 집에 들러요"라고 해도 함부로 가면 안 된다고 알고 있는 나라가 일본이다. 하지만 이것은 내가 자란 한국의 문화 습관을 기준으로 바라본 모습인 듯하다. 내가 뿌리 내리고 사는 일본을 이해한다면 전부가 그런 건 아닌 것 같다. 왜냐고? 나의 경험이 그렇기 때문이다.

23년간 일본에서 살면서 이웃과 동료 사이에서 경험한 생활을 적어 보려고 한다. 요즘 이문화異文化 이해, 다문화공생多文化共生 등의 단어가 여기저기 등장한다. 행정적으로, 민간인의 지원으로 서로 다른 이방인들이 어떻게 하면 함께 잘 살 것인가에 대해 여러 가지 연구와 교류가 이루어지고 있다. 이런 현실 속에서 조금이나마 서로를 이해하기 위해 이론적으로 배운 타국의 문화가 아닌, 몸으로 배운 '국제문화 이해'에 도움이 되었으면 하는 마음으로 적어 본다.

일본인 부모, 'I 씨' 부부

I 씨와 만난 것은 대학 4학년 때 노인복지센터에 자원봉사를 갔을 때였다. 60대 중반의 I 씨는 한 달에 한 번 자원봉사를 오곤 했는데 우연히 함께 활동한 날이 있었다. I 씨는 내가 한국 사람이라는 것에 흥미를 보이며 말을 걸어 왔다. 마침 I 씨의 남편이 한국어를 배우고 있다며 I 씨와 나는 자연스럽게 친구가 되었다. 그러던 어느 날, I 씨는 나에게 한국어를 공부하고 있는 자신의 남편에게 소개해 주고 싶다고 해서 I 씨의 집을 방문했다. 알고 보니 I 씨의 남편은 일제강점기 때 한반도 북쪽^{지금의 북한}에 있는 원산시에서 태어나 전쟁이 끝나고 5세 때쯤 일본으로 돌아왔다고 한다. 어린 시절이었는데도 한반도에서 보낸 날들에 대한 기억이 남아 있던 I 씨 남편은 한반도의 음식문화나 기차역 등에 대한 이야기를 들려주었고 그렇게 우리는 친해졌다. I 씨 부부는 나에게 자신들을 부모처럼 생각하고 언제든지 집에 놀러 오라고 했다. 이때는 마음속으로 '그래도 될까?'라는 생각으로 긴가민가했다.

그런데 한 달이 지나서 I 씨에게 전화가 왔다. 맛있는 홋카이도산 대게를 주문했는데 먹으러 오지 않겠냐는 연락이었다. 나는 다시 I 씨의 집을 방문했다. 그냥 빈 손으로 가자니 마음에 걸려서 아버지의 추억이 어린 한국 음식을 만들어 드려야겠다는 생각에 부추전 재료를 가지고 갔다. 만들어서 갖고 가는 것보다 그 자리에서 만들어 주고 싶어서 재료를 전부 들고 갔다. 보통 일본에서는 여자들이 자기 영역인 부엌에 타인이 들어오는 것을 좋아하지 않기 때문에 잘 하지 않는 행동이지만, 나는 부엌으로 들어가 I 씨가 요리하는 옆에서 부추전을 만들어 식구들과 나누어 먹었다. 이 경험을 시작으로 이제 나는 자유로이 I 씨

집에 있는 재료로 내 나름대로의 한국요리를 만들었다. 그리고 집에 돌아올 때는 밭에서 키운 채소를 한 가득 가방에 담아 주셨다. 그때부터 I 씨를 일본의 어머니처럼 생각하기로 했다. 가끔 만나면 어머니는 아버지가 이러더라 며느리가 이러더라 하며 자연히 딸처럼 이런 저런 불만을 이야기하기도 하고, 어떤 때는 자식에게도 할 수 없는 부탁을 하기도 하면서 정말 가족 같은 사이가 되었다.

그러다가 내가 처음 고등학교 교사가 되었을 때 어머니가 얼마나 좋아하셨는지 때때로 방문해 아이들의 학교생활을 이야기하기도 했다. 어떤 날은 사탕을 주시면서 반 아이들에게 갖다 주라고 하셨다. 사탕을 받은 반 아이들은 잊을 만하면 "이번엔 뭐 없어요?"라고 물어보며 얼굴도 모르는 어머니를 상상했다. 건강하실 때 같이 한국에 가고 싶어 하셨는데 지금은 두 분 다 80대이신 데다 아버지는 2년 전부터 노인

마츠모토성 앞에서 I 씨와 함께

치매를 앓고 있고 어머니는 류마티스로 외출이 힘든 상황이다. 마음이 아프지만 내가 가끔 가면 아버지는 한국어를 잊어버리지 않으려고 머릿속에 있는 단어 하나하나를 끄집어 내신다.

지금 생각해 보면 신기한 여행이 하나 있다. 세 명이 온천여행을 갔을 때의 일이다. 세 사람이 한 방을 써야 하는 상황에서 나는 '이렇게 해도 되나'라는 생각부터 떠올렸다. 한국에서도 해 본 적

없는 경험이었는데 두 분은 당연한 것처럼 나와 한 방에서 보냈다. 그런 건강한 시절로 돌아간다면 이젠 내가 그 신세를 갚고 싶지만 외출을 하지 못하니 시간을 내어 아버지의 어릴 때 추억이 있는 한국음식을 만들러 가야겠다.

한국어 강좌에서 만들어진 가족들

대학 4학년 때부터 공민관에서 한국어 수업을 시작해 코로나19가 오기 전까지 약 17년간 나의 수업을 들은 분들의 이야기를 해 보려고 한다.

첫 수업에는 20명이 넘는 분들이 수강했다. 당시 나는 일본어도 그다지 잘하지 못했고 전문적인 한국어 강사로서 여러 가지로 부족했으나 일단 해 보기로 했다. 그리고 일본인 수강생 중에는 몇 개월, 나아가 몇 년을 공부해도 문법이나 독해는 되는데 회화가 안 되는 경우가 있어서 조금 안타까웠다. 어떻게 하면 저 분들이 한국어 공부에 더 많은 동기부여가 될까 하고 생각하다가 부산에서 '한국방송통신대학교 일본학과'에 다니는 친구에게 연락했다. 서로 한국어, 일본어를 배우는 데 도움이 된다면 펜팔을 해 보는 것이 어떻겠냐고 제안했다. 흔쾌히 좋다는 답장이 왔다. 이것이 첫걸음이 되어 짝을 정하고 펜팔을 시작했다. 지금 생각하면 '펜팔?' 하겠지만 스마트폰이 없었고 연령대가 50대 이상인 분들이라 인터넷에 관해서는 잘 몰랐다. 그런 시대였기에 손으로 쓰고 국제우편을 보내는 재미도 나름 있었다. 그것이 계기가 되어 일본인 수강생들이 부산에 가서 한국방송통신대학교를 방문하여 교류도 하고, 반대로 한국인 학생들이 일본에 오기도 하며 어른들의 펜팔은 계속되었다. 지금도 몇 분은 관계를 유지하고 있고 이제는 펜팔이 아닌 SNS를 통해 연락하며 한일간의 우정을 돈독하게 쌓고 있다.

그런 의미 있는 한국어 수업이지만 일이 바빠서 어느 정도는 정리해서 고급반에서 네 명과 함께 수업했다. 오랫동안 함께한 인연이라 그분들에게서 너무나 많은 도움을 받았다. 어느 날이었다. 한국에 출장 갔다가 호텔에서 핸드백을 날치기 당해 여권, 지갑, 휴대폰 등을 완전히 다 잃어버린 것이었다. 머릿속이 백지 상태가 되었지만 어찌어찌하여 일본에 돌아왔다. 다음 날 학교는 면허증 미소지로 갔다 왔지만 그다음 날 운전면허증을 재신청하러 가려고 하니 자신이 없어 고민하고 있었는데, K 씨가 남편 차로 운전면허센터까지 데려다 주겠다며 와 주었다. 교양과목이 시간 걸리니 괜찮다고 해도 면허증도 없이 가는 것은 위험하니 오늘은 우리에게 맡기라고 하셨다. 나를 위해 반나절을 기다려 준 두 분이 너무 고마웠다.

한국을 너무나 좋아하는 T 씨는 이 지역의 행사에 참여하고자 한국에서 오는 분들을 위해 홈스테이 부탁을 하면 다 받아 주신다. 다른 세 분도 해 주시지만 장기 홈스테이도 마다하지 않고 해 주시는 분은 T 씨이다. 지나는 길에 집에 들러 보면 혼자 계시는데 현관문이 언제나 열려 있어 내가 몇 번을 주의를 줄 정도이다. 그리고 한국에서 언니가 오면 두 사람이 자매처럼 우리 집 부엌에서 음식을 만들며 이야기하는 데 그 모습을 보면 언어의 장벽은 그다지 문제가 안 된다는 것을 자주 느낀다. 이들은 그야말로 나의 이웃들이다. 이제 이 한국어 수업은 코로나19 이후로 중지하고 SNS나 문자 중심으로 한국어를 공부하며 정기적 식사 모임을 하며, 누구에게 무슨 일이 생기면 열일을 마다하지 않고 내 일 같이 서로 도우며 살고 있다.

동료이며 친구이며 언니 같은 Y 선생님

학교에서 근무하며 친해진 가정과 Y 선생님이 있다. 내가 일 년에 두 번이나 큰 수술을 받은 적이 있었다. 일본에서는 기본적으로 보호 자가 환자 병실에 같이 숙박하는 것이 금지되어 있고 대신 간호사가 모든 것을 해 준다. 그런데 빨래는 가족이 해야 해서 곤란한 상황이 었다. 그렇게 고민하고 있는데 Y 선생님이 저녁에 퇴근하는 길에 빨랫 감을 가져가 다음날 아침 출근길에 모닝 커피와 세탁물을 가져다주는 수고를 일주일 동안 해 주었다. 퇴원하고도 당분간 움직이지 못해 집 에 있을 때도 시장을 봐 주고 여러 가지 불편사항을 다 해결해 주셨다. 두 번째 수술 때도 이렇게 해 준 Y 선생님에게 은혜를 어찌 갚아야 할 지 모르겠다.

그리고 내가 출장이나 한국에 갔다 올 때면 Y 선생님은 여긴 버스가 잘 없고 택시비도 비싸다고 역까지 새벽이나 늦은 밤 마중을 마다하지 않고 해 주신다. 내가 택시 타고 가면 된다고 해도 기어코 데리러 오는 데 이것이 일본식 정인지도 모르겠다.

또 11월 말 즈음에 맞추어 직접 심은 배추가 맛있게 자라면 이 선생 님 집 마당에서 동료들과 김장을 할 수 있도록 준비해 주신다. 소금으 로 배추 절이는 방법을 한번 가르쳐 드렸더니 미리 다 절여 주시고 다 음 날 아침에 일찍 가 보면 시간에 맞춰 배추를 다 씻어 놓아 두신다. 이런 엄마와 언니가 어디 있을까 싶다. 이렇게 매년 마음 놓고 김장을 할 수 있어서 참 행복하다.

일본은 정월 7일에는 나나쿠사七草라고 정월에 기름진 음식을 먹거 나 과식을 하기에 일곱 가지 녹색 야채를 넣어 만든 죽을 먹어 위를 편안하게 하는 습관이 있다. 어느날 아침 6시 30분에 현관 벨소리가 나서 나가 보니 선생님이 따뜻한 죽을 만들어 와서, 출근하기 전에 먹고 가라고 하신다. 1월 새벽 영하의 추운 날씨에 정성껏 죽을 만들어 갖고 오시는 마음이 너무 고맙다.

지금은 Y 선생님도 나도 은퇴하고 시간 여유가 생겨서 밭을 빌려줄 테니 채소를 키워 보라고 하셨다. 밭에 뭐든지 심어 보라고 하셔서 깻잎과 한국 고추, 참외를 심고 키워 먹고 있는데, 사실 난 아무것도 안 한다. 씨만 갖다드리고 키우는 것은 선생님 담당이 되었다. 나는 가끔 "수확하러 와야지" 하시면 들러서 받아 오기만 하는 밉상이다.

이렇게 허물없이 지내다 보면 한국 같으면 가족사 등 시시콜콜 다 알고 지내는 게 당연하지만, 일본에서는 본인이 말하지 않는 이상 깊이 들어가지 않는다. 여기서 살면서 터득한 지혜인데, 서로 알고 싶더라도 개인적인 사연은 적정선을 넘어가지 않는 것이 서로 프라이버시를 지켜 주고 오랜 친구로 지내는 방법이라는 것이다.

누구에게나 오픈마인드 M 선생님

M 선생님은 현재 연세가 78세이다. M 선생님과의 만남은 대학 4학년일 때이다. 지역선거에 자원봉사자가 필요하다고 하는데 젊은 학생들이 바빠 아무도 도와줄 수 없다고 하기에 "잘 모르지만 도와드릴게요"라고 말씀드린 것이 시작이었다. 단기대학에서 수학을 담당하고 계셨는데 지역바둑활동을 하며 한일교류에 관심이 많으셔서 시민단체인 '도래인클럽渡来人クラブ' 위원을 지내고 계셨다. 내가 한국 사람이라는 것을 알고부터 함께 활동하자고 해서 같은 멤버로 오랫동안 인

연을 맺고 있다. 특히 한국과 교류가 있으면 시민단체이다 보니 재정난으로 고생할 때면 흔쾌히 집을 제공해 주셔서 숙박을 해결해 주셨다. "우리 집은 언제나 '커뮤니케이션 리빙룸'이니까 누구든지 사용해"라고 하신다. 사모님이 돌아가시고부터는 혼자 계셔서 숙박은 제공하지만 먹는 것은 각자 해결하라며 대문을 활짝 열어 두신다.

예를 들면 2023년 2월에 한국 고등학생이 일본에서 2주간 홈스테이를 하겠다고 해서 우리 집에 머물면 일본 문화를 배우지 못하니 선생님 집에 부탁드렸다. 그리고 가끔 찾아가 의사소통 등을 확인하니 두 사람은 서로 일본어로 대화하며, 중간중간 선생님의 숨어 있던 한국어가 살아 나오고 있었다. 학습효과 만점!

최근 이야기를 하나 하면 여름에 한국에서 일곱 사람이 왔는데, M 선생님과 인연이 있으신 분이 인솔해 오시니 당연히 늘 사용하는 선생님 집을 제공하게 되었다. 이번엔 인원이 많다 보니 이불이 고민이었는데 옆집 분이 빌려 주시고, 우리 멤버 중 한 분이 멀리서 가져 오시고 냄비도 공민관에서 빌려 와서 겨우 해결했다. 이런 과정에서 M 선생님은 "옛날에는 이런 문화가 당연히 마을에 있었는데 사라져 버렸지. 그렇지만 지금이라도 우리 집을 중심으로 이런 커뮤니티가 생긴다면 얼마든지 좋아"라고 말씀하시며 행복해하신다. 이런 날은 선생님 집 리빙룸에서 한일교류회가 시작된다. 아무나 부엌에 들어가 한국 사람은 한국 음식을 일본 사람은 일본 음식을 만들어 밤 늦는 줄 모르고 이야기꽃을 피운다. 주변의 주민들도 시끌벅적 해도 그날은 이해해 준다. 사실 오늘도 새벽에 선생님께서 인생 상담이 있다고 연락이 와서 급히 부추전을 만들어 가서 둘이서 점심을 먹으며 앞으로 이 집을 어떻게 활용할지 이야기하고 왔다. "숙박비를 1,000엔이라도 받을 까

M 선생님 자택의 리빙룸에서 한 식사 모임

요?" 하니 "허허" 웃으시면서 "그런 건 필요 없어"라고 말하시는 얼굴
에 여유가 느껴졌다.

나의 영원한 보증인 C 아저씨

　나는 40세가 되어 일본 유학을 왔다. 일본 유학을 위해서는 현지 일
본인의 보증이 필요해서 고민이었다. 한국에서 직장상사의 친구분인
C 아저씨는 한국을 방문했을 때 가끔 식사를 함께 해 알고 지내던 분
인데 좀처럼 보증인을 해 달라고 하기에는 어려운 사이였지만 염치없
이 한번 부탁해 보았다. 그런데 이런 나를 어떻게 믿으셨는지 보증인
으로 나서 주셨다. 그리고 23년간 아파트 계약을 하거나 금융관계, 행
정관계, 비자관계 그리고 병원에 입원할 때도 일본에서는 보증인이 필
요한데 그때마다 전부 나의 보증을 맡아 주셨다. 본인 말씀으로는 자
기는 어쩌면 한국인의 피가 흐르고 있는지 모르겠다고 하시면서 흔쾌

히 도장을 찍어 주신다. 한국에서 온 가족, 한국인 친구나 지인들도 내가 소개한 C 아저씨를 만나 보면 하나같이 '한국 사람 같다'라고 말할 정도이다.

일본에 와서 23년간 쌀을 한 번도 사 먹은 적이 없다. C 아저씨가 직접 키운 쌀을 떨어질 듯 하면 갖다 주시고, 키우는 채소와 과일 등을 언제나 주기적으로 가져다주신다. 가까운 곳에 계신 것도 아니라 왕복 4시간 이상 걸리는데 한겨울에도 눈 속을 달려 오신다. "이제는 연세도 70대 중반이신데 무리하지 마세요"라고 걱정하면 나를 더 걱정해 주신다.

한 번은 대학등록금이 모자라 의논을 드리자 아저씨 부인이 빌려 주신다고 하셨다. 그러면서 아저씨의 부인은 남편은 못 믿지만 오히려 나는 믿을 수 있다고 하셨다고 한다. 평생을 잊지 못할 고마운 분들이다.

또 가끔 한국에서 오래 머물다 돌아오는 날은 집에 도착하는 시간이 늦기 때문에 내가 돌아오면 바로 뭔가 먹을 수 있게 현관 앞에 과일, 채소, 빵 등을 두고 가신다. 그렇게 하시는 분이 또 한 분 있다. 앞에서 이야기한 Y 선생님이다. Y 선생님도 집에 도착하면 바로 먹을 수 있게 봉투에 담아서 현관 앞에 두고 가신다. 모처럼 집에 도착하면 현관 앞에 음식이 가득 놓여 있다. 이런 은혜를 누리고 사는 사람이 또 있을까 하며 항상 감사하고 미안한 마음을 느끼며 여기 일본에서 살고 있다.

국적을 넘어 함께 하는 길

지금까지 소개한 에피소드는 어쩌면 한국에서도 경험하는 평범한 일일지도 모르겠다. 그래서 이런 평범한 이야기를 왜 굳이 책으로 길게 썼을까 하고 생각하는 독자 분들이 계실지도 모르겠다. 현대사회, 즉 우리가 사는 세상은 모든 것이 '선'으로 구분되어 있다. 국경선, 지역선, 인종선 등으로 '나'와 '너'가 구분되기 시작한다. 내가 아니면 너, 네가 아니면 나, 내 것과 네 것으로 구분하는 이 시대에 한국에서 잘 사용하던 '우리'라는 의식도 점점 희박해지는 것 같다. 그런데 이제는 자국이 아닌 타국에서 일하는 사람들이 점점 많아지고 있다. 해외 근무는 더 이상 특별한 일이 아니라 이전보다 보편화되었다. 나도 이렇게 해외에서 일하며 사는 사람에 속한다. 한국에도 외국인 근로자가 많아졌듯이 일본도 마찬가지이다. 그렇다면 외국인들과 더불어 살기 위해서는 어떻게 하면 좋을까? 그런 관점에서 타국에서 생각하며 느끼고 경험한 것을 알리는 내용이 조금이나마 보탬이 되었으면 한다.

타국과 타향에서 고향처럼 느끼며 살 수는 없어도 그 속으로 들어가 적응할 수 있다. 적응하면 어느 순간 편하기에 그런 선택도 하나의 수단이다. 그러나 어릴 때부터 태어난 곳에서 익힌 문화, 음식, 습관은 몸으로 배운 것이기에 영원히 버릴 수는 없다. 그렇다면 타국에서 타향에서 살면서 어떤 식으로 나의 존재를 확인할 수 있을까? 여기서 살면서 여기의 문화, 음식, 습관을 배우며, 나의 제1의 고향에서 배워 온 것을 접목해서 제2의 고향에서 더 나은 모습으로 피워 가는 삶은 어떨까. 그러기 위해서는 서로 이해하기 위해 먼저 내가 마음을 여는 것이 중요하다고 생각한다. 그것이 타국에서 살면서도 냉정하게 선을 긋지도 않고 구분하며 배척하지도 않으면서 이해하고 포용할 수 있는 힘을 만든다고 생각한다. 그러면 어려움에 부딪혔을 때 이웃과 함께 해결해 갈 수 있다고 믿는다. '나'와 '너'가 '우리'가 되듯이 말이다.

하면 되는 한국,
준비가 더 중요한 일본

노영길(나고야 요식 사업가, 한미야 대표)

　일본에서 30년을 살아도 일본에 대해 모르는 부분이 많다. 하지만 내가 아는 일본의 일부를 소개해 보고자 한다.

　한국과 일본은 지리적으로나 환경적으로나 서로 비슷한 부분이 많아 친숙한 이웃 나라이다. 예부터 우리 선조들은 배를 타고 현해탄을 건너 일본이라는 나라를 왕래하면서 문화 전승 등 다양한 문물의 교류지로 일본을 탐구했다. 한국과 일본은 기나긴 교류의 역사를 지금까지 이어 오고 있다. 이제 우리는 하늘길로 불과 한 시간 남짓으로 일본 전역을 방문할 수 있는 시대를 살고 있다. 이처럼 시대의 변화에 따라 사람, 문화, 문물도 함께 한국과 일본을 오가며 동반자의 길을 걷는다. 한국과 일본은 역사 문제, 영유권 문제 등 여러 가지 복잡한 문제로 얽혀 있으나 때로는 서로 감정이 상해 틀어지고 때로는 또다시 협력해 나가야 하는 관계이다. 나라와 나라, 정부와 정부 사이에 갈등이 있다고 해도 한국과 일본은 시간이 지나면 손을 맞대고 발맞추어 간다. 좋든 싫든 한국과 일본은 이웃 나라이기 때문에 양국의 우정과 상호 신뢰를 기반으로 한 동반자 관계가 되었을 때 성장과 발전을 이어 나갈 수 있다. 한일교류는 꼭 필요하다는 이야기가 한국과 일본에서 꾸준히 나오는 이유이다.

여행, 결혼, 취업, 유학이나 연수 등 이전보다 더욱 서로 오가며 활발하게 교류하는 한국인과 일본인을 보면서 보통 사람들이 서로의 문화를 즐기는 시스템이 한층 더 구축되기를 바란다. 유튜브와 각종 SNS 등이 이러한 흐름을 긍정적인 방향으로 이끌 것이라고 본다.

일본과의 인연

충청도 단양 시골에서 나고 자라 취업을 위해 일본 나고야로 와서 한국 음식점을 하면서 30여 년을 살아가고 있다. 아무리 한국과 지리적으로 가깝고 문화적으로 공유하는 것이 있다고 해도 일본은 엄연히 외국이다.

한국 사회가 급변하던 1980년대에 사회 초년생이었다. 우연한 기회에 부산을 기점으로 국제무역항 부산에서 원양어선 외항선을 타면서 외국을 보게 되었다. 일본도 선원 생활을 하면서 와 봤다. 운명은 알 수 없다고 일본에 정착해 중부 지방을 거점으로 요식업 일을 하면서 현지인과 다양하게 만나면서 배우는 것이 많았다. 내가 만난 현지 일본인들은 주로 나와 비슷한 평범한 서민이었다. 서민의 시선으로 본 생활 속 일본은 나에게 어떤 나라일까? 어느 면에서는 서로 깊이 관여하지 않고 서로 존중하고 지켜 주면 아주 편한 관계가 된다. 지금은 누구나 해외여행을 한 번쯤 다녀오는 시대이지만 같은 여행이라도 그 나라의 장단점을 나름의 관점에서 관찰한다면 실속 있고 즐거운 답사 여행이 될 것이다. 특히 일본이라면 탐구를 동반한 여행이 더욱 필요한 나라이다. 여전히 한국에게 일본은 단순히 여러 외국 중 하나는 아니기 때문이다.

일본을 바라보는 한국의 시선도 시대에 따라 달라지고 있다. 기성세대에게 일본은 경제 대국이자 선진국의 이미지가 강하다. 특히 한국이 중진국 문턱에 와 있을 때 어린 시절을 보낸 세대라면 코끼리표 전기밥솥, 워크맨 등 '메이드 인 재팬' 제품은 동경의 대상이었다. 하지만 현재 젊은 세대에게 일본은 동경의 대상이 아니라 동등한 교류 대상이거나 우리가 우위인 면도 있다.

일단 하면 되는 나라 한국, 준비가 더 중요한 나라 일본

하늘과 땅같이 느껴지던 반세기 만에 한국은 급성장했다. 이 모두 우리 부모 세대와 현역 세대의 피땀 어린 노력이 결실을 맺은 덕분이다. 세계적으로도 인지도와 위상이 높아진 한국에서 살고 있는 우리 젊은 세대는 세계 어느 곳을 가더라도 자신 있게 한국이라는 자부심과 프라이드를 가지고 여행에 임할 수 있다. 내가 젊었을 때만 해도 한국의 위상은 그리 높지 않았다. 유럽권 사람들은 아시아인인 나를 보자마자 '일본인' 혹은 '중국인'이라 생각했고 '한국인'이라는 단어는 그리 친근하지 않았다. 그 당시만 해도 유럽에서 한국은 잘 알려지지 않은 나라였기 때문이다. 하지만 지금은 완전히 달라졌다. 국력도 높아지고 대중문화의 영향력이 크게 발전한 한국은 세계에서 더 이상 낯선 나라가 아니다. 현재 우리는 K-POP 등으로 대표되는 한류가 전 세계에서 인기를 얻는 시대에 살고 있다. 한류는 갑자기 생긴 것이 아니다. 한류야말로 한국 특유의 근성이 꽃피운 결과이다. 수십 년 동안 한국은 미국, 유럽, 일본 등 소위 선진국들의 대중문화를 동경하며 좋은 점을 벤치마킹하며 한국적인 것으로 녹여내려고 노력했다. '어떻게든 하면 된다'는 정신과 행동이 지금의 한류를 만든 것일지도 모른다.

　문화, 예술, 경제 분야에서 위상이 이전보다 많이 높아진 한국은 외국인들에게도 호기심을 불러일으키는 여행지가 되었다. 일본의 젊은 층도 기성세대에 비해 한국을 우호적으로 바라본다. 이를 계기로 한국과 일본의 평범한 사람들이 더욱 활발히 왕래하고 교류하며 서로의 장단점을 이해한다면 미래지향적인 길이 보이지 않을까 한다. 일단은 만나고 교류해야 새로운 관계와 관점이 생기는 법이다. 국제교류는 이론이 아니라 경험과 실전이다. 한국과 일본 사람들도 자국의 미디어가 반영하는 상대국의 이미지에 갇히지 않고 직접 만나 교류하거나 공부해 보면서 서로의 차이점을 알아 가려는 열린 마음을 가져야 미래지향적인 한일관계를 그려 갈 수 있다.

　일단 해 보고 결과를 보는 목표지향적인 한국과 달리 일본은 정해진 절차에 따라 모든 일을 준비하고 만일을 대비하는 대책을 세우는 면이 강하다. 일본이 매뉴얼과 신중함을 중시하는 것은 잦은 지진과 자연재해를 극복하는 과정에서 생겨난 정서라고 할 수 있다. 워낙에 자연재해가 많은 일본이기에 준비하고 대처하고 열심히 내실을 갖추면서 살아가는 생활방식이 더 중요해진 것 같다. 오죽하면 일본에서 가장 무서운 것이 지진이고, 그다음이 천둥, 불, 아버지 순이라는 속담이 생길 정도이다.

　항상 지진과 자연재해와 관련해 불안한 요소가 많은 일본에서는 자연스럽게 협력과 매뉴얼에 따른 표준적인 행동이 중시된다. 누구나 침착하게 행동하며 비슷한 모습으로 생활하면서 언제 닥칠지 모르는 재난에 대비하는 의식은 일본에서 자주 볼 수 있는 모습이다. 이러한 분위기이다 보니 일상생활에서 평범한 일본 사람들은 크게 허세를 부리지 않고 모든 면에서 차분하다. 전반적으로 일본 사람들은 자신의 삶을 현실 상황에 맞추어 생활하기에 다급하게 서두르지 않는다. 한 마디로 일본 사람들의 전반적인 생활방식은 내실 중시, 불안한 일상에서도 잃지 않는 차분함이라고 할 수 있다. 지진과 자연재해가 상대적으로 적은 한국이 일본과 같은 생활방식을 가질 수는 없지만 내실 중시와 차분함은 꼭 일본의 것이어서가 아니라 한국에서도 삶의 질을 위해 필요한 요소라고 생각한다.

닮았지만 다른 한국인과 일본인

아시아 사람들이 서구권 사람들을 보면 누가 영국인이고 프랑스인인지 잘 구분되지 않는 것처럼 서구권 사람들 입장에서 한국인과 일본인은 인종이 같고 밥과 된장국을 주식으로 하는 식생활이 비슷해서 한눈에 구분되지 않을 수 있다. 하지만 깊게 들어가 보면 겉으로 비슷해 보이는 한국인과 일본인이 여러 부분에서 많이 다르다는 것을 알 수 있다. 밥과 된장국도 한국인과 일본인이 선호하는 맛과 발달한 종류가 다르고 언어를 사용하는 방식도 구별된다. 밥과 된장국을 통해서 닮았지만 다른 한국과 일본의 식문화를 살펴보자.

식생활도 인간의 생존에서 기본을 구성하는 요소로 선인들의 지혜와 공덕이 깊게 자리 잡고 있다. 우리의 식습관에는 선조로부터 이어져 내려오는 밥과 된장국이 존재한다. 일본의 식습관에도 동일 선상에서 공통적으로 존재하는 것이다. 한국과 일본의 된장 제조 과정은 동일하다. 한국은 메주콩의 원형을 살려서 콩의 모양을 유지하지만 일본의 경우는 콩의 원형을 분쇄 패스트형의 된장이 주류이다. 그리고 일본은 각 지방마다 적색 된장아카 미소, 흰 된장시로 미소, 믹스형 등이 제조되어 시판되며 지방 선호도에 따라서 각 지방에서 애호하는 특유의 된장이 된다. 대략 도쿄시로 미소, 나고야아카 미소, 오사카믹스형 등으로 구분된다.

조리과정식습관에서 오는 변화에서 한일 문화 차이를 보자. 한국의 경우 한국인 식습관에 맞도록 된장국 식재 내용물은 각 지방 계절 등에 좌우되지만, 조리과정을 보면 된장국에 들어가는 식재 내용물을 넣고 된장을 넣고 육수나 물을 부어 푹 끓여 조리한다. 걸쭉하게 끓인 된장국과 밥이 궁합이 맞아서 배를 채워 주는 만복감과 행복을 전해 주는 아침 식사가 된다. 여기서 일본의 경우는 조리법에서 차이가 난다. 일본의 조리에서는 식재의 각자 개성을 살린다. 재료 종류는 비슷하지만 넣는 양에서 한국은 듬뿍 넣지만 일본은 살짝 넣고, 한국은 수저로 떠서 먹고 일본은 젓가락을 사용해 후루룩 마시는 식문화이다. 일본은 가쓰오참치, 곰부다시마 등으로 국물을 우려내 사용하는 경우가 대부분이며 우선 우려낸 국물에 선호하는 식재료를 넣고 끓인 후 마지막에 된장을 풀어서 끓이지 않고 가열 후 완성시켜 식사한다. 일본의 경우는 내용물이 적고 젓가락을 사용해 내용물을 음미하면서 된장 국물 맛을 즐긴다. 일본인도 아침 빈속에 밥과 미소시루가 하루 일과에 에너지와 행복시아와세을 전해 준다. '식'에는 공통의 식문화가 공존 공생한다.

대중문화에서 한국인과 일본인이 선호하는 정서는 비슷해 보이는데, 특히 유소년 시절에 일본 문화와 함께 한 MZ세대1980년대 초에서 2000년대 초 사이에 출생한 세대는 이러한 현상이 더욱 두드러진다. 글로벌 시대에 동일화되어 가는 흐름 속에 일본의 애니메이션과 만화, 코스프레, 게임 등은 한국인과 외국인에게 인기를 끌며 일본 문화와 역사에 관한 관심을 높이고 여행객을 일본으로 끊임없이 부른다. 마찬가지로 한류도 일본과 외국의 신세대를 중심으로 한국의 문화에 관한 관심을 높이고 여행객을 한국으로 부른다. 한국도 문화유산을 연구하면 역사와 문화에서 외국인들에게 공감대를 불러일으킬 수 있는 콘텐츠를 개발할 가능성이 적지 않다. 우리의 젊은 세대가 세계를 누비듯 외국인들도 한국을 찾아와 즐기고 갈 수 있도록 한국만의 문화 콘텐츠를 개발하는 것이 중요하다. 특유의 작고 아기자기한 아이템을 많이 가지고 있고 개발하는 것이 일본의 콘텐츠가 지닌 강점이라면 한국의 콘텐츠가 지속 가능한 인기를 위해 개발할 수 있는 장점은 무엇일지 찾아봐야 할 것이다.

나고야의 한류

전 세계적인 한류 흐름이지만 이웃 일본의 한류 열광은 대단하다. 일본의 각 지방 도시 규모, 인구 비례 등 여러 요인이 작용하고 있다고 볼 수 있다. 한국의 수도 서울에서 보면 명동, 강남 등지에 일본인들이 많이 방문한다. 반면에 일본을 많이 방문하는 한국 관광객은 도쿄의 신주쿠, 신오쿠보 등을 많이 찾는다. 그런데 나고야는 한국의 중부 지방 청주로 예를 들면 청주의 중심가와 비슷하다. 그런 나고야 중심가에 있는 오스 상점가 등이 외국인 관광객이 많이 찾아온다. 오사카를 예로 든다면 중심주인 도톰보리는 코리아타운과 같은 분위기이다. 부산은 서면, 남포동, 광안리, 해운대와 같은 곳이 관광하기에 좋은 분위기를 풍긴다. 요즘은 부산과 가까운 후쿠오카, 가고시마, 나가사키 등에도 많은 한국인 관광객이 즐겨 찾아간다. 부산과 아주 가까운 대마도쓰시마에도 한국인 관광객이 많다. 이러한 곳에서 자연스럽게 한국인과 일본인의 교류가 이루어짐으로써 서로 상호작용을 하며 한류의 흐름이 접하게 되어 한국인의 매력을 감지한 일본 여기저기에서 자연스럽게 한류의 붐이 일어나고 있는 것이다. 일본에서도 이런 곳을 중심으로 한류가 왕성하게 유행하며 전국으로 확산되고 있다.

특히 나고야는 교통의 요지로 중부국제공항에서 시내로 직통 연결되는 나고야역에는 신칸센이 운영되며 도쿄, 오사카, 교토, 나라 등지가 두어 시간 남짓으로 연결된다. 그래서 시내에는 대규모 국제 행사가 가능한 시설과 숙박 등이 잘 갖추어져 있고, 역사적, 문화적 유산과 관광지가 많은 데다가 치안이 좋은 편이라 누구나 여행을 즐길 수 있다. 역사 유적지를 기준으로 예를 들면, 나고야성, 이누야마성, 오카자키성 등이 있고, 인근에 모리코로파크 지브리 파크와 같은 시설도 있다. 그리고 시내 중심가를 돌아보며 도시의 아기자기한 형태와 잘 정비된 도로망, 교통시설, 지하철 등 여행의 진미를 다 맛볼 수 있으며 상공산업형 도시로서 일본인들의 생활상을 잘 엿볼 수 있는 도시라는 생각이 든다. 또한 우리 교민이 해외여행을 할 때 곤란한 일이 있으면 처리해 주는 영사관도 있고 한국 음식점도 많아서 안심하고 여행을 다니면서 일본을 체험하고 공부할 수 있다. 여행도 공부가 되기 때문에 일본 여행에서 힌트를 얻어 한국에서 활용하면 좋을 것 같다.

예를 들어, 일본 사람들의 오모테나시가 있다. 일본식의 공손한 대접인 오모테나시는 어렵게 생각할 필요 없이 사람과 사람 사이에 존재하는 예의 공손함이라 볼 수 있다. 오모테나시는 일본 사람이 운영하는 시설을 이용하면 느낄 수 있다. 일본의 오모테나시 방식의 손님맞이는 한국에서도 행동, 언행, 습관에서 어느 정도 느낄 수 있다. 그러나 일본의 서비스 업계에서 이러한 몸에 배어 있는 서비스가 일본을 관광 대국으로 만든 근본적인 저력이라고 본다. 차분하고 질서 정연한 모습, 웬만해서는 과격한 행동이 드러나지 않는 시민 정신, 손님을 접대하는 과정에서 겸손한 자세로 여러 번 인사하는 방식이 기본적으로 일본의 오모테나시가 지니는 특징이라고 할 수 있다. 료칸에서 한 점 한 점 정성스럽게 만든 요리, 오래된 커피숍에서 정성스럽게 내려 주는 커피 한 잔, 식당에서 미적 감각을 살리면서 신선한 식재료로 정성껏 만들어 내는 요리 등 다양한 곳에서 오모테나시를 발견할 수 있다.

일본도 사람이 사는 곳

여기서 잠깐 내가 사는 곳 나고야를 안내해 볼까 한다. 나고야는 도요타 자동차 본사가 자리 잡고 있으며, 자동차 관련 첨단산업 분야에서 거점 역할을 하면서 국내외 많은 관련 기업 관계자들이 오고 가는 도시이다. 또 국제공항, 신칸센, 철도, 고속도로 등 교통이 편리하고 도로가 깨끗하게 정비되어 있어 교통의 중심지 역할을 한다. 실제로 도쿄, 오사카 주요 도시와 교토, 나라 등 역사의 고장과도 연결되고 시내에는 숙박 시설, 나고야성, 나고야 타워, 놀이시설, 유원지, 박물관, 수족관, 동물원, 맛집 등이 전 지역에 골고루 갖추어져 있어 구석구석 아름답고 정겨운 곳이 많다. 나고야 사람들은 토속적인 면이 강하고 지역에 대한 자부심이 강해 나고야진名古屋人이라는 말이 생길 정도이다. 그런데 상대를 믿으면 정말로 부드럽고 친절해서 모든 것을 다 줄 수도 있다. 물론 그렇게 되기까지 정말로 시간이 많이 걸린다.

2026년에 아시안 게임이 개최될 예정인 230만 인구의 도시 나고야는 1988년 서울올림픽 유치 때 경쟁 도시 후보이기도 했다. 커피 맛은 그다지 특별하지 않지만 빵과 토스트가 매력적인 커피숍인 고메다 커피숍이 유명하다. 일본 여행을 할 때 일본적인 분위기 속에서 머물며 일본 문화를 즐길 수 있는 나고야에서 아침은 고메다에서 모닝세트로, 점심은 150년이 된 아쓰타 호라이켄에서 스토리가 있는 히쓰마부시^{장어덮밥}로, 저녁은 세카이노 야마짱에서 데바사키에 생맥주 한 잔의 행복을 누려 볼 만하다.

지금은 많은 사람들이 다양한 SNS에 올리는 게시물을 통해 국내외 여행을 앉아서 쉽게 감상하며 여행에 대한 영감을 얻는 시대이다. 타인의 여행 경험을 간접적으로 즐기는 것도 좋지만 자신이 원하는 여행지로 직접 가서 많은 것을 다각적인 시각에서 접하고 즐기는 것도 중요하다. 일본도 마찬가지이다. 다른 사람들의 일본 여행을 통해 다양한 것을 배우는 일도 좋은 방법이지만 일본은 지리적으로 가까운 나라인 만큼 직접 일본을 여행해 일본 문화와 일본 사람들을 경험해 보는 것은 일본을 알아 가는 데 큰 자산이 된다. 한국 사람들에게 일본 여행이야말로 일본을 직접 접하는 가장 좋은 방법이 아닐까? 반대의 경우도 마찬가지이다. 일본 사람들에게 한국 여행이야말로 한국과 직접 만나는 가장 좋은 방법이 아닐까? 한국 사람들과 일본 사람들이 서로의 나라를 더욱 찾으며 여행을 통해 상대국의 문화를 경험하고 돌아가서 생활에 활력소가 되었으면 한다.

일본 생활의 외로움과 감동

일본에서 30여 년을 생활해서 한국에서의 삶보다도 훨씬 긴 세월을 보냈다. 처음에 왔을 때 일본에서의 생활은 경제적인 어려움보다도 마음의 상처가 많았다. 그리고 수많은 우여곡절을 겪어 왔다. 강산이 세 번이나 변했으니 말이다. 냉정한 일본인 손님부터 우정 깊은 일본인 손님까지 많고 많은 일본인을 만났다. 항상 한결같은 마음으로 정성껏 한국인의 밥상을 제공해 왔다. 아주 감동적인 장면들이 수없이 많다. 그중에는 사회 초년생일 때 만나 이제 중년이 되어 사회적 지위도 높아지고 경제적으로 윤택한 생활을 하는 분들도 많다. 이런 분들도 세월이 흐르면 은퇴를 한다. 나이가 지긋이 들어 한 가정의 가장으로 자녀 손자들과 함께 찾아와 주신다. 이런 분들이 참으로 고맙고 감사하다. 따뜻한 말 한 마디 없어도 정겨운 눈빛으로 감사 인사를 해 준다. 타지 타국에 가도 시간이 한참 지나도 그 맛을 잊지 못한다고 와 주신 분들이다. 이렇게 손님과 자연스럽게 소통하고 인연이 이어지는 일은 참으로 행복하다. 진심 어린 감동과 감사는 항상 나를 열심히 살게 해 준다. 주방장으로 점장으로 일하면서도 진심 어린 마음은 항상 마음속에 깊게 자리 잡고 있다. 아마 일본에서 수십 년 수백 년 자리를 지켜온 노포시니세들은 나와 같은 마음으로 음식을 만들고 또 만들었을 것이다. 그들과 함께하려면 한국인으로서 진정한 마음과 정성스러운 맛 그리고 맛을 계속 유지하려는 노력이 정답인 것 같다. 외국에 살면 다 애국자가 되는가 보다. 손님은 나를 보며 한국을 만나기 때문이다. 이런 작은 마음이 모여 한류가 일본에서 유행하는 데도 작게 일조한 것 같아 오늘도 주방에서 최선을 다한다.

사다 마사시, 국민 가수 맛상
- 가사 속의 일본 전통문화

박경애(건국대학교 강의초빙교수)

그는 다재다능하다. 소설가이자 동화작가, 배우이면서 가수, MC이다. 노래를 부를 때 바이올린과 기타를 자주 연주한다. 그의 노래를 듣고 있으면 마치 한 편의 드라마를 보는 것 같다. 그의 노래에는 아들의 마음이 담겨 있고 오빠^형의 마음이 느껴지며 아버지의 마음이 깃들어 있다. 또한 일본인의 일상을 가사에 담아 이야기하듯 부르는가 하면, 일본의 고전과 민족적인 주제를 다루고 있어 일본인의 정서를 느낄 수 있다. 이처럼 다재다능한 그는 2023년에 71세의 나이가 되어 데뷔 50주년을 맞이했는데 현재도 일 년 내내 라디오 방송을 하고 콘서트를 하고 있다. 그의 이름은 '사다 마사시'이다. 가수 양희은이 2003년에 〈인생의 선물 人生の贈り物〉이라는 곡을 작사하고 사다 마사시가 작곡을 하면서 한국과의 인연을 맺었다. 두 사람은 나이도 같고 포크 뮤지션이라는 공통점이 있다. 현역으로 왕성한 활동을 펼치고 있는 사다 마사시는 어떤 사람인지, 그리고 그의 노래 가사에 나오는 '쇼로 나가시', '오시치야', '오미야마이리'를 짧은 가사와 함께 소개하고자 한다.

사다 마사시는 어떤 사람인가

나가사키에서 장남으로 태어난 사다는 3세 때부터 바이올린을 배우기 시작했는데 초등학교 5, 6학년 때 대회에서 입상했다. 바이올린에 남다른 소질이 있다고 여긴 사다의 부모님은 바이올린 공부를 위해 사다를 홀로 상경하도록 했다. 상경하여 지바에서 삼촌과 같이 지냈는데 삼촌은 이치가와 남성합창단에 소속되어 있었다. 토요일이면 삼촌 친구들이 모여 노래를 불렀고 그때 사다는 기타로 포크송을 반주했다고 한다. 중학교 시절부터 기타를 연주하면서 작곡도 하게 되었다. 바이올린을 위해 상경했지만 원했던 음악고등학교 진학에 실패하면서 바이올린에 대한 열정이 식어 버렸다. 이후 대학에 진학하지만 간염을 앓아 대학을 중퇴하고 고향인 나가사키로 돌아갔다. 그리고 고등학교 시절부터 친했던 친구 요시다와 밴드 그레이프를 결성, 데뷔를 했다. 1976년에 그레이프가 해산했지만 같은 해 사다는 솔로 활동을 시작하면서 사다기획을 설립했다. 〈관백선언〉, 〈아버지의 제일 긴 하루〉, 〈어릿광대의 소네트〉, 〈사키모리의 노래〉 등 잇달아 히트곡을 내놓았다. 그런데 다큐멘터리 영화 〈장강長江〉을 제작하면서 빚더미에 앉았고, 엎친 데 덮친 격으로 그 무렵 〈관백선언〉, 〈사키모리의 노래〉가 우익 경향이 있다는 비판을 받으면서 불운한 시대를 보내게 된다.

'借金がなければ、こんなに長い間、歌を作ったり歌ったりしてこなかったと思います'
빚이 없었다면 이렇게 오랫동안 노래를 만들거나 부를 수 없었을 것 같습니다.

한편 사다를 좋아하는 팬들은 '언어의 마술사'인 사다에 심취하여 '사다 마사시 연구회'까지 만들었다. '사다 연구회'의 원조라고 할 수 있는 와세다대학의 '사다 마사시 연구회'는 1980년부터 활동했고 사다 씨가 담당했던 심야라디오 방송 '세이! 영 1981~1994'에서는 '사다 연구회'를 만들었다는 사연이 매일 이어질 정도로 전국 대학에서 '사다 마사시 연구회' 결성이 붐을 이루었다. 2001년에 문을 닫았지만 이전에 하라주쿠에 있던 사다 마사시의 가게 'A WEEK'에는 전국의 사다 마사시 연구회의 회보가 놓여 있었고 그곳에서 교류도 가졌다고 한다. 사다 연구회의 최대 큰 행사는 여름의 나가사키 쇼로나가시 참가와 겨울에 이루어지는 라이브 공연이다. 심야라디오 방송 '세이! 영'의 종방으로 지금은 연구회 수가 많이 줄기는 했으나 사다 연구회의 활동은 여전히 계속되고 있다.

2023년에 사다 마사시는 데뷔 50주년을 맞이했다. 솔로 가수로는 일본에서 콘서트를 가장 많이 개최하고 있는 사다는 50주년을 맞이하여 6월부터 오사카, 도쿄, 아이치 공연을 시작으로 해서 9월부터 전국 투어를 진행했다. 콘서트를 구성하는 곡도 혼자서 결정하지 않고 밴드 구성원 모두가 결정한다. 이런 과정은 팬들을 생각하는 마음에서 결정된 것이다. 사다는 오랫동안 해 온 라이브 공연이 사다의 삶을 지탱시켜 왔고, 팬을 생각하고 만나고자 하는 마음이 라이브 공연뿐만 아니라 라디오 진행, 드라마 출현, 드라마의 내레이션 등 다양한 분야에서 활동하게 한 원동력이었다고 인터뷰에서 말하고 있다. 언변도 좋아서 노래를 부르지 않는 토크 콘서트도 개최하고 있다. 주변에 흔히 볼 수 있는 인상 좋은 아저씨, 아버지 같은 사다 마사시는 일본 국민가수로 널리 알려져 있다.

가사 속의 일본 문화 - 쇼로나가시^{精霊流し}

필자가 그의 음악을 처음 접한 것은 드라마 배경음악을 통해서였다. 〈쇼로나가시 - 당신을 잊을 수 없어^{精霊流し~あなたを忘れない}〉라는 드라마였는데 배경음악이 기타로 연주되고 있었다. 애처로운 멜로디에 마음이 이끌려 드라마 마지막에 나오는 자막을 확인해 보니 사다 마사시의 〈쇼로나가시〉란 곡이었다. 그때부터 사다 마사시의 곡을 찾아보면서 듣기 시작했다. 사다 마사시는 나가사키 출신으로 나카사키에서 전해져 오는 전통행사 '쇼로나가시'를 곡으로 썼다. 이후 사촌형이 사고로 사망하게 되었는데 이를 소설로 썼으며 소설은 이후 드라마, 영화화되었다. 그의 노래는 그가 작사, 작곡한 곡이 대부분으로 노래 하나에 한 사람의 인생이 담겨 있다. 〈쇼로나가시〉란 곡도 나가사키와 구마모토와 사가현 일부 지역에서 전해서 내려오는 '쇼로나가시'란 전통행사를 배경으로 한다.

쇼로나가시는 망자가 죽고 처음 맞이하는 오봉^{일본의 추석} 날에 등롱과 조화로 예쁘게 장식한 배에 망자의 혼령을 실어 고인을 추도하는 불교 행사이다. 망자의 혼령을 떠나보내는 행사이지만 폭죽을 터뜨리고 종을 치며 떠들썩한 함성 속에서 이루어진다. 쇼로나가시에 사용되는 배의 크기는 제각각이지만 큰 배는 길이가 1~2m가 넘는 것도 있다. 쇼와 30년^{1956년} 이전에는 주로 지연조직이 합동으로 만든 배인 모야이부네가 주류였고 큰 부자가 아니면 개인이 쇼로나가시부네를 만들기는 힘들었다고 한다. 현재도 모야이부네는 이어지고 있는데 지금은 병원이나 장례업자가 참가하기도 한다. 망자를 떠나보내는 가족, 친구, 지인 들은 흘러가는 배를 따라 걸으며 망자와의 추억을 떠나보낸다.

약속대로 당신이 아꼈던	約束通りにあなたの愛した
레코드도 함께 떠나보내요	レコードも一緒に流しましょう
그리고 당신을 실은 배 뒤를	そしてあなたの舟のあとを
따라갑니다	ついてゆきましょう

노래 가사에서는 고인이 애지중지했던 물건을 같이 보내주는 대목이 나오지만 쇼로부네는 강이나 바다에 흘려보내지 않는다. 지역에 따라 다르기는 하지만 나가사키의 경우 1871년부터 바다에 흘려보내는 것을 금지하고 있다. 쇼로부네가 도착하는 부두에는 쇼로부네를 해체하는 중기가 놓여 있고 가족이나 친지가 고인의 사진이나 위패 등을 챙기면 쇼로부네는 그 자리에서 해체된다.

〈아버지의 제일 긴 하루〉

1978년에 발표한 〈아버지의 제일 긴 하루親父の一番長い日〉라는 곡에는 한 여자아이가 태어난 것을 알리는 내용으로 시작된다. 이 노래는 사다 마사시 집안을 모델로 했다고 하며 여자아이는 사다 마사시의 여동생 사다 레이코이다. 태어난 딸이 자라면서 결혼할 때까지 아버지에 대해 느낀 마음이 나와 있고 옆에서 이를 지켜보던 오빠의 시점에서 만든 곡이다.

그리고 아버지는 점술책과 사전과	それから親父は 占いの本と辞書と
씨름하면서	首っ引きで
실로 일주일 걸려서	実に一週間かけて
딸을 위해 정말이지 특별나지 않은	娘のためにつまりはきわめて何事

	もない
흔해 빠진 이름을 찾았다	ありふれた名前を見つけ出した
오시치야 오미야마이리	お七夜 宮参り
엄마 아빠는 자화자찬	夫婦は自画自賛
귀여운 딸이라고 신이 나서 떠들지만	可愛い娘だとはしゃぎ廻るけれど
아무리 좋게 봐도 내 눈에는	僕にはひいき目に見ても
주름 투성이인 실패작	しわくちゃの失敗作品
결국 여동생에게 찾아올	やがて彼女を訪れる
불행을 가슴 아파했다	不幸に胸をいためた
음음… 오빠로서 음음…	mm… 兄貴として mm…

가사 속의 일본 문화 - 오시치야 お七夜

　오시치야는 헤이안시대부터 이어져 온 행사로, 아기가 태어나고 7일째 밤에 건강하게 성장하기를 바라는 마음으로 축하한다. 이날 아이에게 이름을 지어 주고 사회의 일원이 된 것을 인정한다. 오시치야에는 팥밥이나 도미와 같은 음식을 준비한다. 아기의 손도장이나 발도장을 찍는 가정도 있다. 생후 1개월이 되어 오미야마이리를 가기 전까지 아기 이름을 적은 종이를 한 달 동안 장식해 둔다고 한다.

　아기의 이름을 적을 때는 종이 중간에 아기의 이름이 오도록 적고 오른쪽 위에는 아버지의 이름을 적고 그 아래에는 혈연관계를 적는다. 왼쪽에는 생년월일을 적는다. 그러나 이 같은 형식도 지역에 따라 조금씩 다르기도 하고 시판하는 이름을 적는 종이 명명서 디자인에 따라 차이는 있다.

　다음 그림은 야마다 다로우 씨의 장녀, 이름은 하루코, 생년월일은

레이와 ○년 레이와 원년은 2019년 5월 1일~12월 31일 **11월 15일**이라고 적은 것이다. 예전에는 이름을 적은 종이를 가미다나 집 안에 신위를 모셔 두고 제사 지내는 선반 나 **도코노마** 일본 전통식 다다미방의 정면에 바닥을 한 층 높여 만들어 놓은 곳으로 벽에는 족자를 걸고 바닥에는 도자기, 꽃병 등을 장식하는 곳에 걸어 두었지만 지금은 맨션이나 아파트에 사는 사람도 많아졌기 때문에 아기가 자는 침대나 그 주변에 장식해 둔다고 한다. 오시치야에 초대를 받았을 경우에는 생화, 케이크, 과자, 과일 등의 음식이나 봉제인형, 장난감 등 아기용 선물을 준비하면 좋다.

　선물을 포장할 때는 축하용 노시가미를 이용한다. 노시가미란 노시 熨斗 나 미즈히키 水引 가 인쇄된 종이를 말한다. 노시란 사각형 색종이를 가늘고 길게 육각형으로 주름지게 접은 것으로 그 속에 선물이나 축하금을 곁들여서 축하한다. 미즈히키는 가는 지노에 풀을 먹여 말린 것으로 선물의 포장지나 봉투를 장식할 때 사용한다. 일반적으로 몇

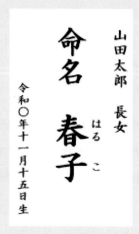

오시치야 때 아기 이름을 적은 종이

오시치야 선물을 포장한 모습

가닥을 합쳐서 사용하는데 길흉사에 따라 색깔이 구분된다. 축하용으로는 보통 홍백 노시를 사용한다. 중앙에 '오시치야 축하'라고 쓰고 그 아래에 축하하는 사람의 이름을 적는다.

가사 속의 일본 문화 - 오미야마이리お宮参り

아기가 태어난 지 한 달이 지나면 오미야마이리를 하러 간다. 정확하게는 남자아이의 경우 생후 31~32일째, 여자아이의 경우 생후 32~33일째 행했다고 하는데 요즘은 대략 생후 한 달을 기준으로 오미야마이리를 하는 가정이 많다. 이날은 신사에 참배를 하고 신관에게서 축하기도를 받지만 기도를 받지 않고 참배만 하는 경우도 있다. 아이가 무사히 태어남을 감사하고 건강하게 성장해 주기를 바라는 마음을 담아 기도한다. 오미야마이리에서 기도를 받을 때는 '하쓰호료신불에게 바치는 돈를 준비한다. 신사에 따라 금액이 정해져 있는 곳도 있지만 대략 5천 엔에서 1만 엔 정도이다. 하쓰호료는 노시봉투나 흰색봉투에 넣어서 준비하는 것이 좋다. 봉투 상부에 '고하쓰호료'라고 쓰고 아래쪽에는 아기의 이름을 적는다. 노시봉투를 사용할 때 주의해야 할 점은 나비 모양으로 묶은 미즈히키를 사용한다는 것이다. 나비 모양 미즈히키초무스비는 '몇 번 있어도 좋은 좋을 일'을 축하할 때 사용한다. 예를 들면, 시치고산남자는 3세, 5세, 여자는 3세, 7세가 되는 해 11월 15일에 신사에 가서 어린이의 성장을 축하하는 잔치, 입학, 졸업, 출산, 장수 축하에 사용된다. 오미야마이리에서 아와지무스비나 무스비기리는 사용해서는 안 된다. 아와지무스비는 전복처럼 단단하게 묶여 있어서 잘 풀리지 않기 때문에 결혼식이나 장례식처럼 '한 번뿐'이기를 바랄 때 사용하지만 간사

| 초무스비 | 아와지무스비 | 무스비키리 |

이 지역에서는 주로 축하할 일에만 사용하기도 한다. 무스비키리는 묶은 부분이 단단해서 풀기가 어렵다. '반복하지 않도록', '이번으로 끝'이라는 의미가 담겨 있다고 하니 결혼을 축하할 때, 병이 쾌유된 것을 축하할 때, 문상 등에 적합하다.

오미야마이리를 할 때 전통적으로는 친할머니가 아이를 안는데 요즘은 엄마나 외할머니, 외할아버지가 안기도 한다. 지역에 따라 관습이 다르기 때문에 일괄적으로 말할 수 없지만 호쿠리쿠 지방이나 이시가와현에서는 친할머니가 아이를 안고 아기의 엄마는 동행한다. 고신지방, 도카이 지방 쪽에서는 아기의 엄마와 아빠 결혼식의 중매인이 동행하고, 야마나시현에서는 생후 30일째부터 50일째 무렵이 되었을 때 홀 수의 동행인이 참석한다.

여전한 현역

사다 마사시의 노래 가사에 나오는 일본 전통행사를 간단히 소개했

으나 사다가 쓴 가사에는 앞에서도 언급했듯이 우리 삶을 많이 노래하고 있다. 1979년에 작곡한 〈관백선언 関白宣言〉에서는 가부장적인 남편의 모습을 노래했으나 2003년 발표한 〈관백실각 関白失格〉에서는 아내의 눈치를 살피지만 가족을 위해 최선을 다하는 아버지의 모습을 노래하고 있다. 사다 마사시의 소설 《그때의 생명 アントキノイノチ》에서는 고독사를 다루고 있는 등 우리 주변의 이야기에 늘 주목한다. 20세기 최고의 바이올리니스트 중 한 사람인 야샤 하이페츠를 동경하여 바이올린을 배웠고 바이올린 선율은 그의 음악에 큰 영향을 주고 있다. 또한 클래식 음악을 자주 인용하기도 한다. 바이올린 소년에서 현재는 가수로 활동하며 또한 MC, 소설가, 아동작가, 영화배우, 라디오 방송, 텔레비전 생방송까지 그 활동 범위는 무궁무진하다. 현재 살아 있는 가수를 연구하는 연구회가 만들어질 정도로 그의 매력 또한 끝이 없다.

일본의 예약 문화와 온라인 서비스

정희봉(《호텔 브랜드 이야기》 역자)

왜 일본의 예약 문화와 온라인 서비스에 주목하게 되었는가

앞으로 다가올 일에 대한 준비가 잘 되어 있어야 하는 계획형 인간인 나에게 '예약'이라는 행위는 매우 중요하다. 물론 일의 경중에 따라 무계획으로 '안 되면 말고'라는 방식도 나름의 재미가 있지만 무슨 일이든 예약, 즉 내가 이용하려는 서비스와의 계약을 미리 해서 만전을 기해 두는 편이다.

예약이 필요한 순간은 보통 여행을 갈 예정이라거나, 가면 바로 앉아 먹을 수 없는 인기 맛집을 가려 한다거나, 행사를 준비할 때이다. 한국에서는 포털 검색이나 해당 분야에 특화된 앱을 통해 온라인상으로 편리하게 예약하는 문화가 일반화되어 있는데, 일본의 예약 문화는 어떻고 또 온라인 서비스에는 어떤 것이 있을까. 아마존과 같은 외국계 쇼핑 서비스가 들어와 생활 속에 스며들면서 온라인화가 많이 진행되었다고는 하지만, 아직까지도 현금 결제, 오프라인 중심의 문화로 알려져 있어 예약 문화와 온라인 서비스에 어떤 식으로 영향을 미치고 있는지 알아보고자 한다.

나는 첫 직장 생활을 일본의 3대 상사 중 하나인 이토추伊藤忠의 IT 계열사에서 법인 대상 영업으로 시작했다. 한국에 돌아온 이후에는 타고난 역마살과 대학교 때 전공을 살리고자 관광 회사에 들어갔는데, 어쩌다 보니 또 흘러 흘러 전 세계 호텔 예약을 대행해 주는 데 필요한 제반 시스템을 구축하고 운영하는 IT 업무를 하게 되었다. 어느새 예약과 IT는 업이 되어 현 직장에서도 계속해서 예약 시스템을 기획하는 업무를 하고 있다. 이런 배경을 가진 나라면 더 잘 보이는 무언가가 있지 않을까 하는 생각이 들었다.

일본에서 내가 예약한 기억이 나는 것은, 사회 초년생 시절에 파인 레스토랑에 가 보고 싶었는데 마침 사내 게시판에 임직원 할인 공지가 올라와 도쿄의 요쓰야에 위치한 오텔 드 미쿠니オテル・ド・ミクニ라는 프렌치 레스토랑을 메일로 예약해서 간 일이었다. 아쉽게도 2022년 말을 기점으로 문을 닫았다. 일본에서 돌아온 지 10년이 넘은 상황인데 이메일로 예약하던 일본의 예약 문화는 현재 어떻게 변모했을지 그리고 그 문화를 반영하고 있을 온라인 서비스에는 어떤 것이 있는지 궁금했다.

일본의 예약 문화

한국과 마찬가지로 일본에서도 전통적인 예약 방식인 전화 예약에서 온라인 예약으로 그 비중이 점차 확대되고 있다. 일본의 '예약 라보予約ラボ'라는 조사 기관에서 2022년 말에 일본 전국의 20~60대 남녀 500명을 대상으로 한 설문조사를 한 결과를 보면 '이용한 적이 있는 예약 방식'복수 응답 가능에 대해 87.4%의 응답자가 인터넷이나 어플리케이션을 통해 예약했다고 한다. 전화 예약이 68.7%인 것에 비하면 온라인 예약이 더 우위를 점하게 되었다고 볼 수 있다. 온라인상으로 예약

은 비교적 손쉽게 할 수 있지만 취소 기능은 제공하지 않기 때문에 예약한 업체에 직접 전화를 해서 취소해야 한다. 온라인 예약 방식이 전화 예약을 뛰어 넘었다고 하지만 취소 기능을 제공하지 않는 점을 고려하면 서비스 이용 측면에서 100% 온라인화가 진행되었다고 보기는 어렵다.

　일본의 온라인 예약 문화에서 가장 인상 깊었던 점은 예약하고 방문하지 않는 경우에 대한 대응이었다. 예약 후 당일에 나타나지 않는 경우를 두고 우리나라에서는 영어를 그대로 차용해 노쇼No-Show라고 부르는데, 일본에서는 무단 캔슬無断キャンセル이라고 부른다. 예전에 일본 미용실을 오랜만에 이용해 보고 싶어 예약했다가 당일 일정이 생겨 가지 못하게 되었는데 국제 전화 이용료를 내고 취소 요청 전화를 해야 해서 그냥 둔 일이 있었다. 이후 미용실에서 별도 연락이 오거나 제재를 받은 일은 없었지만 예약 이력상 '방문 없었음来店なし', 즉 무단 캔슬 기록이 남았고, 이런 일이 몇 번 생기면 온라인으로 예약할 수 없도록 해당 서비스에서 이용 제한을 건다고 한다. 안내말에 몇 번 지속되면 이용 제한 상태가 된다고 명시되어 있지 않고 한 번 제한이 되면 해제 방법도 없이 영구적으로 예약할 수 없다고 하니 참으로 강경한 정책이 아닐 수 없다. 예약 기능을 제공하는 서비스 입장에서도 더 이상 예약을 받지 못하면 손실이 생길 텐데 그 손해를 감수하는 것인가 생각했다. 그런데 대다수의 예약 서비스들이 예약 건당 수수료를 받는 것이 아니라 매월 구독 시스템으로 시스템 월 사용료를 업주들로부터 받고 있어 큰 타격이 없는 것도 이러한 강경책을 펼칠 수 있는 배경 중 하나라고 생각한다. 하지만 이런 영업 방침은 실제 적용할 경우는 거의 없을 것으로 보인다. 일본인들의 경우 취소가 필요하면 꼭 사

전에 전화상으로 취소 요청을 하고, 이용 당일이 지나서라도 전화해서 업체에 정식으로 취소를 요청한다고 한다. 무단 캔슬에 대비해 사전에 예약금을 받지 않는 업주도 그렇고, 예약금을 징수당하는 것이 아님에도 취소가 필요할 때는 전화하는 수고를 마다하지 않는 일본인이 대단하게 느껴졌다. 일부 음식점 예약에서는 식재료 준비로 인해 미리 무단 캔슬 규정을 두는 식당도 있다고 들었는데 이 또한 우리나라처럼 예약금을 미리 결제해 두거나 서양 문화권처럼 신용카드 정보를 입력하게 하는 결제 형태가 아니라 실제 발생할 경우 업주가 고객에게 전화해서 청구하는 형태라고 한다. 우리나라를 포함한 서구 문화권과는 달리 일본은 철저한 신용 사회에 살고 있음이 느껴지는 대목이다.

외국인 관광객 입장에서 일본에 있는 미용실을 미리 예약하고 현지에서 시술을 받아 보고 싶다면 어떻게 하면 될까? 이어서 소개할 예정인 일본의 뷰티 예약 대표 서비스인 핫페퍼 뷰티의 경우, 휴대 전화 인증 없이도 회원 가입이 가능하다. 일본어를 잘 모르더라도 브라우저의 번역 기능을 활용한다면 대략적인 내용을 이해할 수 있으므로 예약이 가능하다. 또한 일본에 거주하는 외국인 유학생이 많아서 미용실 입장에서도 외국인 손님이라 하더라도 크게 당황하지 않는 편이라 안심하고 예약해서 이용할 수 있다.

일본의 식당 예약 온라인 서비스

우리 생활의 중심이 되는 의식주 중에 가장 빈번하게 가벼운 마음으로 예약하는 곳은 식당이 아닐까? 일본인이 식당을 예약하고자 할 때 가장 먼저 떠올리는 온라인 서비스는 다수의 식당 후기를 확인할 수

있는 다베로그食べログ, https://tabelog.com/이다. 이름부터 먹는다는 의미의 일본어 동사인 다베루食べる와 기록을 뜻하는 영어 명사인 로그 log가 합쳐져 '먹은 기록'을 의미한다. 맛집 탐방에 진심인 유저들이 올리는 진성 후기를 바탕으로 서비스 인지도가 높아졌고 그 후기를 읽으러 오는 사람들의 최종 목표가 식당 예약일 것이므로 예약 기능까지 추가하여 서비스를 제공하고 있다. 로고 또한 젓가락을 쥐고 있는 손을 묘사해 먹는 것에 관련된 서비스임을 직관적으로 표현했다.

웹사이트의 구성은 지역과 키워드, 일시, 인원 조건을 검색창에 입력하도록 되어 있다. 홈페이지의 메인 이미지 우측 하단을 보면 어느 유저가 찍은 음식 사진인지 알 수 있다. 유저가 남긴 후기를 바탕으로 성장해 온 서비스답게 UGCUser Generated Contents를 전면적으로 활용하고 있다.

스크롤해서 내려가 보면 그 외에도 여느 서비스들처럼 지역별, 요리 장르, 이용하는 목적에 맞게 고를 수 있도록 구성되어 있다. 그리고 전

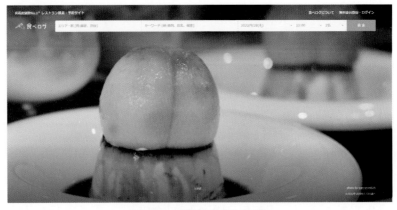

다베로그 홈페이지의 메인 이미지

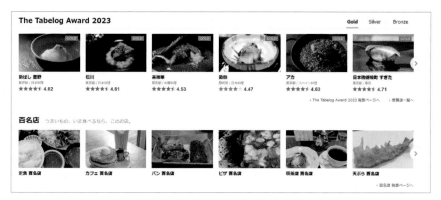

다베로그 어워드 2023 등 큐레이션 서비스

세계적인 미쉐린 가이드, 우리나라의 블루 리본과 같이 다베로그 어워 드라는 것을 매년 실시해 골드, 실버, 브론즈 등급을 부여하고 있었고, 더불어 정식, 카페, 덴푸라와 같은 음식 종류 별로 매년 백 개의 유명 가게를 선정하고 있었다.

또한 개인별 홈페이지를 부여해 본인이 남긴 식당 후기를 모아서 보 고 다른 사람들도 그 사람의 취향이 마음에 든다면 팔로우를 해 계속 피드를 확인할 수 있게 한 점도 특이했다. 온라인 서비스상에서 후기 를 남길 때 아쉬웠던 점이 내가 올린 후기를 모아서 볼 수 없고 개인 블 로그에 동일하게 투고되지 않는다는 점이었는데, 식당에 대해 중점적 으로 후기를 남기는 사람이라면 굳이 블로그를 개설하지 않아도 다베 로그의 리뷰어 홈기능을 활용해 나의 맛집 탐방 기록을 남겨 가고 또 그에 호응해 주는 사람들과 소통해 나갈 수 있겠다 싶었다.

일본 내 랭킹 순으로 다베로그 다음으로는 구루나비 ぐるなび, https:// www.gnavi.co.jp/ 라는 서비스가 있다. 이 서비스 역시 프랑스어로 미식 가를 뜻하는 구루메 グルメ 와 내비게이션 navigation 을 합친 '미식가의 내비게이션'이라는 합성어로 구루나비가 되었다. 다음으로는 핫페퍼 구루메 ホットペッパーグルメ, https://www.hotpepper.jp/ 라는 서비스가 있다. 이 서비스를 운영하는 리쿠르트 リクルート 라는 회사는 본래 구인·구직을 도와주는 인재 파견 회사인데 업종 특성상 일할 사람을 구하는 사업자와 접점이 많았을 터라 이런 사업자들을 일반인 대상으로 홍보해 주는 무가지를 발행해 할인 쿠폰 등을 제공해 오다가 온라인화된 서비스이다. 식당뿐만 아니라 미용실, 네일숍과 같은 뷰티 업종에서도 핫페퍼 뷰티라는 서비스를 운영하고 있다. 이 외에도 레티 Retty, 히토사라 ヒトサラ, 잇큐 레스토랑 一休.com レストラン 등 다수의 서비스가 저마다의 개성을 갖고 다양한 고객층을 대상으로 운영되고 있다.

일본의 뷰티 예약 온라인 서비스

먹는 일 못지않게 일본인들이 중요하게 여기는 영역은 뷰티가 아닐까? 옛날부터 미용 기술을 일본에서 배워 오는 경우가 많았고 아직까지도 일본 연수 프로그램 이수를 했다고 프로필에 기재하는 헤어 디자이너가 많은 것을 보면 일본은 우리나라보다 훨씬 오래전부터 뷰티 분야에 큰 관심을 가져 왔던 것으로 보인다.

일본 내에서 뷰티 관련 예약이라고 하면 일본인들이 바로 떠올리는 서비스가 핫페퍼 뷰티 ホットペッパービューティー, https://beauty. hotpepper.jp/ 이다. 식당 예약에서도 언급되었던 핫페퍼 구루메를 운영하는 리쿠르트사가 운영하고 있다. 웹사이트의 구성은 텍스트가 많은 일본의 여느 사이트와 비슷하다.

해당 서비스의 특징은 커트, 펌과 같은 메뉴보다는 이들을 묶어 금

핫페퍼 뷰티, 미니모, 오즈몰 홈페이지의 메인 화면

액을 할인해 주는 쿠폰 단위로 하는 예약이 더 보편화되어 있다는 점이다. 특정 업체를 골라서 상세 페이지에 진입하면 업체, 스타일리스트, 메뉴 등을 소개하는 여러 탭 중 업체 소개 바로 옆에 위치한 탭이 쿠폰 탭인 것만 보더라도 알 수 있다.

다음으로는 10대, 20대 사이에서 인기인 미니모minimo, https://minimodel.jp/ 라는 서비스가 있다. 미니모는 웹사이트 구성상 최상단에서 모바일 어플리케이션앱으로 유도하고자 하는 것이 보였으며, PC 사이트임에도 불구하고 텍스트가 많지 않고 인스타그램 피드 형태의 UI를 사용해 대상 연령층이 낮다는 것이 확실하게 느껴졌다.

그 외에도 오즈몰Ozmall, https://www.ozmall.co.jp/hairsalon/ 이라는 서비스의 경우, 특이하게도 동일 명칭의 잡지가 존재하고 해당 출판사에서 운영하는 서비스여서 눈길이 갔다. 웹사이트 구성도 잡지사에서 운영하는 서비스답게 상단부터 특집 기사 중심으로 게재되어 있다. 웹사이트의 구성을 살펴보면 해당 서비스가 어느 연령층이 주로 이용되는지 서비스를 만든 모회사가 어떤 회사인지를 가늠할 수 있다.

일본의 온라인 예약 서비스의 특징

일본의 온라인 예약 서비스를 알아보니 가장 눈에 띄는 점은 업종마다 가장 먼저 떠올리는 대표 서비스가 있지만 그 외의 중소 서비스도 다양하게 공존하고 있다는 점이었다. 단순히 일본에 다양한 수요가 있기 때문이라고 보기는 어렵고, 실질적으로 이것이 가능한 것은 일본은 서비스를 이용하기 위해서는 대가를 지불하는 것이 당연하다고 생각하는 점에 기인하는 것으로 보인다. 뷰티 예약 서비스인 핫페퍼 뷰티의 경우 미용실 등으로부터 월 이용료로 최소 50만 원부터 받고 서비스를 제공하고 있기 때문이다. 우리나라의 경우 몇몇 대기업이 분야를 막론하고 독점하고 있는 경우가 많은데, 서비스 유료 이용에 대한 개념이 정착되지 않아 중소 서비스들은 광고 게재로라도 수익화를 하지 못하면 장기화된 경쟁에 버티지 못하고 사업을 접게 되기 때문인 것 같다. 몇몇 업체만의 독점 환경이 되면 아무리 잘 만들어진 서비스여도 시간이 지나면 퇴보하기 마련이어서 다양한 업체가 경쟁하는 환경은 성장의 밑거름이 된다. 개개인의 개성만큼이나 온라인 서비스에서도 다양한 서비스가 공존하고 있는 일본이 상당히 부럽다.

일본의 식사 예절

최지혜 (릿쿄대학 문학부 영미문학 재학)

밥을 먹을 때 당연하게 하는 행동들이 다른 나라에선 예의에 어긋나는 행동인 경우가 있다. 반대로 한국에서는 예의에 어긋나는 식사 문화가 타국에선 예의 있는 행동으로 비춰지는 경우도 있다. 한국과 일본은 지리적으로 가깝기 때문에 문화적 공통점이 많지만 차이점 또한 많다. 대표적인 사례가 식사 문화이다. 그렇다면 일본의 식사 예절의 대표적인 특징은 무엇이며 한국의 식사 예절과 어떤 공통점과 차이점이 있을까?

음식은 먹을 만큼만 조리하고 남김 없이 먹는다

한국에서 식당에 가면 '음식은 먹을 수 있는 만큼만 퍼 주세요'라는 문구를 본 적이 있을 것이다. 학교 급식실에서도 '음식은 먹을 만큼만', '잔반 줄이기' 등의 문구를 쉽게 볼 수 있다. 자주 보이는 문구임에도 불구하고 버려지는 음식의 양은 심각할 정도로 많다. 이런 문구를 자주 접한다는 것은 그만큼 잔반의 양이 많고, 좀처럼 줄지 않는다는 것을 의미하는 것은 아닐까라는 생각이 든다. 이에 반해 일본에서는 이런 문구를 찾아보기 어렵다. 일본은 유독 잔반이 적다. 아니, 음식을 남기지 않는다고 하는 편이 맞을 것 같다. 그 이유는 무엇일까? 우선 일본인은 주문한 음식은 끝까지 다 먹어야 한다는 생각을 가지고 있다. 한국에서 나고 자란 나는 일본에 오기 전까지 식당에 가면 부족할 바에야 넉넉하게 시켜 남기는 편이 낫다는 생각을 가지고 있었다. 또 남기더라도 별다른 생각이 들지 않았다. 하지만 일본에서 생활한 지 3년 차에 접어든 지금의 나는 먹을 만큼만 주문하고 되도록 음식을 남기지 않으려고 노력한다. 식당에 가면 나 혼자 음식을 남기는 것이 민망할 정도로 일본인들은 음식을 남김없이 다 먹는다. 배가 불러도, 음식이 느끼해도, 입맛에 잘 맞지 않아도 먹을 수 있을 때까지 먹는다.

일본인 친구와 한식당에 간 적이 있다. 삼겹살을 2인분 주문하고 먹기 시작했는데 무슨 이유에서인지 그날따라 금방 배가 찼고, 더 이상 먹을 수 없을 만큼 배가 불렀다. 친구도 배가 불러 보였지만 계속 먹고 있었고 나는 결국 친구에게 배가 불러서 더는 못 먹겠다고 했다. 그러자 친구가 이렇게 말했다. "頑張ろう". 간바로오. '파이팅! 힘내자!'라는 뜻이다. 솔직히 조금 당황스러웠다. 한국이었다면 '배부르면 그만 먹어', '배부르면 남겨'라는 대답이 돌아오는 게 일반적이었겠지만 내게 돌아온 답은 '파이팅'이었다. 처음엔 당황스러웠고 잠시 대답을 곱씹어 보니 뭔가 웃겼다. '너무 배부른데 왜 억지로 먹어야 할까'라는 생각이 들어 이해가 가지 않았지만 일본에서 오랜 기간 생활하며 점차 이해되기 시작했다. 힘들게 농사 지은 농작물로 누군가가 열심히 음식을 만들어 주었는데 그런 음식을 남긴다는 것 자체가 다소 예의 없고 배려심 없는 행동으로 비춰질 수 있다는 생각에서 항상 음식을 감사한 마음으로 남김없이 먹는다는 것이다. 듣고 보니 우리나라에서 버려지는 수많은 음식 양과 그것을 대수롭지 않게 여긴다는 사실이 부끄러워

졌다. 배가 너무나도 부른 상태에서 무리하여 음식을 먹는 것은 좋지 않겠지만 먹을 수 있는 만큼만 주문해서 되도록 남김없이, 만들어 준 사람의 성의에 감사하며 먹는 문화는 존중받아 마땅하다고 생각한다. 일본과는 달리 준비해 준 음식이 충분했다는 것을 표현하기 위해 음식을 어느 정도 남기는 것이 예의인 문화도 있다. 이렇듯 각 나라에 가면 그 나라의 식사 문화를 존중하는 자세가 필요하지 않을까. 그렇다면 일본의 주요 식사 예절에는 어떤 것이 있을까?

일본의 식사 예절

대학교에서 자신이 속한 나라의 문화에 대해 영어로 발표하는 수업을 들은 적이 있다. 수강생은 나와 다른 한 명의 한국인을 제외하고는 모두 일본인이었다. 식사문화를 주제로 발표한 일본인 학생들이 많았고, 해당 수업을 들으며 일본에서 생활하면서도 알지 못했던 일본의 식사 예절에 대해 배울 수 있었다. 일본의 대표적인 식사 예절 중 하나는 고개를 숙이지 않고 그릇을 들고 밥을 먹는 것이다. 그릇을 들고 밥을 먹는 장면은 일본 드라마를 좋아하는 사람이라면 한번쯤은 본 적이 있을 것이다. 일본에 처음에 왔을 때는 그릇을 들고 밥을 먹는 것에 적응되지 않았다. 의식한 채로 들고 먹는 것이 아니라면 고개를 파묻고 먹기 일쑤였다. '뜨겁고 무거운 그릇을 왜 굳이 들고 먹을까?'라는 생각을 자주 했다. 하지만 생활하다 보니 일본의 밥그릇이나 국그릇은 대체로 가벼운 소재로 만들어져 있어 들고 먹어도 무겁지 않았고, 주로 바닥이 튀어나온 모양이어서 손에 열이 직접적으로 닿지 않아 뜨거울 일이 없었다. 처음에는 불편하다고만 생각했던 식사 예절이지만 이제는 방학 때 한국에 가도 자연스레 그릇을 들고 먹게 되어 친구들에게 일본인이 다 되었다며 한 소리 듣곤 한다. 그릇을 들고 먹으니 바닥에 흘릴 일도 없을뿐더러 바른 자세로 식사를 하게 되어 오히려 편하다고 생각했다. 그릇을 들고 먹으면 예의에 어긋나는 한국과 반대되는 식사 예절이 재미있다.

그릇을 들고 밥을 먹는 것은 예절에 불과하지만, 일본에서 식사 중에 절대 해서는 안 되는 행동도 있다. 바로 젓가락으로 음식을 주고받는 것이다. 다른 사람이 젓가락으로 건넨 음식을 젓가락으로 받는 것은 일본에서 장례식을 연상시킨다고 한다. 장례식에서 유골을 젓가락으로 건네고 받기 때문에 음식을 젓가락으로 주고받는 행위는 해당 장면을 연상시켜 함께 식사하는 사람에게 불쾌감을 줄 수 있다. 식사 중 장례식의 한 장면을 떠올리게 된다면 누구나 불쾌감을 느낄 수밖에 없을 것이다. 그러니 일본에서 식사를 한다면 이 점을 반드시 주의하도록 하자.

일본의 식사 문화

친구들과 브런치를 먹으러 갔다고 가정해 보자. 친구들은 스크램블에그도 먹고 싶고 아보카도 토스트도 먹고 싶은 상황이다. 이런 경우 한국이라면 보통 '내가 스크램블 에그를 주문할 테니까 네가 아보카도 토스트를 시키면 되겠다. 그리고 나눠 먹자!'라는 말이 오고갔을 것이다. 한국에서는 다양한 종류의 음식을 시키고 나눠 먹는 것이 이상한 일이 아닐뿐더러 어쩌면 되려 당연한 일처럼 여겨지기 때문이다. 하지만 일본의 경우는 다르다. 한국에서 카페에 갔는데 옆테이블에 앉은 사람 두 명이 같은 음료 두 잔과 같은 케이크 두 조각을 주문해 먹고 있었다. 대부분의 경우 한국인은 아니다. 그렇다. 일본인 관광객이 었다. 한국인은 좀처럼 이해할 수 없는 문화일 수 있다. '이왕이면 다른 종류의 케이크와 음료를 주문해서 여러 가지 음식을 맛보면 좋지 않을 까?'라고 생각할 수 있지만, 일본에서는 이와 같은 상황이 너무나도 당연하다. 앞서 브런치를 먹으러 간다는 가정을 한 이유가 있다. 바로 내가 직접 경험한 일이기 때문이다.

'다이칸야마'라는, 우리나라로 치자면 한남동 분위기가 나는 곳에 일본인 친구들과 브런치를 먹으러 간 적이 있다. 일본인 친구들과 가기 전에 나는 이미 그 곳을 한국인 친구들과 간 적이 있었고, 모든 메뉴가 맛있었기에 그대로 주문하면 될 것이라 생각했다. 일본인 친구들과 식당에 도착했고, 무엇을 먹고 싶으냐고 물으니 한 명이 에그 베네딕트를 먹겠다고 했다. 자연스레 에그 베네딕트와 함께 다른 메뉴를 주문하려던 찰나, 다른 일본인 친구가 자신도 에그 베네딕트를 주문하겠다고 했다. 그리고 나는 잠깐 동안 고민에 빠졌다. 팬케이크도 먹고 싶고 에그 베네딕트도 먹고 싶었지만 팬케이크를 주문하자니 에그 베네딕트를 나눠 먹을 분위기가 아니었고, 나 혼자 다른 메뉴를 주문하는 것도 왠지 모르게 이상했다. 결국 세 명 모두 에그 베네딕트를 주문했다. 연어, 돼지고기 중 고를 수 있었지만 세 명 모두가 연어로 통일해서 말이다. 주문한 메뉴가 나왔고 음식을 먹으면서도 그 상황이 어딘가 모르게 웃겼다. 같은 메뉴를 혼자 다 먹어야 했기 때문에 물리는 감이 있었지만 그래도 잘 먹고 식사를 마쳤다. 이런 상황에서 이 친구들이 특이한 걸까? 전혀 아니다. 다른 일본인 친구들과 식당이나 카페에 가도 항상 똑같은 상황이 반복되었다. 일본인들은 그저 자신이 먹고 싶은 음식을 주문하고 자신이 주문한 음식을 혼자서 먹는 문화에서 자랐기 때문에 그들에겐 당연한 일이었다. 오히려 그들 입장에서는 한국인의 식사 문화가 이해되지 않을 수 있다. 사실 생각해 보면 한국을 제외한 다른 나라들 중에 음식을 서로 나눠 먹는 문화는 생각보다 많지 않다는 것을 알 수 있다. 일본에서 생활한 지 3년차인 지금, 나는 내가 주문한 음식은 나눠 먹기보다 그냥 혼자 먹고 싶을 때가 있고, 다양한 메뉴를 주문해 나눠 먹고 싶을 때도 있다. 양쪽 문화의 차이, 사람들의 가치관과 생각이 이해되기 시작한 것이다. 피자집에 가면 똑같은 피자 두 판, 카페에 가면 똑같은 케이크 두 조각을 주문하는 일이 처음에는 이해하기 어려웠지만 어느새 그 문화에 녹아들었고 자연스러운 일이 되었다.

일본에서는 식사 시에 숟가락을 사용하는 것이 한국만큼 흔하지 않다. 물론 숟가락을 주는 경우도 있지만 식당 테이블에 아예 숟가락이 놓여 있지 않고 종업원에게 요청해야만 주는 경우가 많다. 한국의 경우 된장찌개를 숟가락을 사용해 먹지만 일본의 미소시루의 경우 숟가락을 사용하기보다 대부분 그릇채로 들고 마시는 경우가 많다. 처음에는 숟가락 없이 국을 먹는다는 것이 어색했지만 일본의 국은 대부분 재료가 그리 많지 않고 미역, 당근, 무 정도이기 때문에 주로 그릇을 들고 국물을 마신 후에 젓가락을 사용하여 건더기를 건져 먹는다. 일본의 대표적인 음식인 라멘의 경우는 국물이 중심인 요리이기 때문에 물론 숟가락을 사용하지만 이 경우 스푼이라는 말보다는 렝게 レンゲ 라는 말을 쓴다. 렝게는 중식당에 가면 흔히 볼 수 있는 국물을 떠먹기 쉬운 형태의 작고 둥글며 깊은 모양의 숟가락을 말한다. 라멘집이나 우동집에서 숟가락이 필요한 경우 「レンゲお願いします 렝게 오네가이시마

ㅅ」라고 말하면 된다.

일본에서 유학하며 끊임없이 느끼는 것은 한국과 일본은 정말 다른 나라라는 것이다. 생활하다 보면 한국과 일본은 비슷한 점보다 다른 점이 더 많다. 하지만 이런 문화적 차이가 일본 유학을 더 흥미롭게 만드는 요소라고 생각한다. 아직 알지 못하는 일본만의 색다른 문화가 아주 많을 것이라고 생각하기 때문에 앞으로의 유학 생활도 무척 기대된다.

엄마의 응원,
형씨 남매의 일본 유학 분투기

김수진(일하며 공부하는 주부), 형성문(오비린대학 재학), 형우정(교토외국어대학 재학)

엄마는 김수진, 형씨 남매에서 오빠는 성문, 여동생은 우정이다. 아빠의 성씨는 한국에서 그리 많지 않은 형씨이다. 맏아들 성문은 99년생으로 16세 여름방학 때 퇴근하던 부모님께 갑자기 일본 고등학교를 가겠다고 선포한 당찬 녀석이다. 일본어를 독학하다가 고등학교 입학과 함께 바로 일본어능력시험 N2에 합격했을 정도로 일본어 능력자이던 성문은 가나가와 쪽에 있는 오비린대학에 입학 후 기숙사 앞에 있는 편의점에서 아르바이트를 시작했다. 성문은 한국에서 아주 부유하게 자라지는 않았지만 곱게 자란 편이라 아르바이트는 해 본 적이 없는데 대학에 들어가자마 대학 기숙사 앞에 있는 편의점에서 부모 몰래 아르바이트를 시작했다. 놀랍기도 했지만 기특하기도 했다.

맏아들 성문의 이야기

일본에서도 아주 작은 마을 시골에 속하는 시코쿠의 고치에 있는 명덕고등학교에 유학을 갔다. 학교 기숙사에서 지내며 고등학교 생활을 했다. 문과였지만 이과 계열인 수학과 과학을 좋아해 고등학교 생활이 즐거웠다. 잘하는 과목이 한 가지 있어서 나름 믿는 구석이 있어서 그런지 학교 생활은 그다지 어렵지 않았다. 일본 고등학생들은 동아리 활동을 참으로 열심히 한다. 매일 1시간 내지 2시간씩 토요일에는 2시간 내지 3시간 정도 동아리 활동을 하니 말이다. 나도 테니스클럽에 들어가 열심히 동아리 활동을 했다. 일본의 고등학교에는 다양한 동아리 활동이 있는데 운동도 할 겸 해서 한국에서도 관심이 있었던 테니스를 선택했다. 이때 했던 테니스 동아리 활동으로 체력을 다진 덕분에 지금도 힘든 일이 있어도 잘 견디는 것 같다. 대학에 들어가서는 집중력을 높이는 훈련을 하고자 양궁 동아리 활동을 했다. 양궁도 매력이 넘치는 스포츠였다. 생각보다 양궁도 수월하게 할 수 있었다.

대학에 들어가면 꼭 다양한 경험을 하고 싶었다. 그래서 제일 먼저 시작한 것이 편의점 아르바이트였다. 세븐일레븐에서 하루 중 오후에 4시간에서 6시간을 시급 890엔 2018년을 받으며 아르바이트를 했다. 출근과 동시에 옷을 갈아입고 어묵을 따뜻하게 데우고 재료를 튀기고 시간이 되면 유통기한을 확인하고 물품이 오면 들여놓고, 퇴근하면서 유통기한이 지난 것 같은 식품을 가져가 저녁 대용으로 먹기도 했다. 역 앞이라서 너무 바쁘지만 가난한 학생인지라 유통기한이 지났다 해도 무료로 저녁거리를 얻어 그날 저녁거리가 해결되었다는 생각에 그저 기뻤다. 특히 먹고 싶었던 메뉴가 남아 있을 땐 너무나 좋았고 행복했다. 편의점 아르바이트는 몸으로 때우는 단순 노동이라서 그런지 그다지 전문적으로 배울 점은 없었던 것 같지만 월급을 현금으로 뽑을 때는 일해서 번 돈이라는 생각에 정말 뿌듯했다. 아직 우리나라 편의점에서는 걸음마 단계인 세금수납 예를 들면 전기세, 수도세이 일본의 편의점에서는 일상이다. 익숙하지 않은 일을 하다가 잘못 찍어서 점장에게 혼나기도 했다. 하루에 손님이 100명에서 200명 이상이 다녀가는 편의점이라 지쳐서 목소리가 잘 안 나와 작은 소리로 대답을 했다가 목소리 작다고 혼나기도 했다. 그때까지 별로 꾸중 듣지 않고 자란 나는 이것이 사회생활의 현실인가 싶었다.

일본에서는 편의점마다 인기 있는 메뉴가 있는데 개인적으로 세븐 일레븐은 까르보나라 스파게티가 정말로 맛있다. 편의점 아르바이트를 할 때는 절대로 핸드폰을 하거나 만져서도 안 되고 앉아 있어도 안 된다. 어떻게 보면 일본은 아주 냉정한 사회인 것 같지만 나름 손님을 위해 하는 배려인 것 같아 나중에는 자연스럽게 익숙해졌다. 편의점에 화장실이 딸려 있어 화장실만 이용하는 손님도 의외로 많다. 이런 면에서는 편의점이 좋기도 하다. 고등학교에서도 대학에서도 기숙사 생활을 해서 식사 후 설거지, 청소 등 모든 것을 혼자 해결해야만 했다. 대학 다니면서 일본 대학생들은 거의 다 아르바이트를 해서 생활비나 등록금을 버는 경우가 많다. 그래서 모두 경제적인 여유가 없는 것 같다. 편의점 아르바이트는 어느 정도 식사 해결에도 도움이 된다. 이 외에도 여기저기에서 싸게 밥 반찬을 구해 만들어 먹기도 한다. 늦은 시간에 가면 먹고 싶은 반찬류나 도시락은 없어도 할인된 것을 자주 먹었다. 그러다가 가끔은 먹고 싶었던 반찬이 할인되어 있으면 기쁘기도 했다. 나는 튀김 종류와 면 종류를 좋아한다. 튀김 중에서 돈가스, 면은 돈코츠라멘이나 쇼유라멘을 좋아한다. 쇼유라멘에 김 3장, 차슈 1개 계란 1개로 토핑할 때가 참으로 행복하다. 가끔은 시금치도 토핑한다. 숙주 일본어로는 '모야시'를 토핑하는 사람도 있지만 나는 시금치를 토핑한다. 시금치가 간장라멘의 짠맛을 잘 잡아 주는 것 같아 즐겨 먹는다. 평소에 술, 담배, 커피는 즐기지 않지만 콜라는 가끔 마신다.

일본은 지역 마쓰리도 유명하지만 대학교의 마쓰리도 볼 만하다. 우

리 양궁동아리 アーチェリークラブ에서는 소시지 꼬치 등도 만들어 팔기도 했다. 그러면서 우정도 돈독해지는 것 같다. 내가 다니는 대학은 크리스천 학교와 관련되어 있고 중국과도 관련이 있다. 국제화되어서 그런지 외국 학생들이 참으로 많아서 외국인과의 대화도 낯설지 않다. 학교 갈 때는 전철이나 버스를 이용하지만 가끔 날씨가 좋으면 자전거로 40~50분 걸려 등교할 때도 있다. 점점 경제 관념을 신경 쓰고 건강을 생각하는 시기가 되었다. 군대를 마치고 다시 복학해서 대학을 다니고 있다. 2024년에는 졸업한다. 진로에 대한 생각도 여러 가지로 하고 있다. 일본에 남을까 고국으로 돌아갈까 고민하다가 우선은 남은 공부를 잘 마치고 생각하기로 했다.

일본 학생들에 대한 짧은 관찰기

대체로 일본 학생들은 영어를 잘하는 것 같기도 하는데 회화는 잘 못한다. 아마 발음 때문인 것 같다. 한국인은 모음, 이중모음, 자음 등 다양한 발음이 가능한 민족이다. 참으로 영어 발음도 좋고 해서 한국인이라서 자랑스럽다. 식당에서 사람을 부를 때 '저, 여보세요 あの、すみません、ちょっと すみません' 등은 일반 식당이 레스토랑 등에서 쓰이나 '저, 언니 あの おねえさん' 등은 동네 식당 등에서 친근감 있게 부르기도 하는 것 같다. 우리 한국은 언니, 이모, 사장님, 아주머니, 아저씨 등 다양하지만 일본은 몇 가지로 정해져 있는 것 같았다. 부르는 호칭도 나라에 따라 달라서 아주 재미있다. 많은 것들이 신기하고 재미있다.

일본인은 맞장구를 정말 잘 친다. 상대방이 무슨 말을 하면 일단 공감하고 말을 이어 나가는데 편하게 해 주는 분위기이다. 말하는 사람

의 의도에 맞추려고 노력하는 것이 잘 나타나 있다. 절대로 '예스'라는 의미가 아니라 너의 이야기 잘 듣고 있다는 의미이다. 특히 여학생들은 「あ、かわいい」라고 말을 해 놓고 분위기를 맞추어 준다. 사실 별로 귀엽지 않아도 일단 좋게 표현해서 상대방이 안심하고 안정되도록 한다. 너무 호들갑 떠는 것 같아 보이지만 결코 그렇지 않다. 말하는 사람의 입장을 배려해 주는 것이다. 또한 감사 표현과 사과 표현을 너무 자주 한다. 처음엔 어색했는데 점차 자연스러워져 이제는 나도 자주 하는 경향이 있다. 익숙해지면 오히려 상대방을 배려하는 기분이 들어서 나쁘지 않아 보인다.

아르바이트에서 밤늦게 출근하거나 하면 아침 인사인 '안녕 おはよう'을 쓴다. 처음에는 내가 아는 「おはよう」 사용법이 너무나 달라 혼동이 왔다. 늦은 밤에 아침인사를 하다니…. 또한 학교에서도 점심 먹고 1시에 수업을 할 때도 「おはよう」라고 선생님이 인사한다. 이게 뭐지? 하며 고민한 적도 있다. 아마 일을 새로 시작한다는 의미로 「おはよう」를 사용하는 것 같다고 생각하니 수수께끼가 다 풀렸다.

아직도 현금만을 고집하는 가게가 많아 난처할 때가 많다. 잔돈 없이 교통카드인 '스이카'로 다 해결하려고 해도 현금으로 지불해야 할 경우가 있다. 현금을 내면 잔돈이 생긴다. 별것 아닌데 귀찮다. 그런데 일본인은 대부분 동전 지갑을 들고 다니며 잘 보관한다. 나도 해 보았지만 잘 안 하게 된다. 대학생들은 가방을 에코백을 가지고 다니는 학생들이 의외로 많다. 텀블러 또한 그렇다. 아직 귀찮고 익숙하지 않아 잘 갖고 다니지 않지만 나도 점점 일본인 학생처럼 되어 가고 있는 듯하다.

이제는 한국 학생 하면 좋은 이미지에서 시작하는 것 같다. 아이돌,

배우, 노래 등 의외로 관심이 많다. 특히 젊은이들이 더 그렇다. 점점 나이 든 사람들도 한국 학생을 좋아한다. 예의도 바르고 인사를 잘해서 그런 것 같기도 하다. 일본은 기본적으로 남에게 피해를 안 주려고 노력하는 사회 시스템이기에 양보 문화와 배려 문화가 가끔은 너무 엄격하다 싶을 정도로 세세하게 이루어지는 것 같다.

엄마가 본 딸 우정의 분투기

우정이는 평범하게 잘 학교에 다니다가 오빠가 유학을 간 것을 보고 자기도 유학을 가겠다고 했다. 일본어는 히라가나와 아주 조금의 일상적인 일본어 회화만 알았는데 영어를 무기로 오빠의 학교생활을 보다가 갑자기 본인도 오빠 고등학교로 가겠다고 해서 한 달만에 결정해 12월 이듬해 4월 사카모토 료마의 고향인 시코쿠의 고치로 날아간 용기 있는 녀석이다. 지금은 교토외국어대학에서 영어로 열심히 강의와 과제를 하면서 애쓰고 있고 신종 코로나19 때문에 대면수업에서 온라인수업으로 전환 후 너무 방에만 있는 것 같아서 지인 언니의 소개로 학교 근처의 로손 편의점에서 아르바이트를 하고 있다. 다른 나라에서 외국인 신분으로 할 수 있는 아르바이트는 그렇게 많지는 않다. 선택의 여지가 좁다는 의미이다. 편의점 아르바이트는 아르바이트 중에서도 3D에 들어가는 일이다. 그렇기에 아르바이트를 구하기는 쉽다.

출근과 동시에 유니폼으로 갈아입고 바코드를 찍으면 시작이고 퇴근 역시 유니폼을 갈아입고 바코드를 찍으면 퇴근이 이루어지고 있다. 근무시간은 매주 바뀌는 시프트제이지만 6시간 이상 근무하면 1시간은 무급 휴식시간을 갖는다. 이는 의무라서 무조건 따른다. 교토의 기본 시급은 909엔2021년이지만 지역마다 시급이 다르다. 22시 이후 야근 시 수당은 시급의 25% 인상이다. 다음 날 5시까지로 편의점은 잔업무가 많고 택배 접수, 티켓 접수 ,각종 공공요금수납, 우표 판매, 택배 찾아주기 등 손님이 없어도 앉아 있지도 못하고 휴대폰도 못 보니 참으로 어렵고 힘들다. 하지만 용돈벌이도 되고 여러 사람들을 만나는 즐거움도 있어 나름 힘들었지만 재미있게 편의점 아르바이트를 해서 좋았다. 일할 때는 힘들어도 퇴근할 때는 감동과 기쁨을 누리는 기분은 최고이다.

어느 날 편의점에서 이용 가능한 프린트기에 종이가 다 떨어졌다. 다른 아르바이트생이 매니저랑 통화하면서 해결하고 있는데 갑자기 손님들이 몰려와서 정신이 없었다. 그중에 프린트기를 사용하려고 온 손님이 사용할 수 없는 것을 알고 아르바이트생인 나에게 짜증을 내고 나가 버렸다. 그 순간 너무 황당해서 아무 말도 못했다. 의무 휴식시간 때문에 혼자서 근무하고 있는데 손님들이 몰려 올 때는 정신이 탈탈 털리는 기분이다. 그래도 가끔은 행복할 때도 있다. 일을 잘 한다며 편의점 매니저가 유통기한이 살짝 지난 것을 반품하지 않고 맛있는 것으로 가끔 줄 때 정말로 행복하고 기뻤다. 맛있는 것 먹는 행복이 이런 것이구나 하며 열심히 아르바이트를 했다.

늦깎이 대학생 엄마 수진의 소확행

성문이의 입학 허가가 확정되고 기대감과 걱정이 찾아왔다. 부모이자 엄마로서 미성년자인 아이를 먼 타국으로 보내고 그냥 이대로 있을 수 없었다. 일본어를 배운 적도 없던 아이가 애니메이션으로 일본어를 익혀 고등학교를 일본으로 간다고 하니 도대체 그 아이가 바라본 일본은 무엇인가를 알아봐야겠다는 생각으로 한국방송통신대 일본학과의 문을 두드렸다. 역사를 배우고 정치를 배웠다. 언어도 문화도 배웠다. 완벽하지는 않지만 배우는 과정에서 조금씩 지식이 쌓였다. 방송대를 다니면서 책과 연필을 잡고 잠이든 적도 수 없이 많았다. 일하다가 명절이 겹쳐 공개 수업을 못 가서 한숨도 지어 보고, 작은 자영업이다 보니 혼자서 일을 하기에 신고철에는 늦게까지 정리하다가 컴퓨터 앞에서 꾸벅꾸벅 졸기도 해서 방송대를 다녀야 하는 이유보다 그만둘 이유가 차고 넘쳤다. 그때마다 성문이와 우정이가 생각났고 왜 내가 공부를 시작하게 되었는지를 깨달으며 다시금 마음을 다잡았다. 일할 때마다 이것 팔면 학원비 저것 팔면 아이들 간식비라고 생각하면서 '맛있어져라', '손님 많이 와라'를 주문처럼 외워 가며 열심히 달려왔다. 방송대에서 공부한 덕분에 SNS도 쓰고 컴퓨터도 어느 정도 다룰 줄 안다. 아이들과 소통하기 위해 열심히 일하며 공부했다. 이 글을 적기 위해 아이들과 소통하면서 모르고 지나간 것이 너무 많았다. 이야기를 하다 보니 우리 아이들이 열심히 사는 것 같아 대견하기도 했다. 학교생활과 일상생활 등을 통하여 다양한 경험을 한 것은 돈 주고도 못 사는 귀한 삶의 체험이었다. 이번 기회에 애들하고 다양한 경로로 소통하니 더욱 신뢰가 쌓이고 쌓여 너무 행복하다. 그리고 우리 애들이 대견하다. 특히 코로나19로 어려운 시기에 백신도 맞고 건강관리도 잘하면서 잘 자라 준 것이 너무 행복하다. 세븐일레븐은 일본에서 커다란 규모의 편의점으로 모집도 까다롭다. 어려운 경쟁률 속에서 모집광고 보고 지원해 합격해 스스로 돈을 벌면서 생활하니 돈의 소중함을 알게 되었다. 역시 아르바이트도 크고 좋은 곳에서 하는 것이 좋다고 생각한다.

엄마가 내린 결론

성문이가 중학교 2학년 때 어느 일요일 하루 종일 밥도 안 먹고 자기 방에서 나오질 않아 마지막 경고를 하면서 화를 낸 적이 있다. 오후 5시가 되어서야 방문을 열고 만족감 어린 미소를 지우며 잠긴 문을 열고 나와서 하는 말은 포켓몬스터의 한 영상에 일본어 자막 없어서 그 영상에 자막을 삽입하고 인터넷에 올려 주었다고 한다. 휴대폰에 전자사전에 동원할 수 있는 방법을 총 동원해 완성했다는 만족감에 얼굴은 활짝 피어 있었다. 그런 의지로 아이들은 일본에서 잘 적응한 것 같다. 애들이 한국에서 자랄 때는 철이 없고 너무 연약해 걱정이 많았다. 유학생활도 잘할 수 있을지 걱정했는데 이렇게 두 녀석이 모두 잘해 주고 있다. 일본에 있는 고등학교이지만 여러 나라에서 외국인이 온 많아서 외국인의 친근감이 자리 잡아서 그런지 아르바이트를 해서 19살짜리가 유럽 배낭여행, 미국 여행 등을 혼자 다녀오다니 참으로 자랑스럽고 대견하다. 우리 가족여행은 동남아시아를 주로 갔지만 이렇게 영어권에도 혼자 여행을 가기도 하니 꿈만 같다. 부모의 눈으로 보면 효자이자 애국자임이 틀림이 없지만 아이들은 오히려 부모님이 고생하시는 것에 비하면 '새 발의 피'라고 하며 겸손해한다. 이제 두 아이 모두 대학 졸업을 앞두고 있다. 더 나은 미래를 위해 애들의 장래를 위해 이제는 걱정하지 않는다. 믿고 지켜볼 뿐이다. 어린 나이에 유학을 하면서 경험한 것을 토대로 앞으로 더 나은 삶을 살아가기를 기대한다. 일본이든 한국이든 어디서 살아가든 젊을 때의 고생이 언젠가는 보답이 있을 것으로 믿는다.

한국어와 비슷하면서도
많이 다른 일본어

문화적 측면에서 본 한일 언어 비교
지금 당장 일본어를 배워야 하는 이유
일본의 감동적인 책 이야기
일본 소설을 번역하며 읽는 재미

문화적 측면에서 본 한일 언어 비교

이택웅(나고야대학 교수)

우리나라 속담에 '가만히 있으면 중간이라도 간다'라는 표현이 있다. 이처럼 일반적으로 '중간'이라는 단어는 썩 좋지는 않지만 나쁘지도 않다는 뜻으로 쓰이는 경우가 있다. 하지만 다른 측면에서 보면 특별히 내세울 만한 점이 없기 때문에 사람들 눈에 뛰거나 주목받는 경우도 그다지 없다.

일본의 중앙에 위치한 나고야_{아이치현}를 아는 사람은 얼마나 될까? 한국 사람의 해외 여행지로 가장 많이 방문하는 나라가 일본이다 보니 아마 이름 정도는 들어 봤을 것이다. 하지만 일본 하면 도쿄, 오사카, 교토 등이 대표적인 도시여서인지 나고야에 대한 인지도는 그다지 크지 않다고 생각한다. 사실 나고야는 일본 국내에서도 찬밥 신세이다. 일본 3대 도시 중 하나지만 일본 내에서도 그다지 주목받지 못하고 있다. 그야말로 어중간한 도시 나고야인 셈이다. 나고야를 자학적으로 부른 노래까지 있을 정도이다.

하지만 나고야는 옛날부터 일본에서 아주 중점적인 역할을 해 오고 있다. 역사적으로 도요토미 히데요시, 도쿠가와 이에야스, 오다 노부나가라는 일본의 3대 장군이 바로 나고야 지역 출신이다. 일본에는 수많은 성城이 있는데 일본의 3대 성 중에 하나가 바로 나고야성이다.

널리 알려진 세계적인 자동차회사 도요타 자동차를 필두로 일본 산업제조업의 선두를 달리고 있는 곳이 바로 나고야 지역이다. 말하자면 나고야가 일본을 먹여 살리고 있다고 해도 과언이 아니다.

사실 나고야는 우리 한국과도 깊은 인연이 있다. 야구에 조금이라도 관심이 있으면 누구나 지금 한국 야구계를 주름잡고 있는 이정후 선수를 알 것이다. 그의 아버지가 바로 나고야 주니치 드래건즈에서 활약하던 '바람의 아들' 이종범 씨이다. 필자도 학생시절 나고야 돔구장에서 이종범 선수의 홈런을 지켜보기도 했다. 그리고 역대 한국 야구선수 중 가장 눈부신 활약을 한 선수 중에 빼놓을 수 없는 사람이 있다. 바로 한국 대표팀 감독을 역임한 선동열 씨이다. 선동열 씨도 주니치 드래건즈에서 대단히 활약한 선수로 당시 '나고야의 태양sun'으로 불렸다.

이처럼 나고야뿐만 아니라 일본의 여러 도시가 한국과 지리적으로도 가깝고 사회문화적으로도 친밀하게 관련되어 있어서 그런지 두 나라는 언어적인 측면에서도 상당한 상관관계가 있을 것으로 보고 비교해 보고자 한다.

'비교'에 대해서

인간이라는 동물은 일상 생활에서 어떤 사물을 다른 것과 끊임없이 비교하려는 습성을 가지고 있다. 예를 들어 쇼핑을 할 때 이 상품이 저 상품보다 질이 좋은지 나쁜지, 아니면 값이 싼지 비싼지, 산에 가서 이 봉우리가 높은지 저 봉우리가 높은지 등등 의식적이든 무의식적이든 항상 비교한다. 이렇게 비교하는 능력은 인간의 중요한 인지능력이지만 자칫하면 비난이나 비판, 차별 등으로 이어질 수 있다. 하지만 이러한 비교 능력을 잘 이용하면 우리에게 많은 이점을 가져다준다. 우리는 자기 자신, 자기 가족, 자기가 속한 사회, 언어문화, 국가에 대해서 잘 알고 있다고 자만하는 경향이 있는데 사실은 그렇지 못한 경우가 많다. 예를 들어 자기의 성격에 대해서 다른 사람들과 어울리고 사귀면서 비교를 통해 처음으로 장단점을 파악하는 경우도 많다. 이것은 지역 대(對) 지역, 국가 대(對) 국가에서도 마찬가지라고 생각한다. 이처럼 어느 나라의 언어 문화를 배운다는 것은 어떤 측면에서 보면 자기 자신 그리고 자기가 속한 사회, 국가를 올바르게 이해하는 기회가 된다.

언어의 '의미'에 대해서

하늘에서 내리는 '눈'을 봤을 때 사람들은 어떤 이미지를 떠올릴까? 한국 사람이라면 크리스마스, 연인, 겨울, 추위, 쓸쓸함, 뽀송뽀송함, 순결함 등등 수많은 이미지를 상상할 수 있다. 그 외에도 환경미화원 입장에서는 단순한 쓰레기로밖에 안 보일지도 모른다.

이처럼 우리 인간은 외부 세계에서 일어나고 있는 것을 있는 그대로 언어로 표현하는 것이 아니라, 즉 '눈'을 단순한 '눈'으로 보는 게 아니라 신체적 경험이 바탕이 되어 우리 머리와 마음속에서 지적, 감성적 처리를 통해서 표현한다고 할 수 있다. 이와 같은 심리적 과정은 물리학이나 형식논리학의 법칙과는 본질적으로 다르다. 알기 쉽게 예를 들면 다음과 같은 착시현상과 같은 맥락이라 보면 된다.

우리 눈에는 왼쪽의 굵은 선이 오른쪽의 굵은 선보다 길어 보이지만 실제로 두 선의 길이는 동일하다. 요컨대 언어의 의미라는 것은 객관

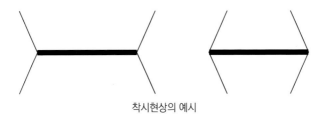
착시현상의 예시

적으로 본 외부 세계의 현상을 우리 인간이 어떻게 해석하는가라는 것
이라고 볼 수 있다.

한일언어문화비교 ^{백과사전적 지식}

한국 사람이 일본어를 공부할 때, 반대로 일본 사람이 한국어를 공
부할 때, 어떤 사물에 대한 백과사전적 지식이 중요한 역할을 한다. 백
과사전적 지식이란 간단히 말하면 일상 경험을 통해서 얻은 어떤 사물
에서 연상되는 지식의 총체라고 할 수 있다. 앞에서 본 '눈'에 대한 이
미지와 같은 맥락이다. 다음 예문은 같은 문장을 한국어와 일본어로
표현한 것이다.

[한국어]
(1) (대학 동기한테) 야! 너 애냐?
(2) 어! 열이 있네.
(3) 기관총으로 적군의 기지를 벌집으로 만들어 놓았다.

[일본어]
(1) (大学の同期に)おい、お前子供か。

(2) おや、熱があるぞ。

(3) 機関銃で敵の基地を蜂の巣にした。

우리는 앞의 예문을 적절한 표현으로 인식하고 아무런 문제없이 이해한다. 물론 일본어로 표현해도 마찬가지이다. 그런데 자세히 들여다 보면 예문은 좀 이상한 표현이다. (1)의 대학생은 성인이기 때문에 실제는 아이가 아니다. (2)에 대해서는 우리 인간은 열이 없으면 당연히 죽고 만다. 즉 인간이 열이 있다는 것은 당연한 현상이다. (3)은 군사 기지가 꿀벌이 만든 벌집일 리가 없다. 이처럼 어떻게 보면 이상한 표현이지만 적절한 표현으로 이해할 수 있는 것은 우리가 언어를 이해할 때 백과사전적 지식의 일부가 중요한 역할을 하고 있기 때문이다.

(1)의 아이에 대해서 우리는 '유치함, 아직 생각이 짧음'과 같은 지식을 가지고 있고 이 부분의 유사점에만 주목하기 때문에 적절한 표현으로 이해된다. (2)의 열에 대해서 우리는 감기에 걸렸을 때, 평소보다 높은 고열이 나는 현상을 경험적 지식으로 가지고 있고 현저하게 나타나는 고열에만 주목하기 때문에 적절한 표현으로 이해된다. (3)의 벌집에 대해서 우리는 꿀벌이 만든 벌집은 구멍이 뻥뻥 뚫려 있다는 것을 지식으로 가지고 있고 이 부분의 유사점에만 주목하기 때문에 적절한 표현으로 이해된다. 다음 예를 보자.

[한국어]

(4) 폭풍 쇼핑 / 낙하산 인사

[일본어]

(4) 爆買い(바쿠가이) / 天下り(아마쿠다리)

한국어에는 폭풍 성장, 폭풍 댓글, 폭풍 다이어트 등 기후용어인 '폭풍'을 접두어로 사용한 단어를 많이 쓴다. 어떤 상태 또는 변화가 급격하고 순식간에 일어날 때 쓰이는 말이다. 말 그대로 태풍이 올 때 동반되는 폭풍에 대한 우리들의 백과사전적 지식이 바탕이 된 것이다. 한편 일본어에서는 비슷한 뜻으로 다이너마이트 등의 폭발물의 '폭爆'이라는 한자를 사용해서 한국어와 비슷한 뜻으로 사용한다. 역시 폭발물에 대한 백과사전적 지식이 바탕이 된다.

한국어에는 정치가나 관료가 퇴직 후에 민간 회사 등의 고위직에 재취업하는 것을 낙하산 인사라고 한다. 하늘 높은 곳에서 거의 수직으로 빠른 시간에 목적지인 지면에 도착한다는 낙하산에 대한 우리의 백과사전적 지식을 바탕으로 한다. 일본어에도 낙하산「落下傘らっかさん·パラシュート」이라는 단어는 있지만 비슷한 뜻으로 '아마쿠다리天下り'라는 표현을 쓴다. 아마쿠다리는 원래 신이 천상계에서 인간세상에 군림한다는 뜻인데 신의 힘으로 아주 수월하게 목적지에 도착한다는 배경지식, 즉 백과사전적 지식을 바탕으로 한다. 이와 같이 언어습득에서 이러한 백과사전적 지식을 응용한 학습은 아주 유용한 방법 중 하나라고 볼 수 있다. 하지만 적용하기 힘든 경우도 있다.

일본 속담에 '갓난 아기의 손을 비틀다赤子の手をひねる'라는 표현이 있다. 한국 사람들은 이 표현에서 어떤 이미지를 연상할까? 아마도 '심하다, 잔인하다, 잔혹하다' 등의 이미지를 연상하는 사람이 많으리라고 생각한다. 하지만 일본에서는 갓난 아기는 아직 뼈가 물러서 조금

만 비틀어도 부러진다는 지식을 바탕으로 어떤 일을 쉽고 간단하게 처리할 때 쓰는 표현으로 인식한다. 어딘가에서 본 적이 있는 글로 "곰한 마리 잡아서, 100일간 마늘 먹인 뒤 여자로 변신시켜 장가나 가야겠다"라는 표현을 본 적이 있다. 요즘 싱글로 살아가는 추세가 늘어나는 사회 현상을 반영하고 있을지도 모르는 일이다. 이는 한국 사람이라면 단군 신화와 한국 사회가 품고 있는 문제점을 배경지식으로 문제없이 이해할 수 있으리라 생각할 수 있지만 일반적인 일본 사람은 이해하기 힘든 표현이라고 생각한다. 이처럼 반드시 백과사전적 지식이 유용하다고 볼 수 없는 경우도 있지만 우리가 외국어를 이해할 때 충분히 응용할 가치가 있다고 본다.

끝으로

한국어와 일본어는 어순을 비롯하여 문법구조가 유사하기 때문에 한국 사람에게 일본어는 배우기 쉬운 언어로 알려져 있다. 하지만 조사의 사용이나 수동태 체계 등 차이점도 많이 있다. 그리고 앞에서 본 것과 같이 언어의 의미를 이해하는 심적^{인지적} 과정도 틀린 점이 많기 때문에 주의가 필요하다.

세계의 수많은 언어 중에 한국어의 특성을 알아볼 때 일본어나 영어와 같은 다른 언어와 비교하는 방법으로 고유의 특징을 알아낼 수 있는 경우가 많다. 그런 의미에서 다른 나라의 언어와 문화를 공부한다는 것은 자기 자신을 알 수 있는 중요한 계기가 된다.

지금 당장 일본어를 배워야 하는 이유

김수진(주 스위스 한국어 강사, '4개국어 하는 사순이' 유튜브 운영자)

영어와 일본어, 독일어까지 총 4개국어를 할 줄 안다고 하면 일반적으로 '집안 사정혼혈, 주재원, 조기 유학 등 덕분일 것이다'라고 생각하기 마련일 것이다. 하지만 실제로 나는 만 23세까지 외국어라고는 단 한 마디도 못하는 지극히 평범한 사람이었다. 그런데 어쩌다 보니 일본 정부의 국비장학생으로 두 번이나 선발되는 영광을 누렸으며 유학 기간에 만난 스위스 남자와 결혼해 현재 스위스에서 독일어로 한국어를 가르치는 일을 하고 있다. 해외 유학은커녕 사교육을 받은 것도 아니고, 실업계 고등학교를 졸업한 고졸에게 그 누구도 상상조차 하지 못했던, '인생역전'이라고 할 만한 일이 벌어진 것이다. 이 모든 기적을 가능하게 한 것이 '일본어'였다. 일본어를 배우면 좋은 이유가 있다. 그 이유에 대해서 이야기해 보도록 하겠다.

한국인에게 상대적으로 가장 부담이 적은 외국어

한국에서 일본어를 가르치던 시절에 '영어가 싫어서' 일본어를 공부하는 사람이 은근히 많았다. 피식 웃기면서도 공감되는 이 학습 동기는 그냥 웃어넘기고 말 이야기는 아니다. 아무리 노력해도 안 되는 영어가 지겹고 싫은 한국 사람이 실제로 적지 않기 때문이다.

보통 한국 사람들은 영어를 10년 혹은 그 이상 배운다. 그런데 투자 대비 소득이 너무 빈약하다. 그렇게 오래 시간과 돈을 투자했건만 영어로 단 한 마디도 못하는 것을 그 누구도 이상하게 생각하지 않는다. 기이하게도 영어에 한해서는 다들 그러려니 한다.

이에 반해 일본어는 어떤가? 애니메이션을 좋아하는 사람이 일본 애니메이션을 보다가 자연스럽게 일본어를 하게 되었다는 이야기를 들어 본 적이 있을 것이다. 영어로 된 영화나 드라마를 많이 보는 이들에게는 이런 기적 같은혹은 '자연 습득'이라고 불리는 일은 일어나지 않는다. 이런 차이는 어디에서 나오는 것일까? 우리에게 일본어가 상대적으로 가장 부담이 적은 언어라서 그렇다.

일본어는 한국어와 어순이 같고 문법도 상당히 유사하다. 거의 일대일 번역이 가능한 수준으로 가까운 언어라서 오랫동안 접하면 자연스럽게 습득이 가능한 것이다. 이에 반해 영어를 비롯한 유럽의 언어는 어순은 물론이고 하나부터 열까지 다 다르다.

예를 들어 '그는 아들이 있다.'라는 문장을 일본어로 번역하면 '彼は 息子がいる' 가 된다. 彼は 그는 息子が아들이 いる 있다로, 어순과 조사의 사용, 마지막으로 '있다'에 해당하는 일본어 동사 'いる'가 사용되는 등 한국어와 비교할 때 단어를 바꿔 쓴 정도로 큰 차이가 없다. 반면에 영어로 이를 번역하면 다음과 같다.

'He has a son.'

동사의 위치, 조사의 유무부터 3인칭 단수일 때 변화하는 동사를 시작으로 한국어에게는 별 중요하지 않은 명사의 수數까지도 중요한 변수로 나타난다. 아들이 있는데 한 명인지 두 명 인지까지 일일이 따지는 것이다. 사용된 동사도 '있다'가 아닌 '가지다'의 뜻을 가진 'have'를 사용하므로 이 문장에서 '아들'은 목적어가 되어 문법 구조 자체도 완전히 달라진다. 영어는 이렇게 하나부터 열까지 우리말과 다 다르다. 우리에게 영어가 배우기 어려운 것은 너무나도 당연하다. 영어가 얼마나 어려운지는 단순히 기분상의 문제가 아니다. 미국 정부기관에서도 공인된 사실이다.

연방 국무부 산하에는 미국과 관계된 국가들의 언어와 문화를 교육하는 'FSI Foreign Service Institute'라는 기관이 있다. 영어를 모국어로 하는 미국인을 대상으로 효율적인 교육을 위해서 학습 언어를 가장 습득이 쉬운 카테고리 1부터 가장 습득이 어려운 카테고리 5까지 5단계로 분류한다.

카테고리 1에 속한 언어는 스페인어, 이탈리아어, 프랑스어 등 영어와 가까운 '친척' 언어로 24주 600시간의 학습시간이 필요하다고 한다. 한국어는 가장 배우기 어려운 언어인 카테고리 5에 속한다. 무려 88주 2,200시간으로 600시간인 카테고리 1과 비교하면 3.5배 정도 더 많은 시간과 노력이 필요하다. 이를 역으로 생각해 보면, 한국어를 모국어로 하는 우리에게는 영어가 학습하기 최고로 어려운 언어라는 뜻이다.

한자는 일본어를 배울 때 가장 넘기 힘든 장벽이다. 많은 사람들이 배워야 하는 한자의 수가 늘어나는 시점에서 일본어 공부를 포기하고는 한다. 대략 2,000개의 '상용한자'를 배워야 하는데 한자가 어렵다고 해서 포기할 필요는 없다. 표기만 다를 뿐 우리가 쓰는 단어들이므로 오히려 쉽다고도 할 수 있다. 예를 들어 교실敎室, 교수敎授 같은 단어는 표기와 발음이 다르지만 우리는 이미 알고 있는 어휘이다.

일본도 우리나라도 한자 단어를 50% 이상 사용한다. 우리가 모국어인 한국어를 통해 자연스레 알고 있는 수많은 어휘 사이의 뉘앙스 차이가 한자문화권 밖에서 온 학습자에게는 너무나도 넘기 어려운 벽이다. 하지만 우리는 2,000자의 한자만 알면 자연스레 뜻을 알 수 있으므로 고급 일본어를 구사하는 것이 결코 어렵지 않다. 게다가 한자를 배우면 우리말의 이해도도 높아지므로 한자를 배워 두면 여러모로 쓸모가 있으니 한자를 이유로 일본어 학습을 포기하지 말자.

일본어는 활용도가 높은 외국어

일본은 한국과 지리적으로 가깝고 여전히 아시아 제일의 선진국이다. 따라서 일본어는 단연 활용도가 높다. 무엇보다 일본은 한국인 입장에서 비행기로 2시간이면 갈 수 있고 보고 즐길 거리가 많아서 즐거운 시간을 보내기에 좋은 나라다.

일본은 '먹방의 나라' 한국에게 결코 지지 않을 미식의 나라이다. 맛집을 소개하는 잡지가 편의점에 즐비하고, 여행 가이드북에는 음식 소개를 가장 중요하게 다룬다. 일식은 물론이고 도쿄에 가면 세계 각국의 다양한 요리를 즐길 수 있다. 음식에 대한 일본인의 집착은 세계 최고 수준이라 일본에서 외식을 하면 실패할 확률이 적다. 미슐랭 가이드에서 선정한 맛집이 제일 많은 나라는 놀랍게도 프랑스나 이탈리아가 아니라 일본이다. 이자카야에서 마시는 생맥주는 왜 그리 맛있는지. 부드러운 거품이 환상적인 생맥주는 일본에서만 맛볼 수 있는 별미다. 참고로 일본의 생맥주는 마지막에 거품기로 특별한 거품을 따로 얹어 주기 때문에 일반적으로 접할 수 있는 맥주와는 조금 다르다.

그뿐만 아니라 현재 일본은 30년간 물가가 전혀 오르지 않아

2022년 일본의 여행 물가는 한국보다 싸다고 느낄 정도이다. 여행의 꽃, 쇼핑은 또 어떤가. 아기자기하고 귀여운 것이 많은 '가와이의 나라'라는 명성에 걸맞게, 각종 신기하고 귀여운 물건들이 눈앞에 보여 여행자 입장에서는 저절로 지갑을 열게 된다.

일본에 살면서, 여행을 다니면서 가장 인상 깊었던 것 한 가지는 바로 일본에는 소위 '바가지요금'이 없다는 것이다. 일본 상인들은 친절하고 정직하다. 자국인인 일본인에게는 물론이고 상대가 일본어를 못하는 외국인이라고 해도 바가지를 씌우지 않는다. 게다가 치안도 좋아서 여자 혼자 여행을 가도 안전하다고 느낄 수 있는 얼마 안 되는 나라에 속한다.

그런데 일본 여행을 제대로 즐기기 위해서는 넘어야 할 산이 있다. 일본에서는 영어가 거의 통하지 않는다. 우리에게 영어가 어려운 언어인 만큼, 일본인에게도 영어는 넘기 힘든 산이다. 더군다나 내수시장이 큰 일본의 경우 수출 위주로 성장한 우리나라보다 영어의 중요성이 떨어져서 일본에는 영어가 가능한 사람이 체감상 우리나라보다 적다. 일본에서는 일본어로 의사소통을 해야 한다. 이런 이유에서인지 일본으로 여행을 가기 위해 일본어를 배우는 사람들이 상당히 많은 편이다.

만화나 게임 등을 좋아하는 마니아에게는 말할 것도 없거니와 드라마와 음악, 패션 등의 대중문화에서 우리나라는 직간접적으로 일본과 영향을 주고받고 있다. 그뿐만 아니라 일본은 각종 취미생활에서 타의 추종을 불허하는 다양성과 집착에 가까운 정교함으로도 정평이 나 있다. 뜨개질, 자수, 가죽 공예, 프라모델, 레진 공예 등을 필두로 각종 특이한 취미 자료를 찾다 보면 최종적으로는 일본어로 된 원서를 손에

쥐게 되는 경우가 많다. 일본어를 할 수 있다면 최신 정보를 가장 빨리 국내로 들여오는 '선구자'가 될 수 있는 것이다. 남들보다 빨리 고급 정보를 입수할 수 있다는 것은 대단히 큰 장점이다. 단순 취미활동에 그치지 않고 빠른 정보력을 이용해 사업을 해서 이득을 얻을 수도 있을 것이다. 당연한 얘기이지만 일본과 연관되어 사업을 하고자 한다면 일본어는 선택이 아니라 필수이다. 일본은 현재 인력난으로 외국인에게도 적극적으로 취업 문턱을 열어 주고 있으므로 일본어를 할 수 있다면 구직 활동 시 선택의 폭이 넓어진다.

한국어를 기본으로 일본어까지 구사할 수 있다면 제3국에서 동아시아를 대상으로 비즈니스를 하는 기업에 취직하는 데도 상당히 유리하게 작동한다. 필자는 경제나 금융 관력 경력이 전혀 없었지만 일본어를 할 수 있었기에 스위스의 UBS 은행 본사에 취직하는 데 성공했다. UBS 은행에서는 일본인 고객을 위해서 일본어가 가능한 직원을 찾고 있었다. 이처럼 제3국에서 일본어나 한국어 등 현지인은 거의 구사할 수 없는 언어를 할 수 있으면 구직에 상당히 유리하다. 특히 일본처럼 '영어가 안 통하는 고객'을 상대해야 하는 경우가 대표적이다. 한국어도 일본어와 비슷한 포지션이지만 시장이 작기 때문에 상대적으로 중요도에서 일본에 조금 밀리는 느낌이 있다. 외국에서 구직활동 시 외국어 특기를 살리는 것은 체류자격을 위해서도 유리하게 작용한다. 외국인을 채용해야만 하는 특수한 이유를 증명해야만 취업비자가 발급되는 경우가 많기 때문이다.

일본어를 통해 만나는 새로운 세계, 그리고 새로운 나 자신

일본어를 왜 배우냐는 질문에 '어느 날 아는 사람이 일본어로 유창하게 이야기하는 모습을 본 적이 있는데, 그게 좋아 보였다'라는 대답한 학생이 있었다. 외국어 잘하는 사람은 멋있어 보이기는 한다. 설령 그게 '가장 배우기 쉽고 할 수 있는 사람이 널리고 깔렸다'는 일본어여도 아주 폼 나고 멋지다.

26살에 처음으로 간 일본에서 일본인과 별 문제없이 대화했을 때의 감동을 아직도 기억하고 있다. 2~3년간의 노력이 보상받는 순간이었다. 어찌나 뿌듯하고 스스로가 대견스럽게 느껴졌는지 모른다. 일본어를 할 수 있게 되자 나를 대하는 주변 사람들의 태도도 달라졌다. 일본어는 학력도 직업도, 집안까지 무엇 하나 별 볼 일 없던 나를 특별하게 만들어 주었다. 주변에 외국어를 잘하는 사람이 있다면 무슨 이야기인지 알 것이다.

자기효능감self efficacy이 높은 사람은 스스로의 능력을 믿고 꾸준히 노력하고 도전하며 긍정적으로 인생을 살아간다. 노력해서 원하는 결과를 얻어 냈을 때 자기효능감이 올라간다. 거듭된 실패로 자기효능감이 낮아지면 '내가 그렇지 뭐…'라는 패배주의에 물들어 부정적으로 변하며 자존감이 낮아진다. 어쩌면 우리는 너무나도 넘기 어려운 '영어'라는 산에게 번번히 패배하면서 끊임없이 자기효능감을 낮춰 온 것이 아닐까.

대학에서 교양일본어를 수강했을 때, 강의를 담당했던 선생님은 나에게 '일본어 말고 영어를 배워야 한다'라고 말씀하셨다. 영어를 할 수 있게 된 이후에 선생님이 왜 그런 말씀을 하셨는지 알게 되었다. 일본어는 일본의 언어지만, 영어는 세계의 언어이니까 감히 비교하면 안 되는 정도로 차이가 난다. 하지만 단언컨데 당시에 일본어가 아니라 영어를 배우고자 했다면 나는 여전히 4개국어는커녕 영어 하나도 못 했을 것이다.

우리는 지금까지 영어교육에서 별 성과를 내지 못했다. 이를 단순히 개개인의 노력이 부족해서라고 단순하게 생각하는 것은 좀 억울하다. 영어는 전혀 다른 언어체계를 가진 우리에게는 너무나도 높고 험한 에베레스트 같은 존재라서 그렇다. 산을 올라가 본 경험이 없는 사람에게 시작부터 에베레스트라니 너무한 것 아닌가. 하지만 일본어라면 이야기가 다르다. 지리적으로도 가깝고, 등반 난이도도 그렇게 어렵지 않은 후지산쯤 될 것이다. 에베레스트와는 달리 산을 올라가 본 경험이 별로 없는 사람이라도 힘겹겠지만 올라갈 수는 있다.

일단 작은 산이라도 등반에 성공하면 산을 타는 것에 대한 지식과 경험, 체력이 쌓인다. 산 정상은 아래에서 보던 것과는 전혀 다른 세상을 보여 준다. 이를 경험해 본 사람과 못 해 본 사람은 확연하게 차이가 난다. 산을 올라가 본 사람만이 알 수 있는 기쁨과 감동이 있다. 자연스레 더 높은 산에 올라가 보고 싶어진다. 바로 이런 이유로 많은 사람들이 일본어를 배운 이후에 이 경험을 토대로 영어를 비롯한 다른 외국어에 도전한다. 그리고 이들은 높은 확률로 다음 언어 정복에 성공한다.

한국인에게 가장 오르기 쉬운 '일본어'라는 산을 올라가 보자. 아름답고 황홀한, 지금까지 상상해 보지 못했던 새로운 세계가 펼쳐질 것이다. 그리고 그곳에서 더 높은 산을 목표로 하는 자신을 발견하게 될 것이다.

일본의 감동적인 책 이야기
- 일본어 원전과 번역본 비교의 묘미를 더하여

성지현 (한국방송통신대학교 강사)

언제 어디서나 틈만 나면 책을 읽는 일본인. 그것이 소설이든 만화이든 잡지이든 책을 들고 있는 조용한 일본 전철의 진풍경을 이야기하던 때가 있었다. 일본의 전철역 안팎에서 흔히 볼 수 있는 작은 서점들과 대형 중고서점, 곳곳의 편의점에 마련된 서적코너 등도 한몫을 했던 것 같다. 그런데 지금은 스마트폰에 그 자리를 내어 주었다고 해도 과언이 아닐 정도로 일본의 독서 인구는 급감하고 있는 것이 현실이다.

최근의 인터넷 조사에 따르면 일본의 직장인들의 45%가 전혀 책을 읽지 않으며, 한두 권 정도 읽는 경우도 33%에 머물러 있다고 한다. 이와 관련해서 '책을 읽을 시간이 없어서', '동영상이 더 재미있어서'라는 이유들이 거론되었다. 신입사원의 경우 월급이 적기 때문에 경제적으로 여유가 없어 책 구매에 큰 부담을 느낀다는 분석도 나왔다.

일본인의 독서 취향을 엿볼 수 있는 2019년도 마이니치신문의 독서 여론조사에서 '마음에 남는 작가가 누구인가'에 관한 질문에 히가시노 게이고가 1위에 올랐고, 무라카미 하루키, 이케이도 준이 그 뒤를 이었다. 히가시노 게이고는 전체 응답자의 20%에 가까운 사람들이 응답했고, 모든 연령층에서 1위를 차지했다. 그 밖에 미나토 가나에가 4위, 미야베 미유키가 5위에 올랐다. 1위부터 5위까지 추리소설 작가가 세

명이나 올라와 있었다.

지금부터 소개하는 두 편의 작품은 일본인의 독서 취향을 반영한 것도 최근의 작품도 아닌 어쩌면 서가에 꽂혀 있는 빛바랜 책들에 속할지도 모른다. 그러나 필자에게는 일본 유학 중에 읽었던 손에 꼽을 만한 감동적인 책으로 일본어 원전과 번역본이 굳건히 책장에 자리 잡고 있다. 사회적 이슈가 되기도 한 주인공의 파란만장한 삶을 통해 자신만의 방법으로 극복해 가는 모습을 일본어 원전과 한국어 번역본을 대조해서 읽는 묘미를 더해 소개하고자 한다.

《그러니까 당신도 살아》_ 오히라 미쓰요
(원제: 《だから、あなたも生きぬいて》)

첫 번째 이야기는 《그러니까 당신도 살아》이다. 저자 오히라 미쓰요는 할머니와 부모님의 사랑을 듬뿍 받으며 평범한 어린 시절을 보낸다. 그런데 중학교 1학년 때 할머니 댁에서 학교를 다니게 되어 전학을 가면서 반 아이들에게 잔혹한 왕따를 당한다. 믿었던 친구마저 배신하자 오히라는 자신을 괴롭힌 아이들에게 복수하려는 생각으로 할복자살을 기도한다. 하지만 자살이 실패하면서 더욱더 설 자리를 잃고 학교 밖을 떠돈다. 집단으로 모여 사는 가출청소년들에게 다가가지만 그들조차 할복자살을 기도했던 오히라에게는 선을 긋고 마음을 주려 하지 않는다.

오히라가 할복자살까지 기도하며 괴로워하는 상황에도 어머니가 이웃을 의식하며 창피해하는 모습을 보며 가족에게조차 실망한다. 힘들게 다시 복귀한 학교에서는 학생들의 야유를 방관하는 담임선생님의 모습에 다시 한번 절망한다. 자신을 보호해 주어야 할 부모와 교사의 이기적인 모습으로 인해 오히라는 점점 더 관심에 목말라한다. 결국 어느 곳에도 동화되지 못하고 점점 더 밑바닥으로 추락하며 결국에는 야쿠자의 보스와 결혼을 하고, 등에 커다란 문신까지 새긴다.

오히라는 이혼 후 클럽에서 호스티스로 일한다. 어느 날, 그곳에서 어릴 때 귀여워해 주었던 아버지 친구를 우연히 만난다. 그에게서 인생을 다시 시작하라는 권유를 받지만 오히라는 어디에서부터 시작해야 할지 혼란스러워한다. 계속해서 진지하게 말을 걸어오는 아저씨를 보면서 점점 무슨 이야기든 그냥 나누고 싶지만 속마음과는 달리 거칠게 대꾸하고 만다.

다음의 인용문은 언제나 온화하던 아저씨가 처음으로 언성을 높이는 장면이다. 오히라는 난생 처음 꾸지람을 들은 것 같았다. 그가 진심으로 자신을 걱정하고 있음을 알고, 그를 통해 다시 한번 사람과 자신을 믿어 보자 다짐했다. 그런데 원문과 번역문 사이에서 미묘한 뉘앙스의 차이가 느껴진다. 한국어 번역문에서는 오히라의 어투가 정중체인 '해요체'로 다소 부드럽게 표현되지만, 일본어 원문은 오히라가 반말 투로 거칠게 뱉어 내는 차갑고 심한 말을 통해 비뚤어진 내면을 생생하게 느낄 수 있다.

"아저씨, 아직도 나한테 할 얘기가 남았어요?"
"그래, 많아."
(중략)
"이제 와서 새삼스럽게 다시 살라니, 무슨 잠꼬대 같은 소리를 그렇게 하세요? 입에 발린 소리, 그 따위 설교는 이제 그만해 둬요. 그렇게 나를 다시 살게 해 주고 싶으면 나를 중학생 시절로 다시 돌아가게 해 주고 난 다음에 얘기하세요."

"분명히, 네가 길을 잘못 든 것은 네 탓만은 아니라는 건 나도 인정한다. 부모도, 주위 사람들도, 제대로 대처해 주지 못했겠지. 그렇다고 언제까지 그렇게 너를 내버리고 살래? 다시 일어서려고 하지 않는 건 분명히 네 탓이야! 대체 어제까지 엄살을 떨고 있을 거냐, 엉!"

(《그러니까 당신도 살아》, pp.128~130)

「おっちゃん、私にまだ話があるのん？」

「ああ、あるよ」

(中略)

「今さら立ち直れったって。なにを寝言言うてんねん。口先だけで説教するのはやめてくれ。そんなに立ち直れって言うんやったら、わたしを中学生ごろに戻してくれ」

「確かに、あんたが道を踏み外したのは、あんただけのせいやないと思う。おやも周囲も悪かったやろう。でもな、いつまでも立ち直ろうしないのは、あんたのせいやで、甘えるな！」

(《だから、あなたも生きぬいて》, pp.130~132)

아저씨는 포기하지 않고 오히라의 곁에서 그의 삶을 다독였다. 부드럽지만 단호하게, 따뜻하지만 따끔하게, 그는 참된 어른으로서 오히라를 이끌었다. 아주 조금만이라도 자신에게 다가와 줄 사람이 그리웠던 오히라는 이 일을 계기로 인생의 전환점을 맞는다. 그때 아저씨로부터 받은 다음의 글귀는 너덜너덜해진 지금도 소중하게 간직하고 있다고 한다.

지금이 바로 출발점

인생이란 하루하루가 훈련이다
우리 자신을 훈련하는 터전이다
실패도 할 수 있는 훈련장이다
살아 있음이 흥겨운 훈련장이다

지금 이 행복을 기뻐하지 않고 언제 어디서 행복해지랴
이 기쁨을 발판 삼아 온 힘으로 나아가자

나의 미래는
지금 이 순간 이곳에 있다
지금 여기서 노력하지 않고, 언제 어디서 노력하랴

교토대선원京都大仙院 오제키소엔尾関宗園
(《그러니까 당신도 살아》, pp.239~240)

중졸 출신이 설 자리가 있을 리 없는 것이 현실이었지만, 오히라는
자신을 괴롭혔던 사람들에게 보란 듯이 꿋꿋하게 일어서고자 자격증
에 도전했다. 그때까지 한자는 물론 영어도 제대로 공부한 적이 없었
지만, 피나는 노력과 끈기로 공인중개사시험, 법무사시험, 사법고시
를 줄줄이 패스했고, 변호사로 활동하며 현재까지도 가출 청소년을 변
호하는 일을 하고 있다.

2003년부터 2005년까지 오사카시 부시장을 지냈으며, 류코쿠대학
객원교수로 있으면서 효고현 산골마을의 자연 속에서 남편과 함께 다
운증후군인 딸 하루카를 키우며 행복한 삶을 살고 있다.

〈편지〉_ 히가시노 게이고(원제: 《手紙》)

두 번째 이야기는 일본의 대표적인 추리소설 작가인 히가시노 게이고의 〈편지〉이다. 이 책은 전형적인 추리소설과는 거리가 멀다. 범인이 누구인지 처음부터 알 수 있다.

동생과 단둘이 살고 있던 형 쓰요시는 홀로 가정을 책임지던 어머니마저 과로로 갑자기 떠나자 가장이 되어 동생 나오키를 돌보게 된다. 대학은 꼭 졸업해야 한다는 어머니의 평소 소원대로 동생만큼은 대학에 보내고 싶다. 동생의 등록금 마련을 위해 고민하던 중 이삿짐센터 직원으로 아르바이트할 때 갔던 부잣집 할머니네 집 앞을 서성이다 몰래 들어가 본래 의도와는 다르게 살인을 저지르고 만다. 소설은 살인자의 동생으로 살아가는 나오키의 삶을 상세히 묘사하며 가해자 가족과 피해자의 입장에 대해서 생각하게 한다.

나오키는 형의 살인이 알려지면서 집주인에게 방을 빼라는 이야기를 듣는다. 생활비를 걱정한 담임선생님의 소개로 아르바이트 자리를 얻지만 형의 존재가 알려지면서 그만둔다. 그 후 하청 고철업체 직원으로 기숙 생활을 하면서 대학의 통신교육부 책자를 보게 되었다.

학교에 다니면서 그에게 새로운 세계가 펼쳐졌다. 우연한 기회에 나간 미팅 자리에서 마음에 드는 여자 친구도 사귀었다. 친구들을 통해 음악에 대한 재능에 눈떴고, 그룹 데뷔도 눈앞으로 다가왔다. 그러나 그때 형의 존재가 알려지면서 그룹에서 탈퇴하고, 게다가 여자 친구 가족의 반대에 부딪혀 여자 친구와도 헤어질 수밖에 없는 처지에 놓였다. 설상가상으로 어렵게 입사한 회사에서도 절도사건의 범죄자로 지목을 받았고 수사과정에서 형의 존재가 알려지면서 영업사원에서 창고 직원으로 밀려난다. 저자는 나오키 회사 사장의 입을 빌려 살인자의 가족도 죄로부터 결코 자유로울 수 없다며 냉정하게 이야기하지만, 착실하게 다른 사람과의 관계의 끈을 늘려 가라는 다음과 같은 진심 어린 충고를 해 준다.

> "(전략) 회사 입장에서 중요한 것은 그 사람의 인간성이 아니라 사회성일세. 지금 자네는 중요한 것을 잃은 상태야. (중략) 그렇지만 진짜 죽음과 달리 사회적인 죽음에서는 되살아날 수 있지. 그 방법은 하나밖에 없어. 착실하게 사회성을 되찾는 거야. 다른 사람과의 끈을 하나씩 늘려 가는 수밖에 없어. 자네를 중심으로 거미줄 같은 관계가 만들어지면 누구도 자네를 무시할 수 없을 거야. 그 첫걸음을 뗄 곳이 바로 여길세".
> (《편지》, p.317)

편견은 냉혹하지만 안전하고자 하는 인간의 본능을 생각해 보면 수긍할 수밖에 없다. 나오키는 사장의 말을 되새기며 창고 직원으로 맡겨진 일을 묵묵히 해 나간다. 나오키는 모든 상황을 곁에서 지켜 주었던 유미코와 가정을 꾸려 아이도 낳고 평온한 생활을 보내게 된다. 그러나 우연한 일로 또다시 형의 존재가 구설수에 오르면서 이번에는 아내와 딸까지 어려운 상황으로 내몰린다. 살인범의 동생이라는 이유만으로 평범한 사람은 겪기 힘든 여러 가지 일을 겪으며 나오키는 형과의 인연을 끊겠다고 결심하고 형에게 마지막 편지를 보낸다.

소설의 각 장은 주로 형의 편지로 시작하는데, 동생을 걱정하고 자신은 애써 태연한 척하는 형의 편지는 동생에게 위로를 주지 못하고, 오히려 곤란하게 만드는 단서가 되거나 고통을 주는 존재가 되고 만다. 동생이 형에게 보내는 마지막 편지와 형이 피해자 가족에게 보내는 마지막 편지는 형제의 고뇌와 괴로움을 여실히 보여 주며 눈물을 자아낸다.

다음에 나오는 동생의 마지막 편지를 보면 한국어 번역문에는 반말체의 평소 말투를 사용하고 있지만, 일본어 원문을 보면 극도의 존대어를 쓰며 정중체로 표현하고 있다. 형을 부르는 호칭도 가족이나 친한 사람에게는 잘 사용하지 않는 당신貴方이라는 경어 표현을 쓰고 있다. 일본어의 경어는 나이나 사회적 상하관계보다 친소관계를 우선한다. 그런 점을 생각하면 편지의 내용뿐만 아니라 문체에서도 형에게서 멀어졌음을, 그리고 형을 깊게 원망하고 있음을 확실히 의도했다고 볼 수 있다.

형, 잘 지내? 오늘도 또 교도소 안에 있는 공장에서 일하겠구나. (중략) 하지만 나는 오늘 형에게 중요한 이야기를 해야만 해. 결론부터 말하자면, 이 편지가 내가 형에게 보내는 마지막 편지라는 거야. 또 앞으로 형한테서 오는 우편물은 거부할 거야. 그러니 이제 편지를 쓰지 않아도 돼. (중략) 나는 지금까지 강도살인범의 동생이란 딱지를 붙이고 살아왔어. (중략) 지금까지 이런 내용을 편지에 쓴 적은 없어. 공연히 형 마음을 불편하게 만들고 싶지 않았기 때문이야. 하지만 지금 내 생각은 달라. 이런 이야기를 더 빨리 형에게 했어야 했어. 왜냐하면 우리가 이런 고통을 받고 있다는 사실을 아는 것도 형이 치러야 할 죗값이라고 생각하니까. (중략) 형에게 보내는 마지막 편지가 이런 내용이라 정말 안타까워. 부디 몸조심하고, 멋지게 갱생하길 바랄게. 이건 동생으로서의 마지막 바람이야.
나오키. (《편지》, pp.379~381)

『前略 お元気ですか。今日もまた工場でがんばっておられることだ

ろうと思います。(中略) しかし私は貴方に重大な宣告をしなけれ
ばなりません。結論からいいますと、この手紙は私から貴方に送る
最後の書簡です。また今後は、貴方からの郵便物は一切受け取りを
拒否いたします。ですから、もう手紙は書かなくても結構です。(中
略)私はこれまで強盗殺人犯の弟というレッテルを背負って生きて
きました。(中略)これまでこうした内容を手紙に書いたことはあり
ません。貴方に余計な気遣いをさせたくないと思ったからです。し
かし今の私の考えは違います。これらのことを、もっと早く貴方に
伝えておくべきでした。なぜなら、私たちのこれらの苦しみを知る
ことも、貴方が受けるべき罰だと思うからです。(中略)兄に送る最
後の手紙がこんなものになってしまい、大変残念に思います。どう
か身体に気をつけて、立派に更生されることを願います。これは弟
としての、最後の願いです。
武島剛志様 武島直貴(《手紙》, pp.387 - 389)

범죄 가해자와 피해자의 가족에 주목하고 있는 이 소설은 그들의 고
뇌와 입장을 솔직하게 담아내며 사회적으로 큰 반향을 일으켰다.
2001년부터 2002년까지 매일 신문에 연재된 후 2003년 단행본으로
간행된 이 소설은 한 달 만에 100만 부가 팔릴 정도로 초고속으로 밀리
언셀러가 되었다. 2006년 영화화된 후에도 연극2008년, 뮤지컬 2016년,
2017년, TV 드라마2018년로 방영되며 최근까지도 사회에 커다란 물음
을 던지고 있다.

절망 속 희망의 존재

두 이야기에 나오는 주인공들이 처한 절망적인 상황은 학교 사회의 집단 따돌림 문제, 범죄자의 남겨진 가족에 관한 문제에서 각각 비롯된 것으로 당사자들이 어쩔 수 없이 받아들일 수밖에 없는 것이다.

이들이 그러한 환경에 굴하지 않고 희망을 가지고 노력할 수 있었던 이유는 무엇이었을까? 그들이 환경을 극복하고 자신들만의 삶을 멋지게 살아 낼 수 있었던 데는 보이지 않게 손 내밀어 준 사람이 있었다는 공통점이 있다. 오히라에게는 자신을 진심으로 걱정하며 때로는 부드럽게 때로는 엄하게 이끌어 준 아저씨가 있었다. 아저씨는 아무도 관심 가져 주지 않는 오히라를 다시 일어설 수 있도록 도와주었고, 스스로 자립하도록 방향을 제시하고 함께 고민하며 용기를 주었다. 나오키에게는 다소 차가워 보이지만 진심 어린 충고를 해 준 회사 사장이 있었다. 나오키가 더 이상 일자리를 전전하지 않고, 원하는 일은 아니었지만 창고 직원으로서의 임무를 충실히 해 나가며 새로운 가정을 꾸린 것은 아마도 사장의 말에 대한 응답이었을 것이다.

이제는 희망을 갈구하던 주인공이 희망을 건네는 일을 한다. 실존 인물이자 학교 내 집단 따돌림 경험자인 오히라는 집필과 강연회를 통해 자신의 경험을 알리고, 자신이 겪은 경험을 토대로 가출 청소년을 변호하며 사람들에게 용기와 희망을 주고 있다. 나오키의 삶 역시 연극, 드라마, 뮤지컬로 작품화되어 현재를 살아가는 사람들에게 다양한 여운을 남기고 있다.

일본 소설을 번역하며 읽는 재미

황남덕(수필가)

일본어와 인연을 맺은 지 이십 년이 넘는다. 그러나 햇수만 오래지 공부다운 공부를 한 날은 그에 훨씬 못 미친다. 그래도 원서를 읽고 싶은 욕심이 생겼다. 더 나아가 읽기만 할 게 아니라 이왕이면 번역까지 해 보자는 야무진 꿈까지 꾸게 되었다. 국내에 번역서가 나와 있든 없든 상관없이 내 나름으로 책을 골랐다. 눈으로 읽을 때는 술술 잘 나가는데 번역하려니 곳곳에 암초가 도사리고 있었다. 가독성을 중시할 것인가, 원문에 충실할 것인가 하는 문제는 초보자도 피해 갈 수 없었다. 지나친 의역을 삼가되 가독성을 해치는 직역도 지양하기로 했다. 토씨나 문장부호 하나를 가지고도 고민을 거듭할 때는 한심한 모국어 실력에 낙담할 때도 많았다. 번역 공부는 의외로 한국어 실력 향상에도 도움이 되었다.

세월이 흐르다 보니 정리한 책이 열 권 남짓 된다. 세월만큼 실력도 쌓였으면 좋으련만 전혀 그렇지 못해 아쉽기는 하나 나름대로 수확도 있다. 우선 공부가 주는 기쁨을 알고 시간을 가치 있게 사용하니 뿌듯하다. 번역하려면 행간에 숨어 있는 의미를 알아야 하므로 자료를 많이 찾게 된다. 덕분에 지적 욕구와 호기심이 충족되는 것도 큰 수확이다. 하나가 궁금해서 찾으면 꼬리에 꼬리를 물고 또 다른 궁금증이 생기고, 의문을 해결하다 보면 지식도 조금씩 늘어나 기쁘다. 책을 정독하는 습관이 생긴 것도 좋은 일이다. 정독 정도가 아니라 몇 번이고 다시 읽다 보니 장기 기억에 저장되어 뜻밖의 장소에서 빛을 발하기도 한다. 콩나물을 기르려면 콩에 물을 계속 주어야 한다. 물은 바로 빠져 나가지만 콩나물은 자란다. 마찬가지로 사전을 찾고도 돌아서면 바로 잊어버려 안타깝지만 일본어와 한국어 실력이 조금은 늘었을 테고 그것으로 만족한다. 누구에게 보여 줄 것도 아니고 책을 낼 것도 아니니 부담이 전혀 없고 자유롭다. 공부한 책 중 재미있게 읽었던 몇 권을 소개한다.

《われ笑う、ゆえにわれあり 나는 웃는다, 고로 나는 존재한다》
土屋 賢二 쓰치야 겐지

가장 재미있게 번역했던 책이다. 지금도 웃고 싶을 때면 다시 꺼내 읽으며 문장력에 감탄한다. 저자가 교수를 지낸 철학자이다 보니 문장이 논리적인 것도 마음에 든다. 저자는 도쿄대학 문학부 철학과를 졸업하고 오차노미즈여자대학 교수를 지낸 철학자이자 에세이스트이다. 저서로는 《쓰치야 학부장의 변명》, 《순수 쓰치야 비판》, 《쓰치야 교수의 철학 강의》, 《나는 고민한다, 고로 나는 존재한다》 등이 있다. 철학자이니만큼 유명한 철학서를 패러디한 제목이 많다. 그 밖에도 《인간은 웃는 갈대이다》, 《나는 웃지 않는다, 고로 존재하지 않는다》, 《너 스스로 웃어라》 같은 웃음 시리즈도 8권이나 되어 '웃는 철학자'로도 불린다. 이 책의 제목인 《나는 웃는다, 고로 나는 존재한다》 역시 데카르트의 '나는 생각한다, 고로 나는 존재한다'를 패러디한 것이다. 데

카르트가 철학적인 의심을 통해 자신의 존재에 대한 확신을 표현했다면, 쓰치야 겐지는 유머와 웃음을 통해서 인간 존재의 본질을 표현했다는 생각이 든다. '웃는 철학자'다운 발상이다.

《나는 웃는다, 고로 나는 존재한다》는 '웃음'과 '철학'이라는 어울리지 않는 두 가지 요소를 접목하고 있다. 제목만 볼 때는 철학적 통찰을 담고 있는 듯하나 읽다 보면 논리가 너무 엉뚱해서 웃음이 절로 나온다. 이 책의 핵심 키워드는 웃음이다. 그것도 유치한 말로 억지로 웃기는 게 아니라 고차원적인 유머를 통해 수준 높은 웃음을 제공한다. 그의 글은 처음에는 진지하게 나가다가 도중에 슬며시 방향을 틀어 기상천외한 논리를 생성하여 독자에게 웃음을 선물한다. 그런데 그 기상천외한 논리가 논리적으로 맞기 때문에 반박할 수도 없다. 맞지 않은데 맞으니 읽는 내내 즐겁다.

철학자가 쓴 책이라면 진지하고 심오하고 재미없다는 선입관을 가지기 쉽다. 유명한 서양 철학자들의 철학서는 제목부터 어렵고 내용은 더 어렵다. 큰맘 먹고 손에 들었다가도 어려운 개념과 생소한 단어에 주눅이 들어 포기한 일이 한두 번이 아니다. 몇 페이지 읽지도 못하고 '뭐가 뭔지 통 모르겠다' '머리만 아프다' 하면서 책을 덮어 버렸다는 사람도 많다. 그러나 《나는 웃는다, 고로 나는 존재한다》는 일상생활 속에서 일어나는 일과 철학을 접목해 놓아 전혀 어렵지 않다. 일상적으로 일어나는 크고 작은 사건 속에 담긴 인간의 모순된 감정과 사고에 초점을 맞추고 있다. 능청스럽지만 밉지 않은 유머로 독자를 웃음으로 몰아간다. 가벼운 듯하나 가볍지 않고, 개그와 풍자와 위트가 넘쳐난다. 궤변인 듯 궤변 아닌 궤변 같은 논리에 빠져든다. 우리가 상식적으로 알고 있는 많은 일이 철학과 연관되어 있다는 걸 깨닫고 놀라면서, 자기도 모르게 사고의 폭이 넓어져 철학적 사고를 할 수 있게 된다. 구수한 입담과 생생한 예시로 철학에 대한 거부감을 없애 준다. 예를 몇 가지 들어보자.

- 나도 마음이 끌리면 고급 레스토랑에서 먹는 일이 있다. '마음이 끌릴 때'란 다른 사람이 한턱낼 때와 일치한다.
- 내 책을 사는 게 창피해서 점원과 눈도 맞추지 않고 책을 뒤집어 계산대에 올려놓는다는 사람도 있다.
- 이번에 출판된 신간의 표지는 디자인도 시원시원한 데다가 냄비 받침이나 컵 받침으로도 사용할 수 있게 생활 방수기능까지 넣어 물이나 간장을 쏟아도 문제없다.
- 돈을 내야 손에 넣을 수 있는 것은 공짜로 손에 넣을 수 있는 것보다 가치가 있다. 담배 연기를 마시려면 돈이 필요하나 깨끗한 공기를 마시는 건 공짜다. 그러므로 담배를 피우는 것은 가치 있는 행동이다.
- 생각해 보면 이상한 일이지만 사람들은 노화를 죽기보다 싫어하면서도 노화의 과정이 끊어지는 것은 더더욱 싫어한다. 살아가는 것은 노화하는 것과 마찬가지인데도, 계속해서 살아 있으면서 동시에 늙지 않기를 바란다. 이러한 모순은 입시에 합격하는 동시에 불합격하기를 바라는 것과 같아서 전지전능하신 신도 어떻게 해야 좋을지 모를 것이다.

《町長選挙 면장 선거》奧田 英朗 오쿠다 히데오

오쿠다 히데오는 1997년 소설 《우람바나의 숲》으로 데뷔했다. 《방해자》로 제4회 오야부 하루히코상,《공중그네》로 제131회 나오키상,《올림픽의 몸값》으로 제43회 요시카와 에이지 문학상을 받는 등 수상 경력이 다채롭다.《인 더 풀》,《공중그네》,《면장 선거》에 이어 2023년에《해설자》로 '이라부 시리즈'에 네 번째로 이름을 올렸다.

《면장 선거》는 이라부 시리즈의 세 번째 작품으로 '오너', '안퐁맨', '카리스마 직업', '면장 선거' 네 편이 짤막한 옴니버스식으로 구성되어 있다. 각 단편의 주인공은 약간의 차이는 있지만 모두 강박증을 앓고 있다.

일개 정치부 기자에서 대형 신문사 회장에 프로야구팀의 구단주까지 된 다나베 미쓰오78세는 성공한 인생을 살았으나 나이가 많아 권좌에서 내려올 때가 되었다. 그러나 그는 은퇴는 곧 죽음이라고 생각한다. 권력과 명예를 움켜쥐고 유지하려고 애쓰다 보니 뚜렷한 이유도 없이 패닉상태에 빠지는 일이 반복된다. 그는 죽음에 대한 공포로 어둠과 밀폐된 공간을 극도로 싫어하고 깨어나지 못할까 봐 불안해서 잠도 자지 못한다. 떠나야 할 때를 알고 떠나는 사람의 뒷모습은 아름답다지만 욕심을 내려놓기란 쉽지 않다. 자신의 노력으로 성공을 이룬 사람은 더더욱 그렇다. 권좌를 지키려 애쓰느라 몸과 마음이 점점 피폐해진다.

IT 벤처기업가로 성공하여 엄청난 명성과 부를 누리는 안포 다카아키32세는 비합리, 비논리를 극도로 싫어하는 효율 지상주의자이다. 느닷없이 찾아온 청년성 알츠하이머로 히라가나를 쓸 수 없게 되자 자괴감에 빠진다. 컴퓨터의 비밀번호를 잊어버리면 큰일이지만 히라가나를 못 쓰는 것은 하나도 중요하지 않다고 큰소리치지만 사실은 두렵고 불안하다. 자는 걸 죽기보다 싫어하고, 사귈 만한 가치가 있다고 판단되는 부자나 유명인만 사귀다 보니 마음을 터놓고 지내는 친구가 하나도 없다. 컴퓨터와 AI를 신봉하고 합리성과 편리함만 추구하며 살다 보니 자신도 모르는 새 인간다움을 상실하고 기계처럼 살아가지만 정작 본인은 모르고 있다.

갑자기 인기가 급상승한 중년 여배우 시라키 가오루44세는 겉으로는 아닌 척하지만 실제로는 미용과 다이어트에 병적으로 집착한다. 나이보다 젊어 보이는 얼굴과 몸매를 무기로 연예계에서 살아남았다고 믿고 있는 탓에 눈 밑에 잔주름이 하나만 늘어도 심장이 오그라든다. 젊고 날씬하고 예쁜 게 자신의 인기 비결이라 생각하고 그걸 지키는 일에 목숨을 건다. 살찌는 것을 죽기보다 두려워하다 보니 스트레스만 쌓이고 행복은 먼 나라의 얘기가 된다.

말단 공무원인 미야자키 료헤이24세는 욕심부리지 않고 성실하고 정직하게 사는 것을 제일로 생각하는 단순 소박한 청년이다. 그러나 자신의 의지와는 상관없이 온갖 비리와 비방이 난무하는 선거판에 휘말리면서 극심한 스트레스를 받는다. 이상과 상식이 완전히 무너져 내린 현실을 보며 자신도 무너지고 건강에 문제가 생긴다.

앞에 나오는 주인공은 20대부터 70대까지 나이는 제각각이지만 모두 극도의 스트레스로 정상적인 생활이 불가능하다. 이들은 현대를 사는 우리를 대표한다고 볼 수 있다. 우여곡절 끝에 네 명은 각각 타의에 의해 이라부를 만나게 된다. 그러나 이라부는 기대와는 정반대의 비상식적인 인물이다. 천진난만한지 바보인지 분간이 가지 않는 의사 이라부와 간호사 마유미의 말과 행동을 보고 처음엔 모두 후회하며 다시는 오지 않겠다고 한다. 그러나 저도 모르게 이라부 앞에 앉아 있는 자신을 발견한다. 이라부는 특별한 치료를 하지 않는다. 처음에 병원을 찾아오면 무조건 주사부터 놓는다. 환자는 무슨 주사인지도 모르면서 얼떨결에 팔이 묶이고 주사를 맞는다. 그리고 이라부의 말에 말려들어 그의 질문에 대답하는 동안 사태를 다른 차원에서 바라보게 되고 저도 모르게 치유되었음을 깨닫는다. 멍청하고 엉뚱한 이라부의 말 한마디 한마디가 사실은 일종의 치료였다.

진료실에 오면 무조건 맞아야 하는 주사, 순진한지 모자라는지 헷갈리는 이라부의 말과 행동, 앞이 깊게 파인 미니 가운을 입고 슬쩍슬쩍 가슴 계곡을 드러내어 환자를 몽롱하게 만드는 마유미의 행동이 처음엔 이해가 가지 않는다. 그러나 책을 다 읽고 나면 이 모든 것이 환자를 무장해제시키기 위한 장치임을 알고 비로소 이라부에게 호감을 느끼게 된다. 나아가 주치의는 이라부 같은 의사가 좋을 것 같다는 생각까지 든다. 특히 정신건강의학과 의사는 좀 어리숙하고 괴짜 같아야 환자가 쉽게 다가갈 수 있고 속에 담아 두었던 말도 할 수 있을 것 같다.

《幸せになる勇気 행복해질 용기》
岸見 一郎 기시미 이치로, 古賀 史健 고가 후미타케

몇 년 전 한국에 아들러 붐을 일으켰던 《미움받을 용기》. 그 《미움받을 용기》의 마지막 부분에서 청년이 철학자에게 말한다. 다음에 찾아뵐 때는 소중한 친구로서 방문하겠다고. 그러나 3년 후 청년은 아들러의 사상은 속임수라면서 아들러를 버리느냐 마느냐 하는 심각한 문제를 안고 다시 철학자를 찾아온다. 철학자는 청년과 다시 긴 토론에 들어가고, 그 토론이 《행복해질 용기》가 되어 세상에 나왔다. 따라서 《행복해질 용기》 역시 아들러의 심리학을 다루고 있다.

아들러의 가르침을 실천하기 위해 청년은 도서관 사서를 그만두고 교사가 되었다. 그러나 실제로 부딪쳐보니 아들러의 심리학은 교육 현장에서도 현실 사회에서도 통하지 않는 '탁상공론'에 지나지 않았다. 청년은 고민 끝에 철학자를 다시 찾았다. 철학자는 예를 들어가며 차근차근 설명하고 청년은 철학자의 주장에 반론을 제기한다. 독자들은 청년의 의견에 공감하면서 철학자의 설명을 경청하고 깊이 생각하면서 나름대로 정리할 것이다. 주고받는 대화가 어렵지 않아 우선 마음에 든다.

내 인생의 주인공은 나 자신이다. 나는 타인의 기대를 충족하기 위해 사는 게 아니고 타인 역시 내 기대를 충족하기 위해 사는 게 아니다. 인간은 자기를 결정할 수 있는 존재이며, 스스로 행복하기로 마음먹고 자기 자신을 좋아해야 행복할 수 있다. 대부분 경험했듯이 타인이 시키는 대로 하고 살면 편하다. 고민할 필요도 없고, 실패하더라도 타인에게 책임을 떠넘길 수 있다. 그러나 그렇게 살면 자신을 믿지 못하고 성취감을 맛볼 수 없고 자존감도 당연히 낮아진다. 잠시 편한 대신 행복은 영영 먼 나라로 떠나 버린다.

아들러 심리학에 따르면, 행복은 과거에 얽매이지 말고 지금부터 새로운 방향을 정하고 나아갈 때 찾아온다고 한다. 지금 내가 불행한 이유는 과거에 원인이 있는 것이 아니다. 현재 불행한 원인이 과거에 있다면 앞으로도 영원히 행복해질 수 없다. 타임머신을 타고 과거로 돌아가지 않는 한, 과거에 있었던 원인을 바꿀 수 없기 때문이다. 그러나 미래에 있을 목적은 누구나 바꿀 수 있다.

아들러는 상식적인 것을 중요하게 생각한다. 이 책에서 다루는 행복론도 지극히 상식적이고 단순하다. 철학자와 청년이 오랫동안 토론을 주고받지만, 결국 행복으로 가는 지름길은 가볍고 단순하고 자유롭게 자기 자신으로 사는 것이다. 내 경험에 비추어 보면, 긴 시간을 들여 이 책을 읽지 않아도 이 간단한 진리만 깨달으면 행복해질 수 있다. 주렁주렁 매달고 무겁고 번쩍거리는 걸 좋아하는 사람이라면 진정으로 행복해지기는 어려울 것이다. 그런 점에서 생각하면 많은 것을 버려야 하므로 용기가 필요하다. 사람은 누구나 행복하기를 바라지만 실제로 '나는 행복하다'라고 당당하게 말할 수 있는 사람은 의외로 많지 않다. 남의 눈을 지나치게 신경 쓰고 옳다고 생각하면서도 자신 있게 주장하지 못하고 남의 의견에 쉽게 따라가는 사람, 자신이 행복하지 않다고 여기는 사람이라면 이 책을 읽고 행복으로 한 발 다가서는 방법을 배우는 것도 좋겠다.

한국 속의 일본, 일본 속의 한국, 그 강을 넘어

한국과 일본을 잇는 징검돌, 책
일본어 공부, 유학 그리고 일본 생활
규슈의 후쿠오카는 한일관계의 디딤돌
대중매체를 통해 바라보는 한국과 일본의 매력
남이섬 - 가고시마 - 미야자키 - 부산 이야기
한국에서 일본의 역사와 문화 찾기

한국과 일본을 잇는 징검돌, 책
– 일본 문학 속 '한국'과 한국 문학 속 '일본'

김나정(극작가, 소설가)

이분법을 넘어서

'한/일' 이분법은 깔끔하다. 빛과 어둠, 남성과 여성, 이성과 감정 등. 맞서는 두 항으로 세계를 발라낸다. 한국과 일본은 번번이 '우리'와 '적'의 대립구도로 정리된다. 이런 구도에 따라 상대를 대하는 태도도 고정된다. 우리끼리는 감싸고 적은 미워하면 그만이다. 한일전이 펼쳐지는 축구장은 전장을 방불하며, 반일의 반대편엔 쉽사리 친일이 놓인다. 일본이나 한국에서 출간되는 얄팍한 책들은 이런 대립구도를 손쉽게 써먹는다. 일본 서점에 깔린 혐한 서적이나, 한국 콘텐츠의 단골 등장인물인 뻐드렁니에 게다짝을 끌고 다짜고짜 사악한 일본인을 보면 낯 뜨겁다. 게으른 정신은 닳고 닳은 대립구도와 상대를 흔하디흔한 이미지로 호출하는 걸 부끄러워하지 않는다. 편을 강요하고 곁은 내주진 않는다. 한국과 일본을 대립구도에 얽매여 거리를 좁히지 못하고 관계는 제자리를 맴돈다.

이분법은 단순하다. 그런데 세상이나 사람은 그렇게 단순하지 않다. 병아리 암수를 구별하듯, 흑백과 선악으로 나누기엔 꺼림칙하다. 김영하의 소설 《마코토》는 한국에 유학 온 일본인 유학생을 주인공으로 삼아 이분법에 어깃장을 놓는다. 어느 날 중세국어를 가르치는 교수가 마코토에게 질문을 던진다.

"마코토군, 자네는 독도가 누구 땅이라고 생각하나?"
그러자 마코토는 머리를 긁적이며 이렇게 말했다.
"에, 저는 독도는 갈매기들의 것이라고 생각합니다."
"……"

세상이나 사람이나 국가나 각자의 사정과 관계양상은 참으로 복잡하다. 문학은 이분법에 저항한다. 표면 아래 숨겨진 복잡함을 파헤치고 도통 모를 인간과 시스템의 작동 양상을 분해해 보인다. 한 인물의 내면과 상황, 얽히고설킨 관계 양상을 겹겹이 드러낸다.

좋은 문학작품은 복잡함을 기꺼이 끌어안음으로써 이항대립을 넘어선 다른 관계의 가능성을 열어 준다. 이 글은 '한국'을 담은 일본 문학과 '일본'을 끌어안은 한국 문학을 살핀다. 공감과 이해는 상대의 입장에 서 보고 그쪽 마음이 되어 보는 데서 출발한다. 이 작품들은 상대의 속내를 세심히 들여다보고 존재했던 삶의 면면을 살피는 것으로 한일 관계에 새로운 지평을 열어 준다. 바다를 잇는 징검돌 책 몇 권을 소개하고자 한다.

일본 문학 속 '한국'

● 사랑과 아름다움에 대한 예의_야마모토 겐이치, 《리큐에게 물어라》

그는 '다도茶道의 신'이라 불렸다. 부유한 어물상의 아들로 태어나 천부적인 미적 감각으로 일본 다도를 완성시킨 센 리큐. 그는 도요토

《리큐에게 물어라》의 표지

미 히데요시의 다도 스승이 되어 16세기 일본의 정치와 문화에 지대한 영향을 끼쳤으나 1591년 도요토미 히데요시와 충돌하여 할복으로 숨을 거둔다. "아름다운 것에만, 머리를 숙일 뿐"이란 말을 남기고. 리큐가 자결을 종용 당한 까닭은 아직도 수수께끼로 남아 있다.

제140회 나오키상 수상작《리큐에게 물어라》는 이 죽음의 진상을 좇는다. 16세기 일본의 모습과 '다도'와 일본의 '미의식'을 깊이 있게 담아내며 리큐의 죽음을 둘러싼 비밀을 미스터리 형식으로 파헤치는 이 소설은, 도요토미 히데요시의 열등감이나 당시 권력구조, 아름다움에 대한 의견 차이 등을 리큐의 죽음을 불러온 원인으로 거론한다. 하지만 이 작품에서 중요한 소재로 등장하는 '녹유 향합'은 죽음의 결정적인 빌미로 제시된다. 센 리큐는 도요토미 히데요시가 향합을 원했지만 내주지 않았기에 죽음에 이르렀다는 것이다. 도대체 어떤 향합이기에 다도의 신이 죽음마저 불사하게 만들었는가.

도요토미 히데요시의 병사들이 리큐의 저택을 둘러쌌다. 죽음을 앞둔 리큐는 과거로 거슬러 올라간다. 열아홉 살 때 리큐는 조선에서 납치된 여인을 만났다. 여인의 기품에 매료된 리큐는 조선말까지 배워가며 가까워지려 했다. 사랑은 마음과 마음을 잇는다. 상대의 마음을 속속들이 알고 싶고, 내 마음을 전하고 싶다는 종종걸음이 영판 다른 사람들을 가까워지게 한다. 하지만 여인은 팔려가게 되고 리큐는 여인과 도주를 감행한다. 추격자들은 바삐 따라붙고 달아날 길은 없다. 둘은 독차를 함께 마시고 정사情死를 도모한다. 허나 여인만 죽고 리큐는 살아남는다. 리큐는 그 조선 여인과의 추억이 서려 있는 녹유 향합을 도요토미 히데요시에게 내줄 수 없었다.

권력이 빼앗지 못하는 것이 있다. 리큐의 결의는 사랑에 대한 예의이며 동시에 그가 일생 추구했던 아름다움에 대한 존중이기도 하다. "향의 아름다움은 조선고려이 원천이고, 다도茶道 역시 조선에서 넘어온 것"

이 소설은 조선 여인과의 사랑 이야기이며 동시에 조선의 아름다움에 대한 찬가로 읽힌다. 무궁화의 아름다움, 녹유 향합의 단출하고 깊은 멋은 사랑에 다름 아니다. 누군가에 대한 사랑은, 그 사람을 만든 문화와 정신에 대한 끌림이며 또한 한 사람에 대한 이끌림은 한 문화에 대한 매혹을 불러온다. 리큐는 말한다. 자신이 다도에 정진한 까닭은 한 여자한테 차를 마시게 하고 싶기 때문이라고.

천하를 움직이는 것은 무력과 금전만이 아니다.
아름다운 것에도 힘이 있다.
천지를 뒤흔들 힘이.
값비싼 당물이나 명물 도구만이 아름다운 것이 아니다.
소소한 장식 단에 숨 쉬는 동백꽃 봉오리의 숭고함.
마치 솔바람 소리 같은, 차 솥에서 물 끓는 소리 (11쪽)

원서 표지에는 꼿꼿하고 단아한 무궁화가 환하다.

《리큐에게 물어라》 원서 표지

● 망각과 역사 왜곡에 저항하다 _ 하하키기 호세이, 《해협》

이 소설은 조선인 징용노동자의 참
상을 적나라하게 파헤친다. 작품은 과
거와 현재의 두 줄기로 흘러간다.
1943년 가을, 아버지를 대신해 징용
노동자로 끌려갔다가 죽을 고비를 넘
겨 탈출하는 하시근의 '과거'와 50여
년 후 사업가가 되어 일본으로 향하는
하시근의 '현재'가 교차되어 등장
한다. 과거 이야기는 조선인 징용노동
자가 겪은 일을 생생하게 담아내며,
현재 이야기는 과거를 성찰하고 아픈

《해협》의 표지

과거를 잊지 않겠다는 다짐을 담아낸다.

하시근의 뒤를 따라가며 독자는 징용 노동자가 겪은 지옥을 생생하
게 맛보게 된다. 노예선과 같은 관부연락선에 올라타 탄광에 도착하면
굶주림과 매질, 고된 노동이 반복되는 지옥이 기다리고 있다.

모지항에서 다시 화물칸에 올라탔다. 한 칸에 40명씩 끼워 탔다. 바
깥에서 자물쇠가 채워진 화물칸 안에는 작은 알전등 한 개가 천장에
달려 있을 뿐이었다.
"문 좀 열어줘, 숨 막혀."(57쪽)

탄광에 도착해서는 매질과 가혹행위에 시달린다. "감시인이 죽검으
로 때렸다. 논에서 움직이지 않는 소를 때리는 것처럼 등과 엉덩이를
죽검으로 내리쳤다.(59쪽)" 군인도 아닌데 매를 맞으며 황국 신민의

서사를 암송하고 몸이 부셔져라 포복 전진 훈련을 해야 했다. 고된 노동을 하지만 식사는 형편없다. "아침은 일본 된장국과 다꾸앙 두 쪽이었다. 간신히 된장 냄새를 풍기는 국은 뜨거운 맹물과 거의 다름없이 싱거웠고 정체를 알 수 없는 푸성귀 건더기가 떠 있었다.(84쪽)" 탄광에 갇혀 굶주림에 시달리며 고된 노동으로 혹사당한다. 일본인 감시인 야마모토와 조선인이면서 동포에 매타작을 일삼는 강원범은 노동자들을 죽음으로 몰아간다.

조선 노동자들은 매 맞아 죽고 탄광 사고로 목숨을 잃고 탈출을 시도하다 숨진다. 그들의 시신은 쓰레기처럼 폐석 더미에 버려진다. 역사책에 나열된 사실이 아니라 인물이 겪고 본 일을 구체적으로 다루기에, 징용노동자의 삶이 얼마나 처참했는지를 독자는 생생하게 느낀다. 일본인 감독관은 조선인들에게 사죄를 고한다.

> 일본인 기쿠지 반장은 혼잣말처럼 중얼거렸다. "미안하다… 나는 부상을 당해도 일본 사람이니까 그렇다 치겠지만 너희들은 정말 안타깝다. 노예처럼 혹사당하고 불평도 못하고 이런 처사는 정말 잘못된 거지. 언젠가 벌 받을 거야. 이 나라와, 우리 일본 사람들은."(134쪽)

주인공 하시근은 목숨을 걸고 탄광에서 탈출하고 일본 여성을 만나 고국으로 돌아온다. 시간이 흘러 사업 차 일본에 갔던 하시근은, 조선인 노동자를 학대했던 강원범이 정치인이 되었다는 걸 알게 된다. 강원범은 탄광자리의 폐석 더미를 갈아 업고 재개발을 도모한다. 폐석더미에는 조선인들의 피와 땀이 스며들어 있다. 죽어간 조선 노동자들이 묻힌 무덤이며 그들을 기억하는 비석이기도 하다. 소설의 말미에서 하시근은 과거의 망령에서 벗어나라는 강석범과 맞선다.

> 폐석더미 소유주인 가와우치 씨도 이 무연고 묘지를 지켜야겠다고 했다. 기숙사에서 고통스럽게 죽어간 조선인 광부가 있다는 사실도 다카쓰지 탄광의 거짓 없는 역사이기 때문이다. 여기 묻힌 조선인들은 도대체 무엇을 위해 죽었다고 생각하나? 조국을 위해서인가? 아니다. 타국을 위해서 가축처럼 강제노동을 하고, 같은 조선인에게 학대받고, 조국 땅을 두 번 다시 밟아 보지 못한 채 석탄폐석더미에 버려진 것이다. 그런데도 불구하고 너는 동포가 잠들어 있는 땅을, 네가 괴롭혀 죽인 동포의 시신을 중장비로 짓밟으려고 하느냐?"(440쪽)

폐석 더미를 치우는 것은, 역사를 망각하는 일에 다름 아니다. 주인공 하시근은 동료들의 무덤을 지키려고 강원범을 인슐린 주사로 죽이고 자신도 목숨을 끊는다. 그가 아들에게 남긴 유언을 다음과 같은 말로 마무리한다. "산 자가 죽은 자의 유지를 잊지 않는 한 역사는 왜곡되지 않는다."(455쪽)

한국 문학 속 '일본'

● 전쟁 속의 사람, 사랑 _ 조두진, 《도모유키》

이 작품은 일본군의 시선으로 정유재란을 재구성한다. 제10회 한겨레문학상 수상작 《도모유키》는 정유재란 당시 11개월 동안 순천 인근 산성에 주둔한 일본군 하급 지휘관 다나카 도모유키를 주인공 삼아 일본군의 주둔과 퇴각, 조선 여인 명외와의 사랑을 애틋하게 그려낸다.

하급 지휘관 도모유키의 눈에 비친 전쟁은 참혹하다. 작가는 생생한

묘사로 그 현장에 우리는 데려
간다. 정유재란 당시 도모유키가
주둔했던 순천 인근 산성의 성안과
성 밖 상황, 조선인과 일본군의 생
활 그리고 삶과 죽음이 갈마드는
전장이 손에 잡힐 듯 그려진다. 총
알은 눈이 없다. 전쟁은 사람을 가
려 찾아들지 않는다. 전쟁은 조선
인뿐만 아니라 일본인에게도 가혹
한 것이었다.

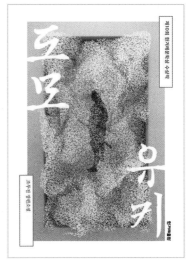

《도모유키》의 표지

전장에서 적과 아는 구분되지 않았다. 조선과 싸우고 있지만 적은 조선
군대뿐만이 아니었다. 사사키 부장과 그의 휘하 무사들은 병든 병졸들을
바다로 끌고 나가 죽였다. 죽인 병졸들의 목을 잘라 적장에게 바쳤다. 병
졸들은 도자기를 차지하기 위해 서로 때리고 죽였다. 군막끼리 싸움이 빈
번했고 군막 내에서는 도둑질과 싸움이 끊이질 않았다. 마쓰히데는 제가
살겠다고 도네를 죽여 그 목을 들고 도망쳤다. 도모유키 자신은 도네의
목에 남은 칼자국을 없애기 위해 죽은 몸뚱이를 질질 끌고 돌아왔다. 제
가 살기 위해 한 짓이었다. 죽은 부하의 몸뚱이에 할 짓이 아니었다. 도모
유키는 모든 존재의 적이었고, 모든 존재는 도모유키의 적이었다.
(265~266쪽)

　　살아남기 위한 아귀다툼, 자신을 지키기 위해 타인을 희생해야 하는
전쟁의 참혹함은 국적과 인종을 가리지 않는다. 작가는 이 작품의 창
작 의도를 다음과 같이 밝혔다. "역사만큼 민족과 국가의 테두리에 갇

힌 영역도 드뭅니다. 민족과 국가의 경계를 넘는 작품을 쓰고 싶었습니다. 한국이나 일본의 역사가 아니라 사람의 역사 말입니다. 이 작품 속 인물은 누구나 주인공입니다. 도모유키는 명외이고, 명외는 유키코입니다. 유키코는 히로시이며 그들 부부의 딸이기도 합니다. 등장인물들은 역사의 거센 파도에 가족을 잃고, 미래를 잃고, 일상을 잃었습니다. 모두를 잃었다는 점에서 그들은 동일인입니다. 조선의 전쟁 영웅 이순신 역시 다르지 않습니다."

국적을 넘어선 '사람의 역사'를 다루고 싶다는 의도대로, 이 소설에는 각자 다른 입장에 놓인 다양한 일본인과 조선인이 등장한다. 아버지의 대장간에서 일하다가 끌려온 소년병 도네, 아내와 어린 딸을 고향에 두고 온 히로시, 그의 아내 유키코, 몰락한 무사 집안 출신의 병사 마쓰히데, 그리고 명외와 아비를 비롯한 수많은 조선인들. 역사의 거센 파도에 일상과 미래를 잃었다는 점에서 그들은 닮은꼴이다. 작가는 전쟁에서 적과 아의 구분을 지우고 전쟁의 희생자인 '사람'을 말한다.

《도모유키》는 '전쟁'이라는 극한 상황 속에서 피어난 '사랑'을 그려낸다. 조선말을 열심히 배우려 하는 도모유키와 함께하자고 용기를 낸 명외의 사랑은 국경을 넘어선다. 소설의 말미에서 도모유키는 모든 것을 잃으면서도 명외만은 구해내고자 한다. 명외를 떠나보내고 도모유키는 고향으로 돌아가는 대신, 낙오병으로 조선에 남아 명외의 집을 찾아 헤맨다.

'같이 가요, 도모유키 님.'
도모유키는 명외의 말을 기억했다. 명외의 목소리를 떠올리려고 했지만 좀처럼 기억나지 않았다. 도모유키는 그동안 배운 조선말을 깡그리 잊어

버렸다. 히노가 가르쳐 준 조선말은 한마디도 생각나지 않았다. 이제 히노가 가르쳐주고, 자신이 외우고 내뱉던 말은 모두 죽은 말이 되어 있었다. 그에게 살아 있는 조선말은 단 한 마디뿐이었다.

'같이 가요, 도모유키 님.'(278~279쪽)

● 국경을 넘는, 아픔의 연대_배삼식, 《1945》

배삼식의 희곡 《1945》는 해방의 감격을 그리지 않는다. 해방이란 혼란 상황에서 인물들 각자가 처한 상황, 생존과 배제의 메커니즘을 다룬다. 무대는 해방 이후, 만주에 살던 조선인들이 고향으로 돌아가는 열차를 타기 위해 머물던 전재민戰災民 구제소. 가난, 전염병, 중국인들의 핍박으로 서럽던 재만 한인들은 조선에 가기 위해 여기로 모여든다. 독립운동가, 대일협력자, 마약밀매상

《1945》의 표지

이며 위안소 경영을 돕던 여자, 가족을 잃은 청년, 일본어만 할 줄 아는 아이들 등 다양한 사람들의 입장과 처지가 그려진다.

조선 여자 명숙과 일본 여자 미즈코는 구제소에서 조선으로 갈 기차를 기다린다. 고향으로 가지 못하는 미즈코는 명숙에게 데려가 달라고 매달렸더랬다. 명숙은 임신까지 한 미즈코를 차마 밀어내지 못하고 구제소에 데려온다. 일본인 여자라는 것이 들통 나면 기차에 타질 못하기에 명숙은 미즈코를 벙어리 동생로 위장시킨다. 하지만 이 비밀은

미즈코가 밤마다 신음처럼 내뱉은 "이따이, 이따이"란 잠꼬대와 굶주린 일본 아이를 돌보는 모습, 미즈코가 소중히 간직한 오비로 들통난다. 조선인을 태우고 갈 자리도 부족한데 일본 여자를 내줄 자리는 없다. 성난 함성이 차가운 비난이 미즈코를 향한다. 명숙마저 쫓겨날까 미즈코는 구제소 밖으로 스스로 걸어 나간다. 전염병에 걸려 죽어가는 한국인 남자 옆에 선다. 명숙은 미즈코의 뒤를 따른다. 명숙을 마음에 두었던 남자가 묻는다. 조선 여자인 당신은 왜 일본 여자를 감싸는가. 둘은 위안소에서 함께 지옥을 치러 낸 사이였다.

> 명숙: 우리는 지옥을 지나왔지. 아무런 죄가 없이 우리는 울고 웃었을 뿐이야. 어떤 지옥도 우리를 더럽히지는 못했어. 하지만 당신 앞에 서 있으면 우리는 영영 더러울 거야. 그러니까 우리는 우리대루 갈 거야.
> 영호: 그 일본 여자만 버리면 우린 같이 갈 수 있어요.
> 명숙: 우린 지옥에 함께 있었어. 그 지옥을 같이 건너왔죠. 아무리 말해도 당신들은 그 지옥을 모라. 아, 그렇지. 그래....가끔은 거짓말처럼, 꿈처럼 좋은 때두 있었어. 그건 정말 거짓말 같고 꿈같았지. (미즈코에게) 그 거짓말 속에두, 꿈속에두 미즈코 네가 있었어. 내 지옥을 아는 건 너뿐이야.
> 미즈코: 면스끄....
> 명숙: 뭐 세상이 끝나기라두 했니? 재수가 없었던 것뿐야. 이번 차를 못 타면 다음 차를 타면 되고, 기차를 못 타면 걸어가면 돼. 정 뭣허면 로스케라두 하나 꼬드겨서 차를 얻어 타구 가지?(149쪽)

둘은 함께 남아 서로의 입술에 립스틱을 발라 준다. 서로 예쁘다고 웃어 준다. 일본인, 조선인이란 국적을 넘어서, 힘든 시간을 거친 친구로 서로의 곁을 지킨다.

마음과 마음을 잇는 징검돌, 책

　문학은 풍부하게 인간의 개별성, 예외성, 비합리성을 그려 내고 사람이 처한 상황을 여러 각도로 비춰 준다. 단순한 이분법으로 재단할 수 없는 인간과 세상의 풍성함을 체험하게 해 준다. 마사 C. 누스바움은 《시적 정의》박용준 옮김, 궁리, 2013에서 문학은 존재하지 않는 가능성에 대해 상상하고, 하나의 사물을 다른 것으로 볼 줄 알고, 다른 것 안에서 그것을 발견하며, 인식된 형태에 복잡한 삶을 투영할 수 있는 능력을 길러 준다고 말한다.

　문학 작품은 이 복잡성의 공존을 꾀하며 독자에게 다양한 삶의 방식을 수용하는 태도를 길러 준다. 우리는 문학작품을 읽으며 다른 사람이 되어 본다. 시점을 달리하여 세상을 보게 된다. 나와 다른 화자話者의 목소리에 귀를 기울인다. 문학은 역사적 사실, 통계와 숫자가 잡아내지 못하는 인간의 생생한 얼굴과 마주보게 한다.

　리큐, 하시근, 도모유키 그리고 명숙과 미즈코.

　바다를 건너 '사람'이 온다. 문학 속에 드러난 삶의 세목, 타인의 마음과 감정은 인간을 단순하게 분류하는 것을 거부한다. 좋은 문학작품은 일본인과 한국인을 '사람'의 자리에서 만나게 한다. 바다를 건너는 징검돌이 되어 준다. 마음에서 마음으로 건너가라 한다.

일본어 공부, 유학
그리고 일본 생활

인성희 (와세다대학 문학부 한국어 교수)

이 책을 엮으신 이경수 교수님은 내가 대학생일 때 일본어학원에서
만난 선배님이다. 그때 나는 대학 2학년 정도였다. 학원의 일본어 수
업은 쓰야코 선생님이 담당했다. 그 당시 기모노를 입으면 아주 잘 어
울릴 듯한 후카시ふかし를 많이 넣은 독특한 일본 머리를 하신 선생님
이 일본어로만 진행하는 회화 수업이었다.

그 수업에서 선생님은 모두에게 '아다나あだ名'라고 하는 별명을 붙
여 주셨다. 지금 생각하면 동물, 곤충, 꽃 이름을 외우게 하는 언어교
육의 하나였던 것 같다. 첫 시간에 첫인상으로 별명을 붙이는데 남학
생은 호랑이도라와 부엉이후쿠로 같은 동물, 새, 송사리메다카와 같은 물
고기 이름을 붙였고 여학생에게는 꽃 이름을 붙여 주셨다. 이경수 선

후카시 넣은 일본 머리

생님은 로미오라는 별명으로 불
렸는데 왜 동물이 아닌 사람 이름
이었는지 아직도 의문이지만 아
주 잘 어울렸고, 나는 대학생이
된 후 처음으로 파마를 하고 가서
그런지 민들레단포포라는 별명을
붙여 주셨다. 나는 이 별명이 아

주 마음에 들었다. 냉이펜펜쿠사나 할미꽃오키나구사 같은 이름도 있었는
데 얼마나 다행인지 몰랐다. 남학생 중에 지렁이미미즈 같은 별명을 얻
은 사람은 부를 때 미안하기조차 했다. 우리는 수업 때나 수업 후에 하
는 회화 스터디에서 항상 별명으로 서로를 불러서 본명을 모르는 경우
도 많았다. 대학 졸업 후 일본에 와서 이십 년쯤 지난 어느 날, 나고야
에서 하는 학회에서 우연히 이경수 교수님을 뵈었을 때는 로미오라는
별명만 생각나고 성함이 바로 떠오르지 않았을 정도였다.

　우리는 대학 때 일본어를 전공했는데 이경수 교수님은 유학 후 한국
에 돌아가서 일본어 교사가 되셨고 석사 박사과정을 일본에서 아주 오
랫동안 하게 된 나는 일본에서 한국어를 가르치는 사람이 되어 다시
만났다. 몇 번 학회에서 뵌 후 이번에 글을 써 보라는 기회를 주셔서 그
간의 나의 일본 생활을 되돌아보며 몇 가지 느낀 점을 전하고자 한다.
두서 없는 내용이 될 수도 있으나 일본을 이해하는 데 조금이나마 도
움이 되기를 기대해 본다.

나의 일본 생활

　1991년 봄, 한국에서 일본으로 처음 온 날 도쿄 시부야에서 두 정거
장 더 가는 고마바 동대앞駒場東大前에 있는 유학생 기숙사에서 묵
었다. 춘천에 MT를 온 것 같은 느낌이었다. 길가에 풀들이 자유롭게
자라 있고 철로가 있어서 전철이 지나갈 때는 캉캉 소리와 함께 차단
기가 내려와 멈추어야 하고, 작은 개울이 있어서 개구리가 우는 소리
가 들렸고 많은 학생들이 자전거를 타고 다녀 시골의 작은 마을 같
았다. 기숙사는 너무 오래 되어서 아침에 여러 방에서 드라이기를 쓰

면 전기 차단기가 내려가곤 했다. 그래도 전 세계에서 오는 유학생들이 모여 사는 곳이라 한국인은 물론이고 다양한 나라의 학생들이 있어서 그것만으로도 아주 흥미로웠다.

연구생으로 대학원 수업을 청강하게 되어 신주쿠에 있는 와세다대학까지 지하철로 다녔는데 두 번 갈아타고 한 시간 정도를 통학했다. 그때는 먼저 일본어를 유창하게 하는 것이 목적이었기에 집에서 텔레비전을 볼 때 일본말을 들을 수 있어서 좋았고, 두 역 정도 떨어진 슈퍼를 가기 위해 버스를 탈 때 버스에서 중고교생들이 대화하는 내용을 뒷자리에서 들을 때는 뉴스와 같은 딱딱한 말이 아니라 생생한 일본말을 들어서 너무도 재미있었다. 모르는 말, 생략된 말, 속어, 가타카나어 등 새로운 표현이 너무 많아서 노는 시간도 모두 100% 공부이고 문화 체험이어서 놀면서도 떳떳했고 너무도 즐거웠다.

20대 중반의 철부지였던 나는 여러 가지 말실수를 했는데 그것이 실수였던 것조차 깨닫지 못한 적도 많았다. 음식점에 가면 젓가락만 주고 숟가락을 주지 않는 집이 많은데, 너무나 당당하게 "숟가락 주세요"를, 그것도 스푼이 아닌 "사지[1] 구다사이"라고 외쳐서 당황한 주인 아주머니가 안에 들어가서 찾아다 주시기도 했고, "티슈 주세요"를 "내프킨생리대 주세요"라고 당당하게 외쳐 주변 사람들을 당황하게 만들기도 했다.

4월에 와세다대학을 다닌 지 얼마 안 되어 역에서 내려 학교를 가는데 내 앞에 가는 한 남학생이 긴 머리를 하나로 묶고 피어싱을 하고 있

---

1 さじ, 숟가락의 옛말, 모두 스푼이라고 한다. 그런데 젓가락은 찹스틱이라 안 하고 오하시라고 하니 여전히 수수께끼이다.

어서 과연 나는 괜찮은 학교에 유학을 온 것인가 불안해지기도 했다. 그런데 몇 년 후 그 남학생이 모히칸 머리를 하고 대학원생 졸업식에 나타났을 때는 일본은 정말로 개성이 존중되는 사회라는 것을 새삼 느끼기도 했다.

모히칸 머리

지금이야 별일 아닐 수 있으나 1990년대 초반 휴대폰도 없던 시대였고 나 또한 너무나도 좁은 세상에서 살다가 처음 가 본 외국이 일본밖에 없었기에 신기한 느낌이었다. 다양성과 개성이 존중되는 일본, 아니 남에게 폐가 되지 않는다면 어떤 오타쿠이든 각자의 취향 선택이 가능한 일본. 선택의 자유와 그에 수반되는 책임은 각자의 몫으로 나에게 폐가 되지 않는다면 참견하지 않는다. 잔소리도 충고도 없다.

자녀의 대학 입시, 취업, 결혼 등도 모두 자녀에게 맡겨진다. 물론 개개인의 차이는 있다. 대학 입학까지 부모의 관여가 많았던 집이라도 대학생이 되고 나면 부모는 관여하지 않는다. 성적, 아르바이트, 늦은 귀가, 잦은 동아리 모임, 여행, 취업, 결혼 모두 20세 이후로는 성인이 된 본인의 책임이다. 대학 때부터 독립해 집을 나와 아르바이트를 하면서 스스로 생활하는 학생들이 많은 것, 결혼 후 자녀 양육에 조부모의 관여가 적은 것도 일본 문화인 것 같다. 대학생이 귀가가 늦을 때 부모님이 언제 오냐고 연락하거나, 늦는다고 집에 연락하는 모습은 보기 어렵다. 재일교포인 한 친구는 딸아이가 고등학교 3학년일 때 가고 싶은 대학의 원서는 아이가 알아서 넣고 이후에 어디에 넣었다는 이야기만 들었다고 했고, 본인이 가고 싶은 데 넣었을 것이라고 말했다. 처음엔 이것이 낯설고 관심의 부족으로 느껴지기도 했는데 지금은 너무나 합리적인 것으로 생각된다.

문화 차이

9월, 태풍이 자주 오는 일본에서는 태풍의 이름을 일일이 붙이지 않고 그해 온 태풍을 1호부터 숫자로 붙이는데 보통 9월에는 20호 태풍쯤 된다. 9월 중순에 가을 학기가 시작되었고 비가 장마처럼 오는 날 전철 역에 가서 1시간 동안 전철을 기다렸는데, 얼마 후 함께 기다리던 사람이 "오늘 전철 안 다닌대요"라고 알려 주어 태풍으로 전철이 멈추고, 수업도 휴강이 될 수 있다는 것을 처음 알기도 했다.

도쿄는 비가 서울의 10배쯤 더 오는 것 같은 느낌이다. 그래서 보통 일본 사람들은 매일 접는 우산을 가방 속에 하나씩 넣고 다니고, 우비나 장화도 어른용을 포함하여 다양하다. 쓰리코인샵300엔샵에 가면 다양한 색의 물방울 무늬 우비, 장화, 우산을 팔아서 디즈니랜드에 가서 물에 젖는 놀이기구를 타려는 아이들이나 어른들이 다양한 색과 모양의 우비를 사 가기도 한다.

한번은 지하철을 내렸는데 갑자기 비가 왔고 우연히 그날만큼은 접는 우산을 가지고 있었던 나는 내 앞에 학교를 향해 가고 있는 긴 머리의 여학생에게 "우산 같이 쓰실래요?"라며 다가갔을 때, 그 여학생이 기겁을 하며 "아니에요, 괜찮아요" 하며 달아나듯이 가 버렸을 때는 너무나 아연했던 경험이 있다.

그 당시 한국 영화에서는 비가 올 때 모르는 남녀가 우산을 같이 쓰면서 혹은 우산을 빌려주면서 가까워지는 장면이 많이 나왔는데, 내가 남자라면 모를까 여자이고 같은 학교 학생인데 나를 너무 경계하는 것 같아 속상하기까지 했다. 하지만 그건 일본의 남에게 폐를 끼치면 안 된다는 생각에서 나온 행동이었던 것 같다. 비가 많이 오는 일본에서 보통 일본 사람들은 꼭 우산을 갖고 다녀서 접는 우산이 발달했을까 싶을 정도로 작고 가벼운 우산이 많다. 우산을 갖고 오지 않은 자기 때문에 내가 피해를 입을 것이라고 생각한 것 같다.

문화 차이로 인한 실수는 너무나 많은데 실수를 해도 알지 못하고 지나갔고, 아주 나중에 알게 된 것도 많다. 대학원을 연구생으로 청강할 때, 대학원에서는 세미나 수업이 중요한데 보통 10명 정도 그 교수님의 지도를 받는 학생들이 수업을 듣고 돌아가면서 발표를 한다. 세미나 수업은 보통 교수님 연구실에서 하거나 과사무실에서 하는데 장소가 넓지 않았다. 수업에 일찍 도착한 나는 보통 교수님에게 가까운 자리에 앉아 있었는데 다음으로 일찍 온 일본인 연구생들이 뒷자리^책상도 없고 의자만 있는 자리에 앉는 것이었다. 아직 빈 자리가 많이 있는데 불편한 자리에 앉는 것이 의아한 나는 친절을 베푼다는 마음으로 내 옆에 자리가 비어 있다고 알려 주었다. 그러자 그 일본인 학생이 "아뇨, 괜찮아요. 전 연구생이니까요."라고 대답하여 놀랐던 적이 있다. 정규생이 아닌 연구생인 경우 정규생을 우선하고 불편한 뒷자리에 앉는 것이 당연하다는 엔료^{사양}의 문화였을 것이다. 하지만 배움의 열정은 언제나 칭찬의 대상이 된다고 여겨 온 나에게는 생각해 보지도 못한 문화 충격이었다. 그다음 시간에 나도 뒷자리에 앉았는데 교수님과 거리가 있어서 말씀을 다 알아들을 수 없었고, 책상 없이 의자에만 앉아 무

릎 위에 자료를 두고 메모하는 것도 불편하여 결국 나는 늘 앞자리를 양보하지 않았다. 그런 유학생을 어떻게 생각하셨을지 졸업할 때까지 차마 교수님께 여쭤 보지 못했다. 모든 일상 생활의 기본 매너로서 '폐를 끼치지 않는다 迷惑をかけない'와 '사양 遠慮する'이 가장 중시된다고 생각한다.

지하철에서도 너무나도 얌전하고 조용한 아이들, 어디서나 한 줄 서기, 친구가 늦게 오면 앞에 줄 섰던 사람이 뒤로 가서 줄을 서는 문화, 음식점에서 40분씩 기다려야 해도 불평 한 마디 하지 않는 유치원생 아이들을 보며 나는 저 아이들보다 못한 듯해서 반성한 적이 부지기수이다. 아이나 어른이나 기다림에 대해 불평하지 않는 문화는 생활 속 여러 부분에서 쉽게 발견할 수 있다. 인구가 1억 3,000만 명 정도로 한국보다 많은 인구를 가진 일본. 자가 운전자는 거의 없고 사장님도 교수님도 거의 모든 사람이 지하철을 이용하는 도쿄에서 3분마다 열차 시간표대로 운행되는 지하철이 태풍이나 눈이 오거나 하면 멈추어 버린다. 태풍의 경우 바람이 세면 멈추는데, 언제 다시 출발할지는 날씨만 아는 것이다. 처음에는 10분 후면 갈까, 20분 후면 갈까 안절부절못하고 언제 운전이 재개될지 계속 안내 방송에 집중하거나 역무원에게 묻거나 친구가 옆에 있으면 '언제 갈까, 빨리 가야 하는데 수업에 늦겠다, 어떡하지?'라며 안절부절못했는데, 이제는 집에서 나갈 때 일기 예보로 확인하고 밖에서 그 상황이 되면 미리 지하철을 내려서 근처 커피숍으로 들어간다. 물론 다음 일정이 급한 경우엔 당황하겠지만 태풍이 오는 날은 미리미리 일찍 움직여야 하고, 그도 안 될 때는 포기하고 상대에게 늦는다고 연락해야 한다. 그래도 대학에서 수업하면서 지금까지 태풍 때문에 수업에 늦은 적은 한 번밖에 없었다. 지하철이 운행하지 않으니 방법이 없고, 학교 직원에게 전화해서 언제 도착할지 모르니 학생들은 자습하고 있으라고 칠판에 적어 달라고 부탁한 적이 있다. 50분 정도 늦게 도착해서 40분 정도만 수업했지만 학생들은 아무도 불만을 이야기하지 않는다. 날씨는 어쩔 수 없는 것이다. 지하철 또한 학교나 직장에 늦는 사람들을 위해 '지연증명서'를 나누어준다. 대학 수업에서 학생들은 지각할 때 자주 이것을 받아 온다. 내 탓이 아니라 지하철 탓인 것이다.

일본에는 정말 자연재해가 많다. 태풍, 폭풍, 폭우, 가장 큰 것은 지진이다. 언제 어디서를 불문하고 찾아오고 갑자기 찾아와서는 갑자기 사라진다. 대비를 해도 이길 수는 없다. 큰 지진에 대비하여 집 안에 생수나 비상 음식 등을 준비해 두라고 하고, 헬멧까지 준비하라 한 적이 있고, 가족끼리 못 만날 수 있으니 지진 피해 복구 후 만날 장소를 미리 정해 두라고 한다. 지진 3도나 4도는 아무렇지도 않다. 좀 흔들리네 정도로 끝난다. 일본 생활 중 큰 지진은 두 번 있었다. 겪었다고는 할 수 없는 것이 두 번 다 그 지역에 있지 않아서였다.

첫 번째 큰 지진은 1995년 1월 고베에서 있었던 한신아와지대지진이다. 나는 그때 도쿄에 있어서 별 피해가 없었으나 텔레비전을 통해 아파트가 판잣집처럼 내려앉고 불이 나고 폐허가 된 집을 무수히 볼 수 있었다. 1923년 관동대지진 때 한국인조선인이 많은 피해를 입었다는 역사 속 이야기를 들은 적이 있었지만 실제로 심각한 피해 상황을 텔레비전을 통해서나마 직접 본 것은 처음이었다. 이때 비로소 왜 일본 사람들이 참을성과 인내가 많은지 알 것도 같았다.

자연재해 앞에 인간의 노력은 아무 소용이 없다. 불평을 해도 자연재해는 사라지지 않는다. 누구 탓을 한다고 해도 나아지지 않는다. 그저 참고 인내하고 지나갈 것을 기다릴 뿐이다. 때로는 체념처럼 보이기도 한다. 울부짖지도 않고 하늘을 원망하지도 않는다. 자연재해뿐만 아니라 대형 사고가 나거나 해서 가족을 잃었을 때도 큰 소리는 들리지 않는다. 조용히 눈물을 훔칠 뿐이다.

고베 대지진 때 나보다 1년 늦게 고베대학으로 유학을 온 후배가 있었다. 고베는 무역항으로 발전한 곳으로 일찍부터 서양 문물도 많이 들어와 세련되고 깔끔하고 깨끗한 아름다운 도시이다. 유학생으로 2층짜리 아파트에서 지내던 후배는 새벽 5시쯤에 지진이 났는데 다행히 깨어 있어서 바로 집 밖으로 피했다고 한다. 아파트 1층은 그대로 주저앉았고 모든 교통 수단이 마비된 상황에서 급한 것만 꺼내들고 사흘을 걸어서 공항에 가서 한국으로 돌아갔다고 나중에서야 전해들을 수 있었다. 얼마나 무서웠을까 상상조차 되지 않는다.

두 번째 큰 지진은 2011년 3월에 있었던 동일본대지진이다. 지진 자체는 미야기현이라고 하는 도쿄에서 많이 떨어진 지역에서 일어났는데 이때는 쓰나미 해일가 일어나 배가 마을 위로 덮치는 것을 뉴스를 통해 본 사람들도 많을 것이고, 후쿠시마 원자력발전소의 피해로 방사능 위험에 대한 불안이 높아졌던 것을 기억하는 사람도 많을 것이다. 이때는 동일본 전체가 흔들렸고 내가 사는 지역도 진도 7이었다고 한다. 다행히 일본 대학은 3월이 봄방학 기간이라 나는 그때 한국에 와 있어서 대지진을 경험하지 않았다. 내가 사는 아파트는 10층이었는데 책장이 하나 쓰러졌고 현관 문 유리에 금이 가 있는 정도로 다행히 큰 피해는 없었으나 같은 아파트 사는 사람의 이야기로는 텔레비전이 바닥에 떨어져서 깨지기도 했다고 한다.

한국에서 일본으로 돌아와 보니 역 앞의 보도블록이 다 부서졌고 땅

속의 흙이 올라와 곳곳에 진흙탕이 생겨 있었다. 아파트는 다행히 기울지 않았는데, 단독 주택의 경우 기울거나 벽이 쓰러진 집도 많이 있었다. 1년 정도 걸려 지역 내 공공 장소는 모두 회복이 되어서 깨끗해졌다. 그런 지진이 일어나는 곳에 무서워서 어떻게 사느냐는 이야기를 한국에 계신 친척이나 친구들에게 많이 들었는데 여기 사는 사람들은 너무나 태연하다. 지진 당시에 일주일 정도 수도와 가스가 멈추고, 슈퍼에 음식은커녕 컵라면도 동이 나서 없었다고 하고, 화장실은 밖에 설치된 간이 화장실을 이용해야 했는데, 어디서도 불평이나 싸움은 보이지 않았다. 식수를 보급받아 써야 했는데, 멈춘 엘리베이터 때문에 무거운 물을 들어다 나를 수 없는 노인이나 어린아이가 있는 가정에는 주민끼리 서로 도와 식수를 들어다 주고 필요한 물품을 나누어 썼다고 한다.

최근 코로나19 유행으로 마스크 품절 사태가 발생했을 때는 같은 아파트에 사는 할머니께서 중국어 통역 일을 하셨는데 중국의 지인이 보내 주었다며 마스크를 나누어 주기도 했다.

한 마디로 불평과 싸움과 탓이 없다. 특별히 친하게 매일매일 전화를 하고 이야기를 나누거나, 양쪽 집을 왔다 갔다 하며 식사를 하거나, 아이들을 서로 집에 보내 놀게 하거나 하는 등 친구 집의 숟가락 숫자를 알 만큼 가까운 사이로는 발전하지 않지만, 특별한 어려움이 생겼을 때는 서로 도와준다. 특별한 어려움이 없더라도 엘리베이터를 타면 다음 사람을 위해 안으로 들어가서 열림 버튼을 누르고 있고, 자기가 내릴 때는 타고 있는 사람을 위해 닫음 버튼을 미리 누르고 나간다. 2층에 사시는 한 할머니께서는 연세가 많아 늘 엘리베이터를 이용하는데 같이 탈 때마다 '2층인데 미안해요2階だけど、ごめんなさいね'라고

말씀하신다. 주민으로 당연한 권리라고 생각하지만 늘 죄송하다는 말을 하신다.

이것을 보면 세미나 수업에서 연구생인데 당당한 모습으로 앞자리를 차지하고 있었던 나는 그야말로 일본 정서를 전혀 모르는 외국인이었다. 이미 세월이 지나 그 당시 수업을 같이 들었던 사람들과 다시 만나지 못하지만 지금이라도 미안하다는 인사를 해야 할 것 같다.

일본은 한국에 비하면 참 조용하다. 움직임이 빠르지 않고, 갑자기 방향을 바꿀 때는 먼저 뒤를 살핀다. 물론 모두 그런 것은 아니다. 다양한 사람들이 있고 각자의 생각과 행동양식은 다를 것이고 또 다른 것이 당연하다. 예전에 캐나다 밴쿠버에서 잠시 살았는데 밴쿠버는 이민 인구의 비중이 아주 높은 지역으로 다양한 민족이 섞여 살았다. 그때 지역 주민이 이런 말을 했다. "이렇게 다양한 인종과 민족, 다른 지역에서 온 사람들이 모여 사는데 과연 커먼 센스가 있을 수 있을까?"라고 말이다.

나는 커먼 센스는 이렇게 생각한다. 내가 하기 싫은 것은 남도 하기 싫을 테니 내가 먼저 하고, 내가 하고 싶은 것은 남도 하고 싶을 테니 남에게 먼저 양보할 것. 알고는 있지만 실행하기가 너무 어렵다. 언제가 되면 남에게 폐를 끼치지 않고, 배려와 사양이 몸에 배어 저절로 행할 수 있을지. 일본 거주 30년이 지난 지금도 갈 길이 멀다.

규슈의 후쿠오카는 한일관계의 디딤돌

김상일(중원대학교 교수)

여행을 하는 목적은 여러 가지이다. 예쁜 풍경을 보기 위해서, 취미 활동을 하기 위해서일 수도 있고 역사나 문화를 체험하기 위해서일 수도 있다. 우리나라와 일본은 지리적으로 가깝고, 고대시대부터 교류가 빈번했다. 그래서 두 나라는 생활 방식과 풍습이 비슷한 것도 있지만 여러 면에서 정서와 문화가 다르기도 하다. 우리나라에서는 일본을 가리켜 '가깝고도 먼 나라'라는 말을 많이 한다. 하지만 나는 오히려 일본을 '가깝고도 가까운 나라'라고 생각한다.

지금은 비행기를 타면 일본의 어느 곳이라도 갈 수 있으나 적어도 120년 전에는 후쿠오카를 거쳐야만 일본으로 갈 수 있었다. 그러다 보니 후쿠오카는 우리나라와 관련된 역사와 문화가 많다. 불현듯 후쿠오카에서 우리나라와 관련이 있는 역사적인 이야기를 찾고 싶어졌다.

후쿠오카에서 한국을 찾아가다

그래서 이번 여행의 목표를 명성황후를 살해한 칼이 있다는 '구시다 신사櫛田神社', 백제 25대 무령왕이 태어난 가카라시마加唐島, 그리고 임진왜란 때 도요토미 히데요시가 머물면서 조선을 침략한 나고야성으로 정한 후에 후쿠오카로 향했다. 인천공항에서 출발해 1시간 20분 만에 후쿠오카 공항에 도착하니 입국 수속을 하고 공항청사에 나올 때까지 외국에 왔다는 느낌이 하나도 안 들었다. 공항 주변의 분위기도 그렇고 비까지 내리니 제주도에 도착한 것 같은 느낌이었다.

내가 어렸을 때 모든 길은 서울역으로 통한다는 말이 있었다. 마찬가지로 후쿠오카의 모든 길은 하카타역으로 통한다. 하카다역은 후쿠오카 공항과 가깝고 버스와 기차를 타는 교통의 중심지이기도 하지만 우리나라의 코엑스나 타임스퀘어 같은 대형 쇼핑몰로 보는 것이 더 적절하다.

명성황후를 살해한 칼잡이의 칼을 찾으러 간 구시다 신사

하카타에 왔으니 점심으로 이곳의 명물인 짜디짠 라멘 한 그릇을 먹고 구시다 신사로 향했다. 을미년서기 1895년에 일본 미우라 고로 공사의 지휘 아래, 일본 낭인 20명이 경복궁 내에 있는 건청궁에서 명성황후를 무참히 살해했다. 바로 '을미사변'이다. 명성황후 살해에 동참한 일본 칼잡이들은 모두 일본으로 되돌아갔고 일본에서 재판을 받았으나 무죄로 풀려났다.

일본으로 돌아가 무죄를 받은 칼잡이 20명 중에 명성황후에게 두 번째로 칼을 휘둘러 명성황후를 절명케 한 칼잡이가 나중에 자신이 저질렀던 잘못을 뉘우치고 그 칼을 어느 사찰에 맡기고 참회하려고 했다. 하지만 사찰에서는 불순한 칼을 받아 줄 수 없다며 거절했다. 결국 사찰 옆에 있는 신사에서 칼을 받아 주었는데 그곳이 바로 구시다 신사이다.

검은색의 구시다 신사는 오래된 목조건물이다. 비까지 주룩주룩 내리니 분위기가 으스스한 것이 마치 어디선가 귀신이라도 나올 것 같아 묘한 기분이 들었다. 물론 명성황후를 살해한 그 칼을 구시다 신사에서 볼 수 있으리라는 기대는 전혀 하지 않았다. 만일 신사에서 그 칼을 보여 준다고 해도 실제로 칼을 봤다면 가슴이 찢어질 듯한 고통이 느껴졌을 것 같다.

우리나라에서는 '신사'라는 말을 들으면 매번 문제가 되는 야스쿠니 신사를 주로 떠올린다. 그런데 나에게 신사는 마을을 지켜 주는 서낭당이나 조상신을 모시는 사당 같은 느낌이 든다. 하지만 일제강점기 때 우리나라 사람들이 일본에게 신사참배를 강요받았고 제국주의의 길을 갔던 일본이 제2차 세계대전을 일으킨 전범들을 야스쿠니 신사에 모셔 신으로 추앙하고 여전히 참배하고 있으니 우리나라에서는 정서상 도저히 이해되지 않아 신사의 이미지는 안 좋을 수밖에 없다. 신사에 대한 이미지를 바꾸려고 해도 전범들이 야스쿠니 신사에 모셔져 신으로 추앙받고 있는 점 때문에 이미지의 변화는 어려울 것으로 생각되기도 한다.

구시다 신사의 모양과 구조를 이리저리 살펴보았다. 지붕과 기둥 내부의 모습에서 불균형미가 느껴졌다. 건물의 바깥은 검은색인데 내부는 빨간색으로 꾸며져 있어서 그런지 미학적으로 묘하게 다가왔다. 돌기둥에는 신사에 헌금한 사람들의 이름을 새겨져 있다. 그리고 복을 비는 사람들이 자기의 소원을 적어 놓은 글귀가 팻말 여기저기에 매달려 있다. 여기서 한글로 적힌 소원도 많이 보았다. 한국에서 일본 신사라는 말만 나오면 '타도하자 일본'이라고 목청을 높여 부르는 소리가 적지 않지만, 정작 일본 신사에서 많은 한국인들이 소원을 비는 것을 보니 기분이 묘하다. 후쿠오카에 온 목적 중 하나는 명성황후를 살해

한 칼이 있다는 구시다 신사를 방문하는 것이었다. 칼을 볼 수 있으리라고 기대하지는 않았으나 내심 한편으로는 그래도 칼을 보고 싶은 마음이 있었다. 그런데 막상 후쿠오카에 오니 칼을 보겠다는 목적은 어디론가 간곳없고 신사에 대해 이런저런 생각을 하면서 신사에서 나왔다.

한일 간의 교역 통로, 가라쓰

우리나라와 일본을 연결하는 길목이 '가라쓰唐津'라는 항구이다. 1,500년 전부터 우리의 조상들은 가라쓰를 통해 일본으로 많은 물자와 문화를 전달해 주었다. 그런데 지금은 일본으로 가는 길이 바뀌어 가라쓰를 거치지 않고 비행기를 타고 일본의 목적지로 바로 간다. 이렇게 길이 바뀌기 전까지 가라쓰는 한일 간의 교역 통로였기에 옛날 우리 문화 교류의 흔적과 유산이 많이 남아 있다. 유서 깊은 역사의 도시를 방문하면서 과거 우리나라 조상들이 걸었던 길을 직접 밟아 보니 감개가 무량했다.

문득 한 가지 역사적 사실이 떠올랐다. 삼국시대에 한성백제에 이어 사비백제가 망했을 때 우리나라 조상들은 가라쓰에 상륙해서 일본 규슈와 오사카로 정착했고 그 후로 다시 우리나라 땅을 밟지 못했다. 또한 500년 전 임진왜란 때 강제로 끌려 온 우리나라 사람들이 그 뒤로는 고국에 돌아오지 못했다. 이를 생각하면 가라쓰의 바다가 마냥 아름답게만 느껴지지 않았다.

가라쓰 시내는 길도 좁고, 대부분 건물이 단층으로 되어 있었다. 여기에 간판도 예스럽다 보니 어렸을 때 살던 동네에 다시 찾아온 느낌이 들었다. 거리가 생긴 지 수백 년은 된 것 같은 분위기였다. 어떤 가게는 '창업 120년'이라는 글씨 아래에 가게의 상호를 적어 저마다 전통을 내세우기도 한다.

백제 25대 무령왕 탄신축제 행사

백제 25대 무령왕이 태어난 곳이 '가카라시마加唐島'이다. 가카라시마 주민들은 무령왕이 태어난 것을 기리기 위해 매년 6월 첫 번째 토요일에 '무령왕 탄신축제'를 한다. 무령왕 탄신축제를 보고 싶어서 가라쓰에 가까이에 있는 요부코항에서 오전 11시에 가카라마루라는 정기여객선을 타고 가카라시마에 도착했다. 항구에서 가카라시마 어린이들이 '어서 오세요'라고 적혀 있는 현수막을 들고 환영해 주는 모습을 보고 지금까지 가졌던 일본 사람들에 대한 편견이 조금씩 바뀌어갔다. 백제 무령왕의 탄신축제는 일부 몇몇 사람들만의 축제가 아니라 섬 전체 사람들의 축제였다. 이 축제를 위해 가카라시마 섬사람들은 세심하게 준비했고 준비한 순서대로 축제는 순조롭게 진행되었다.

항구 입구에는 무령왕 탄생 기념비가 눈에 확 들어왔다. 익산 미륵사지 석탑이 있는 전북 익산에서 캐 온 '신영석神影石'으로 만든 기념비였다. 축제는 개회선언과 주최자의 인사, 제관들의 봉헌, 기관장 등의 축사 등으로 진행되었다. 실제로 무령왕 탄생지인 '오비야우라小宮浦'에 가서 무령왕 탄생을 재현하는 퍼포먼스는 이틀간의 무령왕 탄신축제 행사의 최고조를 이루었다. 1,500년 전에 백제 25대 무령왕이 어떻게 일본 가카라시마에서 탄생을 했는지에 대해 주변 사람과 이야기하면서 보니 이해가 잘되었다. 무령왕이 태어났을 때 목욕시키기 위해 목욕물을 떠 온 우물도 보았고, 그 위에는 무령왕의 관으로 사용했다는 일본 금송日本 金松이 많이 심어져 있다. 약 2시간의 퍼포먼스 행사를 마치고 항구의 입구에 있는 운동장에 만들어진 야외 연회장에 왔다. 이 지역 섬 주민들의 열렬한 환영과 행사에 대한 열기에 감탄하지 않을 수 없었다.

한일관계는 민간 교류로 해결해야

정치적인 문제로 한일양국 국민의 감정은 소원한 상태이지만 민간인들의 순수하고 빈번한 교류를 통해 서로를 이해할 수 있다고 생각한다. 이러한 민간인 단체의 교류가 한일관계의 문제를 조금이나마 해결하는 실마리가 될 것이다. '무령왕 탄신축제' 행사 덕분에 한일문화를 체험할 수 있었고 일본을 더 잘 이해하는 계기가 되었다. 행사에 참여한 일본인도 나와 같은 마음이었으리라 생각된다. 이처럼 한국과 일본의 민간 교류가 활발해지면 양국 국민들이 서로를 진정으로 믿고 소통하면서 가까워질 수 있는 기회가 더 많아질 것으로 보인다. 한일 민간 교류를 위해 백제의 곤지왕, 무령왕 축제뿐만 아니라 그 외 다양한 주제의 다른 행사들도 많이 생겼으면 하는 바람이다. '무령왕 탄신축제'가 끝나고, 다시 가라쓰로 돌아와 마지막 행선지인 나고야 성터로 향했다.

일본에 존재하는 나고야성은 두 곳

오래전 KBS 방송에서 〈불멸의 이순신〉이라는 드라마를 보다가 깜짝 놀랐다. 드라마에서 '도요토미 히데요시가 나고야성을 쌓고 조선 침략을 지휘했다'라는 해설이 나왔는데, 그 해설이 도저히 이해되지 않았다. 내가 알기로는 나고야성은 임진왜란이 일어나기 훨씬 이전에 세워진 것이고 위치도 후쿠오카 쪽이 아닌 교토 근처에 있다고 생각했기 때문이다. 그 당시 나는 일본의 역사와 문화 그리고 일본의 지리에 무지했기 때문에 착각했던 것이다.

그런데 드라마에서 도요토미 히데요시가 '나고야성'을 쌓았다는 해설을 듣고 의심이 생겼다. 또한 후쿠오카에 나고야성이 있는 것이 맞는지 의문이 생겼다. 그래서 일본을 잘 아는 사람들에게 후쿠오카에 '나고야성'이 있냐고 물어보면, 후쿠오카에는 없고 '나고야성'은 아이치현의 나고야시에 있다는 대답이 돌아왔다. 후쿠오카 쪽에는 나고야성이 없다고 대답을 하는 사람도 있었고, 아주 친절하게 '나고야시'에 대하여 기본적인 내용부터 설명해 주는 사람도 있었다.

결국 〈불멸의 이순신〉에 나온 해설은 실수라 생각했고 더 이상 후쿠오카의 '나고야성'은 생각하지도 않았다. 그런데 우연치 않게 후쿠오카에 '나고야성'이 있다는 것을 알았다. 여러 자료를 찾아보니 실제로 후쿠오카에 나고야성이 있고, 자동차로 1시간 30분 정도면 갈 수 있다고 한다. 보통 말하는 나고야시의 '나고야' 한자는 名古屋이다. 그런데 아까 드라마에 나온 나고야는 한자가 名護屋이다. 발음은 같으나 한자 표기가 다를 뿐이다. 나고야가 두 가지가 있다는 사실을 알게 된 나는 마치 엄청난 발견을 한 사람처럼 기뻤다. 드라마에서 언급된 나고야성은 반드시 꼭 가야겠다고 마음을 먹었다.

도요토미 히데요시가 조선을 상대로 일으킨 7년 전쟁 1592~1598을 임진왜란이라고 부른다. 임진왜란의 영향으로 조선, 중국, 일본 등 동아시아의 역사가 많이 바뀌었다. 하지만 '전쟁'이라는 단어 대신 '왜란'이라고 축소해서 쓰는 것이 조금 마음에 안 든다.

위풍당당했던 나고야名護屋성 지금은 '황성 옛터', 인생도 마찬가지

임진왜란 때 출병기지로 쌓은 나고야성은 도요토미 히데요시를 비롯해서 일본 전국 각지에서 모인 다이묘大名들의 성들로 엄청난 위세를 보였을 것이다. 도쿠가와 이에야스는 일본을 다시 통일했고 일본의 무장세력의 반란은 항상 성을 중심으로 시작한다고 생각했다. 그래서 번藩마다 성은 하나만 남겨 놓고 다 없앴다. 이때 조선 침략의 전진 기지였던 나고야성은 전부 파괴되어 지금은 성터만 남아 있다. 이 성터에서 발굴 작업을 하는지 곳곳이 공사 흔적이 있다. 도요토미 히데요시가 있던 성터는 내 키보다 작은 비석만이 자리를 지키고 있다. 과거에 이 성은 위세가 위풍당당했겠지만, 지금은 '황성 옛터'가 되어 버렸다. 이제 나고야 성터의 주변에는 기념관과 박물관이 세워져 그림이나 글로 그 당시의 모습을 알 수 있을 뿐이다.

7년간 조선에서 온갖 만행을 저지른 도요토미 히데요시가 있었던 나고야 성터에 서서 저 멀리 부산 쪽의 바다를 바라보니 마음이 쓸쓸했다. 7년간 조선과 일본의 백성들은 처절하게 피를 흘렸지만 일본은 조선을 굴복시키지 못했다. 그러나 그로부터 250년이 지난 뒤에 일본은 총 한 발 쏘지 않고, 피 한 방울 흘리지 않고 조선을 정복했다. 처음에는 나고야성에 가면 임진왜란을 생각하고 대성통곡을 하려고 했다. 하지만 막상 나고야성에 와 보니 이러 저런 복잡한 생각이 들었다. 임진왜란과 같은 비극적인 역사가 되풀이되지 않기 위해서는 한일 양국이 서로 노력해야 한다고 생각한다.

대중매체를 통해 바라보는
한국과 일본의 매력

도에 미카코(영진전문대학교 교수)

 통신기술이 다양하게 발달하면서 세계 곳곳에 관한 정보를 쉽게 얻을 수 있는 시대에 살고 있다. 현대 사회에서는 정보가 주는 영향력이 무궁무진하다. 특히 해외 각국에 관한 정보는 긍정적인 내용이든 부정적인 내용이든 상관없이 많은 사람들의 관심을 받는다. 정보를 통해 한 나라에 대해 고정적인 이미지를 갖기도 그만큼 쉽다. 그렇다면 요즘 보도되는 한국과 일본의 모습은 어떨까? 대중매체에서 볼 수 있는 한국과 일본의 이미지를 '매력'이라는 점에서 바라보며 논하려고 한다.

노래와 춤을 온 몸으로 즐기며 감수성이 풍부한 한국 사람

 요즘 한국의 이미지로 쉽게 떠올리는 것은 '한류 붐'의 중심인 예능이라고 할 수 있다. 일본에서는 2003년에 NHK 위성채널 BS을 통해 방송된 한국 드라마 〈겨울연가〉가 인기를 얻으며 한류 붐이 시작되었으나 미국과 유럽을 비롯한 많은 나라에서 한류를 주목한 것은 K-POP이다. 그 시작은 2012년에 대히트를 친 가수 싸이의 '강남스타일'이라고 할 수 있다. '강남스타일'은 미국 빌보드에서 7주 연속 2위에 올랐다. 많은 나라의 사람들이 싸이가 추는 '말춤'을 흉내 내는 모습을 유튜브 동영상에서 봤을 것이다.

한국 영화도 2020년에 봉준호 감독의 〈기생충〉이 미국 아카데미 시상식에서 작품상을 비롯해 네 개 부문에서 상을 타면서 세계적인 주목을 받았고, 같은 해에 방단소년단 BTS 의 디지털싱글 '다이너마이트 Dynamite'가 미국 빌보드의 메인 싱글차트 '핫 100' 1위를 차지하면서 K-POP의 세계적인 인기를 확인할 수 있었다.

이처럼 K-POP이 세계적으로 인기를 얻게 된 것은 단순히 일부 실력 있는 가수들이 나타나서가 아니라 한국 사람들이 원래 지닌 고유의 특징이 닦아 놓은 토대 덕분이라고 할 수 있다. 한국 사람들은 '흥이 많다'라는 말이 있기 때문이다. 예부터 한국 사람들은 친척, 동창, 회사 동료 등과 단체로 야외에서 노는 것을 즐겼다. 이때 노래를 부를 일이 있으면 자발적으로 춤추는 사람이 꼭 나오고 이어서 모두 춤추는 광경도 자주 볼 수 있다. 또 지금은 사고 위험 때문에 금지되어 잘 볼 수 없으나 1990년대까지는 전세 관광버스 안에서 가라오케 노래방 시설로 모두 노래를 부르며 춤추는 풍경이 흔했다. 한국의 장수 프로그램 중 하나인 〈전국노래자랑〉은 40년 넘게 계속 방송되고 있다. 전국 지역을 무대로 그 지역 사람들이 노래 경연에 참가하는 프로그램이다. 이 프로그램을 보고 있으면 비가 오고 있어도 관객들이 박수와 성원을 보내고 노래를 들으며 춤추는 모습이 종종 보인다.

이처럼 다른 사람들과 함께 노래 부르고 춤추며 즐거운 시간을 보내는 한국 사람들이야말로 감수성이 풍부하다고 할 수 있다. 감수성이 풍부하기에 음악에 몸과 마음을 맡기며 흥을 낼 수 있고 노래를 멋지게 부르면서 동시에 손끝부터 발끝까지 온몸으로 음을 표현할 수 있는 것이다. 한국 사람들이 감수성이 풍부하다고 느끼게 된 또 다른 이유로 많은 노래 프로그램을 들 수 있다. 한국에는 일주일에 10개 정도의 노래 프로그램이 편성되어 있다. 노래 프로그램이라고 해도 형식도 다양해 오디션 프로그램과 가수들이 노래 실력을 겨루는 프로그램, 라이브 형식의 프로그램 등이 있다. 방송국의 노래 프로그램마다 훌륭한 목소리로 부르는 노래와 멋들어진 춤에 감동을 받아 눈물을 흘리며 보는 관객과 출연자의 모습도 자주 비춰진다. 감수성이 풍부한 한국 사람들에게서 볼 수 있는 모습이 아닐까? 앞으로 한국 사람들은 예능뿐만 아니라 감수성 표현이 중요한 예술 분야에서도 세계적으로 더욱 주목을 받을 것이다.

실제로 2022년에 피아니스트 임윤찬18세이 미국에서 열린 반 클라이번 국제 피아노 콩쿠르에서 사상 최연소 우승의 기록을 세웠다. 이때 연주곡 중 하나인 라흐마니노프의 피아노 협주곡 3번은 '이 곡의 매력을 잘 표현한 강렬한 연주'라는 평을 들으며 엄청난 갈채를 받았다. 한국 사람들의 감수성은 전통적으로 타고난 매력이기에 앞으로도 세계에서 여러 모습으로 표현될 것이다.

상대에게 기쁨을 주는 프로페셔널 정신의 일본 사람

일본의 이미지 중 하나로 떠올릴 수 있는 것으로 정성스럽게 물건을 만드는 정신, 즉 '장인정신'이 있다. 장인정신은 프로페셔널이라고도 말하지만 이 말이 그대로 프로그램 타이틀이 된 예가 있다. 바로 NHK 〈프로페셔널 직업의 방식〉プロフェッショナル仕事の流儀 이다. 2006년부터 시작되어 현재도 방송 중인 다큐멘터리 프로그램이다. 방송에 나오

는 사람들의 직종은 다양해 연예인과 스포츠 선수, 전통 예능 배우 같은 TV나 뉴스에서 볼 수 있는 사람뿐만 아니라 일반인도 있다. 어떠한 직업이든 자신이 하는 일에 진지한 자세로 철저히 파고 들어가는 모습을 보여 주는 프로그램이다.

　이 프로그램에서는 특별한 기술을 사용하는 직종이 아닌 일반 직종이라도 자신만의 일하는 방법을 철저하게 지키며 성실하게 나아가는 사람들의 모습도 포착된다. 2020년 10월 13일 방송에서는 '당연한 일이 당연한 일로 있기 위해―노선버스 운전기사 오오모리 도루当たり前が、当たり前であるために~路線バス運転手・大森透~'라는 제목으로 하코네를 달리는 노선버스 운전기사가 등장했다. 방송의 타이틀에는 '프로페셔널'이라는 문구가 있지만 2020년 10월 13일자 방송의 주인공은 날마다 승객을 목적지까지 데려다주는 평범한 노선버스 운전기사였다. 드라마틱한 전개가 있으리라고는 상상하기 힘든 평범한 '운전기사'가 주인공이지만, 승객에 대한 배려심이 그야말로 남다른 '특별한 운전기사'였다. 이날 방송에 나온 버스기사가 운전하는 노선은 산길이다. 길은 좁고 굽어진 곳도 많다. 보통은 버스 안은 심하게 흔들리고 승객들은 차멀미를 한다. 하지만 이 운전기사는 승객들이 차멀미를 하지 않도록 굽은 길에서 핸들과 액셀을 조절한다. 또한 버스를 세울 때는 버스가 크게 흔들리지 않도록 브레이크 사용에 세심한 주의를 기울이는 운전 실력을 구사한다. 이뿐만이 아니다. 이 운전기사는 목적지를 물어본 승객을 기억하고 승객이 내려야 할 정류소에 도착하면 알려주는 것으로 그치지 않고 해당 목적지까지 길을 어떻게 가면 되는지 친절하게 설명해 준다. 자신의 버스에 타는 승객들이 좋은 하루를 보낼 수 있게 마음을 편하게 해 주고 싶다는 생각으로 일하고 있기 때문이다.

2020년 12월 1일 방송에서는 '자신을 줍는다, 꿈을 나르다 ─ 환경미화원 다케 유스케 自分を拾う、夢を運ぶ~ゴミ収集員·岳裕介~'라는 제목으로 일본 구역에서 최다 쓰레기 배출량을 기록하는 요코하마시에서 근무하는 환경미화원이 등장했다. 주인공인 환경미화원은 혼자서 하루에 쓰레기를 3톤 이상 수거한다. 하지만 이 환경미화원이 하는 일이 놀라운 것은 비단 쓰레기 수거량 때문만은 아니다. 분리수거가 제대로 되지 않은 쓰레기는 이를 버린 주인을 찾아 다음부터 분리수거를 잘해 달라는 부탁도 하고 있어서이다. 쓰레기를 버리는 사람들과 함께 도시를 깨끗하게 하고 싶다는 마음이 있기 때문에 할 수 있는 일이다. 그리고 이 환경미화원은 자신의 담당 구역이 아닌 길에 버려진 종이 등도 수거하고 더러워진 길은 물로 씻기도 한다. 예전에 이 환경미화원은 쓰레기를 수거하다가 어느 대학생에게서 '더러운 차다'라는 말을 듣고 쓰레기 수거가 직업의 밑바닥에 있는 일인 것 같아 우울했으나, 어느 주민에게서 '수고가 많습니다. 늘 감사합니다'라는 메시지와 음료수 등의 선물을 받아 용기를 얻었다고 한다. 이 환경미화원은 감사하다고 말해 주는 사람이 있다는 것을 알고 깨끗한 도시를 만들고 싶다는 마음으로 날마다 쓰레기 수거를 하고 있다. 앞에서 소개한 노선버스 운전기사도 옛날에 관광버스 운전을 했을 때 승객들에게서 감사 인사를 들은 것이 계기가 되어 승객들을 위해 일하고 싶다는 마음이 생겼다고 한다.

〈프로페셔널 직업의 방식〉에서는 노선버스 운전기사와 환경미화원처럼 평범한 직종에 종사하는 사람들 이외도 특출한 기술을 지닌 특별한 직종의 사람도 많이 등장하지만, 하나같이 공통적으로 '누군가에게 기쁨을 주기 위해'라는 마음으로 일한다는 것을 알 수 있다. 〈프로페셔널 직업의 방식〉은 '어떤 일을 하든 누군가를 위해 자신의 직업 기술을 높이려고 하는 사람이 프로페셔널이다'라는 메시지를 전한다. 일본 사람의 기술을 높이려고 하는 원동력은 사람들에게 기쁨을 주고 싶은 마음일 것이다.

남이섬 - 가고시마 - 미야자키 - 부산 이야기

이진형(예술가, 나무공방 작가)

남이섬과 겨울연가

일본인들이 좋아하고 자주 찾았던 남이섬은 우리 모두의 휴식처이자 안식처 같았다. 어려움을 견디고 새롭게 변모한 남이섬. 한국인에게 남이섬은 사계절마다 다른 느낌을 주는 최고의 유원지로 알려져 있었고 〈강변가요제〉, 최인호의 〈겨울 나그네〉 촬영지로도 유명했다. 일본인에게는 뭐니 뭐니 해도 드라마 〈겨울연가〉일본에서는 〈冬のソナタ〉라는 제목으로 방영의 배경으로 가장 유명하다. 일본에서 '욘사마' 배용준과 '지우 히메'일본어로 '히메'는 '공주'라는 의미' 최지우가 〈겨울연가〉에서 첫 키스를 한 곳으로 유명한 동측 백자작나무의 눈사람 탁자에는 젊은 남녀가 드라마에서처럼 키스하는 데이트 코스가 되기도 했다.

NHK에서 〈겨울연가〉가 방영되면서 2003년부터 일본에서 한류 붐이 불기 시작했고 일본 중년 여성들 사이에서는 '욘사마' 배용준이 우상이자 영원한 '오빠'가 되었다. 이후 욘사마의 미소, 헤어스타일과 목도리 등이 21세기 일본에서 대히트를 쳤다. 겨울연가는 일본뿐 아니라 중국을 비롯하여 동남아 등에서도 유명한 드라마가 되었고 이와 함께 남이섬도 유명세를 탔다. 남이섬은 앞섬이라는 뜻의 남섬南島이었다. 또 남이장군이 묻혀 있는 곳이기도 하다. 남이섬은 개인적으로도 오랫동안 인생을 함께한 곳이기도 하다.

아직도 IMF 외환위기의 후유증이 가시지 않은 2000년대. 그때 홍익대학교 미대교수로 있던 대표가 다 망해 가던 남이섬을 되살리고자 그곳 땅주인에게 전권을 위임받았다. 거의 민둥산에 가까운 유원지 수준의 14만 평 토지 위에 새로운 사업을 전개하는 프로젝트에 나도 합류하게 되었다. 그 당시 남이섬은 연간 입장 수가 27여만 명 정도밖에 되지 않아 상당히 어려운 상황이었다. 남이섬의 회생을 위해서는 돌파구를 찾지 않으면 안 되는 절박함 속에서 밤낮으로 분주하게 뛰었다. 그렇게 수많은 노력이 남긴 결과는 긍정적이었다. 회사는 2003년경부터 서서히 상황이 좋아졌고, 일본인 관광객들이 피크를 이루었던 2007년부터는 연간 10배가 훨씬 넘는 350만 명의 손님들이 남이섬을 방문하기 시작했다. 전국 방방곳곳의 한국 사람들과 전 세계 사람들이 자발적으로 남이섬을 찾아오기 시작한 것이다.

역경과 이를 극복하기 위한 노력과 열정의 뒷길에는 잊지 못할 사연들도 수많이 남아 있다. 2012년에 퇴직을 할 때까지 10년 동안 약 550개에 달하는 다양한 간판을 하나하나 만들어 세운 남이섬에는 나의 손길이 안 간 곳이 없다. 만들어 놓은 다양한 목가적 분위기의 목재 캘리그라피 간판들이 오늘도 찾아오는 손님들을 위해 묵묵히 그 자리를 지키고 있다. 이제는 대한민국의 예술적 간판문화를 디자인하는 연구 소재가 되어 또다시 사랑과 각광을 받고 있는 것도 남이섬만의 자부심이다. 14만 평 넓이의 내외에 세워져 있는 다양한 간판들은 항상 남이섬을 자랑하고 홍보하고 있다. 입구에 있는 추억의 '나미나라공화국'의 간판만 보더라도 찡하고 가슴이 울컥하다. 이제는 누구나 가서 마치 이국적인 아름다움이 있는 곳에서 해외여행을 하고 온 것처럼 시간을 보내고 올 수 있는 남이섬. 다시 가고 싶다는 말이 회자될 정도로 인상적인 곳이 된 남이섬. 남이섬은 이제 이런 곳이 되었다. 이렇게 국가적 사업 같은 관광지를 살리는 데 조금이나마 역할을 해서 영광이다. 남이섬에서 지내면서 직장인 입장에서는 바빴지만 행복하게 일해 왔다.

회사 일을 어느 정도 정리한 후 부산의 집으로 돌아와 또 다른 미술공방을 차렸다. 그때가 2012년이다. 공방을 차리고 생업 같은 일을 하면서도 무언가 허전한 갈등을 느껴 오다 지인의 소개로 2020년에 늦은 나이에 방송대 일본학과에 입학하여 늦깎이 대학생이 되었다. 이제는 소중한 직업인 일러스트와 글, 그리고 대학 생활이 새로운 희망이자 삶이 방편이 되었다. 대학에서 일본학을 배우면서 자연스럽게 교과서에 나온 일본이라는 나라의 문화유적과 탐방학습에 관심이 깊어졌고 남이섬을 찾아오던 일본인 관광객처럼 나 역시 관광객 입장에서 일본에 직접 가 볼 수 있어 좋았다. 부산과 후쿠오카는 참 가깝다. 가까운 나가사키, 가고시마, 미야자키 지역을 둘러보며 알면 다르게 보이는 일본 문화를 직접 체험하게 되었다.

나가사키, 일본의 근대화 현장

직업병일지도 모르겠지만 후쿠오카 공항에 내리자마자 일본의 간판들이 눈에 들어온다. 그런데 공항, 길거리 가게 등 어디를 가더라도 정리되고 규정에 맞춘 일률적인 간판이 일본 간판의 특징 같았다. 오랜만에 일본의 간판을 보면서 나가사키로 향했다. 일본의 간판을 보노라면 생각나는 문구가 있다. '이이토코도리いいとこどり' 좋은 것은 받

아들인다는 말이다. 우리나라 간판도 많이 정리정돈이 되었지만 일본 간판은 특별히 튀는 매력은 부족해도 정리정돈이 잘된 것은 받아들일 만하다.

나가사키는 열대지방처럼 지금도 비가 내린다. 엔카 〈나가사키는 지금도 비가 내렸다長崎はいまも雨だった〉는 일본인이라면 모르는 사람이 없을 것이다. 일본을 조금이라도 아는 한국인도 잘 아는 노래이다. 또한 나가사키는 짬뽕과 카스텔라처럼 입맛을 돋우는 먹거리로 유명하다. 하얀 국물에 야채와 해산물 등이 풍부한 나가사키 짬뽕과 함께 유명한 '사라우동'도 한번 먹으면 계속 먹고 싶어진다고 한다. 사라우동은 나가사키에서만 먹을 수 있는 우동이다. '사라皿'는 일본어로 '접시'를 뜻한다. 따라서 사라우동은 '접시우동'이라고 번역한다. 쫄깃한 우동 면발 위로 해산물과 각종 채소 등을 보기 좋게 올려 접시에 담은 것이 사라우동이다. 나가사키에는 일본인들이 포르투갈과 네덜란드에서 온 상인들과 교역하기 위해 만든 인공섬 데지마出島가 있다. 이 데지마섬에서 일본은 서양의 근대화를 배웠고 성장했다고 해도 과언이 아니다. 대학캠퍼스에서 공부하는 다양한 나이와 출신 지역의 성인 남녀 학생들 80여 명과 함께 일본역사문화 탐방단에 참여했다. 모르는 사람들이 많았지만 교과서에 배운 내용을 전공 교수와 함께 하는 탐방이라 역시 매력이 넘치는 여행이었다. 1월이면 한국도 춥다. 그런데 후쿠오카, 구마모토, 나가사키는 의외로 춥지 않다. 아마 남쪽이어서 그런 것 같다. 추운 겨울이면 생각나는 화롯불에다 구워 먹는 고구마는 최고의 행복을 가져다준다. 이런 멋진 여행이 시작하기도 전에 엔카의 가사처럼 오늘도 비가 촉촉이 내리는 나가사키 시내의 모습이 그럴듯했다.

나가사키에 가기 전에 시마바라의 운젠에서 내리는 비가 먼저 우리를 반겼다. 운젠은 벳푸와 아소와 함께 유명한 온천 휴양지이다. 지옥온천 순례를 거쳐 운젠 신사, 해발 1300m 고봉을 자랑하는 운젠 로프웨어에 탑승했다. 눈이 쌓인 나무, 그윽한 구름과 안개, 높은 산봉우리가 눈으로 덮인 산. 순간 백설공주 아니면 하얀 소복을 입은 여인이 어디선가 나타나 나를 반길 것 같은 느낌이 들었다. 마치 쇼팽의 아리아 곡처럼 형체나 느낌을 구체적으로 표현하기 힘든 경치여서 빨려 들어갔다. 피카소와 달리 찬란한 스페인 문화의 상륙으로 미술작품이란 무엇인지를 돋보이게 한 '나가사키현립 미술관'에 소장된 많은 역사적 미술사료인 그림, 서적, 흉상, 고서 등이 작은 도시의 웅장한 시설을 대변해 줘서 놀랄 정도였다. 아침 식사 후 나가사키 니쇼칸 호텔에서 외국인 거류지였던 구라바엔에서 바라보는 나가사키 항구는 정말로 최고였다.

영국인 글로버 씨가 살던 저택은 공원처럼 잘 가꾸어 있었다. 군치마쓰리 자료관, 일본의 해외교류사가 촘촘히 소장되어 있는 나가사키 역사문화박물관, 각종 복잡한 해서체의 글씨, 모형, 지도, 그림 등이 눈에 들어왔다. 그런데 나가사키 시내에 공자묘와 중국역사박물관이 있다니 놀라지 않을 수 없었다. 조용히 자리를 지키며 웅장한 대륙 세계의 문화를 은근히 뽐내고 있는 듯한 느낌이 들었다. 어디를 가나 일본의 중심도시에 중국인, 중국문화, 중국상품 등이 곳곳에 포진되어 있다. 나가사키에서 빼놓을 수 없는 곳이 바로 일본 속의 중국거리 차이나타운이 아닐까라는 생각이 들 정도였다.

세계에서 두 번째로 원폭이 투하되었던 장소, 원폭 자료관, 평화공원을 경건한 마음으로 찾아갔다. 비 오는 거리에서 일본인들은 모두 우산을 쓰고 남에게 피해를 안 주려고 조심조심 걸어 다녔다. 외국 방송국에서도 촬영하러 여러 팀이 와 있었다. 그중에서도 눈에 띄는 러시아 방송국의 방송팀들이 원폭 위령탑 앞에서 일본인에게 인터뷰를 했다. 키 큰 어른이 어린 학생에게 인터뷰하는 것처럼 보였지만 가까이 가보니 인터뷰를 하는 일본인은 고령자였다. 멀리서 보면 잘 안 보이던 것이 가까이서 보니 잘 보인다. 이것이 일본이구나 하는 생각이 들었다. 가톨릭 신자 26인을 무자비하게 목 베어 죽인 현장이 생상하게 재연된 모습을 보니 섬뜩할 정도였다. 이것이 당시의 참상이었구나 하는 생각을 하니 가슴이 찢어지는 것처럼 아팠다. 그런데 이보다 더한 것은 가슴 아픈 조선인 원폭 피해자와 징용이나 정신대 등으로 끌려와 희생되신 그 영령들의 버려진 인권과 그 현장을 고발하기 위해 평생 가산을 다 바쳐 헌신했던 일본인 오카 마사히루의 이름을 딴 '오카 마사히루 기념 나가사키 평화 자료관'이었다. 그 당시 여러 상황을 담은 사진과 기사 내용 등이 적나라하게 걸려 있었기 때문이다. 일본 정부와 우익들의 거센 반대와 박해 그리고 각종 협박에 시달리면서도 높은 산 중턱의 평화 자료관에서 백발이 성성하도록 지키고 있는 일본인과 교포들이 위대하고 대단해 보이기도 했다. 안타깝고 어려운 사정을 들으면서도 어찌할 바도 모르고 발만 동동 구르고 말았다.

　나가사키에서 한 가지 더 놀란 것은 한적한 산골 같은 곳에 일본 근대의학의 창시자라며 홍보하는 지볼트 기념관이 있다는 사실이었다. 지볼트는 근대에서 현대까지의 의술과 시술 등의 적나라한 당시의 변천 과정을 나열하고 또한 행정책임자까지 나서 우리를 안내해 준다. 과거엔 수술칼이 부엌칼처럼 크고 둔탁하고 끔찍했지만 정교하게 수술도 잘한 시대로 생각된다. 나는 무엇보다도 외국인인 지볼트의 일본 생활에 관심이 생겼다. 이런 외국인 기념관까지 세워졌을 정도이니 부럽고 소소한 볼거리와 이야기거리를 제공해 준다. 놀라운 사실은 19세기 전반에 제작된 지볼트의 지도에 독도가 한국령으로 표현된 것도 직접 볼 수 있었다. 일본 나가사키에서 외국인 기념관에서 독도가 한국령으로 표기되어 있다는 사실에 놀라지 않을 수 없었다. 이 지도에 대한 궁금증을 남긴 채 시볼트 기념관을 떠난다. 공부를 더 하고 언젠가 한 번 더 꼭 오리라고 다짐하면서 말이다.

일본의 남쪽 가고시마와 미야자키에서 일본을 보다

역사, 지리, 천문학은 잘 모르지만 2023년은 좋은 해라는 생각이 들었다. 뭔가 의미 있고 보람된 해로 만들어야 한다고 생각했다. 그런 의미라면 아마 좋은 곳에서 좋은 사람들을 만난 행운이 아니었을까 하는 나만의 철학과 운세로 살아오지 않았던가. 오랜만에 화려한 외출을 할 기회가 찾아왔다. 바로 미야자키宮崎, 기리시마霧島, 가고시마鹿児島로의 학술여행이었다. 이 여행은 또 하나의 학습의 연장으로 그 기간에 드라마처럼 일본 남쪽 지방에서 보내고 왔다.

미야자키 학술여행을 종이 한 장에 소소하며 인간적이고 서정적인 해학만화로 구성해 그림도 그렸다. 대학의 학술문화탐방 일정은 항상 기대 이상이다. 일반 여행사 투어에서는 생각하지 못하는 곳이고 발상이다. 방문하는 지역에 대한 일본 전문가 교수님의 풍부한 해설과 안내 덕분이다. 역사 책 속에 들어가서 그 지역과 적나라한 정경 속으로 그 궤적들을 찾아 나서는 역사문화 학술탐방은 그야말로 살아 있는 현장학습 체험장이었다. 갈 때마다 이채롭고 새로 만나는 일본에서 일본의 명경산수 문화 속에서 이것저것 찾아서 배울 수 있다니 이보다 더 좋을 수가 없다. 여행 다니며 간간이 느끼는 희열은 무더위도 날려버린다. 그만큼 즐거움과 재미가 있다는 것이다. 따라감이나 모방도 하나의 일상이다. 바로 '모아이상'이다. 그리고 7개의 조각 석상이고 이런 장면들은 일본 미야자키의 선멧세니치난 테마공원에서 본 것이다. 그 공원에서는 남태평양의 이스트섬의 세계문화유산인 모아이상이 복원되어 전시되고 있었다. 이 모아이상은 일본 정부가 1960년 칠레 대지진으로 무너진 모아이상을 복구하는 데 도움을 주자 이에 대한 감사의 증표로 칠레 정부가 일본 정부에게만 모아이상을 복원하는 것을 특별히 허가해 주어서 만들어진 것이다.

가고시마의 대표 여행지로 시마즈 가문의 당주가 생활했던 별장이자 저택이었고 훗날 영빈관으로 사용되었다는 '고텐'도 인상에 남는다. 일정의 마지막 날에는 기리시마 신화 마을 공원으로 갔다. 신화의 땅 기리시마만의 험준한 산맥과 사쿠라지마까지 조망이 가능한 넓은 공원이 아직도 눈에 선하고 윤곽마저 뚜렷이 남는 곳이다. 이곳에서 사무적인 태도일 것이라고 생각했던 담당 공무원은 행동 하나하나에서 친절이 익숙한 사람으로 보였다. 혹시 이것이 일본 공무원의 힘인가 하고 생각했다. 그날 공원에는 많은 비가 오고 있었고 버스에 탄 나와 일행들은 그 직원을 유심히 관찰하고 있었다. 일행의 단체 버스가 주차된 차량탑승구 앞에서 비가 많이 왔으나 비를 맞고 서서 한국 여행객들이 공원을 구경하고 돌아올 때마다 버스 차 문 앞에 서서 예의 인사를 건네는 공원 담당 공무원이 인상에 남았다. 우리 일행이 탄 버스가 공원을 출발해도 끝까지 차 밖에서 배웅 인사를 잊지 않던 일본인 공무원을 보면서 사소한 행동이지만 정말로 극진한 환대를 받은 듯한 기분이 들었다. 진정으로 일본이 지니고 있는 손님맞이 예절은 타고난 매너이자 최고의 환대와 접대로 불리는 '오모테나시' 그 자체였다. 일본 특유의 작지만 커다란 감동을 주는 친절은 나부터도 배우고 싶은 예절이다. 학술여행을 온 기리시마에서 일본의 역사적 행간과 그들만의 국민성을 소중하게 지켜 가는 그 공간의 틈바구니를 보았으니 잠시였으나 만족스러웠다. 비록 일본이 지금은 세계 2위 경제 대국에서 3위로 한 단계 내려가기는 했으나 국격을 유지하는 정성스럽고 성실한 태도는 일본이 여전히 지닌 매력일 것이다. 멀어지듯 아주 가까운 나라! 인류박애, 덕과 지혜와 선진문명을 함께 협력해 나가는 나라가 되면 좋겠다. 이번 학술탐방은 정말로 흔치 않은 귀한 문화탐방의 시간이 되었고, 알면 다르게 보이는 일본 문화세계와 그 언저리에서 돌아본 짧은 '탐방 여행의 시간'이었다. 여행지인 일본 나가사키 지방과 미야자키 지방을 두 차례 다녀와 부산으로 돌아왔다. 퇴직 후의 일터와 배움에 대한 끝없는 의지가 있는 부산. 남포동의 장어구이와 소주 한 잔이 새삼 생각나 부산으로 향했다. 나의 삶의 터전을 부산으로 옮기면 좋을 것 같다는 생각으로 말이다.

돌아와요 부산항에, 부산에서 살아가는 행복

부산은 명소가 많은 곳이고 먹거리와 볼거리, 살아가는 보람과 인정이 많은 곳으로 따라 다니는 수식어가 많다. 부산 하면 떠오르는 곡이 한국 최고의 조용필 가수가 부른 〈돌아와요 부산항에 釜山港へかえれ!〉일 것이다. 1970년대 동포애를 가슴으로 노래하여 국민들의 심금을 한껏 울렸던 바로 그 명곡이다. 일본에서도 엔카 가수 아쓰미 지라가

번안해 부르기도 했고 폴모리아가 내한했을 때 오케스트라로 연주해 전 세계에도 잘 알려진 노래이다. 이 가사의 클라이맥스는 역시 '형제 떠난 부산항에 갈매기만 슬피우네. 목메어 불러봐도 대답 없는 내 형제여'일 것이다. 남이섬을 떠나 부산으로 왔다. 퇴직 후 어떻게 살아가는 것이 또 다른 삶이고 생이면 좋겠다는 생각은 늘 나로 하여금 가슴을 울렁이게 만든다지만 인생에서 행복이란 무엇일까? 늦깎이로 하고 싶은 공부도 하고 여행도 하고 그림도 그리고 조각도 하며 바쁘게 사는 것이라지만, 오랜 세월이 흘러 지나고 보니 나와 잘 어울리고 잘 맞는 곳이 바로 부산이다.

군복무 시절, 회사 시절에는 그 자체로 이 사회에서 나 자신이 드러나고 또한 더 많은 명예를 받을 수 있는 위치에도 앉아 있었다. 생각해 보면 분에 넘치는 든든한 삶과 좋은 일들이 자주 생겼다. 퇴직 후에는 더 바빠진 것이다. 늦깎이 대학생이라고 자부하는 의식을 가지고 살아 오니 인생의 글과 그림이 저절로 그려지고 글이 써지는 것도 퇴직 후이다. 책 읽고 공부하는 늦깎이 일본학과 대학생이자 좋아하는 일을 하는 공방 작가로 살아 가고 있다. 목공예, 캘리그래피, 해학만화, 예술간판, 건축모형, 입체모형, 조형 외에도 서각, 문학, 조각 등을 다양하게 하고 있다. 재미있게 살아가는 방법, 한류의 힘, 적극적인 삶, 서로 나누는 정이 나에게는 힘이 된다. 여기에 서고 믿음을 주고받는 대학 생활도 삶의 활력소가 된다. 그래서 늘 어디 가든 학교의 명예나 홍보를 위해서라면 스케치 연필을 든다. 오늘도 신나고 배꼽 잡는 유쾌한 만화를 그려야 해서 일어난다. 생업과 병행된 작가만의 작업 속에서 대학생의 교양지식과 전공지식의 습득을 융합해 나가려고 한다. 그렇게 항상 재미있게 살고자 하는 만학인이 되고자 한다. 뒤늦게 일본학과에 진학한 이유도 내가 할 수 있는 글과 그림을 통해 한일교류에 조금이라도 기여하기 위해서이다. 나의 삶의 고향인 부산에서 일본을 바라보며 더 나은 한일관계를 위해 무엇을 할 수 있을지 구체적으로 생각해 본다.

21세기 부산에서 발신하는 통신사가 바르게 일본으로 전파되길 바라며

일본인에게 한국의 매력적인 도시를 꼽으라고 하면 부산을 꼽는 사람이 많다. 부산은 한 번도 못 온 사람은 있어도 한 번 만 온 사람은 거의 없을 정도로 한번 오면 두 번 세 번 오게 되는 곳이다. 부산 하면 바다와 해수욕장이다. 넓고 아름다운 해운대 해수욕장, 먹거리와 볼거리 그리고 휴가지로 유명한 광안리이다. 광안대교를 바라보며 마시는 커피와 소주 한 잔은 잊을 수 없을 정도이다. 다대포는 드넓은 고운 백사장, 낙동강 하구와 바닷물이 만나는 편안하고 조용한 피서지로 유명하고 철새 도래지이기도 하다. 그 외에도 동래읍성, 동래온천, 태종대, 오륙도, 자갈치 시장, 깡통시장 등 구 부산의 모습에서 최신의 최고의 모습인 백화점과 빌딩 등도 즐비하다. 그러나 뭐니 뭐니 해도 일본과 관련이 있는 것이 많은 도시이기도 하다. 조선통신사를 빼놓을 수 없는 곳이다.

역사박물관인 부산근현대사역사관은 건축에서부터 일본의 흔적을 느낄 수 있다. 옛 동양척식회사 부산지점이 미국문화원으로 그리고 지금의 부산근대역사관으로 자리 잡고 있다. 문화복합공간, 근현대사 자료 등 부산의 근현대사를 잘 알 수 있는 곳이다. 특히 '조선통신사역사관'은 통신사 이야기전시관, 모형 전시관을 통해 당시의 거센 파도를 헤치고 일본으로 파견되는 생생한 통신사의 역할과 모습을 상상할 수 있다. 다시 부산에서 21세기의 조선통신사가 부산을 기점으로 새롭게 출발하면 좋겠다. 상호신뢰하고 존중하는 통신사가 푸른 파도를 헤치고 나아가 일본으로 다시 한양인 서울로 오는 날이 빨리 오면 좋겠다.

한국에서 일본의 역사와 문화 찾기

임진선(토모니기획, 대화공예협동조합)

코로나19로 장기간 이어진 팬데믹 현상은 한동안 나를 무기력하게 만들었다. 다니던 직장마저 문을 닫고 아무 하는 일 없이 시간만 보내다가 우연히 '니지모리 스튜디오'를 알게 되면서 국내에서도 일본을 즐길 수 있는 곳을 찾아다니기 시작했다. 군산 근현대사 박물관을 시작으로 논산 미스터 션샤인 촬영지, 1950 테마파크 파친코 촬영지, 포항 구룡포 동백꽃 필 무렵 촬영지, 일본식 이자카야 어화는 물론이고 일본 드라마와 영화까지 다양하게 일본을 즐길 수 있는 테마를 찾아 혼자만의 여행을 즐기며 시간을 보냈다. 다시 바빠진 일상 속에서 일본 여행을 가고 싶어도 갈 수 없는 이들을 위해 인상 깊었던 몇 곳을 소개해 보려고 한다.

동두천의 니지모리にじもり

코로나19로 인해 일본 여행길이 막히면서 무료한 나날에 지쳐가고 있을 무렵, 우연히 기사를 통해 동두천의 '니지모리 스튜디오'를 알게 되었다. 기사로 본 '니지모리 스튜디오'는 너무 아름다웠다. 마치 일본을 그대로 옮겨 놓은 듯한 풍경은 대전에 거주하는 나에게는 꽤 먼 거

니지모리 스튜디오 입구

리였지만 일본 여행을 가는 것처럼 설렘을 안고 출발했다. 대전에서 자동차로 두 시간 거리인 데다 고속도로로 가는 내내 지루함도 있었지만, 양주에서 동두천 '니지모리 스튜디오'에 접어드니 6월 막바지임에도 운 좋게 전날 내린 비 덕분에 초록의 가로수길을 시원한 바람을 맞으며 맘껏 아름다움을 즐길 수 있었다. 아마도 이 길은 계절이 바뀌어도 아름답지 않을까 생각했다.

　오픈은 11시부터이지만 1시간가량 늦게 도착했는데도 평일 오전인지 한산했다. '니지모리 스튜디오'는 특이하게도 만 19세 이하는 출입 제한이었다. 입장료는 20,000원인데, 오전 12시 전에 입장하면 5,000원 코인을 주기 때문에 15,000원이라고 생각해도 될 것 같다. 코인은 한 개에 5,000원인데 니지모리 안에 있는 모든 상점에서 현금처럼 사용 가능하다.

　니지にじ는 무지개, 모리もり는 숲이라는 뜻으로 니지모리는 '무지개 숲'이다. 원래는 〈용의 눈물〉, 〈왕과 나〉, 〈여인천하〉 등 인기 사극

을 연출한 故김재영 감독이 지은, 일본 에도시대를 재현한 세트장이었다. 사극 촬영 시 해외 촬영 경비 절감을 위해 아이디어를 낸 것이 감독 사후에 완공되었다고 한다.

입구에 들어서자마자 생각보다 작은 규모에 약간 실망스럽기도 했지만, 입구에서부터 보이는 건물의 디테일은 교토의 영화마을 映画村과 일본 에도시대를 연상시켰다. 양쪽으로 늘어선 작고 소박한 상점들에는 작은 소품 하나하나가 걸려 있어 일본에 와 있는 것 같은 착각을 하게 한다.

여러 가지 일본 제품을 판매하는 잡화점도 있는데, 일본 술, 음료수, 일본 사탕, 과자, 컵라면 젤리, 간장 등 시중에서 쉽게 구할 수 없는 물건도 있었다. 가격은 2~4배 정도로 비싼 듯 하지만 일본 여행 왔다고 생각하면 그다지 부담스럽지 않다. 정말 소품 하나하나에 건물까지도 일본 신사와 에도시대를 연상시킨다. 중간중간 사진을 찍을 수 있는 공간도 마련되어 있다. 우리는 입구에서 받은 코인으로 아사히 맥주와 우롱차를 사서 세트장 안에 있는 인공호수 주변에 마련되어 있는 테이블에 앉아 잠시 일본의 교토에 온 듯한 착각으로 경치를 감상한다. 인공호수에는 나룻배 하나가 떠 있는데, 호수 한쪽을 차지하고 있는 고이노보리 鯉のぼり [1]와 어우러져 운치를 더했다.

오후가 되니 유카타를 빌려 입고 사진을 찍는 커플들이 눈에 띄었다. 국내에서 유일하게 기모노와 유카타 대여가 가능하다고 한다. 가격은 일본과 별반 차이 없이 저렴한 것 같다. 기모노 대여 기본 구성

---

1 일본의 관습으로 5월 5일 어린이날에 종이나 천 등으로 잉어 모양을 만들어 깃발처럼 장대에 높이 단 것이다. 남자아이가 건강하게 자라길 기원하는 의미이다.

기모노, 머리장식, 게다 이 30,000원이며 추가 다른 소품 대여도 가능하다.

　'니지모리 스튜디오'에는 빵집과 초밥집도 있었는데, 그 옆에는 드라마 촬영지로도 사용되고 있는 근대시대를 재현한 카페들도 있었다. 초밥집 입구에는 '가레이산스이' 정원을 재현해 놓고, 일본의 옛날 우체통 도쿄의 코다이라에 남아 있음을 그대로 옮겨 놓아서 또 한 번 놀랍고 반가웠다. 니지모리 스튜디오의 밤 풍경을 담은 엽서를 보니 료칸이 다시 문을 열면 한번 묵어 보고 싶다는 생각이 들었다. 방문했을 당시에는 공사 중이었는데 이제 완공이 되었을지도 모르겠다. 호수 주위를 돌며 경치를 감상하다가 올라간 계단 위에서 내려다보는 전체적인 경치도 정말 아름다웠다. 바람이 불 때마다 처마 밑에 일본 풍경 후우링 이 내는 소리가 기분을 좋게 만든다.

　근대 시대를 재현한 카페들은 드라마 촬영지로도 사용되고 있었다. 일본 여행을 여러 번 다녀왔지만 진짜 일본 같다고 느껴진 곳이다. 이제 다시 일본 여행이 자유로워졌지만, 시간을 내기가 어려워 일본을 다녀오기 쉽지 않은 사람들에게는 당일치기 여행으로 일본을 체험해

가레이산스식 정원 모형

보기 좋은 곳이라고 생각한다. 간접적으로 일본을 체험하게 해 준 귀한 시간이었다.

대전 소제동의 일본 관사촌 카페 거리

대전역에 내리면 동광장 건너편에 철도 관사촌이 예전 모습 그대로 남아 있다. 철도 교통의 중심지 100년의 역사를 담고 있는 소제동이 그곳이다. 1901년 서울과 부산에서 기공식과 함께 경부선 철도 공사를 시작한 일본은 충청지역에서는 대전이 아니라 공주나 청주에 건설할 계획을 두었다고 한다. 그 당시 대전은 사람이 거의 살지 않는 지명조차도 희미한 지역이었기 때문에 예정에도 없었다. 그런데 러시아와의 전쟁을 준비하던 일본은 예상보다 전쟁이 빨라지면서 철도 공사를 속성으로 끝내야 했고, 복잡한 토지 수용절차는 물론 주민들의 저항도 없었던 대전을 선택했다. 1905년에 경부선이 개통되면서 철도와 관련된 인부와 기술자들이 188명이 거주하기 시작하고, 조선에 정착하고자 한 일본인들이 조선인과의 대립을 피하기 위해 허허벌판이었던 중동과 원동 일대로 모여들기 시작했다. 대전역을 중심으로 학교, 우체국, 시장 등 기반 시설이 들어서면서 도시가 발전하기 시작했다. 철도 부설로 대전은 근대 도시로 성장하기 시작한 것이다. 이처럼 다소 급하게 성장한 대전과 대전역 철도의 개통 뒤에는 러일전쟁과 일제의 수탈에 이용된 아픔과 함께 일본인에 의한 일본인을 위한 근대 도시 대전으로 성장했다.

소제동은 지금의 축구장 7배의 크기에 달하는 소제호를 메워 마을을 만들었다. 그 당시에는 관사가 100여 채에 달했지만, 6·25전쟁 이

후 손실되고 30여 채 정도가 남아 역사와 함께 공존하고 있다. 일본식 가옥의 지붕에는 아직도 관사 번호판지금의 아파트 동호수이 걸려 있는 곳이 더러 있다. 다다미 방의 흔적과 도코노마床の間², 도코바시라床柱³, 오시이레押し入れ⁴ 등 일본식 가옥의 요소도 남아 있다. 일본인 철도기술자들의 공동주택 같은 곳이었지만 이후에는 한국인들의 삶이 고스란히 남아 있는 주거 형태가 되었다. 1920년대부터 이어지는 건축변화상과 함께 철도 개통으로 급발전한 대전의 역사를 고스란히 보여 주는 곳이기도 하다.

재개발 지역으로 묶여 외면당해 온 소제동에서 2016년부터 민간 주도의 도시재생 프로젝트가 시작되었다. 오래된 가옥들은 개조해 구옥 특유의 느낌을 살려 젊은 층에게 사랑받는 공간들로 재탄생했다. 제2의 익선동이라고도 불리는 소제동의 예쁜 카페와 분위기 좋은 맛집, 멋진 벽화는 외지 관광객들을 끌어들이며, 1년에 50만 명의 방문객이 찾는 유명지로 활성화되고 있다. 대전에서도 느낄 수 있는 일본 분위기가 있다. 다다미가 있는 온천집대전 소제동이 있다. 일본풍의 샤브샤브와 스테이크 덮밥을 팔고 있는 집이다. 아늑하고 소박한 분위기에 구옥의 틀을 살려 개조한 집으로 우리나라의 예스러운 느낌과 함께 마당은 일본이 떠올려지는 모습이다. 마당에 있는 연못에서 김이 모락모락 올라오는 모습이 온천을 연상시키며 재미를 더한다. 이 집의 메뉴들은 1인 샤브샤브가 대표 메뉴이다. 직접 끓여 먹는 재미와 신선한 재

---

2 일본 건축물의 객실 정면에 설치하여 미술품 등을 장식하는 중요한 장소이다.
3 도코노마의 기둥.
4 일본식 주택 특유의 붙박이장. 대개 방 한쪽 벽 전체를 오시이레의 입구로 삼는다. 침구, 의류, 각종 가재도구를 수납한다.

료들로 눈으로도 입으로도 즐거운 집이다. 잘 익혀서 칠리소스 마늘간장 소스와 함께 먹으면 일품이다. 마지막에 육수를 더 넣고 칼국수까지 끓여 먹을 수 있어 맛과 양이 충분히 보장되는 집이다. 인기가 많아 별관도 따로 있는 곳으로 일본 느낌을 물씬 풍기고 있다. 또한 대나무를 품은 찻집으로 풍류가가 있다. 풍류가風流家는 시원한 대나무 숲을 품고 있는 찻집으로 커피는 팔지 않는다. 계절 이름을 가진 차가 있어 봄자스민과 가을복숭아 차는 인기 메뉴이다. 카페 유리 너머로 보이는 대나무 숲도 멋스러워 일본식 느낌을 준다. 가을이 오면 대나무 숲에 앉아 계절 차를 골고루 맛보면 좋을 곳이기도 하다.

트렌디한 한식 맛집 비범도 있다. 비범은 인기가 많은 곳이라 주말은 보통 예약이 아니면 대기를 해야 할 정도로 손님이 많은 곳이다. 식당 내부는 넓지 않으나, 작은 공간을 잘 활용한 테이블 배치는 일본을 연상할 정도로 운치가 있다. 트렌디한 조리법으로 개발한 메뉴여서 정통 한식과는 차이가 있지만 감성이 살아있는 곳이다. 뭐니 뭐니 해도 감성 카페인 여기소제를 빼놓을 수 없다. 앙증 맞은 파란 의자 세 개가 먼저 반기는 곳으로, 카페 마당엔 자갈이 예쁘게 깔려 있고 마주 보이는 벽 한쪽에는 가을이 듬뿍 담긴 스크린 사진과 캠핑 의자가 놓여 있어 마치 야외에 놀러 온 듯한 느낌의 예쁜 카페이다. 내부로 들어가면 곳곳의 인테리어와 여러 가지 사진들, 한 쪽에서 판매되고 있는 액세서리와 소품들도 구경하는 재미가 있다. 이 카페를 좋아하는 이유는 그냥 카페가 아니기 때문이다. 이 지역을 둘러보고 음료를 마시고 여행자들이 편히 쉬어 갈 수 있는 로컬공간으로 운영 중이다. 그저 대전의 낙후된 동네의 한 부분이라고 생각했는데 재개발이 시작될 때부터 소제동을 알리고자 알림이 역할을 해 대전에서 일본 감성을 느낄 수 있는 카페이기도 하다. 소제동 카페 거리는 오후부터 분위기가 활기를 띠기 시작하는데, 저녁 시간대에 가 보는 것을 추천한다. 조명으로 인한 아름다운 야경을 볼 수 있기 때문이다. 다양한 카페와 아름다운 골목길을 경험할 수 있는 특별한 여행지인 대전 소제동 관사촌 카페 거리로 여행을 계획해 봐도 좋을 것 같다.

아자카야로 일본 느낌의 이자카야

서울, 부산, 인천 등 어디든 일본식 이자카야는 많다. 그러나 대전에서 만난 이자카야 '어화'는 일본 그 자체이다. 여러 가지 소품과 사진들이 일본풍 그대로 재현되어 있고 텔레비전에도 일본 방송이 나온다. 7년 전부터 지인들과 가끔 가는 곳이지만 갈 때마다 진짜 일본에 온 느낌을 받는 곳이다. 이곳은 '한국소비자산업평가 요식업 우수 업체'이기도 하며 사장님은 일본 현지 일식당에서 오너쉐프로 다년간 일했다고 한다. 추천 메뉴는 우니, 단새우, 시메사바, 고노와다 등이다. 그중 적극 추천하고 싶은 것이 차돌박이 샤브샤브이다. 이는 한국식 메뉴이지만 일본 느낌도 난다. 가쓰오 가다랑어 육수에 야채와 소고기가 들어간 나베, 가쓰오 특유의 감칠맛은 물론 일본식 간장 베이스가 일품이기 때문이다. 짬뽕나베나 대창나베도 있다니 참으로 놀랄 만하다. 유성 장대동 '어화'는 메뉴 회전도 빠르고 신선한 재료를 사용하여 음식은 물론 가게 분위기도 마치 일본 현지에 왔다는 착각을 불러일으킨다. 일본에 가지 않고도 대전에서 나마비루에 에다마메를 주문해 보면 일본에 와 있다는 착각이 들 정도이다.

일본 도자기의 시조 이삼평 공원을 찾다

일본 아리타에서는 1658년 도산신사를 세워 이삼평을 모시고 있으며, 백자를 만든 지 300주년을 기념하기 위하여 1917년에 '도조 이삼평비 都祖李參平碑'를 세웠고 매년 4월 말에서 5월 초에는 5일간 도자기 축제인 '아리타 도자기시장 有田陶器市'이 열린다. 5월 4일에는 도조제 陶租祭를 지내며, 지금의 아리타를 세계적인 도자기 마을로 부흥시킨 대표적인 사기장 이삼평 李參平. ?~1656에 대한 고마움을 기리고 있다.

400년 전에 일본에는 도자기 생산 기술이 전혀 없었다. 1958년에 정유재란 당시 조선이 수난을 당할 때 히젠국 사가번의 번주 나베시마 나오시게 영주가 이삼평을 일본으로 데리고 갔다. 이삼평은 나베시마의 가신이자 사위인 다쿠 야스토시에게 맡겨지면서, 그 밑에서 18년간 도자기를 만들면서 지내다가, 함께 일본으로 온 18명의 사기장과 함께 양질의 고령토를 구하기 위해 그곳을 잠시 떠나게 된다. 이들은 규슈를 떠돌며 아리타 지역에 위치한 이즈미산에서 자기를 만드는 데 꼭 필요한 양질의 고령토로 가득한 백자 광산을 발견했는데, 여기서 채굴한 광석은 무려 400년간 도자기를 만들 수 있는 양이라고 한다. 이삼평은 이즈미산 근처에 자리를 잡고 본격적으로 도자기를 만들기 시작했다. 그리고 1616년, 일본 흙으로 일본 최초의 백자를 만들어 냈는데, 이는 일본 도자기 역사에 길이 남을 사건이었다. 이후 무려 100년 1650~1757 동안 120만 점을 생산하여 동인도회사를 통해 유럽으로 팔려나갔고, 당시 유럽 궁전은 아리타 도자기로 가득 찰 정도로 인기가 많았다. 아리타가 재정 수입의 90%를 차지할 정도로 일본은 도자기의 나라가 되었다. 1980년 이후 이즈미산에서는 더 이상 광석을 채굴하

공주시 학봉리 이삼평 공원의 이삼평 건립비

지 않고 이즈미산은 일본의 역사적인 장소로 지정되어 보호받고 있다.

일본의 도자기 시조로 추앙받으며 일본 도자기 역사를 새로 쓴 이삼평은 충남 공주 출신으로 알려져 있다. 도공 이삼평은 공주에서 대전으로 가는 금벽로에 박정자 삼거리에서 만날 수 있다. 1990년 10월에 이삼평 도공의 삶에 대한 존경심을 가지고 있었던 아리타 시민들이 보은의 뜻을 담아 한일우호 친선을 바라며 공주시 반포면 온천리 박정자 공원에 한일합동으로 이삼평 기념비를 세웠다. 도로 확장공사로 인하여 아리타 백자 개발 400주년이 되는 2016년도에 공주시 학봉리로 옮겨져, 이삼평 공원사진을 조성하고 이전하게 된다. 일본에 끌려간 도공들이 일본에 어떤 영향을 미쳤는지는 일본인들이 직접 세운 이삼평 건립비를 보면 알 수 있다. 기념비에는 다음과 같은 문구와 함께 건립에 기부한 사람들의 명단도 함께 기록되어 있었다.

日本磁器始祖 (일본자기시조)
李參平公紀念碑 (이삼평공기념비)

이삼평 공원에는 철화분청사기 작품들도 설치되어 있으며, 돌립 정신 계승 생명나무도 식재되어 있는 것을 볼 수 있었다. 아쉬운 것은 주차장이 있음에도 일부 무분별하게 주차하고 공원을 훼손하는 사람들 때문에 주차장 입구에 차단석이 설치되어 있었다는 점이다. 마침 근처 주민 한 분을 만나서 이야기를 건네 보니 한국인보다 일본인들의 방문이 더 많다고 한다. 아직 홍보가 부족한 것은 아닐까 생각했다. 역사적인 인물에 대한 인식도 아직은 부족하다는 생각이 들었다.

공주 학봉리에는 사적 제333호로 지정되어 있는 도요지터도 자리잡고 있다. 이삼평공원에서 차로 약 5분 정도 거리에 있어 이삼평공원을 둘러보고 도요지터도 함께 둘러보면 좋을 듯하다. 지금은 표지석만 자리하고 있지만, 15~16세기 조선시대 전기에 철화분청을 굽던 가마가 집중적으로 분포했던 곳으로, 도자기에 관심 있는 사람들은 꼭 한 번 둘러보기를 추천한다. 한 가지 재미있는 사실은 공주 학봉리 도요지 터에서 대접, 접시 등 다양한 유물이 출토되었는데 일본다완의 일부 품목의 뿌리를 학봉리 도자기에서 찾을 수 있었다고 한다. 학봉리 도요지는 1927년에 일본학자가 가마의 구조를 확인하는 발굴을 진행했고 이후 1992년 발굴, 2007년 정밀지표를 조사하여 우리나라 도자기 연구에 매우 중요한 자료를 발견한 것이다.

이삼평은 2020년 10월 이달의 공주 역사인물로도 선정되었다. 공주시는 2022년 계룡산 도요지 인근 진입로에 '이삼평 도자 문화 예술단지' 공주시 반포면 학봉리를 계획하고 추진하기 시작했다. 기념관과 전수관, 공방 체험관, 가마 등이 들어서는 복합문화예술센로서 2024년 말까지 완공을 목표로 하고 있다. 이삼평 예술단지가 일본인 중심의 관광객을 많이 유치할 것이라는 공주시의 계획에 따른 것이다. 계룡산은 철화분청사기 가마터가 발견되어 역사적으로 명백히 입증된 중부권 도자 문화의 핵심으로 자리 잡고 있다.

함께 둘러 보면 좋은 곳, 공주 도자기 예술촌

이삼평 공원을 방문하고 도자기에 대해 더 알고 싶은 마음에 둘러보기로 하고 공주에 자리 잡고 있는 계룡산 도예마을을 찾았다. 도자기 예술촌으로 많이 알려져 있는 곳이다. 이곳에서는 직접 도자기 체험도 할 수 있어서 관광객들이 많이 찾아오는 곳이기도 하다. 이 마을에 사는 사람들은 도예를 전공하고 철화분청사기를 복원함과 동시에 명맥을 이어 계승하고 발전시키고자 도자기 예술인들이 함께 모여 작업하는 곳이다. 가장 먼저 눈에 띈 것은 큰 도자기를 형상화한 도자기와 공주를 대표하는 관광지를 소개하는 도자기타일로 만든 재미있는 안내판이었다. 우선 길을 따라 올라가 보면 산과 함께 어우러져 있는 작가들의 공방이 아름다웠다. 여러 공방 앞에 중간중간 작품들을 놓아 두어 보는 재미도 쏠쏠하고 판매까지 하고 있어 도자기를 좋아하는 사람들에게는 더 없는 장소가 아닌가 싶다. 이곳 도자문화관에서는 다양한

계룡산의 도자기 예술촌

도자기를 볼 수 있으며, 기념품 구매와 다도 체험도 가능하다. '이삼평 도자 문화 예술단지'가 완공되고 많은 외국인 관광객들이 찾아올 때 이곳이 마중물이 되어 자연스럽게 계룡산 도예촌으로 연결되고, 계룡산 도예촌도 일본의 아리타처럼 세계적으로 유명한 철화분청사기를 대표하는 도예마을이 되기를 희망해 본다.

8

또 다른 화해를 위해
펼쳐 보는 일본 역사와 문화

음식문화를 통해 본 일본사의 명장면

슈큐바, 에도시대로의 여행

이곳이 우리들의 세키가하라, 갈림길에 선 역사의 운명

현재의 도쿄를 만든 에도로 가는 길, 고카이도

조선 후기 외교사절단 조선통신사

동아시아 속의 한국 · 중국 · 일본

영화 〈스즈메의 문단속〉에 나타난 신도의 세계

음식문화를 통해 본 일본사의 명장면

김세걸(정치학 박사)

패스트푸드 스시의 탄생

　한국 하면 떠오르는 대표적인 음식으로 '김치'가 있듯이, 일본 하면 떠오르는 대표적인 음식으로는 무엇이 있을까? 독자 여러분은 아마 사면이 바다인 섬나라의 특성상 해산물을 식재료로 사용한 음식, 즉 '사시미'와 이것을 이용하여 만든 '스시'를 떠올릴 것이다. 더구나 살생을 금하는 불교문화의 영향으로 메이지 유신 이전까지만 해도 일본인들은 소고기나 돼지고기 등 육류를 입에 대지도 않았다고 한다. 육류 금식으로 인한 단백질 섭취의 부족을 바다 생선으로 보완하려고 일본인들은 생선회를 그렇게 좋아하는지도 모른다.

　'김치'의 역사는 오래되지만 요즘 우리가 먹는 고춧가루에 버무린 매운맛의 '김치'가 등장한 것은 18세기 말엽부터이듯이 '스시' 역시 마찬가지이다. 자기가 좋아하는 '사시미'를 종류별로 골라 초무침한 주먹밥 위에 얹어 한입에 먹을 수 있도록 만든 음식 '스시'정확하게는 니기리즈시(握り寿司)가 가판대 위의 패스트푸드로 대중적인 인기를 끌게 된 것은 18세기 말엽에 이르러서였다.

　사실 '스시'는 밥을 맛있게 먹기 위해서가 아니라 생선을 상하지 않게 오래 보관해 두기 위해 고안된 음식이었다. 남방 지역에서 벼농사

를 수경재배하면서 논에 물을 뺄 때 논바닥에 널려 있는 민물고기를 한번에 다 먹을 수 없으니 상하지 않게 오래 보존하는 방법을 강구했는데, 생선의 내장을 제거하고 소금에 절여 물기를 뺀 뒤 소금으로 간을 한 밥과 함께 저장통에 켜켜이 눌러서 절이는 것이다. 절이는 기간은 오래될수록 좋다. 이것을 '나레즈시なれずし'라고 하는데, 무로마치 시대에는 '나마나레즈시'를 만들어 먹었다고 한다. 배를 갈라 말린 생선에 간을 한 밥을 채워 넣고 한 달간 절여 두었다가 생선과 밥을 함께 먹었던 것이다. 에도시대에 들어오면 교토, 오사카 지역의 '하코즈시 箱寿司=오시즈시(押し寿司)'가 에도에 소개되고, 더욱 빨리 만들기 위해 밥에 소금과 식초를 넣어 아예 간을 한 '하야즈시' 등으로 발전했다. 18세기 중엽까지만 해도 '스시'는 요리집에서 주문을 받아 만드는 음식이었는데, 이후 1780년대가 되면 행상이나 거리의 가판대 야타이에서도 사먹을 수 있는 대중적인 패스트푸드가 되었다.

인구 백만의 소비도시 에도의 출현

'스시'의 개념이 생선을 보존하는 수단에서 밥과 생선 반찬을 함께 먹는 간편식으로 진화하게 된 데는 인구 백만의 소비도시 에도의 출현이라는 수수께끼와 깊은 연관이 있다. 조카마치 城下町 로서 에도의 기원은 1457년에 오타 도칸 太田道灌 이 에도성을 축성하면서 시작된다. 16세기의 전국시대를 거쳐 1590년 8월 1일에 도쿠가와 이에야스가 에도성에 입성했고, 마침내 1603년에 세이이타이쇼군 征夷大將軍 으로서 에도 막부를 연 지 한 세기 만에 에도는 인구 백만의 소비도시로 성장한다.

에도가 당대에선 보기 드문 인구 백만의 소비도시로 급부상한 데는 도쿠가와 막부의 정치 논리가 개입되어 있었다. 도쿠가와 막부는 지방의 다이묘들이 반란을 일으키지 못하도록 그들의 처자식들을 볼모로 에도에 잡아 두는 정책을 사용했다. 자녀교육 등을 명분으로 다이묘들의 처자식을 에도에 와 살게 하면서 다이묘 자신도 일 년씩 교대로 에도와 자신의 영지를 오가며 살도록 의무화했던 것이다. 이를 '산킨코타이 參勤交代' 제도라고 부른다.

이를 위해 막부는 에도 토지의 60~70%를 다이묘의 가족과 그 수행원들의 거주지로 할당했는데, 그 수가 50만 명에 이른 것으로 추정된다. 다이묘들이 막부로부터 하사받아 에도성을 에워싸고 지은 저택인 번저番邸가 약 600여 곳이었는데, 총면적이 약 1,200만 평이나 되었다고 한다. 절과 신사 터를 뺀 나머지 20% 내외의 대지에 약 50만 명 정도의 조닌町人이 비좁게 모여 살았다.

다이묘들이 한 번 행차하는 데엔 막대한 비용이 지출되었다. 예컨대, 20만 고쿠石 이상 다이묘 행렬의 경우 말 탄 무사 15~20기, 보병아시가루 120~130명, 인부 250~300명 등 총 385~450명이 동원되었다고 한다. 이런 규모의 인원이 10~20박을 하면서 이동하는 과정에서 각 지역 간의 문화교류가 이루어졌으며, 에도에는 모든 지역의 문화가 집중되었다.

가판대야타이 음식의 탄생

에도는 초창기에는 무사들을 위한 도시로 조성되었으나 이후 조닌을 위한 소비도시로 변모했다. 사농공상이라는 신분제도가 있었지만 상인들이 주도권을 잡고 있었다. 에도에만 가면 먹고사는 문제가 해결된다는 기대감을 갖고 전국 각지에서 사람들이 모여들었다. 이들은 공동주택에 살면서 먹거리를 생산할 수 있는 토지를 갖고 있지 않았기 때문에 모든 것을 돈을 주고 구입해야 했다. 이처럼 에도에는 산킨코타이로 자신의 번을 떠나 에도에 머물게 된 번사들과 그 시종들, 간사이 지방에서 온 대형 상점의 고용인, 일거리를 찾아 각지에서 몰려든 쇼쿠닌 목수, 미장이 등으로 항상 붐볐다.

이들의 대부분은 가족과 떨어져 홀몸으로 온 남성이었다. 이들이 일찍이 거대한 외식 혹은 매식 시장의 잠재적 수요자층을 이루었던 것이다. 에도시대에 서민들이 값싸고 간편하게 먹을 수 있는 야타이 屋台 음식 스시, 소바, 덴푸라, 장어구이가 대표적이 발달한 데는 이와 같은 연유가 있었던 것이다.

문화대혁명으로서의 메이지 유신

메이지 유신은 봉건적 일본을 근대국민국가체제로 근대화시켜 가는 정치혁명이었지만, 다른 한편으로는 1,200년간 지속되어 온 육식금지의 금기를 깨뜨린 '문화대혁명'이기도 했다. 당시 일본에서는 체격적으로나 체력적으로 서양인에 대해 느끼는 열등감을 극복하기 위해 일본인도 육식을 해야 한다는 생각이 상층 엘리트를 중심으로 퍼져 나갔다. 일본 정부와 지식인들은 계몽과 선도를 통해 우유 마시기와 육식하기를 장려해 보았으나, 이미 굳어진 국민들의 입맛을 바꾸기엔 역부족이었다. 마침내 상징적 권력의 정점인 천황의 권위를 이용하기에 이르렀다. 1872년에 천황이 소고기 먹기를 시범 보인 것을 계기로 육식은 문명개화의 상징으로 널리 선전되고 또한 받아들여지기 시작했다.

일양절충 요리의 탄생

일본에서 육식은 소고기를 일본 고유의 조미료인 간장에 조려서 먹는 소고기전골오늘날의 '샤브샤브'에서 시작되었다. 이렇게 먹는 것이 가장 저항감을 줄일 수 있기 때문이다. 그 후 서양요리의 조리 기술을 일본식으로 재편하려는 노력을 계속한 결과 다양한 종류의 일양절충 요리가 탄생했다. 오늘날 한국인도 즐겨 먹는 카레라이스, 고로케, 돈가스가 그렇다. 1894~1895년의 청일전쟁 무렵 '카레라이스'는 도회지의 중산층 가정을 중심으로 확산되었다. 카레는 다양한 향신료를 혼합한 것으로 고기 냄새를 없애고 기운을 북돋워 주는 강장 효과가 있다. 인도의 카레 요리는 원래 고기를 카레로 끓인 것이다. 이것이 일본에 전해지면서 고기의 양이 줄어들고 감자, 당근, 양파 같은 재료가 많이 들어갔다. 또한 프랑스의 크로켓이 일본에 전해지면서 화이트소스 없이 소고기나 닭고기를 갈아 으깬 감자와 섞어서 빵가루를 입혀 기름에 튀긴 '고로케'가 탄생했다. 일양절충 요리의 끝판왕은 역시 '돈가스'이다. 돼지고기 안심을 빵가루에 묻혀 기름에 튀겨 밥과 함께 먹는 돈가스의 발명은 외래문화를 수용하는 일본 방식의 전형을 보여 준다.

음식 분야에서 일본의 '서구 따라잡기' 근대화 노력은 병영에서도 계속되었다. 서양 군대의 주식인 빵은 밥과 비교해 볼 때 여러 면에서 효율적이었다. 가벼워서 휴대하기 편리하고, 장시간 보존이 잘되며, 전쟁터에서 연기를 피울 염려가 없고, 이동하면서도 먹을 수 있다는 등의 이유로 빵의 개발에 착수한 결과 탄생한 것이 건빵이다. 1872년 일본 해군은 아예 빵을 원양 항해용 식량으로 채용했으며, 1877년에는 일본 육군도 건빵을 비상 군사식량으로 병용했다.

단팥빵의 탄생

모방에서 창조를 이루어 내는 일본식 외래문물 수용 방식의 압권은 오늘날 우리가 즐겨 먹는 '단팥빵'의 발명이다. 위로부터 서구식 식생활문화를 수용하자는 운동이 있었지만, 서민들은 오랫동안 밥을 주식으로 해 왔기 때문에 빵을 받아들이기 쉽지 않았다. 소고기를 일본인의 입맛에 맞게 조리해 냈듯이, 일본인의 입맛에 맞는 빵을 제조해 낼 필요가 있었다. 이때 일본인들은 차와 함께 먹는 단팥 찐빵이나 다이후쿠모치大福餠를 좋아한다는 사실에 주목하고 쌀누룩에서 얻은 주종 반죽에 단팥소를 넣어 구워 내면 어떨까 하고 계속 실험과 도전을 한 사내가 있었으니, 도쿄 긴자 거리에 있는 기무라야木村屋의 창업주 기무라 야스베에이다. 1874년에 기무라야의 '단팥빵'은 출시되자마자 전국을 제패하고 마침내 천황의 식탁에까지 올랐다. 오늘날 우리들이 먹는 모든 단팥빵에는 한가운데가 폭 들어가 있다. 그것은 1884년에 궁내청에 납품하는 빵을 시판용 빵과 구별하기 위해 빵 한가운데를 푹 들어가게 하고 벚꽃을 소금에 절여 얹기 시작한 관행의 유산이다. 서구화 바람이 최고조에 다다른 로쿠메이칸시대에 단팥빵은 문명개화의 상징이었다.

슈쿠바, 에도시대로의 여행

이혜영 (한국방송통신대학교 강사, 일본언어문화연구가)

여행의 시작

나라이주쿠, 쓰마고주쿠, 마고메주쿠는 옛 도로 나카센도^{中山道}에 있던 69개의 슈쿠바^{宿場, 여행 숙소}를 말한다. 나는 이곳으로의 여행을 설레는 마음으로 계획하고 준비하면서 에도시대^{1603~1868}의 사람들은 어떻게 여행을 했을까 하고 궁금해졌다.

《에도의 여행자들》²⁰⁰⁴에서는 남자들뿐만 아니라 여자들도 곧잘 여행길에 올랐다고 한다. 그 당시 도로나 숙박 시설이 제대로 갖추어 있지 않으면 많은 사람들이 여행을 하기 쉽지 않았을 터인데, 어떻게 여행이 가능했는지 의문이 들었다. 도로 사정에 대한 답은 바로 도쿠가와 바쿠후^{德川幕府}에 있었다.

세키가하라¹⁶⁰⁰ 전투에서 승리를 거두고 시작된 에도시대는 많은 정치적, 문화적 변화가 일어났다. 그중 하나가 일본의 옛 도로 체계의 복원이었다. 이는 도쿠가와 바쿠후의 지방 지배권 강화를 위한 통신망 역할을 했다.

여행의 길, 나카센도

나카센도는 기소카이도木曽街道라고도 하며 에도와 교토를 연결하는 도로이다. 나카센도는 오늘날의 사이타마현, 군마현, 나가노현, 기후현, 시가현을 통과하며 총길이는 약 534km이다.

해안을 지나가는 도카이도東海道와 달리 나카센도는 이름에서 볼 수 있듯이 내륙의 산악지대를 지난다. 나카센도는 좀 더 길고 언덕이 있어 약간 돌아가야 했지만 강을 건너지 않아 더 안전하고 이동하기가 훨씬 수월했다고 한다. 그 때문에 여성 여행자들이 이 길을 더 선호했다. 그래서 히메카이도姬街道, 즉 공주도로라고도 불렸다. 534km나 되는 긴 길을 에도의 여행자들은 대개 도보로 약 2주간의 일정으로 움직였다. 현대의 일본인들은 어떻게 나카센도를 여행할까? 물론 자동차를 이용한 여행자도 있겠지만 《정확하게 걸을 수 있는 나카센도 69차ちゃんと歩ける中山道 六十九次》2014와 같은 책으로 알 수 있는 바와 같이 나카센도를 걸어서 가 보려는 여행자도 많은 것 같다. 인터넷 서점에도 비슷한 종류의 책이 여러 권 있다.

나카센도는 현대적인 개발이 이루어졌으나 옛 모습을 간직하고 있는 곳도 있고 복원이 이루어진 곳도 있다. 교토의 황녀 가즈노미야和宮는 정혼자가 있는데도 불구하고 16세의 나이에 14대 쇼군 도쿠가와 이에모치德川家茂와 결혼하기 위해 에도까지의 먼 여행길에 올랐다. 가즈노미야는 어느 길을 이용해 에도까지 갔을까?

막말幕末의 비운의 황녀 가즈노미야

1861년 10월 20일, 전례 없는 대규모의 행렬이 교토에서 출발해서 에도로 향했다. 황녀 가즈노미야의 혼례 여행이었다. 그 당시 개국을 둘러싸고 조정과 바쿠후가 대립하며 시국은 더욱 혼란스러워졌다. 천황 가문과 도쿠가와 가문은 혼인 관계를 맺음으로써 조정과 바쿠후의 관계를 회복하며 사태를 수습하려고 했다. 이 결혼은 명백한 정략결혼이며 보기에 따라서는 결과적으로 황녀를 에도성에 인질로 빼앗기는 것이나 다름없었다. 이제부터 가즈노미야의 비운의 결혼 스토리를 잠시 엿보려고 한다.

1851년에 16세의 가즈노미야는 오빠인 고메이孝明 천황의 주선으로 아리스가와노미야다루히토有栖川宮熾仁 친왕과 약혼했다. 그는 가즈노미야보다 11살이 많았지만 좋은 집안의 귀공자였다. 가즈노미야에게 와카和歌를 가르치기도 했고, 두 사람은 서로 사랑하여 혼삿날만을 기다리던 중이었다. 가즈노미야는 쇼군 이에모치와 결혼해야 한다는 갑작스러운 소식에 곤혹스러웠으나, 이 혼사가 성사되지 못하면 오빠 고메이 천황이 퇴위 위기를 맞이한다는 것을 알게 되었다. 그래서 하는 수 없이 이에모치와의 결혼을 수락하고 만다.

우여곡절 끝에 1861년 10월 20일에 가즈노미야는 에도로 떠났고, 그 여정은 나카센도 코스로 정해졌다. 나카센도는 거리도 길고 산길도 많았다. 반면에 도카이도는 길이 평탄하고 넓으며 도로 주위의 제반 시설도 완비되어 있어서 교통편이 나카센도보다 좋았다. 그러나 수많은 행렬이 오가는 도카이도는 수상한 자들을 파악하기가 어려웠다. 이런 점에서 도로의 폭이 좁고 산길이나 시골길이 많은 나카센도가 경비하기가 쉬웠을 것이다. 그래서 출발 날짜와 코스는 극비리에 짜고 출발 직전까지 발표하지 않았다. 교토를 떠날 때의 총인원은 8,000명에 이르렀으며, 도중에 번藩이 보내온 경비와 경호하는 사람을 추가하면 2만 명에 이르는 엄청난 수의 사람들이 이동했다고 한다. 이렇게 해서 11월 15일에 일행은 무사히 에도에 도착했고 25일간의 긴 여행은 끝났다. 첫 슈쿠바는 오쓰大津였고 마지막은 이타바시板橋였다. 가즈노미야 일행은 모두 23곳에서 숙박을 했는데 아쉽지만 나라이주쿠, 쓰마고주쿠, 마고메주쿠에서는 숙박을 하지 않았다.

결혼 후 16세 동갑인 남편 이에모치와의 사이가 좋았다고 하는데 불행히도 5년 후에 그는 21세에 요절하고 만다. 그 후 가즈노미야의 삶은 어땠을까? 격변하는 에도시대의 끝자락에서 어떤 생각으로 삶을 지탱해 갔을까? 가즈노미야는 32살의 나이에 생을 마감하고 유언에 따라 이에모치의 무덤에 함께 묻혔다.

슈쿠바, 편안한 숙소

에도의 여행자들에게 걷기에 충분한 도로는 준비되었고 이제 여행에서 중요한 숙소에 대해 생각해 보고자 한다. 에도의 여행자들에게 더 나은 숙소를 제공한 것은 에도 바쿠후의 산킨코타이参勤交代의 역할이 컸다고 할 수 있겠다.

산킨코타이란 다이묘大名, 에도시대에 봉록이 1만 석 이상인 무가가 에도에 처자를 두고 정기적으로 바쿠후에 출사하도록 한 것이다. 산킨코타이는 바쿠후에 대한 군 복무였으므로 처음에는 전쟁에 임하는 행군의 형식을 갖추었으나 나중에는 형식적이고 화려하게 변해 갔다. 바쿠후는 다이묘 행렬의 검소화를 명하고 격식에 맞도록 규모를 정했으나 다이묘가에서는 가능한 한 화려하게 보이고자 했다. 그 예로 100만 석의 가가번加賀藩에서는 행렬이 2,500명에 달해 행렬 전체가 한 개의 숙소를 통과하는 데 3일이 소요되기도 했다고 한다. 이처럼 바쿠후의 견제에 의한 장대한 인원의 이동으로 인하여 숙소가 크게 발전하는 계기가 되었다. 근세 시대의 슈쿠바는 세키가하라 전투가 끝난 직후인 1601년 1월에 설치되었다고 한다. 에도의 여행자에게 도보여행에 필요한 도로와 함께 편안한 숙박 시설은 중요한 요소였을 것이다. 편안한 숙박 시설은 여행자들이 피로에 지친 몸과 마음을 재충전하고 다음 여행지로 떠나는 힘을 주기 때문이다. 나카센도의 슈쿠바 중에서 옛 모습을 유지하고 있고 관광지로도 유명한 곳은 나가노현의 나라이주쿠, 쓰마고주쿠와 기후현의 마고메주쿠이다.

슈쿠바는 숙박을 위한 제반 시설을 갖춘 다양한 숙박시설을 총체적으로 일컫는 말로 혼진本陣, 와키혼진脇本陣, 하타고야旅籠屋, 도이야바問屋場, 기친야도木賃宿 등으로 구성되어 있다. 근세 시대의 슈쿠바는 여행자들에게 휴식과 음식, 교통, 정보 등을 제공하며 운용되어 왔다. 혼진은 다이묘나 바쿠후의 무사, 고급관리 등 지배계층 중에서도 상위 계층에 있는 자들을 위한 숙박 시설이었으며, 와키혼진은 근본적으로는 혼진의 보조 역할을 수행했으나 혼진에 객실이 없는 경우 그 대안으로 이용되거나 수행원을 위한 숙소로도 사용되었다. 하타고야는 일반 여행자를 위한 대표적 숙박 시설로서 확고한 위치를 차지하고 있었으며 무엇보다 하타고야에서 식사를 제공하게 된 시기겐로쿠, 교호 시기 1688~1736 부터 일반인들의 여행이 활성화되었다. 특히 유녀를 두고 운영되는 메시모리飯盛り 하타고가 번창했다.

도이야바는 사람과 말이 쉬어 가는 중계소 역할을 했다. 도아야바의 책임자를 도이야라고 하는데 슈쿠바의 최고위직으로 슈쿠바 전체를 종합적으로 관리했다. 기친야도는 식사를 제공하지 않고 여행자가 직접 취사를 하는 저렴한 숙박 시설로, 여행을 동경만 해 오던 서민들도 여행을 하는 좋은 기회를 갖게 되었다.

나라이주쿠 奈良井宿

나라이주쿠는 에도시대의 모습을 그대로 간직한 슈쿠바이다. 처음 나라이주쿠에 대해 알게 되었을 때 이름이 생소하고 막막했지만 일단 일본 여행 버킷리스트에 넣고 시간이 날 때마다 조사해 보았다. 이곳은 나가노현의 나라이라는 지역의 에도시대 역참 마을로 나카센도 옛길에 있는 34번째 마을이다. 접근성이 떨어진 곳이어서 일단 도쿄역에서 출발해 보기로 했다. 도쿄역에서 신칸센을 타고 나가노시로 간다. 나가노시에는 1,400여 년의 역사를 자랑하는 젠코지 善光寺 라는 절이 있다. '멀리서라도 일생의 한번쯤은 참배하러 가는 젠코지'라는 말이 있듯이 에도시대부터 사랑받던 곳이다. 다시 특급열차를 타고 마츠모토 松本 로 향한다. 《알면 다르게 보이는 일본 문화 3》2023 에 소개된 마츠모토성을 보러 간다. 젠코지, 마츠모토성 또한 나를 설레게 하는 키워드이다.

마츠모토에서 지인을 만나 승용차로 나라이주쿠로 향했다. 국도 19호를 따라 도착한 나라이주쿠. 주차장 앞에 대기하고 있던 무료 셔틀버스를 타고 종점에 내려서 시즈메진자 鎭神社 부터 천천히 걷는다. 나라이주쿠는 사진 속 모습과 똑같이 하고 서서 나를 반겨 준다. 얼마나 많은 여행자들이 이곳을 지나갔을까. 양쪽으로 늘어선 2층 건물 안에서 때론 즐겁게 이야기하며 때론 먹고 마시는 에도의 여행자들의 향기와 웃음소리가 그윽하게 느껴지는 것 같다. 지금은 기념품점, 민박, 식당, 카페, 칠기 상점 등으로 변신하여 현대의 여행자들을 반기고 있다. 나가노현 시오지리시에 위치한 나라이주쿠, 약 1km 정도 펼쳐지는 슈쿠바 마을은 일본 내 최장의 길이를 자랑하며 많은 여행객으로 번영하면서 나라이센겐千軒으로 불렸다고 한다. 나라이에는 1,000채가 넘는 집이 늘어서 있다는 의미이다. 현재에도 에도시대 건물이 거의 완전한 상태로 남아 있어 1978년에는 '국가중요전통건축물군보존

나라이주쿠의 거리

나라이주쿠의 음수대

나라이주쿠의 안내판

고헤이모치(五平餠)

지구'로 지정되었다. 중요문화재로 지정되어 있는 가미토이야^{上問屋}
자료관에는 고문서, 도자기, 일상생활에 사용되었던 도구 등 400여 점
이 전시되어 있다.

　나라이주쿠는 시대의 변화와 함께 슈쿠바 마을의 역할을 끝내고 그
수도 점점 줄고 있지만 에도시대의 휴식처 역할과 옛 거리를 볼 수 있
는 장소로서 많은 관광객이 찾아오고 있다. 여기에서 빼놓을 수 없는
간식거리는 고헤이모치^{五平餠}이다. 으깬 밥을 막대에 붙여서 구워 간
장 소스를 묻히고 다시 그 위에 산초가루를 뿌린 것인데 산초가루 때
문에 좀 독특하고 매운맛이 나지만 한번쯤 먹어 볼 만하다.

쓰마고주쿠 ^{妻籠宿}

　나라이주쿠 관광을 마치기 전부터 쓰마고주쿠에 가보면 좋겠다는
생각이 들었다. 쓰마고주쿠는 나라이주쿠에서 58km 떨어진 곳으로
1시간 10분 정도 가야 했다.

　쓰마고주쿠는 나카센도의 42번째 숙소로 나라이주쿠와는 다르게
기복이 있는 지형으로 완만한 돌로 된 언덕길이 많았다. 그래서인지
마을이 아기자기해 보인다. 그리고 또 하나 다른 점은 쓰마고주쿠에는
나라이주쿠에 비해 외국인 관광객이 많다는 점이다. 인터넷의 영향일
까? 미슐랭 그린가이드의 별 하나 때문일까? 외국인들이 배낭을 내려
놓고 여기저기에서 쉬고 있었다. 아마도 마고메주쿠까지 트레킹을 즐
길 수 있기 때문이리라. 마고메주쿠까지 7.9km의 하이킹 코스는 나카
센도 도보여행 중에서도 인기 코스라고 한다.

　이곳은 행정구역상으로 남쪽 기소 지방으로 나기소^{南木曾}라고 부

른다. 쓰마고주쿠의 중요 볼거리는 작가 시마자키 도손島崎藤村의 어머니의 생가라고 전해지는 혼진과 국가 중요 문화재인 와키혼진 오쿠야奥谷이다. 앞에서 언급했던 바와 같이 혼진은 다이묘나 바쿠후의 무

쓰마고주쿠의 거리

토산품 판매점

혼진의 모형

와키혼진의 모습

쓰마고주쿠의 돌계단

쓰마고주쿠의 거리에서 쉬고 있는 외국인

사, 고급관리 등을 위한 숙박 시설이었으며 와키혼진은 수행원들을 위한 숙소로 사용되었던 곳이다. 와키혼진은 특히 국가 일본 중요문화재로 지정되었으며 그 당시의 민속자료와 시마자키 도손의 자료 등이 전시되어 있다. 돌길과 고즈넉한 에도시대의 건물이 늘어선 경관은 인생사진을 찍기에 좋은 명소로 무엇을 찍어도 작품이 될 것 같았다.

마고메주쿠 馬籠宿

마고메주쿠는 쓰마고주쿠와 함께 미슐랭 그린가이드의 별 하나를 획득한 일본의 대표적인 관광지이다. 전국적으로도 보기 드문 험준한 지형에 위치해 있는 역참 마을이다. 말이 넘어갈 수 없을 만큼 길이 험해서 말을 역참에 두고 갔다는 데서 마고메주쿠로 불리게 되었다고 한다. 기후현 나카쓰가와시에 남아 있는 나카센도의 43번째 역참 마을 마고메주쿠는 산길을 따라 이어진 돌길이 여행자의 마음을 유혹한다. 마고메쥬쿠는 직접 가보진 않았지만 쓰마고주쿠와의 관련성도 있고 해서 좀 더 이야기하고 싶다.

마고메주쿠는 일본 근대의 문호 시마자키 도손島崎藤村의 출생지이며 그의 집터에는 '도손기념관'이 있다. 그곳에는 마고메를 무대로 한 시마자키의 장편 역사소설《요아케마에 夜明け前》등의 작품 원고가 전시되어 있다고 한다.《요아케마에》는 시마자키 아버지를 모델로 하여 막말 당시의 자료를 바탕으로 개인과 사회의 동향을 통해 메이지 유신 전후의 역사를 그린 소설이다. 무엇보다 나카센도와 슈쿠바의 산 역사를 알 수 있는 소중한 자료이기도 하다.

木曾路はすべて山の中である。(기소 길은 모두 산속이다.)

소설은 이 문장으로 시작된다. 이 첫 문장은 《요아케마에》를 전부 읽지 않더라도 일본인이라면 대체로 알고 있다고 한다. 마치 가와바타 야스나리川端康成 의 《설국雪国》1937의 첫 문장만큼이나 유명한 듯하다. 이 지역은 그야말로 첩첩산중의 지역이라는 것을 이 문장을 통해서 알 수 있다. 그는 나카센도를 도산도東山道, 기소카이도라고 칭하며 마고메 지역을 설명하고 있다. 소설 속에서 기소 지역의 슈쿠바 11곳에 대한 이야기를 만날 수 있다.

나라이주쿠를 비롯하여 쓰마고, 마고메 지역은 정말 숲이 많다. 산이 많고 물이 많다. 물맛이 시원하고 달다. 이 지역에 물이 많고 맛이 있어서인지 '요아케마에'라는 기소지木曾路의 명주인 사케가 있다. 지역의 특산품을 시마자키의 소설명에서 따온 것을 보면 일본인은 재치가 있다는 생각이 든다.

시마자키 도손의 소설 《요아케마에》

일본 술 '요아케마에'

행복한 에도의 여행자들

에도의 여행문화는 근세의 도로 정비와 효율적이고 체계적인 슈쿠바 운영으로 여행 기반시설을 차근차근 쌓아 갔다. 에도시대 서민들이 자신의 거주지를 떠나 여행을 한다는 것은 원칙적으로 불가능한 일이었으나 종교적 참배나 온천 치유를 위한 여행은 허가되었다. 또 한 가지 고講가 발달했기 때문이라고 하는데, 고는 일종의 단체여행 전문 여행사와도 같아서 여행의 모든 편의를 대행해 주었다.

그렇다면 그들이 가장 선호한 여행지는 어디였을까? 그곳은 바로 일본에서 가장 성스러운 곳인 이세신궁伊勢神宮이다. 이세신궁의 참배는 폭발적인 인기를 끌었으며 '평생에 한번은 이세 참배를…'이라는 소원을 이루려고 많은 서민들이 참배대열에 올랐다. 이러한 참배는 관광 요소를 갖고 있어서 일정에 하코네箱根, 아리마有馬, 아타미熱海 등의 유명 온천지를 들르거나 에도, 교토, 오사카 등의 대도시를 관광하고 유람하는 순서가 포함되어 있었다. 이세신궁의 참배는 일본에서 여행문화가 발달하는 좋은 계기가 되었다.

일본을 여행해 보면 가는 곳마다 안전하고 편안하게 여행할 수 있도록 세심한 배려를 아끼지 않는 모습을 자주 본다. 특히 관광지에 들어서면 순로順路, 관광경로라고 쓰여진 안내판이 마음에 든다. 이리저리 왔다 갔다 하다 보면 꼭 봐야 할 것을 놓치는 경우가 종종 있기 때문이다. 그리고 일본 특유의 료칸은 편안한 잠자리와 목욕, 맛있는 식사를 제공한다. 아마도 일본이 현재에 이르기까지 세련된 여행문화를 선도하고 있는 이유는 에도시대로부터 이어온 여행의 전통 덕분이 아닐까. 비행기를 타고 한두 시간의 거리에 이런 즐거움을 느낄 수 있는 곳이 있어 여행자로서 행복하다.

이곳이 우리들의 세키가하라, 갈림길에 선 역사의 운명

최갑수(금융투자협회)

임진왜란을 일으켜 조선 반도를 도륙한 도요토미 히데요시가 세상을 떠난 이후, 일본 정국에는 다이묘 간에 주도권 쟁탈권을 둘러싸고 어두운 그림자가 서서히 몰려왔다. 히데요시의 아들 도요토미 히데요리를 앞세워 정통성을 계승한다는 명분으로 이시다 미쓰나리를 주축으로 하는 서군 세력과, 기나긴 인고의 세월을 참고 기다리며 새로운 시대를 열고자 하는 도쿠가와 이에야스를 중심으로 하는 동군 세력이

영화 〈세키가하라 대전투〉 포스터

그들이다. 하늘에 두 개의 태양이 공존할 수 없듯이 수면 아래서 암투를 벌이던 두 마리의 잠룡이 마침내 격돌했다. 일본에서는 2017년 하라다 마사토 감독의 영화 〈세키가하라 대전투〉가 개봉하여 상당한 인기를 끌었다. 2019년에는 국내에도 소개되어 영화 팬들의 관심을 받은 바 있다. 전투에 등장하는 인물이 워낙 많아 일반 독자들에게는 다소

내용이 어려울 수도 있으나, 이제 생생한 세키가하라 역사의 한 장면 속으로 들어가 보자.

자욱한 안개 속의 함성 소리

"내가 아직 진군 명령을 내리지 않았는데, 어디서 요란한 총소리와 함성이 들리는 거야?" 이에야스가 쩌렁쩌렁한 목소리로 다급하게 외친다. "주군! 이이 나오마사도쿠가와 4천왕 중 하나로 불리는 무장가 선공을 시작하고, 이에 질세라 후쿠시마 마사노리전국시대의 뛰어난 무장가 가담하면서 우키타 히데이에도요토미 히데요시의 양아들 본대와 격렬하게 붙었습니다". 동군의 부하 장수가 보고한다. 아즈치모모야마시대오다 노부나가와 도요토미 히데요시가 통치한 전국시대 말기 게이초 5년, 1600년 음력 9월 15일 양력 10월 21일 아침. 일본 역사상 가장 규모가 크고 중요한 전투 중 하나로, 전국시대가 종말을 고하고 새로운 질서인 에도시대가 열리는 천하를 판가름하는 분수령이 된 싸움이 지금의 기후현 세키가하라 벌판에서 시작된다.

일본인은 흔히 오늘날 '중요한 승부처를 가리키거나, 운명을 결정짓는 시합'을 말할 때, "이곳이 우리들의 세키가하라ここが私らの関ヶ原!"는 표현을 사용한다. 또한 오늘날 관동 지역과 관서 지역이 바로 세키가하라를 기점으로 나

세키가하라 결전지

뇐다는 것이 학계의 정설이다.

수면 위로 떠오르는 양측의 갈등

이번 전투에서 동군을 지휘하는 도쿠가와 이에야스에 대해서는 독자들이 많이 들어 보았을 것이기에, 우선 이시다 미쓰나리石田三成에 대해 알아보자. 아명은 사키치佐吉이며, 훗날 주군으로 섬기는 도요토미 히데요시와의 만남은 차를 세 번 바쳤다는 '삼헌차三献茶'의 일화로 유명하다. 히데요시는 지금의 시가현 나가하마시인 오미국에서 매 사냥을 하다가 갈증을 해소하러 관음사라는 절에 들러 따스한 차 한잔을 부탁한다. 동자승이 처음에는 미지근하고 연한 차를, 두 잔째는 조금 뜨겁고 진한 차를, 마지막에는 진하게 탄 뜨거운 차를 대접한다. 그 당시 차를 내온 어린 시동이 바로 미쓰나리이다. 히데요시가 그를 시동으로 데려갔고 이를 계기로 그의 정계 입문 여정은 시작된다. 두뇌 회전이 빠르고 상황 판단력이 남달라서인지 히데요시의 책사로서 주로 외교와 행정업무를 전담한다. 물론 우리와는 임진왜란으로 엮여 있어서 그리 좋은 인연은 아니다. 임진왜란 당시 관군 3,000명에 불과한 권율 장군에게 맞서 3만 명의 대군을 이끌고도 행주산성에서 대패한다. 정유재란에는 잔뜩 겁을 먹어서인지 조선 땅에 참전하지는 않는다. 그의 가문家紋은 '만인이 한 사람을 위해서, 한 사람이 만인을 위해서 최선을 다한다면 세상 사람들은 행복하게 된다大一大万大吉, だいいちだいまんだいきち'이다.

1598년 9월, 히데요시가 자신의 죽음을 비밀로 부치고 조선에서 회군하라는 유언을 남기고 62세에 사망한 이후 이에야스와 미쓰나리의 갈등은 표면화된다. 처음에는 히데요시 다음으로 권력을 쥐고 있던 5대로大老 중 하나인 마에다 도시이에의 중재로 이에야스와 미쓰나리의 갈등은 수면 아래로 가라앉는 듯한다. 그러던 중 1599년 3월, 마에다 도시이에가 사망하면서 두 사람의 갈등은 최고조에 달한다. 임진왜란 침공 당시 제1대장인 고니시 유키나가와 제2대장인 가토 기요마사 일본 최고의 축성술을 이용해 훗날 구마모토성을 쌓음 가 사사건건 싸우는 것을 일방적으로 가토의 잘못이라고 히데요시에게 밀고한 사건을 계기로 미쓰나리에 앙심을 품었던 가토 기요마사가 그를 제거하고자 야밤에 기습을 감행한다. 혼비백산한 미쓰나리는 이에야스의 집으로 도망쳐 간신히 목숨을 부지한다. 이에야스의 중재로 사건의 책임을 묻지 않고, 미쓰나리가 오봉행五奉行에서 물러나는 조건으로 미쓰나리의 거점성인 사와야마성 오늘날 시가현 히코네시 위치으로 유배를 보낸다. 이 사태

이시다 미쓰나리의 초상화

도쿠가와 이에야스의 초상화

로 결국 도요토미 히데요리 세력의 지지 세력인 미쓰나리가 몰락하고 이에야스가 권력의 중심에 서게 된다.

왜 세키가하라 벌판에서 전투가 벌어졌을까?

이에야스는 반대파 제거를 위해 우에스기 가게카쓰에게 교토로 오라는 명령을 내린다. 우에스기가 말을 듣지 않자 이에야스는 노발대발 화를 내며 직접 대군을 이끌고 아이즈번 오늘날 후쿠시마현 정벌을 단행한다. 아이즈로 가는 도중에 이에야스는 미쓰나리의 거병 소식을 접한다. 이렇게 되자 그는 다테 마사무네 외눈의 장애를 극복한 오늘날 센다이 번주, 모가미 요시아키 오늘날 야마가타현의 번주 등에게 가게카쓰를 막도록 지시한 후, 오야마에서 서군 정벌을 위해 가쓰산을 점령하고 나서 세키가하라로 회군한다. 이렇게 하여 이에야스가 이끄는 아이즈 정벌군은 동군이 된다. 한편, 오사카에 거점을 두고 도요토미 히데요리를 주군으로 모시는 미쓰나리는 서군이 된다. 어떤 학자는 세키가하라 전쟁을 오우미 출신이면서 히데요시의 첩인 요도도노와 미쓰나리를 중심으로 한 문치파 상인파 세력과, 히데요시 정실부인인 네네와 이에야스를 중심으로 한 무장파의 대립으로 표현하기도 한다.

여기서 잠시 세키가하라 지형을 살펴보자. 세키기하라를 가로지르는 나카센도는 군사 요충지이다. 동쪽으로는 기소 지방, 서쪽으로는 오사카로 연결되며 남쪽으로는 이세 지방으로 가는 이세카이도가 만나는 오미와 미노의 경계에 있는 관문이기도 하다. 여기의 분지 형태는 넓은 평지 모양이기에 대군끼리 싸우기에 적합한 지형이다. 이에야스가 이끄는 동군이 오사카로 진군하려면 반드시 세키가하라를 통과

해야 한다. 그곳은 타원형의 분지 모양으로 평원의 길이가 동서로는 약 4km, 남북으로는 2km이다. 이런 장소이기에 세키가하라에서 동·서군이 한판 전투를 벌이게 된 것이다.

전투의 전개 양상

역사의 시계를 거꾸로 돌려 당시 세키가하라 전투 현장 속으로 들어가 보자. 미쓰나리는 텐만산, 이에야스는 모모쿠바리산 인근에 사령부 진지를 구축한다. 텐만산 맞은편 마쓰오산에는 서군측 고바야카와 히데아키가 대기 중이고, 모모쿠바리산 아래쪽 남구산에는 서군 다이묘 안고쿠지 에케이 임진왜란 당시 의병장 곽재우와 전투, 모리 히데모토 모리 데루모토의 양자, 초소카베 모리치카 도사국의 장수 등이 상황을 보아 이에야스 배후를 친다는 작전을 짠다. 군사 배치도로만 본다면 이순신 장군이 한산대첩에서 사용했던 학익진鶴翼陣 전법 양상과 아주 유사하다. 다른 점이 있다면 이순신 장군의 학익진은 일사분란하게 적을 공격한다는 것이고 미쓰나리의 전술은 실제 전투에서 제대로 작동되지 않았다는 점이다. 전투 중간에 히데아키의 배신으로 오타니 요시쓰구의 옆구리를 공격하면서 서군의 측면 한쪽이 와르르 무너지고, 남구산 배후에 있던 모리 히데모토와 안고쿠지 에케이 등이 후방 지원을 하지 않으면서 배후 공격은 사실상 유명무실해진다. 이에 반해 동군은 적진의 정면 중앙을 공격하는 데 유리한 어린진魚鱗陳을 펼친다. 어쨌든 진형 자체만 놓고 본다면 서군의 대형이 절대적으로 유리하다. 일단 이 전법이 제대로 작동했더라면 동군에게 심각한 타격을 입히는 것도 가능했을 것이다. 그러나 너구리 영감은 그리 호락호락한 인물이 아니다. 전

세키가하라 전투 장면

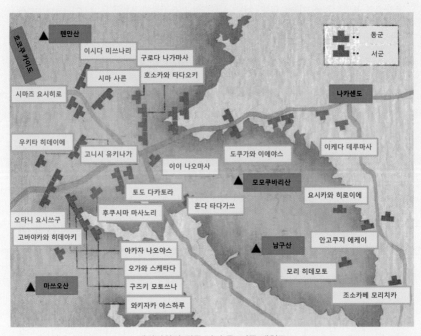

세키가하라 전투 당시 동·서군 배치도

투가 벌어지기 전에 이에야스는 히데아키를 포함한 서군 측 다이묘 상당수를 포섭해 놓는다. 한편, 전투 당시 3만여 명의 본대를 이끌고 있던 이에야스의 셋째 아들 도쿠가와 히데타다는 사나다 마사유키가 이끄는 우에다성을 공략하는 데 발목이 잡혀 정작 세키가하라 전투에는 참전하지 못한다. 이에야스 본대의 불참 이유를 두고, 세키가하라 전투에서 패전한다면 훗날을 도모하기 위해 일부러 아들을 시켜 전투에

세키가하라 전투 당시 동·서군 주요 참전무장

동군		서군	
무장 장수	병력(명)	무장 장수	병력(명)
도쿠가와 이에야스	30,000	이시다 미쓰나리	7,000
혼다 다다카쓰	500	시마사콘	500
이이 나오마사	3,600	가모 사토이에	500
마쓰다이라 타다요시	3,000	시마즈 요시히로	1,500
구로다 나가마사	3,700	고니시 유키나가	6,000
호소카와 타다오키	5,400	우키다 히데이에	17,000
가토 요시아키	3,000	오타니 요시쓰구	600
후쿠시마 마사노리	7,200	고바야카와 히데아키	11,000
오다 우라쿠사이	600	와키자카 야스하루	1,000
도도 다카토라	2,400	모리 히데모토	15,000
야마우치 카즈토요	2,000	안코쿠지 에케이	1,800
아사노 요시나가	4,800	나쓰카 마사이에	1,500
이케다 테루마사	4,500	조소카베 모리치카	6,600
계	70,700	계	70,000

출처: なるほど, 德川家康

불참하게 했다는 설도 있다.

전투에 참여한 병사 수는 동군이 약 8만 9,000명, 서군이 약 8만 2,000명 정도이고, 실제 전투에 투입된 병력은 동군이 7만 700명, 서군은 7만 명 정도이다. 일반적으로 우리는 서군의 숫자가 훨씬 많다고 알고 있으나, 실제로는 동군의 수가 더 많다. 그 이유는 '이에야스를 신격화하기 위해서, 그가 불리한 상황을 극복한 사나이로 숭배하기 위하여 미묘한 과장 표현을 사용한 것'이라고 일본 전사에는 기록되어 있다. 일본 문헌마다 출전 병사 수에 차이는 있으나 필자가 조사한 바로는 실제 출전 병사는 동군 병력이 많다.

한편, 사사오산 인근 서군에서는 시마 사콘이시다 미쓰나리의 부하이 기마 돌격을 시작하여 구로다 나가마사지쿠젠번의 무장를 공격하고, 동군에서는 그 당시 삼국지에 나오는 '장비'라 불리는 혼다 다다카쓰本多忠勝가 기마 돌격을 하다가 말이 서군의 우키다 히데이에 군의 총에 머리를 맞아 낙마한다. 미쓰나리는 밀려드는 동군들에 맞서 가신들의 선방으로 방어전을 비교적 잘 수행한다. 전투 양상이 일진일퇴를 거듭했으나 결정적인 순간에 측면에 있는 고바야카와의 배신과 후방에 있던 모리군이 움직이지 않으면서 전세는 순식간에 역전당한다. 임진왜란 때 제1대장으로 참전한 고니시 유키나가는 미쓰나리에게 세키가하라에서 싸우지 말고 오가키성에서 진지를 치고 기습 작전을 하자고 제안했으나 받아들이지 않자 실제 세키가하라 전투에서는 소극적으로 임한다. 오타니 요시쓰구 혼자 분전했으나, 히데아키의 배신과 상황을 관망하고 있던 와키자카 야스하루 등이 배신의 대열에 합류하면서 휘하 병사들이 궤멸당한다. 오타니는 가신인 유아사 고스케에게 '내가 죽거든 목을 절대로 적에게 내주지 말라'라는 유언을 남기며 할복한다.

오타니 요시쓰구의 제안으로 임명된 서군의 총대장 모리 데루모토는 '미쓰나리가 자신을 전쟁의 도구로 삼아 권력을 취하려 한다'라며 오사카성에 주둔하고 실제 전투에는 불참한다. 또한 모리 가문을 대표해 참전한 모리 히데모토는 전쟁에 방관자적인 입장을 취한다. 남구산 선두에 자리 잡은 깃카와 히로이에게도 '병사들이 도시락을 먹어야 해서 전투를 못하겠다'는 말도 안 되는 핑계로 길목을 막아, 후미 군대가 진군하지 못하는 결과를 초래한다. 이에 안코쿠지 에케이, 다치바나 무네시게 _{야나가와번의 무장}, 조소카베 모리치카 군은 전투 내내 구경만 하는 신세가 된다. 결국 이러한 일련의 상황은 참전 여부를 놓고 눈치를 살피던 서군 측의 다이묘 상당수가 이탈하는 결과로 이어진다. 가고시마의 다이묘인 시마즈 요시히로 _{사쓰마번의 번주이자, 임진왜란 당시 조선 도공 80여 명을 잡아감} 또한 작전회의에서 무시당했다는 이유로 적극적으로 나서지 않는다. 오후가 되자 미쓰나리군 인근 부대만 남아 최선을 다해 싸웠으나 시마 사콘이 최후의 돌격을 감행하다가 전멸당한다.

이시다 미쓰나리 사령부

도쿠가와 이에야스의 최후 진지

전투 막바지에 동군에 완전히 포위된 시마즈군은 아무도 예상치 못한 적진 중앙돌파를 시도한다. 후방을 맡은 병력이 결전을 치르고, 전멸을 당하면 후위를 맡은 병사들이 죽을 때까지 싸워 대장을 끝까지 보호하는 퇴각 전법인 '스테가마리捨て奸' 전법으로 퇴각을 감행한다. 1,500여 명의 병력으로 참여한 시마즈 요시히로는 간신히 100여 명만을 데리고 고향 땅 가고시마로 돌아간다.

서군의 패배가 확실시되자 미쓰나리는 훗날을 도모하고자 이부키산을 넘어 모진 고생을 하며 도주하다가, 다나카 요시마사에게 붙잡혀 이에야스의 진영으로 끌려온다. 이에야스는 오쓰성 성문 앞에 밧줄로 묶어 미쓰나리의 비참한 모습을 백성들에게 구경하게 한 후, 1600년 10월 1일양력 11월 6일에 처형한다. 고니시는 할복하라는 이에야스의 권유를 천주교 신자라는 이유로 끝내 거절하여 참수형을 당한다. 안코쿠지 에케이는 모리 데루모토의 가신인데, 모리 가문에 경고하는 의미로 사형을 당한다. 이렇게 역사적인 전쟁은 약 6시간 만에 싱겁게 막을 내린다. 결과적으로 서군의 전사자는 3만 2,000여 명, 동군의 전사자는 4,000여 명이었다.

전투 승패의 열쇠, 고바야카와 히데아키의 배신

고바야카와 히데아키는 이토록 중요한 순간에 왜 돌아섰을까? 그는 히데요시 정실부인이었던 기타노 만도코로의 오빠인 기노시타 이에사다의 아들이다. 4세에 히데요시의 양자로 입양되어 네네의 손에서 자란 후 11세에 관직을 받는다. 그러나 히데요시의 첩인 요도도노의 아들 히데요리가 태어나면서 전국시대는 격랑 속에 빠진다. 히데요시

는 자신의 친아들을 후계자로 삼
기 위해 간바쿠關白였던 도요토
미 히데쓰구를 와카야마현 고야
산으로 유배 보냈다가 모반죄를
물어 할복시킨다. 또한 히데쓰구
의 처자식 40여 명을 역모를 방
지한다는 구실로 모두 처형해 백
성들의 민심을 크게 동요시킨다.
히데아키도 도요토미 히데요리
가 태어난 이듬해인 1594년, 지
금의 후쿠오카 북부 지역인 지쿠
젠의 나지마 성주 고바야카와가

고바야카와 히데아키의 초상화

小早川家에 양자로 보낸다. 이어 정유재란 때 조선에 참전하여 분전했
으나 미쓰나리의 간언으로 34만 석의 영지가 12만 석으로 줄어들고,
이후 지금의 후쿠이현인 에치젠으로 좌천되는 등 우여곡절을 겪는다.
이런 처지를 도와준 사람이 바로 이에야스이다. 그 덕분에 히데아키는
훗날 지쿠젠의 영지를 가까스로 회복한다. 이런 히데아키가 세키가하
라 전투에서 미쓰나리를 배반하는 것은 어찌 보면 인과응보일지도 모
른다. 독자분들이 고바야카와의 입장이라면 실제 전투에서 어떤 입장
을 취했을지 생각해 볼 대목이다.

삶과 죽음, 종이 한 장 차이던가!

세키가하라 전투 중에 형식적인 서군의 총대장은 모리 데루모토

였다. 데루모토는 실제 전투가 벌어졌을 때는 오사카성에 있었고, 현장에서 실질적인 사령관 역할은 미쓰나리가 수행한다. 그럼에도 가토 기요마사, 후쿠시마 마사노리 등 유력 다이묘들이 동군 편으로 돌아선 것은 임진왜란 시기부터 틀어지기 시작한 앙금을 해소하지 못한 미쓰나리의 뼈아픈 실책이라 할 수 있다. 반대로 그의 솔직한 성품에 이끌려 최후까지 목숨을 초개처럼 바친 시마 사콘 같은 다이묘도 있다. 그는 강한 충성심과 행정 능력이 뛰어난 정치가로서 도요토미 가문 최후의 기둥이었다. 그러나 좋고 싫음을 노골적으로 내색하는 성격 탓에 반대파를 양산하고, 주변 참모들의 고언을 듣지 않는 등 융통성이 부족하여 도요토미 가문이 멸망으로 이끄는 원인을 제공한다. 만약 미쓰나리가 적당히 융통성을 발휘하여 전쟁을 승리로 이끌었다면 일본의 역사 판도는 완전히 달라졌을 것이다.

이에 반해 이에야스는 어린 시절에 오와리국의 오다 가문부터 스루

미가타가하라 전투 이후 이에야스 초상화

가 지역의 이마가와 가문까지 인질 생활을 하면서 모진 고생을 한다. 눈칫밥을 많이 먹어서인지 상황 판단력은 탁월했던 것 같다. 1562년에 오다 노부나가와 동맹을 맺은 이후 승승장구하면서 아미타불만 외치면 서방정토로 귀의한다는 정토진종의 잇코잇키 一向一揆, 일향일규 봉기를 진압하며 그는 세상에 대한 눈을 다시 뜨게 된다. 이후 1573년 다케다

신겐과의 미카타가하라 전투三方ヶ原の戦い에서 역사적인 참패를 당하고 도망가며 공포에 질려 대변을 봤다고 전해진다. 그 당시의 치욕을 평생 간직하고자 이에야스는 고뇌에 찬 초상화를 그려 평생 곁에 두고 살았다고 한다.

이후 임진왜란에 참전하지 않고 군사력을 비축한 그는 히데요시 사후 다이묘간에 혼인을 금지한 규율을 깨고 다테 마사무네, 후쿠시마 마사노리 등과 혼인관계를 맺으면서 마침내 전투에서 승리의 축배를 마신다.

마침내 게이초 8년, 1603년 음력 2월 12일에 이에야스는 정이대장군征夷大將軍으로 에도 막부의 초대 쇼군으로 취임한다. 그는 집권 2년 후인 1603년에 셋째 아들 도쿠가와 히데타다에게 쇼군직을 물려주고 슨푸성오늘날 시즈오카현 소재에 머물며, 태상왕太上王으로서 아들의 후견인 역할을 맡아 내정과 외교 정책에 진력한다. 이러한 전략은 조선시대 3대 국왕 태종이 세종대왕에게 왕위를 양도한 후 군사와 외교정책을 전담했던 전략과 유사하다. 한편, 서군편에 가담했다가 패하여 대규모로 양산된 떠돌이 무사인 로닌浪人들은 1614년에 오사카성 겨울 전투와 이듬해 오사카성 여름 전투에서 히데요리의 편에 선다.

세키기하라전투와 비슷한 우리의 전투는 무엇일까? 이 전투보다 940년 전인 660년에 지금의 충남 논산 지역인 황산벌에서 계백의 5,000명 결사대와 김유신의 5만 군사가 국운을 걸고 치열하게 싸웠던 전투가 아니었나 하는 생각이 든다. 전쟁에서 패한 자는 멸문지화를 당하고 승리한 자는 부귀영화를 누리는 것이 역사의 진실이 아닐까.

현재의 도쿄를 만든 에도로 가는 길, 고카이도

홍유선(번역 작가, 월드 토이즈 대표)

일본의 도로명을 보면 뒤에 '카이도'가 붙은 경우가 많다. 카이도는 한자의 '거리'와 '길'을 의미하는 두 글자가 합쳐져서 만들어진 '가도街道'의 일본어 발음이다. 도쿄에서는 이렇게 '카이도'가 붙은 도로명으로 '오메카이도青梅街道'가 가장 널리 알려져 있다. 세키가하라 전투에서 승리를 거둔 도쿠가와 이에야스가 에도에 입성한 후, 에도성을 대대적으로 보수할 때 외벽을 칠할 하얀 석회가 대량으로 필요했다. 이때 현재의 오메시 나리키무라에서 나오는 석회를 채취해 운반하기 위해 정비된 길이 오메카이도이다. 그 당시에는 '나리키카이도'라고 불렀다. 오메카이도는 나이토신주쿠에서 고슈카이도와 나뉘어져 오메를 지나서 가다 현재의 고후시에서 고슈카이도와 다시 합류해서 고슈우라카이도라고도 불렀다.

오메카이도의 출발점은 신주쿠

오메카이도의 출발점은 신주쿠이다. 오메카이도는 현재 행정 주소지인 신주쿠의 가부키초에 있던 나이토신주쿠를 시작으로 젊은이들의 거리로 유명한 고엔지를 지나간다. 전차 소부센과 같은 방향의 길이라고 생각하면 쉽게 상상이 갈 것이다. 오메카이도는 에도성의 대대적인 보수를 위해 생긴 길이고, 이후에 도쿠가와 이에야스가 에도성에 자리잡고 에도 막부가 시작되면서 에도와 지방과 연결하는 길이 만들어졌다. 에도 막부의 심장인 에도와 천황이 살고 있는 교토를 잇는 길을 비롯해 각 지방에서 에도로 오는 5개의 길이 만들어지는데 이를 고카이도五街道라고 부른다. 다소 다른 부분이 있지만 현재 일본 철도와 도로의 원형은 바로 고카이도라고 할 수 있다. 고카이도가 만들어질 당시에는 사람과 마찬가지로 마차가 지나가기에는 길의 폭이 좁았기 때문에 현재의 국도인 자동차 도로를 만드는 과정에서 필요한 땅을 국가가 개인에게 매입해야 하는 상황도 발생했다. 하지만 비용이 너무 많이 들기도 했고 길이 좁아 차도를 만들 수 없는 곳은 카이도를 일부 변경해 지금의 국도, 고속도로, 철도가 완성되었다.

에도 막부 2대 쇼군의 선견지명, 도로 정비

그렇다면 에도 막부의 2대 쇼군 도쿠가와 히데타다는 왜 에도를 중심으로 지방으로 가는 도로 정비 계획을 시작했을까? 도로 인프라 정비 자체가 막대한 인력과 돈이 들어가는 일이기에 각 지방의 권력자들이 전국 통일을 꿈꾼다고 해도 전쟁을 쉽게 일으키지 못하게 하는 방법이 되기에 시작했다고도 한다. 그 당시 표면적인 일본의 권좌에 있는 천황이 살고 있는 공식적인 수도는 교토, 날아가는 새도 떨어뜨린다는 막강한 실권을 가진 쇼군 도쿠가와 이에야스의 에도 막부는 에도현재의 도쿄에 각각 자리를 잡고 있었다. 2개의 권력이 동서로 멀리 떨어져 있었지만 에도 막부는 교토의 천황을 비롯해 오사카와 나라 지역과 지방의 권력자를 관리하지 않을 수 없었다. 따라서 교토의 황족과 지금의 고위 공직자에 해당하는 구게천황 아래에서 일했던 관료 귀족의 주거지를 에도에 마련해서 가족 중 한 명을 에도에 살게 하면서 인질로 잡아 두는 제도를 시행했다. 이 제도로 교토와 에도의 왕래가 잦아졌다. 이 두 개의 최고 권력자가 살고 있는 교토의 산조와 에도의 니혼바시를 잇는 바다를 끼고 생긴 길이 도카이도였고 에도에서 교토까지 내륙으로 이어지는 육로가 나카센도, 에도부터 나가노현을 잇는 고슈카이도, 에도부터 닛코까지가 닛코카이도, 에도부터 하쿠카와를 잇는 길이 오슈카이도로 지방에서 에도로 오는 5개의 길이 뚫리게 되었다.

'도카이도 고주산쓰키東海道五十三次'의 우키요에

고카이도 중에서 에도시대에 가장 많은 사람들이 이용했던 길은 바다를 끼고 있던 도카이도였다. 이 도로는 니혼바시를 시작으로 사가미하라, 스루가, 오하리를 지나서 최종적으로 교토의 산조오하시에 도착한다. 현재 도쿄와 교토를 잇는 신칸센의 노선명이 '도카이도'로 에도시대의 노선과 이름을 그대로 따왔다는 것을 알 수 있다. 또한 도쿄와 나고야를 잇는 도메이고속도로도 도카이도의 변신이다. 도메이東名는 도쿄東京의 東과 나고야名古屋의 名이 합쳐진 이름으로 수도권과 중부 지방, 간사이 지방을 연결하는 일본의 대동맥이다. 도메이고속도는 항港마을을 끼고 있는 요코하마시, 시즈오카시, 하마마쓰시, 나고야시까지 공업적으로 가장 발달한 도시를 관통하며 일본의 고도성장을 견인했다. 도메이고속도로는 우리나라의 경부고속도로와 비슷하다. 경부란 서울을 뜻하는 경과 부산의 부가 합쳐진 이름으로 경부고속도로 역시 내륙 통과 노선들과 접속되며 공업과 산업이 발달한 도시를 지나며 남북을 연결하는 대동맥 역할을 하면서 우리나라의 고도성장에 중추적인 역할을 하는 등 여러 면에서 도메이고속도로와 공통점을 갖고 있다. 그런 면에서 보면 에도는 지금의 일본 속에서 생생하게 살아 있다고도 할 수 있다. 마찬가지로 도카이도는 에도의 상징인 동시에 현재 신칸센의 상징 노선이다.

도카이도에는 53개의 슈쿠바초가 있었는데, 길 이름보다는 '도카이도 고주산쓰키 東海道五十三次 동해도오십삼차' 우키요에로 더 유명하다. 일본 각지의 명소를 그린 우키요에 작가로서 일인자였던 우타가와 히로시게가 그린 53장의 '도카이도 고주산쓰키'는 도카이도의 53개 슈쿠바초를 모델로 그려서 완성된 작품으로 우키요에를 전혀 모르는 문외한에게도 유명한 그림이다. 도카이도의 하코네와 아라이에는 거대한 검문소가 있어서 막부에서 엄중하게 경비했는데, 특히 도카이도를 이용할 때 이 관문현재로 보면 출입국관리국을 통과하지 않으면 그 죄목으로 사형에 처해질 만큼 경비가 삼엄했다.

기점과 종점이 도카이도와 같았던 나카센도는 도카이도 중간에 오이카와, 후지카와, 기소가와 등의 강 하류와 이세 호수를 지나야 했는데 홍수가 나면 곳곳에서 길이 막히곤 해서 자연재해로부터 안전한 내륙으로 이어진 육로로서 신변의 안전을 위해서 이용되었다. 나카센도는 현재의 군마, 나가노, 기후 등을 지나 교토를 향하는 길로 다이묘 행렬 등에 이용되는 정도였기 때문에 도카이도만큼 크게 발달하지는 못했다. 그러나 안전이 가장 중요했던 황족의 딸 가즈노미야가 도쿠가와 쇼군 집안의 며느리로 갈 때는 위험이 덜했고 비용이 적게 들었던 나카센도를 이용했다. 그래서 나카센도를 '히메카이도'라는 별칭을 갖고 있다. 나카센도가 히메카이도로 이용된 또 다른 이유는 나카센도의 본 길에서 험한 고개와 강을 만나면 이 길을 피해서 다른 루트를 선택할 수 있었기 때문이다. 도카이도에 비해서 사람들이 적게 다녀서 범죄에 휘말릴 위험이 적고 경비하기도 쉬운 장점이 있었던 것 같다. 그래서 여자 여행객들이 이 길을 골랐다는 이야기도 있어서 히메카이도나 온나카이도라고도 불렸다. 또한 나카센도가 인연이 좋다는 지명에서 많은 영향을 받았기 때문에 교토에서 에도로 시집을 갈 때 이용했다고 한다. 그럼에도 불구하고 나카센도는 도카이도에 비해 총거리가 길어서 보름 정도 더 걸렸기 때문에 이용자가 적었을 것이라 추측해 본다. 도로의 전체적인 성격상 나카센도는 우리나라의 중부내륙고속도로에 비유할 수 있다.

오슈카이도는 기점 니혼바시에서 도후쿠의 시라카와가 종점이었는데, 원래는 홋카이도의 하코다테까지 이어진 길이었다. 하지만 에도막부의 관할이 오슈카이도의 시라카와까지였기 때문에 시라카와가 종점이 되었고, 도후쿠의 다이묘들의 다이모 행렬 등으로 지나다니던 길이었다. 오슈카이도에 사람들의 발길이 잦아진 것은 지금의 홋카이도에서 당시만 해도 쓸모 없는 땅으로 버려졌던 에도치의 개발이 진행되면서 사람들의 왕래가 점점 늘어났기 때문이다. 오슈카이도는 도쿄에서 동북 방향으로 현재는 아오모리시까지 연결된 국도 4호선과 도후쿠 신칸센 노선으로 우리의 영동고속도로와 영동선에 견주어 볼 수 있다.

오슈카이도와 같은 방향의 길로 기점 니혼바시에서 닛코가 종점인 닛코카이도는 고카이도 중에서 고슈카이도와 같이 여행객의 왕래가 적어 미미한 존재였다. 지금은 관광지로 유명한 닛코는 아름다운 장식과 장인의 섬세한 손기술로 장식된 조각으로 알려진 세계문화유산 닛코토쇼구가 있고 도쿠가와 이에야스의 묘가 있다.

교통편이 엄청 발달한 지금은 해외 여행이나 관광이 보편화되었지만 교통 수단이 없이 걸어서 다녔던 에도시대의 백성들에게 첫 번째 꿈은 닛코의 도쿠가와 이에야스의 무덤을 방문하는 것, 두 번째가 이세신궁을 방문하는 것, 세 번째가 후지산에 가보는 것이었고 한다. 에도시대에 그려진 수많은 우키요에에 후지산이 있는 것을 보면 당시 백성들에게 후지산의 인기를 얼마나 많았는지 실감할 수 있다. 많은 화가들이 후지산을 그렸는데 우키요에서 우키요에를 그리는 사람 가쓰시카 호쿠사이가 그린 〈붉은 후지산赤富士〉는 너무 유명해서 일본인이라면 누구나 한번쯤은 본 그림이다. 지금도 일본인들에게 가장 가 보고 싶은 곳으로 후지산과 미에현의 이세신궁은 아직도 인기가 많다. 한번은 연말연시 휴가 때 아이들에게 어디를 가고 싶냐고 물었더니 큰 아이가 이세신궁에 가고 싶다고 해서 8년 전에 가 봤다. 일본에서는 가장 추운 한겨울이었는데 예상 외로 관광객이 많아서 일본인들의 이세신궁 사랑이 새삼스럽게 와 닿았던 기억이 남아 있다. 일본의 상징인 후지산 역시 일본을 찾는 외국인들에게 인기가 많을 것 같지만 일본인들에게 더 많은 인기를 누리고 있다. 10여 년 전에 처음 갔을 때나 지난 황금연휴 기간에 갔을 때나 몇 번을 가 봐도 일본 각지에서 후지산을 찾아오는 일본인들로 늘 붐빈다.

고카이도 중에서 맨 마지막으로 정비된 고슈카이도 역시 니혼바시가 기점이고 지금의 야마나시현의 고후를 지나 나가노현의 시모오카까지 연결된 길이다. 고슈카이도는 이렇다 할 역사적인 에피소드는 없지만 현재에는 호쿠리쿠 신칸센이 달리고 있어 최근 들어 관광지로 발전하고 있는 호쿠리쿠 지방을 찾는 관광객을 비롯하여 많은 사람들이 이용하는 길로 탈바꿈하고 있다.

에도의 출발점과 종착점은 니혼바시

에도에서 지방으로 내려가는 출발점은 늘 니혼바시였고 지방에서 에도로 올라왔을 때의 종착점 역시 니혼바시였다. 그래서 지금도 국도와 고속도로의 거리를 잴 때 '도쿄에서 몇 킬로미터'라고 표현할 때 도쿄의 기점은 니혼바시이다. 현재 도쿄에서 서쪽으로 갈 때 가장 많이 이용하는 국도 1호는 에도시대의 도카이도와 같은 길이다. 나카센도는 현재 국도 8, 17, 18, 19, 20, 21, 142호이며, 고슈카이도는 국도 20호에 해당하며, 닛코카이도와 오슈카이도는 국도 4호와 같은 길이다. 이렇게 에도 막부에서 정권을 안정시키기 위해 시작한 도로 정비 사업으로 만들어진 고카이도는 현재 일본 전국의 도로망을 확립하는 기초가 되었다. 이 길을 따라서 사람은 물론 많은 물자들이 수송되고 있다는 것을 생각하면 에도 막부의 고카이도는 당시보다 시간이 지나면 지날수록 더 큰 경제적인 가치를 낳고 있는 황금알이 틀림없다.

예나 지금이나 길이 뚫리면 길을 따라 지역이 발전하는 법이다. 동서고금을 떠나 모든 부는 길을 따라 흘렀다고 해도 과언이 아닐 만큼 역사적으로 길은 중요하다. 길이 생겨야 사람이 다니고 사람이 다녀야 물자와 돈이 같이 따라가고 지역이 번성하고 지역의 번성은 부를 창출하기 때문이다. 지금은 예전보다 길이 더 중요한 역할을 수행하고 있다. 사람이 걸어다니던 에도시대에도 고카이도를 이용하는 여행객들을 위해 고카이도 길을 따라 숙소와 휴식 장소가 모인 슈쿠바초宿場

町가 생겼다. 슈쿠바 자체의 역사는 나라시대부터 역駅이라는 형태로 존재했는데 에도시대에 들어서자 숙소와 차를 마시며 휴식을 취하는 찻집과 음식점 등을 중심으로 마을이 발전했다.

이렇게 숙소 중심으로 발전한 마을을 슈쿠바초라고 부르게 되었다. 가장 길이가 긴 나카센도의 슈쿠바초는 69쓰키, 도카이도에는 53쓰키가 생겨서 에도와 교토를 오가는 여행객들에게 편의를 제공했다. 여기서 숫자 뒤에 붙은 '쓰키'는 일본어로 '야도', 즉 숙소를 의미한다. 교토에서 도카이도를 지나 에도로 온다면 53일이면 에도의 첫 슈쿠바초인 시나가와 슈쿠바초에 도착할 수 있고, 나카센도를 이용하면 69일째 날에 에도 입구에 있는 이타바시 슈쿠바초에 도착한다. 그러므로 바다를 끼고 중요 도시와 교토를 잇는 도카이도의 이용객들이 많아서 어느 숙소나 당시에 하루 최소 300명 정도가 있을 정도로 번성한 것은 당연한 일이었는지도 모른다.

고카이도의 기점인 에도의 니혼바시와 가장 가까웠던 슈쿠바초 4개를 에도 시슈쿠江戶四宿라고 불렀다. 에도 시슈쿠는 에도를 출입하는 입구로서 중요한 역할을 했으며 사람, 물자, 정보, 문화의 집약지로서 기능했고 주변 지역과는 다른 거리 풍경을 갖고 있었다. 첫 번째가 현재 도쿄도 시나가와구에 있었던 시나가와슈쿠이다. 도카이도에 최초로 생긴 슈쿠바초로 에도 시슈쿠 중에서 가장 번성했다. 어쩌면 지금의 시나가와의 모태라고 할 수 있는데 그 당시 시나가와에서는 유곽도 발전해서 에도 막부가 공인한 유곽과 비합법의 유곽이 난립해서 늘 막부의 감시를 받았던 곳이었다.

두 번째는 현재 도쿄도 이타바시구에 있는 이타바시슈쿠로 나카센도 최초의 슈쿠바초였다. 에도 시슈쿠로서는 그다지 번성하지 못했는데 아마 도카이도에 비해 나카센도를 이용하던 여행객이 적었기 때문이 아닌가 추측해 본다. 그럼에도 불구하고 에도에 있었던 나카센도 중에서 가장 번성했던 슈쿠바초로 황족이 도쿠가와 쇼군 집으로 며느리를 보낼 때 나카센도로 오면서 이타바시슈쿠에 머물렀던 역사를 가지고 있어서 유명하다. '리틀 코리아'로 불리는 신오쿠보가 있는 신주쿠구의 가부키초에 고슈카이도 최초의 슈쿠바초인 나이토신주쿠가 있었다. 나이토신주쿠란 이름에서 알 수 있듯이 현재 도쿄도 도청이 있는 신주쿠구의 유래가 되었다. 에도시대에는 지금처럼 큰 번화가가 아니어서 1718년에 나이토신주쿠 슈쿠바초가 폐쇄되었다가 당시 마을 사람들의 필사적인 노력으로 1772년에 과거의 영광을 되돌려서 시나가와슈쿠 다음으로 번성하면서 지금의 신주쿠에 이르게 되었다. 나이토신주쿠 슈쿠가 1718년에 폐지된 그대로였다면 신주쿠 도청도 빌딩군도 늘어선 스카이라인을 자랑하는 행정과 경제의 중심지로 발돋움하는 지금의 신주쿠는 존재하지 않았을 것이다. 그뿐만 아니라 신오쿠보의 한인 거리도 탄생하지 않았을 것이다.

현재 아타치구에 있었던 센주슈쿠는 닛코카이도와 오슈카이도를 이용하는 여행객을 위한 최초의 슈쿠바초였다. 센주슈쿠는 에도시대 초기에 동북에 사는 다이묘들의 대형 행렬과 일본 최대의 유곽이 있던 요시하라 유곽으로 유명했다. 유명한 하이쿠 시인 마쓰오 바쇼松尾芭蕉는 〈오쿠로 가는 작은 길奥の細道〉에서 "봄이 지나가는 길목에서 여행을 떠나는 이별을 슬퍼하는데, 새들의 구슬픈 울음과 물고기들의 눈물은 슬픔을 더하는구나."라는 하이쿠를 읊었는데 이는 센슈에서 떠나가는 사람들의 불안한 마음과 이별의 아쉬움을 노래한 것으로 하이쿠의 백미로 꼽힌다.

여기저기서 많은 사람들이 모여드는 에도 시슈쿠의 번성은 또 다른 업종의 번성을 불러왔다. 예나 지금이나 남자들이 머무는 숙박업소 근처에는 술과 여자들이 모여들게 마련이다. 그래서 숙박업소 주변으로 유곽이 발달했다. 그 당시 가장 발달한 시나가와슈쿠에는 에도 막부가 공인할 정도의 가장 큰 유곽이 발달했다. 그 뒤를 이어서 센주슈쿠 유곽이 번성했는데 나중에는 나이토신주쿠 슈쿠에 밀리게 된다. 신주쿠역 옆의 신주쿠 중심부에 떡 하니 자리잡고 있는 가부키초는 어둠이 깔리기 시작하면 휘황찬란한 불빛으로 어둠을 물리치고 매일 밤마다 화려하게 부활한다. 통이 터서 새벽이 시작될 즈음이면 다른 곳과는 다르게 낮은 어둠이 드리우면서 잠자는 시간에 들어간다. 지금의 가부키초는 스낵바, 호스티스, 호스트바와 호스트를 떠올릴 만큼 도쿄 최고의 환락가이다. 그런데 이러한 가부키초는 저절로 생겨난 것이 아니다. 나이토신주쿠 슈쿠가 번성하면서 같이 번성했던 유곽이 시대의 흐름에 따라 지금의 가부키초 형태로 변형되었을 뿐이다. 현재의 가부키초를 거닐다 보면 에도 시대의 나이토신주쿠의 잔상이 어른거리고 있다는 느낌을 지울 수 없다. 가부키초가 과거를 반영하고 있는 현장이라는 것을 역사를 통해 알 수 있듯이 오피스 거리와는 다르게 오늘도 화려한 불빛을 보고 몰려드는 많은 사람들을 볼 수 있다.

고카이도는 에도 막부가 일본에 남긴 위대한 유산이다. 하지만 고카이도의 시작은 가마쿠라 막부로 이때 관동을 통하는 도로망이 정비되어 가마쿠라 도카이도가 만들어졌다. 가마쿠라 막부가 멸망한 뒤 정치적인 의미에서 가마쿠라 도카이도의 지위도 저하했다. 또한 무로마치 시대와 전국시대를 거치면서 강대한 정권이 나타나지 않았기 때문에 전국적인 도로망의 정비 등이 이루어지지 않았다. 그 대신에 지방 경제가 서서히 발달해 가면서 그에 수반되어 각각의 영역 내에서 각지를 연결하는 길이 발달했다. 전국시대에는 동쪽 나라들의 다이묘가 자국 내에서 전마제를 실시하고 군용로 정비를 진행했다. 이때 전마가 놓여 있던 숙소역은 경제적으로 번영했는데 에도시대에 들어서 발전하는 슈쿠바초의 대부분도 이 시대에 숙소역을 기반으로 생겨났다.

에도성에 자리한 도쿠가와 이에야스의 막강한 에도 막부가 열리면서 에도는 급속한 발전을 이룬다. 에도 막부 때 도카이도에 슈쿠바초를 설치하고 에도와 교토에 전마제를 두고 고카이도 정비에 들어갔다. 이후 도로를 구축하고 가로수를 심고 표준 폭인을 정하고 자갈 등으로 노면을 굳히는 등 막부 직할 하에서 카이도길 정비를 진행했다. 이렇게 해서 에도와 각 지방을 연결하는 교통망이 정비됨과 동시에, 에도에는 전국의 다이묘와 가신들, 상인, 장인들이 모이고 일본의 정치 문화의 중심지로서 발전했다.

에도 막부의 강력한 힘이 꽃을 피우다

고카이도는 에도 막부의 탄생과 더불어 에도시대를 화려하게 장식했던 교통 인프라였다. 길이 나고 사람들이 다니면 길 주변은 번영을 이루게 마련이다. 걸어서 다니던 길에 철로가 놓이면서 기차로, 도로가 깔리면서 자동차로 다니고 있다. 철도 역과 고속도로 휴게소는 시대에 따라 형태가 달라진 것으로 에도시대의 슈쿠바초 역할을 대신한다. 우리가 지금 에도시대에 만들어진 길을 다니고 있는 셈이다. 길이 나면서 살기 편해지면 사람들이 모여든다. 지금의 도시는 처음에 길이 나고 이 길이 확장되어 점점 더 커져서 형성된 것이다. 도쿄를 봐도 그렇고 서울을 봐도 그렇다. 도쿄 23구에서 도쿄도로, 도쿄 수도권으로 도쿄는 확장을 거듭하고 있다. 서울도 마찬가지이다. 서울시를 넘어 신도시의 수도권으로, 다시 수도권을 넘어 확장하고 있다. 편리해진 길을 따라 서울도 도쿄도 거대해지고 있다.

지금의 도쿄를 보면서 250년간 유지되었던 에도 막부의 강력했던 정권의 힘을 들여다볼 수 있다. 만약에 도쿠가와 이에야스가 세키가하라 전투에서 패했다면 에도 막부도 없었을 것이고 에도성의 화려한 부활은 꿈도 꿀 수 없었다. 더불어 교토를 연결하는 길 '도카이도' 역시 지금만큼 발달하지 못했다는 사실을 미루어 짐작할 수 있다. 현재의 도쿄가 세계적인 도시로 발돋움한 것은 이와 같은 역사적인 배경이 있기 때문이다. 이렇게 본다면 나라가 번성하고 생활 인프라가 만들어지고 문화가 꽃을 피우려면 이를 뒷받침해 줄 강력하고 탄탄한 정권이 필요하다는 생각이 든다.

조선 후기 외교사절단 조선통신사

유춘미 (주일한국대사관한국문화원 세종학당 한국어 강사)

조선통신사朝鮮通信使는 일반적으로 1607년부터 조선 후기 개화기 이전까지 일본의 에도 막부에 파견된 외교사절단을 칭한다. 한일 양국의 평화를 위한 국가 사절단으로 기록에는 고려시대부터 통신사가 있었다고도 하고 연구자에 따라서는 조선 전기에 파견된 사절단을 포함하기도 한다. 여기서는 조선 후기 통신사의 내용만을 중심으로 다루고자 한다.

조선 후기 조선통신사의 개요

1592년에 도요토미 히데요시가 일으킨 임진왜란이 끝난 후 조선은 일본과의 외교를 단절했으나 에도 막부의 도쿠가와 이에야스는 쓰시마 번주를 통해 조선과의 국교를 요청했다. 그로 인해 전쟁이 끝난 지 채 10년도 지나지 않은 1607년에 임진왜란으로 중단되었던 조선통신사가 에도시대에 재개되었다. 도쿠가와 이에야스는 자신의 정권이 조선을 침략한 도요토미 히데요시와는 상관없다는 언급으로 끊임없이 조선과의 국교재개를 요구했고 조선이 이를 받아들여 결국 조선 후기의 조선통신사가 재개된 것이다. 다른 나라와의 정식 외교 관계가 없던 에도 막부로서는 조선통신사가 에도 막부의 위신을 보여 주는 기회이자 문화교류의 계기가 되었을 것으로 보인다.

그 당시 조선도 임진왜란을 일으킨 도요토미 히데요시를 물리치고 정권을 잡은 도쿠가와 이에야스가 어떤 인물인지 살펴보고 에도 막부의 사정도 알아볼 필요가 있었다. 또한 일본과의 관계가 계속 좋지 않으면 앞으로도 외교적인 문제가 생길지도 모른다는 생각에 일본의 요청을 받아들여 결국 1607년선조 40년에 강화를 맺었다. 이후 1607년부터 1624년까지 포로 교환과 정보 수집 목적으로 3회에 걸쳐 사명당 유정을 비롯한 사절을 '회답 겸 쇄환사'라는 이름으로 파견했다.

15세기부터 19세기에 걸쳐 조선 왕이 대일 기본정책인 교린의 실현

하네가와 도에이(羽川藤永)의 〈조선통신사내조도〉
출처: 고베시립박물관 소장

을 위해 그 당시 일본 에도 막부의 쇼군에게 파견한 외교사절이었던 통신사는 조선 전기에는 보빙사, 회례사 등 다양한 명칭으로 일본에 파견되었는데, 조선 후기의 통신사는 에도 막부의 요청으로 1607년부터 1811년까지 조선에서 일본으로 파견되었다. 조선을 대표하는 문사와 예능인을 포함한 400~500명의 인원으로 구성되어 수개월에 걸쳐 양국의 80여 개 지역을 지나 왕복 약 4,000km를 왕래했다. 그로 인해 통신사가 지나간 지역을 중심으로 양국간에는 문화교류가 활발하게 이루어졌다.

조선통신사의 규모와 구성원

조선 후기 조선통신사는 1607년부터 1811년까지 총 12회에 걸쳐 에도 막부에 파견되어 250여 년간 조선과 일본의 평화관계를 지속시키는 역할을 담당했다. 통신사의 규모는 매회 차이는 있었으나 조선 국왕의 국서를 가진 정사, 부사, 종사관의 삼사를 비롯하여 화원, 의원, 역관, 악사 등 총 300~500명에 이르렀고, 이들을 위해 일본 막부에서도 막대한 비용을 들여 통신사를 접대했다.

이들을 책임지고 인솔하는 삼사 중에서도 정사는 통신사의 총책임자로 국서를 받들고 가는 만큼 학식과 인품이 높고 경험이 풍부하며 풍채가 좋은 사람이 선발되었으며, 부사는 정사를 옆에서 보좌하는 인물로 본래 관직보다 승진시켜서 파견했다. 정사, 부사, 종사관은 문관 가운데서 문재文才가 뛰어난 사람을 선발했는데, 종사관의 주요한 임무는 매일 일어난 일을 기록하여 귀국한 뒤 국왕에게 보고하는 것이었다. 또한 일행을 감찰하고 바다를 건널 때는 사람과 말의 대열을 점

검하는 역할도 담당했다. 삼사는 학식이 높은 사람들이었기 때문에 일본 각지에서 시와 글을 받기 위해 간청하는 사람이 많았다. 통신사가 묵었던 일본의 곳곳에는 지금까지도 그들의 시와 글이 많이 남아 있다. 통신사의 삼사로 가는 것은 그 여정이 매우 힘들고 위험한 일이었기 때문에 임무를 수행한 후에 정사, 부사 등의 관료들에게는 각각의 역할에 따라 승진이 이루어졌다.

삼사 못지않게 중요한 역할을 수행한 것은 통역관이었다. '통사'란 통역관 시험인 역과에 합격하여 정식통역관이 된 관리를 말하는데, 이들은 통역을 담당했으며 통신사의 서열에 따라 배치되어 사절단을 도왔다. 통역관으로는 당상역관, 상통사, 차상통사, 압물통사, 소통사, 훈도 등이 있었다. 압물통사는 일본과 교역할 때 통역을 담당했다. 역관 중에서도 가장 높은 관직을 가진 사람을 당상역관이라 했다. 소통사는 훈도에게 일본어를 배우면서 상거래의 통역, 문서와 장부의 정리, 통신사 수행원들과 일본인 간의 왕래를 감시하는 일, 회계 등 여러가지 역할을 담당했다. 훈도는 비록 지위는 낮지만 일본 사정에 밝은 통역관으로, 그 당시 일본 사회에 대한 이해가 다른 일행보다 뛰어났다. 이처럼 통역을 맡은 통역관 안에서도 다양한 역할을 수행하며 통신사의 길을 도왔다. 이처럼 역관들은 삼사만큼이나 조선통신사 사절의 거의 모든 업무를 담당했기에 사행원 중 가장 많은 인원수를 차지했다고 한다. 그러나 역관들의 통역 실력이 다 좋은 것은 아니어서 1682년 부사였던 이언강은 역관인 변승업을 물리치고 필담으로 의사소통을 하고자 했다고 전해진다.

'서도'로 문화 교류를 했던 사람들로 제술관, 사자관, 서기 등이 있다. 제술관은 문장이 뛰어난 사람 가운데서 선발했다. 본래 제술관은 통신사의 닛코도쿠가와 이에야스의 사당이 있음 참배 때 축문을 읽을 사람이 필요하여 선발되었으나 이후에는 문장을 써서 대화하는 필담과, 창을 이용하여 서로 시를 교환하는 창화를 담당했다. 사자관은 글씨를 잘 쓰는 사람으로 문서를 옮겨 적는 역할을 담당했고, 서기는 삼사의 옆에서 통신사 일행이 행하는 여러 일을 기록했다. 이들은 사절단에 선발되어 임무를 수행한 뒤 귀국하면 승진의 기회가 주어지기도 했다.

일본의 요청으로 파견된 사람들이 있는데, 이들은 의원, 영원, 마상재인으로 지금의 의사, 화가, 서커스의 기예단원이라고 할 수 있다. 일본 측은 계속하여 의원 수의 증가를 요청했다. 이를 통해 일본 측이 의원의 파견에 대해 관심이 얼마나 많았는지를 알 수 있다.

영원은 예조의 도화서에 소속된 화가로 도요토미 히데요시 시절에 처음 파견되었는데, 이들은 통신사가 가는 곳의 정경이나 의례 장면을 그렸다. 일본인들은 이들에게 그림을 많이 요청했는데, 이는 결과적으로는 조선과 일본의 미술 교류에 크게 기여했다. 〈달마도〉로 유명한 화가 김명국은 그림을 요청하는 일본인이 너무 많아서 팔이 아파 울기까지 했다는 기록이 전해진다.

'마상재'는 본래 임진왜란 때 시작된 것으로, 기병들이 말 위에서 재주를 부리는 무예를 말한다. 인조 때 일본의 사절로부터 마상재를 보내 달라는 요청이 있어 그로부터 시작되었고, 이후 통신사가 일본에 갈 때마다 마상재 두 명을 보내 마상재의 기술을 일본에 선보였다. 무예를 숭상하는 일본이었기에 마상재가 큰 인기를 끌지 않았나 싶다.

이 외에도 1802년에 사행의 당산역관 김건서 등이 편집한 대일외교에 관한 규례집인 《증정교린지》에는 조선통신사로 참여했던 인원들에 대한 기록이 자세하게 기술되어 있다. 통신사에는 전악, 악대, 기수도 파견되었다. 장악원에 소속된 전악은 사절단의 행렬, 의식, 연회의 음악을 담당한 관원이었다. 각 악기의 연주자는 전악의 지휘로 연주했으며 고수는 큰북을, 동고수는 꽹과리를, 세악수는 장구, 큰북, 피리, 해금을 연주했다. 그리고 풍악수라는 악대도 있어 성격과 목적 규모와 구성원 관심이 얼마나 많았는지를 알 수 있다. 또한 통신사 행렬에는 청도, 형명, 순시, 영이라고 적힌 깃발을 든 많은 기수가 있었는데 기는 종류에 따라 그 나름의 역할이 있고 의미와 이름도 달랐다. 기수 외에도 통신사 행렬에는 무기나 모형무기 등을 들고 행진하는 사람들도 있어 통신사의 위엄을 과시했다.

조선통신사 일행의 행렬을 아주 섬세하게 묘사하고 있는 〈통신사 행렬도〉를 보면 머리를 땋지 않은 아이들도 있는데, 그들은 통신사 일행이 데리고 간 아이들로 '소동'이라고 한다. 이들은 일행을 수행하면

오카야마현 지정문화재인 소동들이 추었던 가라코 춤
출처: 오카야마현 신사청

서 견문도 넓히고, 춤이나 노래 등으로 일행의 무료함을 달래 주는 역할을 했다. 지금도 일본의 우시마도에는 그 당시 소동들이 추었다고 여겨지는 '가라코 춤'이 전해지고 있는데, 이것으로 보아 그들이 춤에도 능숙했다는 것을 알 수 있다.

조선 후기 통신사의 여정

조선 후기 통신사는 초기에는 평화를 위한 수단으로 파견되었으나 시간이 지나면서 평화적인 역할이 사라지는 대신에 선진적인 문화를 전파하는 역할이 더 강해졌다. 통신사 일행이 경복궁을 출발해 에도 막부까지 왕복하는 데는 짧게는 6개월에서 길게는 일 년이 걸리는 여정이었다. 기본적으로는 거리만 해도 왕복 4,000km에 달하는 데다 날씨의 변수도 있었기에 시간이 더 걸리는 경우도 있었다. 수도인 한양의 경복궁에서 출발해 부산까지 가는 도중에 충주, 문경, 안동, 영천, 경주, 울산 등을 거쳤는데 지나는 지역에서는 예를 갖추어 전별연餞別宴을 베풀었다. 이 행사에는 많은 예산이 지출되었기에 통신사가 지나는 지역에 그 폐단이 커서 10대 통신사를 끝으로 전별연이 없어졌다. 또한 지역을 지나며 격졸, 기수, 노자 등의 사행에 필요한 인원을 추가로 합류시켰다. 통신사가 부산에 도착하면 길일을 보고 일본으로 출항했는데 타고 가는 배는 기선 3척과 복선 3척으로 총 6척이었다. 삼사의 종사, 부사, 종사관이 각각 한 척씩 타고 복선 3척에는 짐을 실었는데 복선에는 각 숙박지에서 신세 지는 사람들에게 줄 선물이나 쇼군을 위한 진귀한 선물을 실었다. 이 배들은 모두 조선 측이 통신사를 위해 새로 건조한 배였다.

조선통신사의 해상 이동은 부산에서 대마도를 지나 잇키, 후쿠오카 아이노시마, 야마구치 아카마세키, 야마구치 가미노세키, 히러시마 우라가, 히로시마 후쿠야마 도모노우라, 오카야마 우시마도, 효고무로쓰, 효고노쓰, 세쓰오사카, 야마시로, 요도까지였고 그 이후부터는 육로로 이동했다.

각 항구에서는 물때를 맞추기 위해 각 번에서 준비한 영빈관에서 3~5일 정도 묵기도 했다. 오사카만에서는 오사카 요도강에서 교토로 거슬러 올라오는 강의 수심이 얕아 노를 저을 수 없어서 배에 줄을 달아 강둑에서 잡아당겨 배를 끌었다. 한 척의 배를 끌기 위해 70~80여 명의 인력이 필요했는데 일본 내에서 움직이는 배가 100척 정도였으므로 약 1,500명이 필요했다. 결국 배를 끌기 위해 이 지역뿐만 아니라 주변 지역에서까지 인원이 동원되었다. 그들은 요도강의 강가 양쪽에서 배를 줄로 당겨 약 40km에 이르는 현재의 요도까지 끌어 왔다. 통신사 여정의 수고로움을 상상할 수 있는 한 부분이다. 요도에서 하선한 후에는 육로로 교토, 히코네, 나고야, 하마마쓰, 시즈오카, 하코네 등을 거쳐 에도로 들어왔다. 보통은 에도가 마지막 여정이었으나 1636년 4대 통신사는 막부의 요청으로 닛코 도조궁에 처음으로 방문했고, 1643년과 1655년에 파견된 5, 6대 통신사들은 닛코에서 참배까지 하고 돌아간 일도 있었다.

에도에 도착하면 통신사는 숙소에 머물면서 대기했고 막부에서 길일을 정하여 알현하는 날을 통보했다. 일정이 정해지면 통신사는 국왕의 국서와 예물 목록을 가지고 에도성에 입성하여 각지에서 온 다이묘와 신하들이 도열해 있는 혼마루의 연회장에 가서 쇼군을 알현하고 국사를 전달했다. 쇼군은 통신사와 면담하면서 국서를 확인하고 예물을

조선통신사선(복원)

출처: 국립해양박물관(부산)

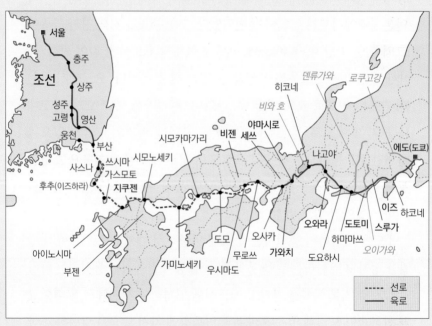

조선통신사의 이동 경로

출처: 경남도민일보

살펴본 후 연회를 열었다. 통신사는 에도에서 다이묘나 사람들과 어울리며 쇼군의 답변을 받을 때까지 기다렸다가 막부로부터 쇼군의 답서와 조선에 가지고 갈 예물이 나오면 그동안 어울렸던 사람들에게 작별인사를 하고 귀로에 올랐다. 조선에 돌아와 임금에게 답서를 전달하고 여정을 보고하는 것으로 통신사의 전 일정이 끝났다.

일본이 조선에 끼친 영향

11대 통신사의 정사로 파견되었던 조엄이 쓰시마로부터 고구마를 들여온 것을 비롯하여 고추, 토마토, 구리, 접부채, 양산, 벼루, 미농지 등이 일본에서 전래되었다. 1711년에 8대 통신사의 정사로 갔던 조태억은 당시 일본 최고의 유학자였던 하라이 하쿠세키와 필담을 했는데 그의 해박한 학문과 세계관에 깊은 감명을 받았다고 한다. 일본을 다녀온 통신사들이 일본에서 접한 일을 기록한 많은 견문록이 전해지는데 그러한 기록에 따르면 일본의 발전상에 대한 찬사가 다수 있다. 결국 일본의 발전상은 조선의 학문계에도 많은 영향을 주었다. 조선에 들어온 일본의 유학 사조인 고학의 연구 성과는 조선의 실학자 정약용 등을 비롯한 실학자들에게 많은 영향을 끼친 것으로 알려져 있다.

통신사가 중단된 원인

17세기 후반이 되면서 에도 막부의 재정은 궁핍해졌다. 그 당시 막부의 재정을 담당한 아라이 하쿠세키新井白石는 1711년에 8대 조선통신사를 맞이할 때 경비 절약과 장군의 권위를 높이기 위해 통신사의 대우를 한 단계 낮출 것을 막부에 요청했다. 이러한 아라이 하쿠세키의 개혁은 일방적으로 이루어졌기 때문에 직접 조선통신사를 접대하는 담당자들과 의견 충돌이 일어났다. 특히 대마도번의 외교관으로 통신사의 통역 등을 두 차례 담당한 아메노모리 호슈는 아라이 하쿠세키의 개혁에 크게 반발했다. 결국 그의 개혁은 8대 조선통신사의 접대에 한하여 끝나고, 9대 통신사의 접대부터는 원상태로 회복되었다. 그 당시 통신사의 접대에 국가의 1년치 예산이 투입되었다고 한다. 그 후 1787년에 11대 장군 도쿠가와 이에나리가 취임했으나 에도 막부의 재정이 몹시 어려운 데다 일본 전국에 대기근이 발생하는 등의 혼란스러운 국내의 정세를 통신사 일행에게 보이기 꺼렸던 막부는 조선통신사의 초빙을 무기한 연기했다. 마지막 통신사 파견이었던 1811년의 통신사는 양국의 재정이 불안하여 에도까지 가지 않고 대마도에서 국서를 교환하며 거행되었다. 그 이후로 두 국가 모두 경제적인 부담과 점차 노골화하는 서구 열강의 문호 개방에 대한 요구로 조선의 통신사 파견이나 일본의 영접이 어려워졌다.

유네스코 등재를 위한 노력

　1607년부터 1811년까지 12회에 걸쳐 조선통신사가 왕래한 기간 동안 조선과 일본은 선린 우호의 관계로 평화를 유지했다. 그러한 통신사를 '평화의 사절단'이라고 할 수 있다. 선린 우호의 증표로 국서나 외교 기록, 여정 기록, 서화·화권·병풍 등의 교류 기록이 지금도 한국과 일본 각지에 문화재로 받아들여져 다수가 보존되고 있다. 1995년부터 일본에서는 '조선통신사연지연락협의회'를 결성하여 조선통신사에 대한 여러 활동을 전개해 왔다. 이러한 노력을 기울여 통신사의 기록이 헛되지 않도록 하기 위해 2012년에 '조선통신사 연고지 전국교류회 부산대회'를 계기로 일본 NPO법인 '조선통신사 연지연락협의회'와 한국 재단법인 '부산문화재단'은 조선 통신사에 관한 기록을 유네스코 '유엔교육과학문화기구'의 세계기록문화유산으로 등재하기 위해 공동으로 노력하기로 뜻을 모았다. 11차례의 합동협의회를 통해 최종적으로 양측의 등록 자료에 대한 인식을 공유해 등재 신청서가 작성되었다.

2016년 3월에 한일 민간단체가 중심이 되어 양국이 공동으로 '조선통신사에 관한 기록에 대한 신청서'를 파리에 있는 유네스코 본부에 제출했다. 그 결과 2017년 10월 31일 새벽에 조선통신사에 관한 자료 111건, 333점이 유네스코 세계기록유산으로 등재되었다. 등재 명칭은 '조선통신사기록 – 17~19세기 한일간 평화 구축과 문화교류의 역사'이다.

21세기 조선통신사를 이어가는 사람들

최근 한국과 일본의 관계는 불안정한 상황을 보이고 있지만 이러한 시기일수록 정치에 좌우되지 않는 민간인의 교류가 중요하며 성숙한 시민의식과 활발한 교류가 필요하다. 민간의 국제 교류야말로 평화를 유지하는 기초가 된다고 할 수 있다. 2017년에 조선통신사의 기록물이 세계유산으로 등재된 이후 조선통신사에 대한 관심이 높아지면서 한일 양국의 민간 교류가 더욱 깊어지고 확대되고 있다.

일본에서는 지금도 조선통신사가 지나갔던 지역에서 매년 다양한

조선통신사 한일 우정 걷기 후 히비야 공원에서 열린 해산식(2023년 5월 23일)

축제가 열리고 있다. 또한 21세기에도 선린 우호의 중요한 역할을 담당했던 조선통신사를 기억하기 위해 2년에 한 번 서울 경복궁에서 도쿄 황궁이 있는 히비야 공원까지 총 2,000km육로 1,200km, 해로 등 800km를 걷는 21세기 조선통신사 걷기가 계속되고 있다. 이 걷기는 2007년부터 시작되었는데 일본에서는 '21세기 조선통신사 우정 워크회'에서 주관하고 있다. 2023년에는 4월 1일에 경복궁을 출발해 5월 23일까지 53일 동안 9차 여정을 밟았다. 한일 양국에서 모인 조선통신사 대원들은 경복궁을 출발해 안동, 부산을 거쳐 배를 타고 일본 쓰시마로 건너간다. 그 후 일본에서 경로는 배와 버스를 이용하는데 하카다항에서부터 버스로 야마구치, 히로시마, 후쿠야마를 지나 오사카에 이른다. 오사카에서부터는 다시 육로를 걸어 도쿄에 도착하는 일정이다. 조선통신사의 기록이 세계유산으로 등재된 것처럼 앞으로도 한일 양국이 상호이해와 신뢰관계를 구축하고 평화를 유지하기를 바란다.

동아시아 속의 한국·중국·일본

서현섭(나가사키 현립대학 명예교수)

동아시아 문화권 형성

고대 이래 중국과 조선과 일본은 중국에서 시발한 한자를 공유하고, 한자를 매개로 유교, 율령, 한역불교 등의 문화를 수용하여 동아시아 문화권을 형성하기에 이르렀다. 이는 정치사상적으로는 화이사상과 책봉체제를 기반으로 한다. 중국은 화이華夷 사상의 관점에서 주변국을 오랑캐라 부르며 교화 대상으로 생각했다. 중국 관점에서 볼 때 한국은 주변, 일본은 변경이라고 할 수 있다.

한반도의 국가들은 중국에 인접해 있는 관계로 중화문명의 압도적인 영향 아래 놓이게 된 한편, 일본에 앞서 중화문명을 접하고 대체로 중국문명에 수용적인 자세를 견지하고 소중화小中華를 자처하기도 했다. 이런 가운데도 중국문명에 함몰되어 중국화되지 않고 정체성을 지켜 왔다. 지정학적으로 한반도는 해양 세력과 대륙 세력의 교차점에 위치한 특성으로 인해 양 세력 간의 쟁패에 쉽게 휘말렸다. 특히 일본은 신국신화神国思想에 자기 도취되어 한반도를 일본의 영토적, 경제적 야망을 충족시키는 1차 대상으로 간주하는 경향을 보여 왔다.

섬나라 일본은 대륙국과는 거리가 있어서 대부분 한반도 등을 통해 중국문명을 선별적으로 수용하여 이를 다시 일본화시켰다. 한자, 유교, 불교 등도 예외가 아니었다. 일본에서 유교는 정치 이념이나 윤리 규범보다는 행정기술이나 지식 전달의 매체로서 소수 계층에 한정적으로 받아들여졌다.

또한 일본의 유학자들은 대부분 주자학을 어느 정도 익힌 다음에는 일본 고래의 신도神道로 되돌아가거나 신도에 유학을 접목시키는 데 주력했다. 에도 시대에 일본을 방문한 조선통신사들은 일본 유학은 신도·불교가 혼재되어 있어 정통이 아니라 생각했고 한·중·일 3국간의 유학 수준의 차이를 절대적인 문화차이로 생각했다.

에도시대 1603~1867 전기의 유학자 야마자키 안사이山崎闇齊, 1618~ 1682는 제자들로부터 '만일 공자가 이끄는 군대가 일본을 공격해 오면 어떻게 해야 하는가' 라는 질문을 받았다. '마땅히 싸워야 한다. 공자라도 그렇게 할 것이다' 라고 가르쳤다.

한자문화를 공유한 결과, 중국에서 간체자를 사용하기 이전에는 동아시아 3국간에는 필담으로 의사소통을 할 수 있었다. 에도시대 때 일본을 12차례 방문한 조선통신사들이 일본의 유학자들과 밤늦게까지 필담으로 의견을 교환했다.

에도시대 초기에 승려에서 유학자로 변신한 하야시 라잔林羅山은 도쿠가와 바쿠후德川幕府의 1대 쇼군에서부터 4대에 이르기까지 쇼군들에게 시강侍講을 하고 외교문서를 총괄한 당시 일본의 최고의 유학자였다. 그는 12회 방문한 통신사를 6회나 만나 필담을 통해 통신사로부터 주자학에 관해 많은 가르침을 받는데도《통신사 내공기通信使来貢記》에 통신사를 신국 일본에 파견된 조공사라고 기술했다. 일본인의 이중성을 보여 주고 있다. 하야시는 통신사와 필담 중 '나도 모르는 말이 있다'라고 했다. 그것은 현재 중국어를 배우면 맨 처음 배우는 '우리들我們’이라는 단어였다. 하야시라는 대유학자가 ‘我們’이라는 어휘를 몰랐다는 것은 그 당시 일본의 지적 풍토가 어떠했는지를 상징적으로 보여 준 것이라 하겠다.

《일본서기》에는 4세기 말에 왕인 박사가 《논어》 10권과 《천자문》을 전래해 주고 태자의 스승이 되었다고 기술되어 있다. 한반도를 통해서 때늦게 한자를 받아들인 일본이 메이지 유신1868 이후에는 서양 문헌의 번역 과정에서 만든 ‘일본제 한자’가 한국과 중국에 이입되었다. 중국의 국명 ‘중화인민공화국’ 중 ‘인민’, ‘공화’는 일본제 한자이다. 오늘날 한국과 중국에서는 일본제 한자 없이는 정치, 경제, 법학 등을 논할 수 없을 정도이다.

일본인들은 일본이 변방 국가라는 어쩔 수 없는 숙명을 완벽주의로 극복하고자 혼신의 노력을 다 쏟았다. 외래의 사상이나 제품에 일본의 혼을 불어 넣어 천하제일이 되는 길을 이상으로 삼았다. 일본의 외래문화 수용 태도는 일본의 양자 제도에서 찾아볼 수 있다. 한국에도 일본과 마찬가지로 양자와 데릴사위 제도가 있다. 그러나 해피엔딩으로 끝나지 않는 한국의 경우와 달리 일본에서는 성공 케이스가 많다. 이토 히로부미, 요시다 시게루, 기시 노부스케 등도 양자였다. 일본인들은 ‘자식은 마음대로 만들 수 없지만 양자는 마음에 드는 자를 고를 수 있다’라는 양자 제도의 좋은 점을 활용하는 편이다.

정통과 이단을 애써 구별하지 않고 장점을 취하는 일본 사람들의 삶의 태도는 외래문화 수용에도 그대로 반영된다. 중화사상을 일본화시키는 ‘화혼한재和魂漢才’를 외치던 그들이 중화문명의 취약성이 드러나자 네덜란드 학문인 ‘난학蘭学’으로 돌아섰고 난학의 한계가 보이자 다시 영학英学으로 급선회했다. 난학에서 영학으로 선회한 지 얼마 되지 않은 1814년에는 영어사전이 간행되었다. 일본은 1853년에 미국과의 화친조약을 네델란드어와 영어로 협상하고 조약안을 영어본, 네델란드어본, 일본어본, 한문본의 4부로 작성하여 비교하는 꼼꼼함을 보였다.

이에 반해 주자학 일변도의 조선에서는 1882년에 한미 수호통상 조약을 체결할 때 영문본과 한문본의 조약안을 대비하고 검토할 만한 능력이 없었다. 그런데도 영문본에는 없고 오직 한문본에만 보이는 '필수상조 必須相助'라는 어구에 홀려 한국이 일본에 강점당할 경우 미국이 군사적으로 의무를 지는 상호방위 조약쯤으로 착각하고 망국의 마지막 단계에서도 미국에 대한 기대를 버리지 못했다.

서구에서는 일본을 나름대로 특색 있는 문화를 형성해 온 나라로 보고 있다. 2000년에 미국의 〈라이프 Life〉지는 《겐지 이야기 源氏物語》 1008년를 세계 최초의 장편소설로서 세계문학에 크게 기여했다고 평했다. 1993년에 미국의 하버드대학교 헌팅턴 교수도 〈문명의 충돌〉이라는 논문에서 세계문명을 '중화, 일본, 힌두, 이슬람, 서구, 러시아 정교회, 라틴 아메리카, 아프리카'의 8개 문명권으로 분류하면서 일본문화를 중화문명과는 다른 독자성이 있는 문화로 구분했다.

일본이 역사적으로 걸어온 길

'왜 倭'라는 호칭은 후한25~220의 역사가 반고班固가 편찬한 《한서지리지 漢書地理志》에 처음으로 등장했고 후대의 중국 역사서 《위지 왜인전 魏志倭人伝》 등에도 나온다. 모택동의 항일전쟁 시기의 연설문에는 '왜구'에 해당하는 중국어 단어 '일구 日寇'라는 단어가 사용된 적이 있으나 현재 중국에서는 '왜'라는 표현은 거의 사용되지 않는다. 하지만 한국에서는 일본을 폄하할 때 여전히 '왜'라는 표현이 사용된다. 한국의 국어사전을 보면 '왜'와 관련된 파생어는 왜국, 왜인, 왜놈 등 등 30여 개에 달하나 '일본' 관련 파생어는 일본요리, 일본도 등 서너 개에 불과하다.

'왜국'이라는 호칭은 일본인 자신들도 한때 사용했고, 청나라에는 '왜인倭仁, 1804~1871'이라는 보수적인 대신도 있었지만 한국인에게 '왜'는 막연하기는 하나 좀스럽고 세련되지 못하다는 뉘앙스를 풍긴다. 7세기 신라 통일 이후의 신라, 고려, 조선을 일본과 각각 비교해 보아도 면적, 인구, 국력 면에서 일본이 보다 큰 나라였다. 그러나 일본은 한국인들에게 여전히 별 볼 일 없는 작은 섬나라로 각인되어 있었을 뿐이었다. 이는 한국인의 시각으로 일본을 분석한 것이 아니라 중화문명이라는 시각을 통해 일본을 판단했기 때문이다.

기원전 1세기경 왜의 소국들은 정기적으로 중국 '전한前漢'의 낙랑군에 조공을 바쳤다. 같은 시기에 송에 조공사를 파견한 백제는 왜왕보다 등급이 높은 것을 받았다. 왜국 이래 무로마치 막부의 아시카가 요시미쓰足利義満足, 1358~1408에 이르기까지 조공사절을 보내 '왕'으로 책봉받은 것이 관례였다. 일본인들은 한반도 국가들과 키 재기를 하는 가운데 중국으로부터 '국왕'으로 책봉받은 사실에 대해 별로 평가하지 않은 경향을 보여 왔다. 에도시대에 조선 국왕에 대한 일본의 국서에 쇼군을 '일본국왕'으로 부르던 것을 1636년부터 '일본국대군日本国大君'으로 바꾼 것은 일종의 자주의식의 표현이다.

일본은 600~614년간 수581~618에 5차례 사신을 파견했다. 607년에 파견된 오노 이모코小野妹子가 휴대한 국서에 '해 뜨는 곳의 천자가, 해지는 곳의 천자에게 글을 올립니다'《수서(隋書)》 왜인전(倭人伝)라고 되어 있어 양제의 부아를 돋우었다는 에피소드가 있다. 기이하게도 이와 같은 내용은 일본 사서에서는 볼 수 없다. 수 양제는 일본의 무례를 꾸짖으면서도 다음 해 608년에 답례사를 왜국에 파견하여 국교를 재개했다. 이미 쇠망기에 접어든 수의 이런 조치는 고구려·돌궐과의 접촉을 사전에 차단하고 608년 고구려의 담징 파견으로 상징되는 고구려·일본의 관계 진전을 견제하기 위한 고육책이었다.

수의 사절이 귀국할 때 다시 수에 파견된 오노 이모코가 지참한 국서에는 '동쪽의 천황 삼가 서쪽의 황제에게 드립니다'라는 말로 시작되었다. 왜의 대왕이 천황이라고 칭한 것이 문헌에 나타난 것은 이때가 처음이나 천황을 '스메라미코토'라고 읽었다.

일본의 천황 운운하는 국서는 중국을 중심으로 주변과 변경 간의 경쟁 관계에 있는 고구려, 신라, 백제 삼국에 대한 일본의 권위를 높이고 중국과 대등하고 싶다는 의도로 풀이된다. 일본의 중국과의 대등관계 실현은 1,200여 년이 지난 1871년에 '청일수호조규' 체결로 이루어졌다.

일본은 당618~907에도 630~838년간 15차례에 걸쳐 사절을 파견했으며 승려, 유학생 등이 다수 동행했다. 753년 정월, 현종이 외국 사신을 접견하는 의식을 거행할 때 일본의 사신이 자신의 자리가 신라보다 낮은 데 대해 항의하여 상석으로 바꾸었다는 쟁장사건争長事件을《속일본기続日本紀》797에 적고 있다. 즉 일본의 석차가 서쪽의 제2석, 신라가 동쪽의 제1석으로 되어 있는 것을, 신라를 서쪽의 제2석으로, 일본이 동쪽의 제1석으로 조정되었다고 한다. 관례화되어 있는 의전석차를 황제가 임석하는 조하朝賀 의식 직전에 의전관이 임의로 즉석에서 변경했다는 것은 믿기 어렵다.

일본의 사료에는 견수사와 견당사를 중국과 동격의 사절처럼 기술하고 있으나, 중국 측에서는 '조공사'라고 칭했으며 대우도 기본적으로 다른 조공사절과 다름없었다. 735년에 당 현종의 칙서에도 조공국에 대한 격식과 마찬가지로 '일본 국왕에게 칙勅한다'라고 되어 있다.

일본의 중국 콤플렉스가 일본인 전체를 우롱한 사건이 있었다. 아마추어 고고학자 후지무라 신이치藤村新一가 1980년대 초부터 10여 년에 걸쳐 일본 각지에서 10만 년, 30만 년, 마침내 50만 년 이전의 구석기 유물을 척척 발굴하여, '신의 손'으로 불리며 교과서를 다시 쓰게 했다. 마침내 북경원인北京原人보다 무려 20만 년이나 앞선 유물을 발굴하여 일본 열도를 열광케 했다. 그러나 2000년 10월에 유물 발굴현장에 잠복 중이던 〈마이니치〉 신문 취재팀이 후지무라가 발굴 예정지에 조작한 유물을 매장하고 현장을 촬영하여 보도했다. 그는 '마가 끼었다'라며 머리를 숙였다. 중국 신화사 통신은 '일본이 경제 대국에 만족하지 않고 고대 문명 대국에 끼고 싶어 안달이 나서 빚어 낸 날조 사건'이라고 코멘트했다.

660년 백제의 멸망 후, 663년에 금강 하구의 백마강에서 백제·일본 연합군이 신라·당연합군과 싸워 완패했다. 백제 부흥군의 거점인 주류성한산이 함락되고 왕자 풍은 고구려로 망명했다. 일본군은 백제의 유민 다수를 동반하여 급히 본국으로 퇴각했다. 《삼국사기》 백제본기에서는 나당연합군이 백강 어귀에서 왜인을 만나 네 번 싸워 모두 이기고 그들의 배 400척을 불사르니 연기와 화염이 하늘을 찌르고 바닷물을 붉게 물들였다고 적고 있다.

일본의 역사를 보면 역사적 대변혁은 외부로부터의 충격에 의해 촉발되었다. 백촌강 전투 대패로 왜는 자아의식을 새롭게 하고 국내 율령체제 굳히기에 전념했다. 667년에 오미近江의 오쓰大津로 도읍을 옮긴 한편 후쿠오카 부근의 다자이후, 쓰시마 등에 변방수비대를 배치하여 나당연합군의 침입에 대비했다. 오미 조정은 백제에서 망명해 온 귀족과 관리를 우대하여 그들의 지식과 문화적 소양을 새로운 국가체제에 크게 활용했다. 백촌강 전투가 없었다면 일본의 시가집《만요슈万葉集》는 만들어지지 않았을 것이라고 한다.

백촌강 패배 이후 일본은 당의 율령체제를 모방하여 율령국가의 확립을 서둘러 701년 타이호大宝 율령을 완성하여, 형벌법의 율律과 통치법의 영令에 의한 통치기반을 구축하고 중앙행정조직과 지방행정조직을 정비했다. 신도와 관련하여 중앙행정조직에 신에게 지내는 제사를 총괄하는 진기관神祇官을 설치한 점이 주목된다.

일본이 보는 일본

'일본日本'은 7세기 후반 무렵부터 사용되기 시작한 일본의 국호이다. 야마토 조정의 세력 확대에 따라 그 중심지역인 '야마토나라현'를 국가의 총칭으로 부르고 왜국倭国, 대왜大倭로 표기해 오다가 '해 뜨는 곳의 천자'라는 인식으로 발전하여 '천황天皇' 호칭과 함께 일본日本이라는 국호로 정착되었다.

일본日本은 문법적으로 '日の本', 즉 '태양이 떠오르는 곳'으로 동쪽을 지칭한다. 이때 동쪽은 중국의 동쪽, 곧 '중국에서 볼 때 동쪽에 있는 나라'라는 뜻이다. 막부 말에 국수주의자 사토 다다미쓰佐藤忠満는 '日本'이란 국호가 중국의 속국을 의미하는 굴욕적인 호칭이라 하여 폐지를 주장하기도 했다.

왜국의 국호 개칭은 신라와 중국에도 알려졌다. 《삼국사기》의 '신라본기' 문무왕 10년670년의 기록에 '왜국이 국호를 일본으로 개칭했다'라고 기록되어 있다. 일본은 701년 당에 보낸 사절의 국서에 '천황'이라고 표기했다. 그러나 조선의 문헌에서는 18세기까지도 일본에 관한 문물에 대해서는 여전히 '왜', '왜국'으로 표기했다.

일본 유학자들은 이와 같은 조선의 왜인, 왜국 호칭을 못마땅하게 여겼다. 에도시대 일본의 조선 외교 실무 책임자인 아메노모리 호슈雨森芳洲, 1668~1755는 1719년 통신사의 제술관으로 방일한 신 유한에게 조선의 문헌에는 일본을 예외 없이 왜인, 왜구라고 부르며 비하함이 차마 말로 할 수 없을 정도라고 하면서 항의했다. 또한 도쿠가와 이에노부德川家宣 쇼군도 '어찌 조선이 우리를 모욕함이 이 지경까지 되었단 말인가'하고 격분했다고 하면서 금후로는 일본, 일본인으로 불러 달라고 주문했다.

아메노모리는 에도시대 일본 최고의 조선 전문가로서 부산 왜관에 근무하면서 경상도 방언까지 익혔다. 유학자로서는 드물게 임진왜란을 대의명분이 없는 전쟁이었다고 비판하고 한일 양국은 '싸우지 말고 속이지 말고 진심을 가지고 교류해야 한다'라는 성신외교를 현덕윤과 함께 주창했다.

1990년 5월에 노태우 대통령이 일본을 방문했을 때 천황 주최 만찬에서 행한 연설의 결론 부분은 '270년 전 조선과의 외교를 담당했던 아메노모리 호슈는 성의와 신의의 교제를 신조로 삼았다'라고 되어 있다. 그 당시 주일 대사관에 근무하고 있을 때 아메노모리를 연설문 초안에 포함해 메이지 이래 망각의 저편으로 사라진 외교관을 화려하게 외교 무대에 부활시킨 행운을 얻었다.

일본 사람이라면 누구나 아는 《고지기古事記》와 《일본서기日本書
紀》는 일본이 바라보는 일본을 정확하게 알 수 있는 자료이다.

《고지기》712는 천황의 계보를 명확히 하려는 정치적 목적으로 신
화시대로부터 제33대 스이코推古 천황재위 592~628에 이르기까지를 기
록한 일본 최고最古의 사서이다. 한편 《일본서기》720는 천황통치의
정통성 확보목적으로 신화시대로부터 제41대 지토持統 천황재위 686~
697까지를 한문으로 쓴 정사이다. 그런데 《일본서기》는 '일본'이라는
수식어가 붙은 것에서 짐작할 수 있듯이 중국과 한국을 의식한 정치적
색체가 농후한 사서로 사실과 허구가 혼재되어 있다. 연대 기술에도
120년이나 차이가 있다. 예컨대 《삼국사기》에는 백제의 근초고왕이
375년 즉위로 기재되어 있는데 《일본서기》는 255년으로 기술하고
있다. 《일본서기》는 한자, 불교 등이 백제에 의해 전래된 것으로 기술
하면서도 그 기조는 일본은 중국과 대등하고, 한반도의 국가들을 오랑
캐夷로 간주하는 번국사관蕃国史観으로 일관되어 있다.

이러한 왜곡된 기술에 대해서는 이미 일본인 학자들도 문제점을 지
적한 바 있다. 예컨대 쓰다 소키치津田左右吉, 1873~1961 와세다 대학 교
수는 《일본서기》는 천황지배의 정통성을 확보하기 위해 윤색되었다
는 점을 학문적으로 규명했다. 이에 당국은 1942년에 그를 재판에 회
부하여 황실존엄 침해죄로 금고형에 처하고, 《신대사 연구神代史の研
究》, 《고사기급일본서기연구古事記及日本書紀研究》 등의 그의 저서들을
발매 금지시켰다. 하지만 패전 후 그는 천황옹호 논문을 발표하고 문
화훈장을 수여받아 일본인들조차 놀라게 했다.

오늘날에도 여전히 일본에는 《일본서기》를 신봉하는 층이 상당히

두껍다. 서구의 일본 전문가들 중에도《고사기》와《일본서기》를 역사적 사실의 기록으로 받아들이고 있는 사람도 있다. 당연히 이런 부류의 학자들은 한국에 선입관을 갖게 된다. 현재 미국의 고등학교의 세계사 교과서가 일본 학계에서조차 인정하지 않는 '임나일본부任那日本府' 설을 동아시아의 정설처럼 기술하고 있다.

한편《일본서기》에 나오는 외국 국가의 횟수를 보면 총 1,343회인데 그중 신라, 고구려, 백제 등 한반도의 국가가 1,206회, 중국 대륙의 국가는 137회에 불과하다. 이노우에 히데오井上秀雄의《고대 일본인의 외국관古代日本人の外国観》은 일본의 한반도에 대한 지대한 관심을 보여 준 예이다. 한편 한국의 사서《삼국사기》1145년와《삼국유사》1280년에는 일본에 대한 언급이 고작 50회에 불과하며, 그 내용은 주로 왜구의 약탈에 관한 부정적 기술이다. 한반도 국가들의 관심은 오로지 중국 일변도였으며 일본은 아예 관심의 대상조차 되지 못했다. 그렇기 때문에 실제 일본과 한국인이 인식하고 있던 일본과는 상당한 괴리가 있을 수밖에 없었다.

일본의 정신, 신도

신도는 일본의 800만 명에 달한다는 신령들을 대상으로 하는 신앙과 제사를 핵으로 하는 일본 고유의 다신교적인 민족종교이다. 신도라는 단어는 중국의 고전《역경易經》에서 취한 것이며《고사기》에는 보이지 않고 대외적 과시용인《일본서기》에 처음으로 선을 보였다.

신도에는 교조도, 교의도 없다. 신의 섭리, 자연 그리고 조상신을 신봉한다. 사람은 죽으면 먼 세계로 사라지는 것이 아니라 조상신이 되

어 자손들 가까이 머물며 그들의 생활을 지켜본다. 그리고 매년 때를 정해서 집으로 돌아오고 그때 자손들은 감사의 마음으로 음식을 차려서 조령을 기쁘게 한다. 청정淸淨하지 않으면 조령이 안 온다는 것이다. 이런 의미에서 신도는 조상 숭배 신앙으로서 그 기초는 청정과 감사에 있다 하겠다. 이러한 청결과 감사의 의식이 일본인의 생활에 녹아들었다. 일본어로 '감사하다'라는 뜻의 '아리가토有難う'의 '자의字意'는 '좀처럼 있기 어려운 것이 있다', 즉 이는 신과 조상의 은덕 때문이라고 생각하는 것이다.

자연종교인 신도가 종교로서 체제를 갖추기 시작한 것은 천황을 정점으로 한 고대국가가 등장한 7세기 이후였다. 신도가 외래종교인 불교와 대항할 정도로 성장하게 된 계기는 고려·원연합군의 일본 원정이 태풍으로 인해 좌절된 데 기인한다. 일본 역사상 처음으로 경험한 1274년과 1284년에 일어난 두 차례의 이민족 침공은 일본인에게 공포 그 자체였다. 일본에서는 정벌군을 '원구元寇'라고 하는데 한때는 어린애의 울음을 멈추게 하기 위해서 '무쿠리 고쿠리의 귀신蒙古高句麗の鬼'이 온다고 했다고 한다. 지금도 소설 등에 정체를 알 수 없는 두려움의 존재로 묘사되기도 한다.

거국적인 기도로 신이 태풍을 불게 하여 이민족의 침입을 물리쳤다고 하여 이 바람은 '가미가제神風'라고 불렀고 신국사상이 일본인의 의식 속에 깊이 각인되었다. 메이지 유신과 더불어 신도는 천황의 권위를 진작시키는 국교로 확립되었고, 각 지역별로 주요 신사가 중앙정부의 관리 아래 피라미드 구조를 이루며 체계화되었다.

그러나 제2차 세계대전 이후에 일본이 전쟁에 지면서 천황은 '현인신'이 되어 신격성이 부정되었다. 맥아더 Douglas MacArthur, 1880~1964

최고사령관이 도쿄에 도착한 지 한 달도 안 된 1945년 9월 27일에 쇼와昭和 천황이 미국 대사관으로 맥아더 최고사령관을 예방했다. 1945년 9월 29일, 각 일간지에 게재된 예방 기념사진을 본 일본인들은 경악을 금치 못했다. 군복 상의 윗단추를 풀어 젖히고 손을 허리에 대고 있는 맥아더 옆에 정장 차림의 천황이 긴장한 상태로 서 있었다. 전쟁에 졌다는 사실을 통감케 했다.

1945년 10월 4일에 맥아더 최고사령관은 일본정부에 헌법 개정을 지시했다. 이에 따라 일본 정부는 천황 주권을 기본으로 유지하는 헌법 초안을 작성하여 제시했다. 그러나 총사령부 측은 이를 거부하고 총사령부 안을 제시하면서 수락하지 않을 경우 천황의 재판 회부 가능성을 시사했다. 이런 과정을 거쳐 1946년 11월 3일에 공포되어 1947년 5월 3일부터 시행되어 현재에 이른다.

총사령부는 천황이 아마테라스 오미카미의 자손으로 다른 민족보다 우수하다고 주입시키는 국가신도의 교육을 금하는 지령을 발령했다. 또한 1946년 1월 1일 천황에게 연두교서에서 '짐과 국민간의 유대는 천황을 살아 있는 신으로 하고 동시에 일본 국민을 다른 민족보다 우월한 민족이라 하며, 나아가서 세계를 지배할 운명을 타고난 것으로 생각하는 가공의 관념에 의해 이루어진 것은 아니다'라는 '인간선언'을 하도록 했다. 일본 국민은 천황이 '현인신'이라는 오랜 미망에서 깨어나야만 했다. 천황의 인간선언은 일본이 다시 한번 외압으로 새로운 역사의 노정에 들어섰음을 의미하는 것이었다.

맥아더는 재임 1945년 8월~1951년 4월 중 천황과 11차례 면담했으나 천황이 언제나 맥아더를 예방토록 함으로써 일본인에게 굴욕감을 안겨주었다. 그뿐만이 아니다. 맥아더는 귀국 후 1951년 5월 5일, 미 의회

상원 군사·외교 합동 위원회에서 극동정세 등 관련 증언에서 '현대 문명의 기준으로 앵글로색슨이 45세의 장년이라면, 일본인은 아직 12세의 소년 같다'라고 언급하여 다시 한번 일본인의 자존심에 큰 상처를 남겼다.

하지만 신도는 과거의 유산이 아니라 지금도 여전히 그 위세를 떨치고 있다. 신도정치연맹이라는 극우조직이 있다. 이 연맹은 황실중심주의, 신헌법제정, 야스쿠니 신사 참배 등을 요구하는 활동을 벌이고 있다. 이와 같은 조직에 아베 전 수상과 각료를 비롯한 자민당을 중심으로 한 280여 명의 국회의원이 초당파적으로 참가했다. 신도정치연맹 산하기관인 신도정치연맹 국회의원 간담회는 아베 신조 전 수상이 회장이 되기도 했으며, 그 당시 아베 내각에 간담회 소속 의원이 16명이나 포진하기도 했다.

일본이 진정한 이웃 국가가 되기를 바라며

패전 직후 1945년 8월 28일, 전후 최초로 성립된 내각의 히가시쿠니 나루히코 東久邇稔彦, 1887~1990 총리는 취임 기자회견에서 '전 국민이 총참회를 하는 것이 일본 재건의 제일보'라는 소위 '1억 총참회론'을 들고 나왔다.

언뜻 보면 '1억 총참회론'은 진지한 반성의 태도로 보일지 모르나 일본식 사고 방식으로 보면 누구도 책임지지 않는다는 식이다. 흔히 하는 말로 공동책임은 무책임이라고 하지 않는가. 일본 국민 한 사람 한 사람이 책임을 진다는 의미는 결국 1억 분의 1만 책임지면 된다는 결론이 된다. 책임은 마땅히 책임질 자리에 있던 자가 지지 않으면 안 되는 법이다.

미국의 초기 대일점령정책은 군사력 해체, 경제해체, 민주화 촉진에 있었으나 냉전체제 진입으로 일본을 공산권에 대한 방파제로 삼는 정책으로 전환했다. 1950년 6월의 북한의 남침이 일본의 전쟁범죄에 대한 처분을 경감시키고 나아가서 전후 일본 경제를 회복시키는 결정적 계기를 마련했다고 하겠다. 결국은 일본의 전쟁 책임이 유야무야로 처리되고 말았다.

1951년 9월 8일 샌프란시스코 오페라 하우스에서 48개국 대표들이 강화조약에 서명했다. 미국을 비롯한 연합국은 당초에는 일본에 철저한 징벌과 배상을 부과하려는 구상을 갖고 강화회의에 임했으나 최종적으로는 징벌도 없었고 배상청구권도 포기한 '관대한 강화'로 귀착되고 말았다. 이 강화 조약은 천황의 전쟁책임은 고사하고 일본의 전쟁 등에 전혀 언급하지 않고 있어 일본의 저명한 국제법 학자 요코타 기사부로橫田喜三郞도 극히 이례적인 것으로 간주했다. 나카소네 야스히로 전 총리는 종전 70주년에 즈음하여 요미우리 신문의 기고문에서 '본래라면 당시의 지도자의 전쟁책임은 도쿄재판이 아니라 일본인 스스로 책임을 지고 판가름해 결착을 지었어야 했다'라고 했다.

일본은 패전 기념일을 '종전 기념일'로 둔갑시켜 8월 15일로 지정하여 매년 전몰자 추도의 날로서 기념식을 거행하고 있다. 공교롭게도 일본의 8월 15일은 조상을 추모하는 '오봉'과 겹치는 관계로 8월 15일이 추도의 날로 굳어지는 면도 있으나 '패전의 관념적 부인'은 독선적인 관념으로 전후의 본질을 지적 합리성에 기초하여 이해하는 것을 거부하게 된다.

일본 메이지시대의 대표적인 계몽사상가로 이름을 떨친 후쿠자와 유키치 福沢諭吉, 1835~1901는 1885년 3월 16일자《지지신보 時事新報》에 게재한 '탈아론 脱亜論'에서 청국과 조선을 비문명적인 야만국으로 규정하고 일본은 이들 악우들과 절연하고 서구를 본받아야 한다는 이른바 탈아입구 脱亜入欧를 주장했다. 이 '탈아론'은 2,000자 정도의 짧은 논설이지만 근린제국을 보는 민중의 의식과 정부의 대아세아 정책에 이 논문만큼 부정적 영향을 끼친 논설은 없다. 후쿠자와는 진구 왕후의 3한 정벌설을 역사적 사실로 인식하고 논설을 전개했다. 이후 일본은 후쿠자와의 '탈아론'의 노선에 따라 중국을 침략하고 조선을 식민지로 만들었다. 또한 후쿠자와는 청일전쟁을 야만과 문명의 전쟁이라고 규정하고 전비 마련을 위한 의연금으로 현재 금액 6,000만 엔에 상당하는 1만 엔의 거금을 쾌척하여 전승을 위한 사기 진작에 앞장서기도 했다.

신화가 신화로 끝나지 않는다는 것을 일본 역사의 궤적이 보여 주고 있다. 신국 탄생의 신화에서 배태된 신국사상이 결국은 침략사상으로 이어졌다. 일본은 자기최면적인 사고로 무장하여 한국을 강점하고 중국을 침략해 한때는 도요토미 히데요시의 미완의 꿈을 마침내 이루었다고 축배를 높이 들었다. 그러나 그것은 독배였다.

서양 열강의 제국주의 식민지 통치는 지리적으로 멀리 떨어진 이질 문명권 그리고 격차가 현격한 국가를 대상으로 했다. 고대 이래 한자와 유교를 기반으로 하는 같은 동아시아 문명권의 일원인 일본이, 문화적으로 가르침을 준 입장에 있었던 조선과 중국에 대해 '팔굉일우 八紘一宇'라는 기치를 내걸고 야만적인 형태로 서양 흉내 내기에 일시적으로는 성공했다고도 할 수 있다. 그러나 국가는 영속적인 존재이다. 국가와 역사가 이어지고 있는 한 일본이 자행한 만행의 역사적 기억은 재생산될 것이 분명하다. 일본은 신국사상에 뿌리를 둔 아시아의 침략은 비단 아시아 사람들뿐만 아니라 일본인에게도 참담한 결과를 자초했다는 사실을 직시하고 자기성찰을 통해, 아시아에서 벗어난다는 '탈아'의 오만함을 털어 버리고 존경받는 이웃 국가가 되기 위해 어떤 길로 나아가야 할지 고민해 볼 필요가 있다.

영화 〈스즈메의 문단속〉에 나타난 신도의 세계
– 노리토를 중심으로

한정미(도쿄대학 Visiting Professor)

신카이 마코토 감독의 〈스즈메의 문단속すずめの戸締り〉은 2022년 11월 11일에 극장에 개봉한 후 관객 동원 수 1,100만 명, 흥행 수익 147억 엔을 돌파하며 일본 국내뿐만 아니라 전 세계가 주목하는 화제 작이다.

〈스즈메의 문단속〉은 〈너의 이름은君の名は〉의 세계적인 히트 이후 국내외에서 높은 평가를 받고 있는 신카이 마코토 감독이 아름다운 색채와 음악으로 그려 낸 소녀의 모험 이야기로, 평온하게 살던 소녀가 한 청년과의 만남을 계기로 재앙을 불러오는 문의 존재를 알게 되어 그 문을 닫는 여행을 떠나는 내용이다. 여기서는 영화 〈스즈메의 문단속〉에 나타난 신도神道의 세계, 그중에서도 남자 주인공 소타가 신神에게 아뢰는 노리토祝詞에 주목하고자 한다.

영화 〈스즈메의 문단속〉의 포스터

〈스즈메의 문단속〉의 줄거리

규슈 미야자키의 조용한 항구도시에서 이모와 함께 살고 있는 17세 소녀 이와토 스즈메. 어느 날 등굣길에 아름다운 청년 무나카타 소타와 마주친 스즈메는 '문을 찾고 있다'는 그를 따라 산속 폐허로 향한다. 그러나 그곳에는 붕괴에서 남겨진 낡은 하얀색 문만 덩그러니 놓여 있었다. 무언가에 이끌리듯 스즈메는 그 문에 손을 뻗어 보고 이윽고 규슈에서 도호쿠 지방에 이르기까지 일본 각지에서 차례로 열리기 시작하는 문들과 그 너머에서 찾아오는 재앙을 막기 위해 스즈메는 열린 문을 닫는 여정을 떠나게 된다.

소타의 '노리토'의 의미

남자 주인공 무나카타 소타는 재앙을 불러오는 문을 닫는 '도지시閉じ師'로, 교육학부에 재학 중인 대학생으로 등장한다. 뒷문과 요석을 확인하기 위해 미야자키로 향하는 도중에 스즈메에게 폐허의 위치를 묻자, 요석인 다이진의 봉인이 풀리면서 의자로 변해 버린다. 이후 다이진은 문이 준재하는 장소에 나타나서 스즈메 일행을 농락하며 인간의 말을 하는 하얀 고양이로 나타나고, 소타는 이후 스즈메와 함께 행동하며 전국에 있는 뒷문을 닫는 여정을 시작한다. 그런데 이 문이 닫힐 때 소타가 외치는 소리를 노리토라고 한다. 노리토는 신도에서 신에게 제사를 지낼 때 사용하는 엄숙하고 장중한 문장을 뜻한다.

소리 내어 말하기도 두려운 히미즈 신이여.

조상 대대로 내려온 땅의 신이여.

오랫동안 빌린 이 산과 강을

(최대한의 경외심을 가지고) 두려운 마음으로 정중히 돌려드리겠나이다.

かけまくもかしこき日不見ひみずの神よ。

遠つ御祖みおやの産士うぶすなよ。

久しく拝領つかまつったこの山河、

かしこみかしこみ、謹つつしんでお返し申す。

먼저 '가케마쿠모 가시코키 かけまくもかしこき'는 신관神主이 노리토를 읊을 때 가장 먼저 하는 말로, 하라에고토바祓詞라고도 불린다. 이는 신에게 '소리 내어 말하기도 두렵다'라는 뜻이 담겨 있으며 한자로는 '掛介麻久母畏伎'라고 표기한다. 또한 소타가 외치는 말은 '주문'인지 '노리토'인지 영화에서는 명확히 밝히지 않았으나 소설에는 '노리토'로 표기되어 있다.

현존하는 노리토 총 28편 중에 27편이 조정의 제의에 관한 것으로, 노리토는 《엔기시키 延喜式》헤이안시대에 완성된 율령의 시행 세칙을 적은 법전권 8에 수록되어 현재도 중시되고 있다. 그 내용은 신찬神饌, 신에게 올리는 음식물과 폐백幣帛, 신에게 봉헌하는 물건의 총칭을 바치고 신덕神德에 대한 칭송과 찬사를 아뢰며 새로운 은혜를 기원하는 것이 일반적인 형태라고 할 수 있다.

기원은 오래되어 《고지키 古事記》,《니혼쇼키 日本書紀》 신화에 아마테라스 오미카미 天照大神가 숨어 있었던 하늘의 석실문天の岩戸 앞에서 아메노 고야네노미코토 天児屋命가 '후토 노리토고토 布刀詔戸言, 후토(布刀)는 신에게 제사 지내는 의례나 행사에 대한 미칭'를 아뢴 것이 기록되어 있다.

일본에는 고토다마 신앙言霊信仰이라고 하여 말에는 영력이 깃들어 있고, 말을 함으로써 이 영력이 발휘된다고 믿는 말에 대한 신앙이 있다. 예를 들어, 혐오스러운 말을 하면 좋지 않은 일이 일어나고 반대로 축복의 말을 하면 상황이 좋아진다고 믿으며, 혼례 등 축하할 일이 있을 때 혐오스러운 말을 쓰지 않도록 주의를 기울이는 것도 이러한 생각에서 비롯된 것이다.

노리토에는 이러한 고토다마 신앙이 깔려 있기 때문에 한 글자 한 글자마다 유려하고 장엄한 표현을 사용하여 실수하지 않도록 신중하게 신에게 아뢰는데, 소타의 노리토에 나온 '히미즈日不見'에 대해서는 다음 절에서 언급하기로 하고 계속해서 노리토 전체의 의미에 대해서 살펴보기로 하겠다.

'미오야御祖'는 조상에 대한 존칭어이다. 직역하면 소타의 조상이라고 해석할 수 있다. 하지만 〈스즈메의 문단속〉에서는 뒷문이 열려 있는 땅에 조상 대대로 살아온 사람들이라는 뜻으로 사용된다. 지금은 폐허가 된 땅도 한때는 사람들로 붐비던 시절이 있었지만 그들을 대신해 그 땅을 신에게 돌려주는 것이 소타 등의 토지시의 역할로 등장하기 때문이다.

'우부스나産土'는 태어난 땅을 의미하며 그 땅의 씨족 신을 뜻하기도 한다. 소타의 노리토에서는 폐허가 된 땅의 수호신, 또는 땅의 신으로 해석할 수 있다. 스즈메와 소타가 방문했을 때는 이미 폐허가 되어버린 땅으로, 한때 그곳에 살았던 사람들의 모습이 보이지 않으나 사람들이 사라진 땅에도 신은 깃들어 있다. 즉 '우부스나'에서는 인간이 잊어버린 땅을 지키는 신들에 대한 경외심을 느낄 수 있다고 할 수 있다.

'히사시쿠久しく'는 '오랫동안', '쓰카마쓰루拜領'는 신분이 높은 사람이나 윗사람에게 빌리는 것을 뜻하는데, 소타의 노리토에서는 오랫동안 신에게 빌린 산이나 강으로 해석할 수 있다. 일본에서는 고대부터 자연에는 신이 깃들어 있다고 생각했으며 현대에도 산이나 강, 거목 등은 신성한 존재로 신앙의 대상이 되고 있다.

 '가시코미카시코미かしこみかしこみ'는 '소리 내어 말하기도 두려운' 등으로 번역되며 신에 대한 경의를 표하는 말이다. 신에게 소원을 빌 때 하는 말로, 신관의 노리토에서 자주 들을 수 있다. 참고로 한자로는 '畏み畏み' 또는 '恐み恐み'라고 표기하며, 소타의 노리토의 마지막 구절은 '최대한의 경외심을 가지고 두려운 마음으로 정중히 돌려드리겠나이다'라는 뜻이다. 즉, 소타의 노리토에는 자연에 깃든 신들에 대한 감사와 동시에 인간이 빌린 땅을 히미즈의 신에게 돌려주겠다는 의지로도 읽을 수 있다. 또한 땅을 돌려주는 대신 재앙의 원흉을 없애 달라는 인간 측의 소망도 담겨 있다고도 할 수 있다.

'히미즈 신'의 의미

 소타의 노리토에 나온 '히미즈日不見'에 대해서는 다음과 같이 몇 가지 견해가 있다.

 첫째 히미즈를 지렁이미미즈의 천적인 두더지로 보는 견해이다. 이 작품에서는 '좋지 않은 것'을 구현한 '지렁이'가 등장하기 때문이다. 우리가 잘 알고 있는 흙 속에 사는 지렁이는 흙을 먹어 식물을 키우기에 적합한 토양을 만드는 '유익한 벌레'로 농업 등에서 활용된다. 하지만 이 작품에서는 사람이 줄어들어 '땅을 진정시킬 힘'이 약해진 땅에서 뒷문을 닫을 힘도 동시에 약해지면서 결국 열린 뒷문으로 나온 지렁이가 '현세'에 재앙을 불러일으키는 존재로 묘사된다. 그런 재앙을 가져오는 '지렁이'를 진정시켜 달라는 의미에서 지렁이를 먹는 '지렁이 두더지의 신'인 히미즈 신에게 부탁하는 것이라는 점이다.

둘째 히미즈의 신을 '불의 신, 물의 신'으로 보는 입장이다. '신'의 어원에는 여러 가지 설이 있지만, 고대 신도의 문헌에 '신은 불과 물이다神は火水なり'라는 기록이 있다. 즉 만물의 근원인 '신神=가미火水'를 '火水=히미즈'라고 읽어 '히미즈→日不見'와 두더지의 의미인 두 가지 의미를 부여할 수 있다는 것이다.

불은 태양, 빛, 하늘을 나타낸다.
물은 땅과 바다를 뜻한다.

모든 생명체는 천지의 은총을 받아 살아가고 있다는 것이 이 한 마디에 잘 표현되어 있어서 '히미즈의 신이여 = 삼라만상, 모든 생명의 근원인 신이여'라고 호소하는 것이라고 할 수 있다.

셋째 '日不見→히후미→히후미 노리토'로 보는 견해이다. '아이우에오'나 '이로하니호토'처럼 '히·후·미'로 시작하는 47개의 글자로 구성된 것이 히후미 노리토인데, 히후미 노리토는 고대부터 신에게 아뢴 '말의 힘이 깃든 노리토'이다. 한 음 한 음에 말의 기운이 담겨 있으며, 액운이 행복으로 바뀌는 '제재초복除災招福'의 효험이 있다고 전해진다. 청음 47음을 각각 한 번씩만 사용해 만든 애너그램을 외우는 것만으로도 강력한 정화와 기적을 불러오는 효과가 있다고 알려져 있다.

히후미 노리토 ひふみ祝詞와의 연관성

여기서 〈스즈메의 문단속〉과 히후미 노리토의 연관성을 아래 세 가지 관점에서 다시 살펴보겠다.

첫째, '日不見=히후미'로 읽을 수 있다. 이는 '日不見의 신'에서 '日不見'를 '히후미'라고 읽을 수 있다는 견해이다. 신도에서는 '소리에 말의 영혼이 깃들어 있다'라고 하여 같은 소리를 다른 한자로 변환해 하나의 단어에서 다양한 의미를 찾아내는 경향가케고토바이 있다. 앞서 언급한 '신은 불과 물이다'의 기록도 이에 해당한다고 할 수 있다. 즉 소리와 가케고토바를 중시하는 신도에서 유래하여 '日不見'와 '히후미 노리토'를 연관시킨 것이 아닐까 생각된다. 또한 '히후미 노리토'의 현대어 번역에는 여러 가지 설이 있는데, 서문의 '히후미요이'의 의미는 다음과 같다.

> 히=빛, 태양(빛이 있다, 태양이 태어났다)
> 후=바람(바람이 불었다)
> 미=물(물이 세상을 감싸고 바다가 태어났다)
> 요=생명, 세상(이렇게 해서 세상이 탄생했다)
> 이=출현出現(그리고 원시적인 생명이 출현했다)

즉 '삼라만상의 탄생'을 나타낸다고 할 수 있다. 앞서 언급한 '불과 바람의 신'과 마찬가지로 '日不見의 신이여 = 삼라만상, 모든 생명의 근원인 신이여'라고 부르고 있는 것이 아닌가 싶다.

둘째, 히후미 노리토는 진혼법에 쓰이는 노리토이다. 히후미 노리토는 진혼법에 사용되는 노리토로 알려져 있는데, 진혼법이란 고대 신도에서 지금도 가장 중요하게 여겨지는 수행법 중 하나이다. 자신의 영혼을 깨우고 신의 '기気'를 불러들여 진정시킴으로써 자신의 영혼을 안정시키고 충만하게 하여 영성과 영능을 충분히 발휘하게 하는 신도 고유의 수행법을 말한다. 일반적으로는 온몸에 찬물을 끼얹는 미소기禊 의식이 유명하지만, 신도에서는 미소기와 함께 대표적인 수행법 중 하나로 꼽힌다.

신카이 감독이 방문객 특전인 '신카이본新海本'에서 "장소를 진정시키는, 장소를 애도하는 이야기로 만들고 싶은 아이디어가 있었다"라고 말한 것처럼 이번 작품의 중요한 테마 중 하나가 '진혼'이라는 점에서 공통점이 느껴진다.

셋째, 히후미 노리토의 기원과 아메노우즈메노 미코토와의 관련성이다. 아메노우즈메노 미코토天鈿女命는 일본 신화에 나오는 여신이다. 이 작품의 히로인 '이와토 스즈메岩戸鈴芽'의 이름은 아메노우즈메노 미코토에서 연상했다고 신카이 감독이 밝힌 바 있다.

아메노우즈메노 미코토는 이와토 가쿠레岩戸隠れ의 신화로 유명한 예능의 여신이자 일본에서 가장 오래된 무용수이다. 이와토 가쿠레는 태양의 여신 아마테라스가 동생인 스사노오의 폭거에 화가 나서 하늘의 바위 문에 숨어 버렸는데, 태양의 신 아마테라스가 숨어 버리자 천지가 캄캄해지고 악령이 날아다녔다고 한다. 고민에 빠진 야오요로즈八百万의 신들은 의논 끝에 아마테라스의 마음을 사로잡는 축제를 바위 문 앞에서 열었다. 그때 춤을 춘 것이 아메노우즈메노 미코토이다. 그 환호성에 '밖은 캄캄한데 왜 저렇게 떠들썩하지?' 하며 의아하게 생각한 아마테라스가 밖으로 나와서 상황을 살폈는데 그때 아마테라스를 끌어내어 작전은 성공하고 천지는 다시 태양의 빛을 받게 되었다는

아메노우즈메노 미코토 상
(아마노이와토 신사, 미야자키현 니시우스키군)

사루메 신사(사루타히코 신사, 미에현 이세시)

내용이다.

즉 아마테라스가 숨어 있던 '이와토'와 '우즈메 → 스즈메 鈴芽'에서 '이와토 스즈메'라는 이름이 탄생한 것이다. 또한 '아메노우즈메노 미코토'는 예능의 신으로 전국의 신사에서 모시고 있는데 그중 하나인 사루메 신사 佐瑠女神社, 사루타히코 신사 경내에 신카이 감독이 현수막을 봉납한 것으로 유명하다. 2020년 1월에 봉헌했고, 이 작품의 기획서를 쓰기 시작한 것도 2020년 초쯤이었다고 신카이 감독은 말한다. 이 작품이 무사히 완성되기를 기원하며 봉납했을 때 이름의 영감이 떠올랐을지도 모르겠다.

소설판 《스즈메의 문단속》에는 2011년에 일어난 동일본 대지진을 주제로 했다고 명확하게 기재되어 있어, 신카이 감독이 동일본 대지진으로부터 11년 만에 이 주제를 다룬 무겁고도 강력한 메시지가 담긴 작품이라는 점에서 상당한 각오가 느껴진다. 노리토에서도 엿볼 수 있듯이 무엇보다도 일본 신화와 신도에 관련된 요소가 이야기의 핵심을 이룬다는 점에서 그 무게감이 더 크다고 할 수 있겠다.

참고 자료

● **한국어 자료**

가세 도시카즈·하나이 히토시, 『미주리 함상의 외교관』, 이경수(외) 공역, 패러다
　임, 2019.

강상규, 『동아시아 역사학 선언』, 에피스테메, 2021.

강상규·이경수·동아시아 사랑방 포럼, 『알면 다르게 보이는 일본 문화 1, 2, 3』, 지
　식의 날개, 2021, 2022, 2023.

고바야시 테루코 글, 아키바 수에키치 그림, 『주먹밥이 데굴데굴』, 김난주 역, 비룡
　소, 2007.

구로카미 슈텐도, 『일본 도자기의 신, 사기장 이삼평』, 김창복(외) 공역, 지식과 감
　정, 2015.

권숙인, 「근세 일본에서 대중관광의 발달과 종교 - 이세마이리(伊勢参り : 이세 신궁
　참배)를 중심으로」, 서울대학교 국제지역원, 1997.

권정삼, 「일본의 전통 숙박문화와 여행에 대한 연구 - 근세 도카이도의 슈쿠바를 중
　심으로」, 전남대학교 대학원 일어일문학과, 2005.

김경임, 『문화유산으로 일본을 말한다』 홍익출판미디어그룹, 2023.

김민선 글, 정윤미 그림, 『일본의 주먹밥 할아버지와 혹부리 영감』, 정인출판사,
　2010.

김숙자(외), 『사진으로 보고 가장 쉽게 읽는 일본문화』, 시사일본어사, 2011.

김숙자(외), 『日本事情, 사진으로 보고 가장 쉽게 읽는 일본문화(개정판)』, 시사일
　본어사, 2016.

김영식, 『일본 근세성곽과 왜성의 이해』 어문학사, 2021

김정은, 「17 - 20세기 한일 여행문화 비교연구」, 高麗大學校(연구논문), 2016

김준길, 『외교관이 쓴 매크로 한국사』, 기파랑, 2006.

나준하, 「〈에반게리온〉에 나타난 안티테제 분석」『日本語教育』, 102호, 한국일본
    어교육학회, 2022.

나카쓰카 아키라, 『일본인이 본 역사 속의 한국』, 이규수 역, 소화, 2002.

다카하시 치하야, 『에도의 여행자들』, 김순희 역, 효형출판, 2004.

다키우라 마사토·오하시 리에, 『일본어와 커뮤니케이션』, 이경수·사공환 역, 지식
    의 날개, 2020.

대니얼 J. 래버틴, 『노래하는 뇌 – 인간이 음악과 함께 진화해온 방식』, 김성훈 역, 와
    이즈베리, 2008.

박오영, 『내가 가는 길이 곧 길이 된다』, 생각나눔, 2020.

배삼식, 『1945』, 민음사, 2019.

서현섭, 『한중일의 갈림길, 나가사키』, 보고사, 2020.

시부사와 에이이치, 『논어와 주판』, 최예은 역, 매일경제신문사, 2019.

야마모토 겐이치, 『리큐에게 물어라』, 권영주 옮김, 문학동네, 2010.

야마쿠세 요지, 『일본인이 오해받는 100가지 말과 행동』, 이경수 역, 한울, 2013.

양의모, 『시부사와 에이이치 – 일본 경제의 아버지』, 살림지식총서, 2019.

우치다 다쓰루, 『일본변경론』, 갈라파고스, 2012.

유홍준, 『나의 문화유산답사기 일본편, 5: 교토의 정원과 다도』, 창비, 2020.

이승신, 『왜 교토인가 1, 2』호연글방, 2018, 2021.

이애숙 외, 『일본의 시와 노래』, 한국방송통신대학교출판문화원, 2020.

이영 외, 『일본의 전통문화』, 한국방송통신대학교출판문화원, 2013.

이영·서민교, 『일본근세근현대사』, 한국방송통신대학교출판문화원, 2017.

이한정, 『일본문학의 수용과 번역』, 소명출판, 2016.

전인옥, 『다문화 접근 세계 전통놀이교육』, 양서원, 2011a.

전인옥, 『다문화 접근 한국 전통놀이교육』, 양서원, 2011b.

전인옥, 『유아음악반주』, 한국방송통신대학교출판문화원, 2011.

정꽃나래·정꽃보라, 『리얼 일본 소도시』한빛 라이프, 2023.

정현숙, 『인구위기국가 일본』, 에피스테메, 2021.

조두진, 『도모유키』, 한겨레출판, 2005.

조성관, 『도쿄가 사랑한 천재들 – 하루키에서 하야오까지』, 열대림, 2019.

지지통신사, 『인구감소와 지방 소멸』, 이경수(외) 공역, 지식과 감성, 2018.

최수진, 『책과 여행으로 만난 일본 문화 이야기』, 세나북스, 2020.

코스믹출판, 야베 겐타로 감수, 『일본 전국시대 130년 지정학』, 전경아 역, 이다미디어, 2022.

하하키기 호세이, 『해협』, 정혜자 옮김, 나남출판, 2012.

혼고 가즈토, 『센고쿠 시대 무장의 명암』, 이민연 역, 글항아리, 2022.

● **일본어 자료**

NHKテキスト, 『趣味どきっ! 茶の湯を楽しむ』, NHK出版, 2020.

NHK出版 編集, 『NHK大河ドラマ歴史ハンドブック 青天を衝け: 渋沢栄一とその時代』, NHK出版, 2020.

朝井和昭, 『越後上布―雪ざらし』, 文芸社, 2023.

井上秀雄, 『古代日本人の外国観』, 学生社, 1991.

大石学, 『地名で読む江戸の町』, 株式会社PHP研究所, 2013.

河合敦 監修, 『なるほど 徳川家康』, 永岡書店, 2022.

岸見一郎·古賀史健, 『嫌われる勇気―自己啓発の源流「アドラー」の教え』, ダイヤモンド社, 2013.

九州大学創立五十周年記念会, 『九州大学五十年史 通史編』, 九州大学, 1967.

淸水寺史編纂委員會(編集), 『淸水寺成就院 日記』, 淸水寺史編纂委員會, 2015.

クールジャパン研究部(編集), 『広重 英泉 木曽街道69次 大判』, クールジャパン研究所, 2017.

熊野以素, 『九州大学生体事件‐七〇年目の真実』, 岩波書店, 2015.

五街道ウオーク·八木牧夫, 『ちゃんと歩ける 中山道六九次』, 山と谿谷社, 2014, 2022.

是澤博昭, 『青い目の人形と近代日本―渋沢栄一とL·ギューリックの夢の行方』, 世織書房, 2010.

齊藤勇, 『日本語力で切り開く未来』, 集英社, 2020.

渋沢栄一, 『論語と算盤』, KADOKAWA, 2008.

島崎藤村, 『夜明前 上, 下』, 新潮文庫, 2002(82쇄).

鈴木理生,『東京の地理がわかる事典』,日本実業出版社, 1999.

宝島社 編集,『大河ドラマ 青天を衝け 渋沢栄一のすべて』, 宝島社, 2021.

丹野顯,『江戸のことわざー「犬も歩けば棒に当たる」裏と表のその意味は』, 青春出版社, 2004.

趙秀一(外),『在日総合誌航路』, 航路舎, 2023.

寺本敬子,『パリ万博とジャポニズムの誕生』, 思文閣出版, 2017.

中西進,『万葉集における古代朝鮮』, 1985.

簑原俊洋,『アメリカの排日運動と日米関係』, 朝日新聞出版, 2016.

宮崎広和·是澤博昭·井上潤,『平和を生きる日米人形交流』, 世織書房, 2019.

森谷尅久,『身につけよう!日本人のおもてなしの心』, KKロングセラーズ, 2013.

横浜弁護士会,『法廷の星条旗－BC級戦犯横浜裁判の記録』, 日本評論社, 2004.

吉田威,『東海道57次』, 株式会社 ウエッジ, 2015.

渡邊大門,『関ヶ原合戦全史』, 草思社, 2021.

● 영어 자료

Campbell, P.S. · C. Scott – Kassne,『Music in Childhood: From Preschool through the Elementary Grades(2nd Ed.)』, Schirmer, 2002.

Terry Kita 외,『The Sun Shines for Us All: The Friendship Dolls from Japan. Brauer Museum of Art』, Valparaiso University, 2015.

● 홈페이지

http://www.uraken.net/rail/travel-urabe554.html (日本の旅, 慶応大学三田キャンパスとその周辺~東京都港区~)

https://artsandculture.google.com/story/SQXRnyvC2Y6DIQ?hl=ja (京都女子大学 生活デザイン研究所, 越後上布~雪国に生まれた最高級の夏きもの)

https://asia.nikkei.com/Business/Business-Spotlight/Warren-Buffett-s-Japan-trade-The-changing-world-of-sogo-shosha (Nikkei Asia, Warren Buffett's Japan trade: The changing world of 'sogo shosha')

https://fukutake.iii.u-tokyo.ac.jp/ (FUKUTAKE HALL)

https://gakumado.mynavi.jp/gmd/articles/33050 (マイナビ学生の窓口, 早稲田の大隈重信だけじゃない！ あの大学にはこんな「像」があった!?)

https://ikutajinja.or.jp/ (이쿠타신사)

https://ja.wikipedia.org/wiki/さだまさし (위키피디아, さだまさし)

https://ja.wikipedia.org/wiki/慶應義塾大学 (위키피디아, 慶應義塾大学)

https://ja.wikipedia.org/wiki/島崎藤村 (위키피디아, 島崎藤村)

https://ja.wikipedia.org/wiki/東京大学 (위키피디아, 東京大学)

https://ja.wikipedia.org/wiki/越後上布 (위키피디아, 越後上布)

https://ja.wikipedia.org/wiki/中山道 (위키피디아, 中山道)

https://ja.wikipedia.org/wiki/韓流 (위키피디아, 韓流)

https://job.career-tasu.jp/2024/guide/study/ranking/2_02.html#anc (Carrer-Tasu. 就業希望企業ランキング：大学生編)

https://jp.yna.co.kr/view/AJP20220510001100882 (聯合ニュース2 022.5.10, ［韓流］ＰＳＹが７年ぶりビルボードにランクイン新曲８０位)

https://jpnculture.net/kazegafukebaokeyagamoukaru/ (日本文化研究ブログ, 「風が吹けば桶屋が儲かる」の意味と具体例・バタフライ効果との違いとは？

https://kiso-magome.com/ (馬籠宿)

https://life.oricon.co.jp/rank-salon-website/ (サロン検索予約サイト)

https://maidonanews.jp/article/14952298 (まいどなニュース, 婚活で「好印象な趣味」は…)

https://matsurito.jp (まつりと)

https://my.ebook5.net/japan-foreign-trade-council/g89t3b/# (JFTC, 商社ハンドブック2022 英語版)

https://note.com/onoteru/n/n085e4a63bda5 (「小野道風青柳硯」特別御朱印のお知らせ)

https://onoteru.or.jp/ (오노테루사키신사)

https://ppss.kr/archives/51306 (일본의 역사를 바꾼 세키가하라 전투, 김찬우, 2015)

https://program.kbs.co.kr/1tv/enter/jarang/pc/detail.html?smenu=c8e571 (KBS 전

국노래자랑>프로그램 정보)

https://rakugo.ohmineya.com/%E7%9B%AE%E8%96%AC (聴き比べ落語名作選> 艶笑落語)

https://ranking.goo.ne.jp/select/37065 (goo ランキング, グルメ予約サイト人気 おすすめランキング5選)

https://sekigahara.pref.gifu.lg.jp/ (岐阜関ケ原古戦場記念館)

https://style.nikkei.com/article/DGXMZO12144820W7A120C1000000/ (日本経済 新聞, 赤坂, 大手町… 東大以外にも赤門があった)

https://tabi-mag.jp/echigo-jofu/ (ニッポン旅マガジン, 「雪晒し」に知る, 学ぶ, 幻の越後上布)

https://terms.naver.com/list.naver?cid=60591&categoryId=60591 (네이버 지식백과 / 문학백과>일본문학>소설 도쿠가와 이에야스 용어, 인물사전)

https://the-greats.com/people/1884 (the-greats.com, さだまさしの名言)

https://tsumago.jp/ (妻籠宿)

https://woman.mynavi.jp/article/130511-017/ (マイナビウーマン, 「さだまさし 研究会」ってどんなことしてますか? – 早稲田大学)

https://www.bunka.go.jp (일본문화청)

https://www.hkd.mlit.go.jp (일본국토교통성)

https://www.jinjahoncho.or.jp/omairi/osahou/goshuin (신사본청. 御朱印)

https://www.jnto.go.jp (일본정부관광국)

https://www.jreast.co.jp (JR동일본여객철도주식회사)

https://www.keio.ac.jp/ja/about/history/encyclopedia/31.html (KEIO University, [慶應義塾豆百科] No.31 三田演説館)

https://www.mofa.go.jp/mofaj (일본외무성)

https://www.naraijuku.com/ (奈良井宿観光協会)

https://www.netflix.com/kr/title/81033445 (넷플릭스, 신세기 에반게리온 TVA 1~26화)

https://www.nhk.jp/p/professional/ts/8X88ZVMGV5/ (NHK プロフェッショナル 仕事の流儀)

https://www.nhk.jp/p/ts/77NKRR6Y1J/ (NHK 終戦ドラマー「しかたなかったと

言うてはいかんのです」, 2021년 9월 4일 방송)

https://www.nihon-kankou.or.jp (일본관광진흥협회)

https://www.stat.go.jp (일본통계청)

https://www.tohokukanko.jp/attractions/detail_1010581.html (旅東北, 越後上布
「雪晒し」見学)

https://www.tsumugi-kan.jp/what/echigo.html (織の文化館 塩沢つむぎ記念館,
越後上布)

https://www.waseda-shop.com/pdetail204/ (WASEDA-SHOP, 大隈記念講堂ポス
トカードG「講堂全景」)

https://www.youtube.com/watch?v=JdIlLTus3Kc (유튜브, エバンゲリオンとアド
ラー心理学)

https://yoakemae-ono.com/ (夜明け前, 日本酒)

https://yoyakulab.net/research/reservation_by_service2022/ (予約ラボ,【2022年版】
予約はネットが主流に | 年代別・サービス別の予約方法に関する調査レポ
ート)